“十二五”职业教育国家规划教材

高等职业教育高速铁路施工与维护专业“十四五”系列教材

高 速 铁 路

（第三版）

李向国　黄守刚　主编

中国铁道出版社有限公司

2025年·北 京

内 容 简 介

本书全面、系统而又概要地阐述了高速铁路的基本概念、基本原理、基本知识和基本技能。全书共分十一个项目，包括：高速铁路线路，高速铁路路基工程，高速铁路桥梁工程，高速铁路隧道工程，高速铁路轨道工程，高速列车及牵引供电，高速铁路信号与通信，高速铁路车站、枢纽与运输组织，高速铁路防灾安全监控与环境保护，高速磁悬浮铁路等。

本书为高等职业教育高速铁路施工与维护和铁道工程技术专业教学用书，也可作为铁路工程技术人员、技术工人培训教材，还可供对高速铁路有兴趣的相关人员学习参考。

图书在版编目(CIP)数据

高速铁路/李向国，黄守刚主编．—3 版．—北京：中国铁道出版社有限公司，2022.5（2025.8 重印）

“十二五”职业教育国家规划教材　高等职业教育高速铁路施工与维护专业“十四五”系列教材

ISBN 978-7-113-28974-4

Ⅰ.①高…　Ⅱ.①李…　②黄…　Ⅲ.①高速铁路-高等职业教育-教材　Ⅳ.①U238

中国版本图书馆 CIP 数据核字(2022)第 041691 号

书　　名：**高速铁路**

作　　者：李向国　黄守刚

责任编辑：李露露　　**电话**：(010) 51873240　　**电子邮箱**：790970739@qq.com

封面设计：崔丽芳

责任校对：孙　玫

责任印制：高春晓

出版发行：中国铁道出版社有限公司（100054，北京市西城区右安门西街 8 号）

网　　址：https://www.tdpress.com

印　　刷：三河市兴达印务有限公司

版　　次：2011 年 5 月第 1 版　2022 年 5 月第 3 版　2025 年 8 月第 2 次印刷

开　　本：787 mm×1 092 mm 1/16　**印张**：16　**字数**：400 千

书　　号：ISBN 978-7-113-28974-4

定　　价：49.80 元

第三版前言

铁路是国民经济大动脉、关键基础设施和重大民生工程，是综合交通运输体系的骨干和主要交通方式之一，在我国经济社会发展中的地位和作用至关重要。高速铁路集聚了现代工业文明的丰硕成果，以其安全、便捷、舒适、环保等技术经济优势，显示出强大生命力。截至 2021 年底，我国高速铁路营业里程超过 4 万 km，占世界高速铁路总里程的三分之二以上。“四纵四横”提前建成，“八纵八横”加密成型，我国已建成世界上最发达的高速铁路运营网络，“复兴号奔驰在祖国广袤的大地上”。四通八达的高铁网在服务国家重大战略、支撑经济社会发展、满足人民群众美好生活需要、助力“一带一路”建设、推动世界铁路发展等方面做出了巨大贡献。

习近平总书记指出：“我国自主创新的一个成功范例就是高铁，从无到有，从引进、消化、吸收再创新到自主创新，现在已经领跑世界。要总结经验，继续努力，争取在‘十四五’期间有更大发展。”根据 2020 年 8 月中国国家铁路集团有限公司出台的《新时代交通强国铁路先行规划纲要》，到 2035 年，全国高速铁路里程将增加到 7 万公里左右，50 万人口以上城市高速铁路通达。

本教材此次修订重点补充了高速铁路选线、高速铁路智能建造、自主知识产权轨道技术、高速列车自动驾驶技术等相关内容。通过追踪高速铁路发展前沿，立足于我国高速铁路建设实际，对内容做了进一步的优化，学生通过对高速铁路基本概念、基本原理、基本知识和基本技能的学习，能够提高学生自主终身持续学习的能力，为将来从事高速铁路的施工和管理工作奠定扎实的基础。

本教材由石家庄铁道大学李向国、黄守刚任主编，石家庄铁道大学张学明、刘杰，台州学院李丹枫任副主编，石家庄铁道大学王建西主审。参加编写和修订的有：李向国（项目 1、项目 2、项目 6），黄守刚（项目 3、项目 5、项目 9），中交二公局铁路建设有限公司张俊存（项目 4），刘杰、石家庄铁道大学张飞（项目 7），石家庄铁道大学廖英英（项目 8），张学明、石家庄铁道大学宋林琳（项目 10），李丹枫、石家庄铁道大学李鸣（项目 11）。

在本教材修订过程中，更新和增加了一些文献和资料，在此谨向所有文献和资料的作者表示诚挚的谢意。

高速铁路工程技术的理论与实践仍在不断发展,尽管尽了最大努力,但限于作者的水平,书中难免存在不足和疏漏之处,欢迎读者批评指正。

编　　者

2022年2月

第一版前言

《中长期铁路网规划(2008年调整)》确立了我国铁路宏伟的建设蓝图:到2020年,全国铁路营业里程达到12万km以上,复线率和电化率分别达到50%和60%以上,主要繁忙干线实现客货分线,基本形成布局合理、结构清晰、功能完善、衔接顺畅的铁路网络,运输能力满足国民经济和社会发展需要,主要技术装备达到或接近国际先进水平。为满足快速增长的旅客运输需求,建立省会城市及大中城市间的快速客运通道,规划了"四纵四横"等客运专线以及经济发达和人口稠密地区城际客运系统,建设客运专线1.6万km以上。届时将形成我国铁路快速客运网,为广大旅客提供更加安全、快捷、舒适的服务。中国铁路客运面貌将为之一新,高速化、快速化势不可挡。

高速铁路是当代交通运输领域的重大成果,已成为世界各国铁路发展的总趋势。本书全面、系统而又概要地阐述了高速铁路的基本概念、基本原理、基本知识和基本技能。全书共分十一章:第一章绪论;第二章高速铁路线路;第三章高速铁路路基工程;第四章高速铁路桥梁工程;第五章高速铁路隧道工程;第六章高速铁路轨道工程;第七章高速列车及牵引供电;第八章高速铁路信号与通信;第九章高速铁路车站、枢纽与运输组织;第十章高速铁路防灾安全监控与环境保护;第十一章磁悬浮铁路。

本教材根据高职高专土木工程、交通工程等专业人才培养目标的要求而编写,立足于我国高速铁路建设实际情况,突出高速铁路与普通铁路在施工上的异同点和创新点;在传承普通铁路施工技术的基础上,着重阐述高速铁路基础设施施工的新技术、新工艺、新设备、新材料。

本书为普通高等教育"十一五"国家级规划教材,由石家庄铁道大学李向国主编,同济大学练松良主审。参加编写的有李向国(第一章、第二章、第六章第一～二节、第十一章),石家庄铁道大学黄守刚(第三章、第五章),武广铁路客运专线有限责任公司杨友元、高军(第四章),中铁二十二局集团公司秦飞(第六章第三～五节),石家庄铁道大学王建西(第七章),石家庄铁道大学路永婕、南京铁道职业技术学院林瑜筠(第八章),石家庄铁路职业技术学院李立增(第九章),石家庄铁道大学马超(第十章)。四方车辆研究所有限公司刘宏友对部分章节的编写提出了许多宝贵意见。本书的出版得到了石家庄铁道大学教材建设基金的资助。

在本书的撰写过程中,引用了现行高速铁路的相关技术标准,同时还参考了国内外许多文献和资料,由于参考的文献和资料较多,只能就其中主要的文献列于书后。在此谨向所有这些文献、资料的作者表示衷心的感谢和敬意。

由于本书所涉及的内容多为高新技术,这些技术都处在不断变化之中,同时限于时间和作者的水平,书中不妥之处在所难免,恳请读者批评指正。

编　者

2011 年 1 月

目录

项目1 课 程 导 论

项目描述

根据国外众多发达国家的经验，提高列车速度是铁路赖以生存和适应社会发展的必然选择。20 世纪 60 年代，高速铁路在世界发达国家崛起。20 世纪 80 年代，有关高速铁路的一系列新技术、新工艺、新设备的研究取得重大突破与发展，传统铁路再展新姿。20 世纪 90 年代开始，在世界范围内掀起了建设高速铁路的热潮。2008 年以来，我国高速铁路的大规模建设，标志着我国铁路进入了快速发展阶段。

学习目标

1. 知识目标

(1)了解世界铁路列车速度的演变概况、高速铁路的定义及建设管理模式、世界高速铁路的发展概况、非黏着铁路的种类；

(2)理解高速铁路主要技术特征；

(3)掌握我国中长期铁路网规划概况。

2. 能力目标

(1)通过网络资讯，能搜集、掌握高速铁路发展动态和土建工程技术特点，训练搜集、处理信息和获取新知识的能力。

(2)能够进行高速铁路建设的可行性研究分析。

任务 1.1 了解高速铁路发展动态

1.1.1 列车速度的演变

自有铁路以来，人们就在不断致力于提高列车的运行速度。1825 年出现在英国的第一条铁路，其列车最高运行速度只有 24 km/h；1829 年 10 月“火箭号”蒸汽机车牵引的列车最高运行速度就达到了 47 km/h，几乎提高了 1 倍。19 世纪 40 年代，英国铁路试验速度达到 120 km/h，1890 年法国将试验速度提高到 144 km/h，1903 年德国制造的电动车组试验速度达到了209.3 km/h。这时期英国西海岸铁路用蒸汽机车牵引的列车旅行速度达到了 101 km/h。1955 年法国电力机车牵引的试验车组最高运行速度突破了 300 km/h，达到了 311 km/h。1964 年 10 月日本东海道新干线最高运行速度达到了 210 km/h，旅行速度也达到了 160 km/h。此后列车试验速度不断刷新：1981 年 2 月法国 TGV 试验速度达到 380 km/h，1988 年 5 月德国 ICE 把这一速度提高到 406.9 km/h，半年后法国人创造了 482.4 km/h 的新纪录,1990 年 5 月 18 日法国 TGV-A 型高速列车把试验速度提高到 515.3 km/h(图 1.1),2007 年 4 月 3 日法国再次刷新了自己的纪录,TGV 最新型“V150”高速列车行驶试验速度达到 574.8 km/h,创下了有轨铁路列车行驶的世界纪录(图 1.2)。

图 1.1 创造 515.3 km/h 的法国 TGV-A 型高速列车试验运行实况

图 1.2 创下有轨铁路行驶世界纪录的法国 TGV“V150”高速列车试验运行实况

随着国民经济的快速发展和人民生活水平的不断提高,我国也开始重视提高旅客列车的速度。2002 年在秦沈客运专线上,国产“中华之星”电动车组最高试验速度达到了 321.5 km/h,2008 年在京津城际铁路上“和谐号”动车组最高试验速度达到了 394.3 km/h,2009 年 12 月在武广高速铁路上“和谐号”动车组在两车重联情况下跑出了 394.2 km/h 的试验速度。2010 年 9 月 28 日,“和谐号”新一代高速动车组在沪杭高速铁路试验速度达到416.6 km/h,并于 2010 年 12 月 3 日,在京沪高速铁路先导段枣庄至蚌埠段,创造了 486.1 km/h 的试验速度。2011 年 1 月 9 日在京沪高速铁路先导段徐州东站至蚌埠南站之间,创造了 487.3 km/h的试验速度。图 1.3为在京津城际铁路上运行的时速 350 km“和谐号”动车组。

图 1.3 时速 350 km“和谐号”动车组

2012 年,中国标准动车组“复兴号”正式启动研发;2016 年 7 月 15 日,“复兴号”原型车 CRH-0207 和 CRH-0503 以超过 420 km/h 在郑徐高铁上交会,创造了高铁列车交会速度的世界新纪录。2017 年 6 月 25 日,中国标准动车组被正式命名为"复兴号",于 26 日在京沪高铁正式双向首发。2017 年 9 月 21 日,铁路实行新的列车运行图,CR400"复兴号"动车组在京沪高速铁路率先实现 350 km 时速运营,我国再次成为世界上高速铁路商业运营速度最高的国家。2019 年 1 月 5 日,17 辆编组复兴号在京沪高速铁路实现时速 350 km 商业化运营。2019 年 12 月 30 日,CR400BF-C 智能复兴号动车组在京张高速铁路实现时速 350 km 自动驾驶。

1.1.2 高速铁路的定义及建设管理模式

高速铁路运行速度是一项重要的技术指标,也是铁路现代化水平的重要体现。高速铁路是一个具有国际性和时代性的概念。20 世纪 70 年代,日本把列车在主要区间能以 200 km/h 以上速度运行的干线铁道称为高速铁路。随着高速铁路技术的发展,欧洲铁路联盟于 1996 年 9 月发布的互通运营指导文件(96/0048/EC)对高速铁路有了更确切的规定:新建铁路运营速度达到或超过 250 km/h;既有线通过改造使基础设施适应速度 200 km/h;线路能够适应高速,在某些地形困难、山区或城市环境下,速度可以根据实际情况进行调整。

我国把高速铁路界定为"新建设计开行 250 km/h(含预留)及以上动车组列车,初期运营速度不小于 200 km/h 的客运专线铁路"。应当指出的是,高速铁路不一定仅是客运专线,客运专线也不一定是高速铁路,就目前而言,我国正在大量修建的客运专线属于高速铁路的范畴,本书不再严格区分高速铁路和客运专线。

高速铁路建设管理模式各国因国情不同而异,大致有五种类型:一是在既有线上使用摆式列车运行,这在欧洲国家多见,在美国"东北走廊"行驶的摆式列车速度为 240 km/h;二是对既有普速客货共线铁路进行提速改造,例如我国的京哈、京沪、京广等既有干线,客运速度达到 200 km/h,部分区段达到 250 km/h;三是部分新建高速线与部分既有线混合运行,如德国柏林—汉诺威线,承担着客运和货运任务;四是新建高速铁路双线,实行客货共线运行,如意大利罗马—佛罗伦萨高速铁路,客运速度 250 km/h,货运速度 120 km/h;五是新建高速铁路双线,专门用于旅客快速运输(即高速铁路),有利于客货分线,并最大程度提高旅客运输效率和货运效率,我国自 2006 年的第六次大提速后,基本上采用这种模式,日本新干线和法国高速铁路也采用这种模式。

国家铁路局颁布的《高速铁路设计规范》(TB 10621—2014)将高速铁路定义为新建设计时速为 250 km(含)至 350 km(含),运行动车组列车的标准轨距的客运专线铁路。中国国家发改委将中国高铁定义为时速 250 km 及以上标准的新线或既有线铁路,并颁布了相应的《中长期铁路网规划》文件,将部分时速 200 km 的铁路线路纳入中国高速铁路网范畴。

1.1.3 世界高速铁路发展概况

1964 年 10 月 1 日,日本东海道新干线(东京—大阪线,全长 515.4 km,图 1.4)正式开通,铁路以崭新的方式开始了交通运输的新篇章。

根据业内学者分析研究,世界高速铁路的发展可分为以下三个阶段:

1. 第一阶段(20 世纪 60 年代至 80 年代末期)

日本、法国、意大利和德国推动了高速铁路的第一次建设高潮。该期间建设并投入运营的高速铁路有日本的东海道、山阳、东北和上越新干线;法国的东南 TGV 线和大西洋 TGV 线;

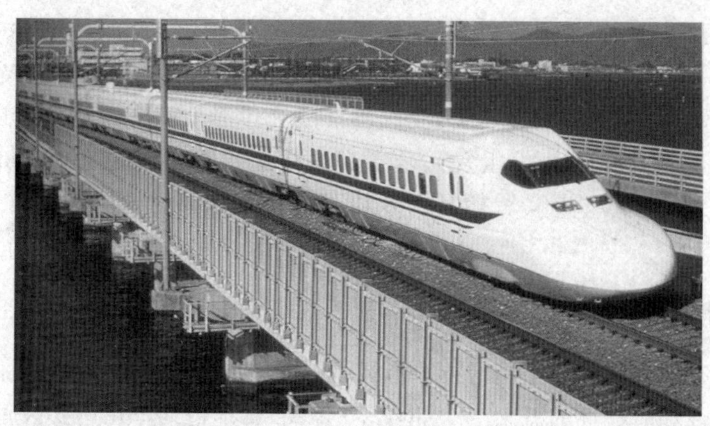

图 1.4 日本东海道新干线

意大利的罗马—佛罗伦萨线以及德国的汉诺威—维尔茨堡高速新线。高速线里程达3 198 km。

2. 第二阶段(20 世纪 80 年代末至 90 年代中期)

20 世纪 80 年代末，世界各国对高速铁路的关注和研究酝酿了第二次建设的高潮。第二次建设高峰于 20 世纪 90 年代在欧洲形成，主要国家包括法国、德国、意大利、西班牙、比利时、荷兰、瑞典、英国和日本等。

3. 第三阶段(20 世纪 90 年代中期至今)

高速铁路的建设与研究自 20 世纪 90 年代中期形成了第三次高潮，这次高潮波及亚洲、北美、大洋洲以及整个欧洲，形成了交通领域中铁路的一场复兴运动。俄罗斯、韩国、中国、澳大利亚、英国、荷兰等国家均先后开始了高速铁路新线建设的工作。为了配合欧洲高速铁路网的建设，东部和中部欧洲的捷克、匈牙利、波兰、奥地利、希腊以及罗马尼亚等国家正在进行干线铁路改造，全面提速。对高速铁路开展前期研究工作的国家还有土耳其、美国、加拿大、印度、捷克等。

高速铁路作为一种安全可靠、快捷舒适、运载量大、低碳环保的运输方式，已经成为世界铁路发展的重要趋势。截至 2021 年底，我国高速铁路营业里程超过 4 万 km，西班牙约 5 000 km，德国约 3 400 km，日本约 3 000 km，法国约 2 700 km，瑞典约 1 700 km，土耳其约 1 400 km，英国约 1 400 km，意大利约 1 000 km，韩国接近 1 000 km。

1.1.4 非黏着铁路

传统的黏着铁路因为牵引力受轮轨黏着条件等的限制，很难实现 500 km/h 的最高速度，为此需研制新的运输工具。

1. 气垫车

20 世纪 60～70 年代，最早着手研制的是气垫车。气垫车一般用燃气轮作动力产生高压喷气，在导轨与车辆间形成气垫使车辆浮起，并用喷气机驱动车辆前进，英、法两国研制 10 年，制成试验车。法国试验的飞行列车，车长 26 m，质量 20 t，可载客 80 人，用 530 kW 的燃气轮机产生气垫，用 2 956 kW 的动力驱动，在 18 km 的高架轨道试验线上试运转时，最高时速达 422 km。1974 年能源危机时，为紧缩开支，且因喷气机污染环境、噪声太大，取消了研究计划。

苏联、美国都曾对气垫车进行过研究，因未取得显著成就而停顿。20世纪70年代起，技术先进的国家，都先后停止了对气垫车的进一步探索，转而研制磁浮车。

2. 磁悬浮列车

根据磁悬浮列车上采用的电磁铁种类，磁浮列车一般分为两大类，一类为常导吸引型，一类为超导排斥型，两种磁浮列车技术都日臻成熟。关于磁悬浮铁路的内容参见本书项目11。

3. 管道磁悬浮列车

地面高速运输要克服巨大的空气阻力，当列车速度超过500 km/h后，空气阻力将非常大，所以产生了管道磁浮线路的设想。将磁悬浮列车系统置于空气稀薄的管道中，时速就几乎可以无限制地提高，美国兰德公司为此设想了一种管道高速运输系统。

该设想的轮廓是：由纽约到洛杉矶修建一条长3 950 km横贯美国东西的地下隧道，隧道内形成约0.1 kPa（相当于1‰个大气压）的真空，将磁悬浮系统安装在隧道内，悬浮力和驱动力都由超导电磁形成。速度受3 950 km的加速与减速距离限制，3 950 km的一半用于加速，一半用于减速，中间速度最高为22 500 km/h。即使采用中速13 000 km/h，平均速度为6 750 km/h，由纽约到洛杉矶也只要36 min 30 s的旅行时间。隧道当然不宜转弯，转弯时曲线半径需达700～800 km。20世纪80年代估算，隧道造价要1 850亿美元，包括磁浮系统总费用约需2 500亿美元。

为叙述方便，在后面的章节中，若无特殊说明，本书中“高速铁路”均指轮轨接触式高速铁路。

任务1.2 理解高速铁路主要技术特征

高速铁路是一个复杂的系统工程，其各子系统间既自成体系，又相互关联，既有硬件接口，又有软件联系，对整体性和系统性的要求非常高。为确保高速铁路技术体系的完整性和各子系统之间紧密衔接，应采取系统集成的模式，统一协调管理高速铁路建设。图1.5所示为高速铁路系统组成，图1.6所示为高速列车与其他子系统的主要接口关系。

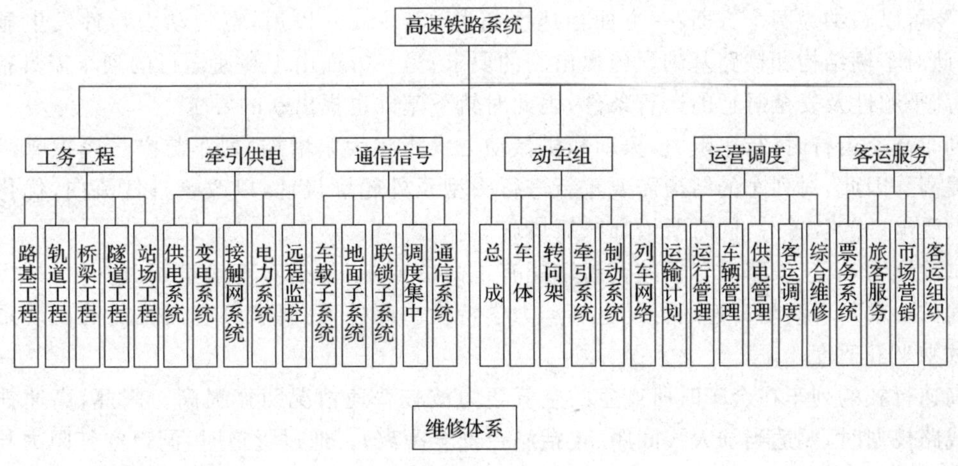

图1.5 高速铁路系统组成

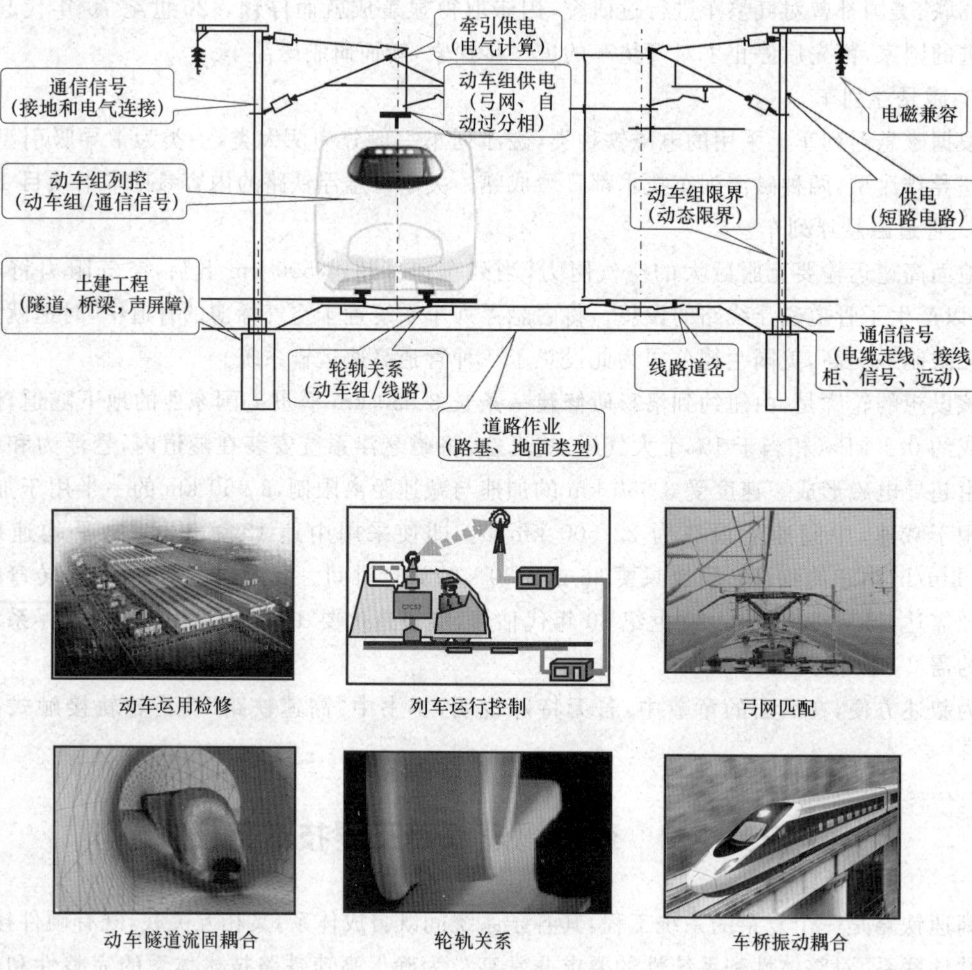

图 1.6 高速列车与其他子系统的主要接口

在轮轨接触的铁路技术中,随着速度的提高,对基础设施和移动的车辆都提出了新的要求,主要可以归纳为两个方面:一方面当速度超过 250 km/h 以后,空气动力特性发生显著变化,因此对车辆结构和铁路基础设施提出新的要求;另一方面由于高速运行的列车需具备持久稳定、高平顺性及安全舒适的运行条件,因此对轨下基础也提出新的要求。

列车高速运行时,行车阻力、振动和机械动力噪声将大幅增加,列车与空气摩擦噪声也会有所提高。因此,对列车的结构需要重新进行头型及外轮廓设计,以改善空气流向,优化弓网关系及受电弓的位置等,同时要增加减振措施。

试验证明,高速铁路对车辆的密封性能有很高的要求(包括对车辆空调、门、窗、排污设施等方面的要求),以满足高速运行的空气动力学特性。此外,还要求具有高性能的制动系统和较高的乘坐舒适度。

高速行驶的列车在会车时所产生的空气压力波较普速情况明显提高。因此,高速铁路在进行线路规划时,要适当加大线间距(包括站台安全距离)。通过隧道时,洞口空气阻力与高速列车在瞬间产生的巨大微气压波,对行车安全、乘坐舒适度以及环境都产生了明显的影响。因此,要适当加大隧道断面积,改善洞口形状或设置洞口缓冲结构等。

高速运行出现的高频振动,要求结构物除了满足静态荷载的条件,还必须满足高速列车动力特性要求。即除了保证“强度”这一基本要求(即使用期不致破坏)以外,更要严格控制其“刚度”。因此,保持轨道持续稳定的高平顺性,是对高速铁路工程提出的最基本要求。轨道的高平顺性又是路基、桥梁、隧道、轨道变形的最终表现,要求轨道高平顺性,必须从控制上述工程变形着手。

高速铁路特殊结构设计应进行车、线、桥(或路基、隧道)动力仿真计算,使车、线、桥(或路基、隧道)耦合动力响应符合行车安全性和乘坐舒适度要求。高速铁路路基、桥涵及隧道等主体结构设计使用年限为100年,无砟轨道主体结构设计使用年限不小于60年。我国高速铁路建筑限界轮廓及基本尺寸如图1.7所示,曲线地段限界加宽根据计算确定。我国高速铁路列车设计荷载采用ZK活载,ZK活载为列车竖向静活载,ZK标准活载图式如图1.8所示,ZK特种活载图式如图1.9所示。

—×—×— 信号机、高架候车室结构柱和接触网、跨线桥、天桥、电力照明、雨棚等杆柱的建筑限界(正线不适用)。

—○—○— ①站台建筑限界(侧线站台为1 750 mm;正线站台,无列车通过或列车通过速度不大于80 km/h时为1 750 mm,列车通过速度大于80 km/h时为1 800 mm)。
②站内反方向运行矮型出站信号机的限界为1 800 mm。

——— 各种建(构)筑物的基本限界,也适用于桥梁和隧道。
Y为接触网结构高度。

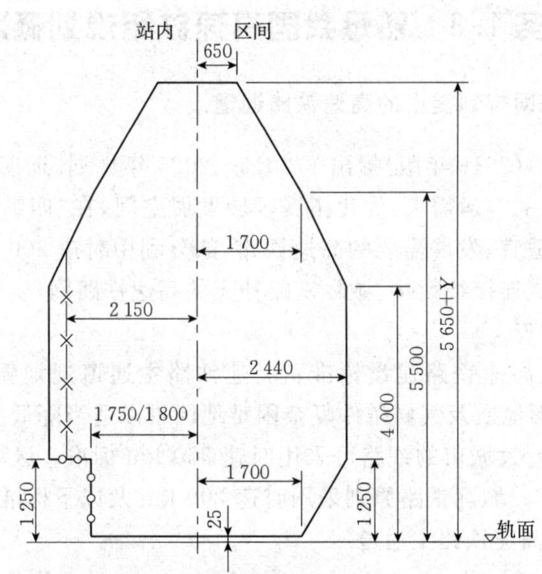

图1.7　高速铁路建筑限界(单位:mm)

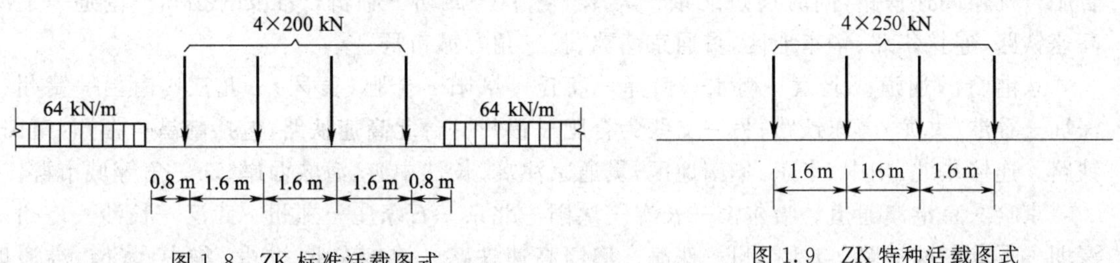

图1.8　ZK标准活载图式

图1.9　ZK特种活载图式

此外,由于高速行车的特殊情况,高速铁路需要配置风、雨、雪、地震等自然灾害告警系统,监测信息经过通信网与调度中心直接相连,以保证高速行车的安全。沿高速线设置的跨线桥需安装坠落物告警装置。高速铁路必须全封闭、全立交,不设平交道口。由于高速行驶中列车与空气摩擦产生了大量噪声,因此,高速铁路途经人口密集的地区时,沿线需采取降低噪声的措施,安装隔音墙。

总而言之,采用轮轨技术的高速铁路具有以下四个方面的主要技术特征:

(1)轮轨方面——持久高平顺性的轨道,轻量化、高走行稳定性的列车。

(2)弓网方面——大张力的接触网,高性能的受电弓。

(3)空气动力方面——流线型、密封的列车,较大的线间距和隧道断面。

(4)牵引与制动方面——大功率的交—直—交列车和大容量的牵引供电设施,大能力的盘形、再生、涡流列车制动系统和车载信号为主的列控模式。

应当指出,快速(高速度、高密度)、舒适(高平顺性、高稳定性、高环保性)、安全(高可靠性、高耐久性)是高速铁路的三大要素,三者缺一难言高速。

任务 1.3　熟悉我国高速铁路规划概况

1.3.1　我国中长期铁路网规划提出的高速铁路通道

《中长期铁路网规划》(2016 年版)提出了 2016—2025 年规划,远期展望到 2030 年。该规划提出,为满足快速增长的客运需求,优化拓展区域发展空间,在"四纵四横"高速铁路的基础上,增加客流支撑、标准适宜、发展需要的高速铁路,部分利用时速 200 km 铁路,形成以"八纵八横"主通道为骨架、区域连接线衔接、城际铁路补充的高速铁路网,实现省会城市高速铁路通达、区际之间高效便捷相连。

因地制宜、科学确定高速铁路建设标准。高速铁路主通道规划新增项目原则采用时速 250 km 及以上标准(地形地质及气候条件复杂困难地区可以适当降低),其中沿线人口城镇稠密、经济比较发达、贯通特大城市的铁路可采用时速 350 km 标准。区域铁路连接线原则采用时速 250 km 及以下标准。城际铁路原则采用时速 200 km 及以下标准。

1. 构筑"八纵八横"高速铁路主通道

(1)"八纵"通道。

沿海通道。大连(丹东)—秦皇岛—天津—东营—潍坊—青岛(烟台)—连云港—盐城—南通—上海—宁波—福州—厦门—深圳—湛江—北海(防城港)高速铁路(其中青岛至盐城段利用青连、连盐铁路,南通至上海段利用沪通铁路),连接东部沿海地区,贯通京津冀、辽中南、山东半岛、东陇海、长三角、海峡西岸、珠三角、北部湾等城市群。

京沪通道。北京—天津—济南—南京—上海(杭州)高速铁路,包括南京—杭州、蚌埠—合肥—杭州高速铁路,同时通过北京—天津—东营—潍坊—临沂—淮安—扬州—南通—上海高速铁路,连接华北、华东地区,贯通京津冀、长三角等城市群。

京港(台)通道。北京—衡水—菏泽—商丘—阜阳—合肥(黄冈)—九江—南昌—赣州—深圳—香港(九龙)高速铁路;另一支线为合肥—福州—台北高速铁路,包括南昌—福州(莆田)铁路。连接华北、华中、华东、华南地区,贯通京津冀、长江中游、海峡西岸、珠三角等城市群。

京哈—京港澳通道。哈尔滨—长春—沈阳—北京—石家庄—郑州—武汉—长沙—广州—深圳—香港高速铁路,包括广州—珠海—澳门高速铁路。连接东北、华北、华中、华南、港澳地区,贯通哈长、辽中南、京津冀、中原、长江中游、珠三角等城市群。

呼南通道。呼和浩特—大同—太原—郑州—襄阳—常德—益阳—邵阳—永州—桂林—南宁高速铁路。连接华北、中原、华中、华南地区,贯通呼包鄂榆、山西中部、中原、长江中游、北部湾等城市群。

京昆通道。北京—石家庄—太原—西安—成都(重庆)—昆明高速铁路,包括北京—张家口—大同—太原高速铁路。连接华北、西北、西南地区,贯通京津冀、太原、关中平原、成渝、滇中等城市群。

包(银)海通道。包头—延安—西安—重庆—贵阳—南宁—湛江—海口(三亚)高速铁路,包括银川—西安以及海南环岛高速铁路。连接西北、西南、华南地区,贯通呼包鄂、宁夏沿黄、关中平原、成渝、黔中、北部湾等城市群。

兰(西)广通道。兰州(西宁)—成都(重庆)—贵阳—广州高速铁路。连接西北、西南、华南地区,贯通兰西、成渝、黔中、珠三角等城市群。

(2)“八横”通道。

绥满通道。绥芬河—牡丹江—哈尔滨—齐齐哈尔—海拉尔—满洲里高速铁路。连接黑龙江及蒙东地区。

京兰通道。北京—呼和浩特—银川—兰州高速铁路。连接华北、西北地区,贯通京津冀、呼包鄂、宁夏沿黄、兰西等城市群。

青银通道。青岛—济南—石家庄—太原—银川高速铁路(其中绥德至银川段利用太中银铁路)。连接华东、华北、西北地区,贯通山东半岛、京津冀、太原、宁夏沿黄等城市群。

陆桥通道。连云港—徐州—郑州—西安—兰州—西宁—乌鲁木齐高速铁路。连接华东、华中、西北地区,贯通东陇海、中原、关中平原、兰西、天山北坡等城市群。

沿江通道。上海—南京—合肥—武汉—重庆—成都高速铁路,包括南京—安庆—九江—武汉—宜昌—重庆、万州—达州—遂宁—成都高速铁路(其中成都至遂宁段利用达成铁路),连接华东、华中、西南地区,贯通长三角、长江中游、成渝等城市群。

沪昆通道。上海—杭州—南昌—长沙—贵阳—昆明高速铁路。连接华东、华中、西南地区,贯通长三角、长江中游、黔中、滇中等城市群。

厦渝通道。厦门—龙岩—赣州—长沙—常德—张家界—黔江—重庆高速铁路(其中厦门至赣州段利用龙厦铁路、赣龙铁路,常德至黔江段利用黔张常铁路)。连接海峡西岸、中南、西南地区,贯通海峡西岸、长江中游、成渝等城市群。

广昆通道。广州—南宁—昆明高速铁路。连接华南、西南地区,贯通珠三角、北部湾、滇中等城市群。

2. 拓展区域铁路连接线

在“八纵八横”主通道的基础上,规划建设高速铁路区域连接线,进一步完善路网、扩大覆盖。

东部地区。北京—唐山、天津—承德、日照—临沂—菏泽—兰考、上海—湖州、南通—苏州—嘉兴、杭州—温州、合肥—新沂、龙岩—梅州—龙川、梅州—汕头、广州—汕尾等铁路。

东北地区。齐齐哈尔—乌兰浩特—白城—通辽、佳木斯—牡丹江—敦化—通化—沈阳、赤峰和通辽至京沈高铁连接线、朝阳—盘锦等铁路。

中部地区。郑州—阜阳、郑州—濮阳—聊城—济南、黄冈—安庆—黄山、巴东—宜昌、宣城—绩溪、南昌—景德镇—黄山、石门—张家界—吉首—怀化等铁路。

西部地区。玉屏—铜仁—吉首、绵阳—遂宁—内江—自贡、昭通—六盘水、兰州—张掖、贵港—玉林等铁路。

3. 发展城际客运铁路

在优先利用高速铁路、普速铁路开行城际列车服务城际功能的同时,规划建设支撑和引领新型城镇化发展、有效连接大中城市与中心城镇、服务通勤功能的城市群城际客运铁路。

京津冀、长三角、珠三角、长江中游、成渝、中原、山东半岛等城市群,建成城际铁路网;海峡西岸、哈长、辽中南、关中、北部湾等城市群,建成城际铁路骨架网;滇中、黔中、天山北坡、宁夏沿黄、呼包鄂榆等城市群,建成城际铁路骨干通道。

《中长期铁路网规划》同时提出,要以高速铁路通道为依托,引领支撑沿线城镇、产业、人口等合理布局,促进区域密切交流合作和资源优化配置,加速产业梯度转移和经济转型升级,培育壮大高铁与经济深度融合发展的高铁经济新业态。以高铁站区综合开发为载体,发展站区经济,引导和推动站区现代物流、商贸金融、电子商务、旅游餐饮等关联产业聚集和规模发展,努力形成品牌效应和规模效益。综合开发收益弥补铁路建设与运营。

1.3.2 《新时代交通强国铁路先行规划纲要》提出的高速铁路规划

2020 年 8 月,中国国家铁路集团有限公司出台了《新时代交通强国铁路先行规划纲要》(简称《规划纲要》)。该纲要提出了我国铁路 2035 年、2050 年发展目标和主要任务,描绘了新时代我国铁路发展美好蓝图。

《规划纲要》提出,2035 年,将率先建成服务安全优质、保障坚强有力、实力国际领先的现代化铁路强国,现代化铁路网率先建成。铁路网内外互联互通、区际多路畅通、省会高效连通、地市快速通达、县域基本覆盖、枢纽衔接顺畅,网络设施智慧升级,有效供给能力充沛。全国铁路网 20 万 km 左右,其中高铁 7 万 km 左右。20 万人口以上城市实现铁路覆盖,其中 50 万人口以上城市高铁通达。铁路自主创新能力和产业链现代化水平全面提升,铁路科技创新体系健全完善,关键核心技术装备自主可控、先进适用、安全高效,智能高铁率先建成,智慧铁路加快实现。

《规划纲要》提出,发挥"高铁+"支撑引领作用。依托高铁通道和枢纽助力发展高铁经济,打造经济高质量发展新动力源。发挥高铁车站辐射带动作用,科学推进高铁站区及周边综合开发建设,发展站城一体融合的临站经济。发挥高铁通道网络优势,促进要素合理流动和资源高效配置,引导产业有序转移和推动新旧动能转换,发展高铁与城镇、产业、旅游等现代经济体系深度融合的通道经济。

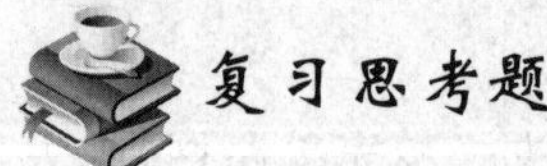

复习思考题

1.1　请简要叙述列车速度的演变情况。

1.2　简述世界高速铁路发展概况。

1.3　高速铁路具有的主要技术特征是什么?请简要说明。

1.4　简述我国中长期铁路网规划。

项目2　高速铁路线路

项目描述

高速列车首先要满足安全与舒适的要求。影响列车安全和舒适的因素很多，虽然机车车辆性能及运营方式起着很大的作用，但高速铁路的线路参数也是重要的影响因素，在设计高速铁路时必须予以重视。

在高速条件下，列车各种振动的衰减距离延长，从而各种振动叠加的可能性提高，相应旅客乘坐舒适度在高速条件下更为敏感。所以，要求线路的技术标准也相应提高。在高速铁路的线路平、纵断面设计中应重视线路的平顺性，采用较大的线路平面曲线半径、较长的纵断面坡段长度和较大的竖曲线半径，以提高旅客乘坐舒适度。

学习目标

1. 知识目标

掌握高速铁路线路平面和纵断面的组成及有关规定。

2. 能力目标

(1)能够根据地形地质等条件合理选用高速铁路线路平面和纵断面曲线半径、缓和曲线长度。

(2)通过对高速铁路线路平面和纵断面设计有关规定的学习，培养全局观和把握全局的能力。

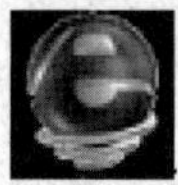

相关案例：京沪高速铁路线路概况

京沪高速铁路线路由北京南站至上海虹桥站，全长 1 318 km，纵贯北京、天津、上海三大直辖市和冀、鲁、皖、苏四省，连接环渤海和长江三角洲两大经济区。总投资约 2 209 亿元，设 23 个车站。基础设施设计速度为 380 km/h，运营速度为 350 km/h。线间距 5.0 m；一般最小曲线半径7 000 m，特殊困难条件下为 5 500 m；最大坡度 20‰，特殊困难条件下不大于 30‰；最短坡段长度一般不小于 2 000 m，困难条件下不小于 900 m；最小竖曲线半径为25 000 m，最大竖曲线半径不大于 30 000 m；到发线有效长度 650 m。

由上述案例可以看出，为保证行车安全并提高旅客乘坐舒适度，高速铁路需要采用较大的线路平面曲线半径、较长的纵断面坡段长度和较大的竖曲线半径。通过本项目的学习，应掌握合理选用高速铁路线路平面和纵断面曲线半径、缓和曲线长度的方法，同时培养把握全局的能力。

任务 2.1 掌握高速铁路线路平面的基本知识

2.1.1 平面曲线半径

高速铁路正线的线路平面曲线半径应因地制宜、合理选用。平面曲线半径选用时,与设计速度匹配的平面曲线半径应符合表 2.1 的规定,限速地段曲线半径应符合表 2.2 的规定。同时要求正线不应设计复曲线,区间正线宜按线间距不变的并行双线设计,并设计为以线路左线为基准的同心圆。

表 2.1 平面曲线半径表(m)

设计速度/(km · h^{-1})			350	300	250
最小值	有砟轨道	一般	7 000	5 000	3 500
		困难	6 000	4 500	3 000
	无砟轨道	一般	7 000	5 000	3 200
		困难	5 500	4 000	2 800
最大值			12 000		

注:1. 困难最小值应进行技术经济比选后采用。

2. 车站两端减、加速地段的最小曲线半径应结合行车速度曲线合理选用。

表 2.2 限速地段曲线半径表(m)

行车速度/(km · h^{-1})	200	160	120	80
一般最小值	2 200	1 600	1 000	600
困难最小值	2 000	1 400	800	400

注:困难最小值应进行技术经济比选后采用。

2.1.2 线 间 距

线间距是指相邻两股道(区间正线地段实际为上、下行线)线路中心线之间的最短距离。由于高速列车运行时会产生列车风,相邻线路高速列车相向运行所产生的空气压力冲击波易振碎车窗玻璃,甚至影响列车运行的稳定性,所以高速线路的线间距较普速铁路有所增大。

根据国内外的研究成果,我国高速铁路区间及站内正线线间距按表 2.3 选用,曲线地段可不加宽。位于车站两端的减加速地段,可采用与设计速度相适应的线间距。正线与联络线、动车组走行线并行地段的线间距,应根据相邻一侧正线的行车速度及其技术要求和相邻线的路基高程关系,考虑站后设备、路基排水设备、声屏障、桥涵等建筑物以及保障技术作业人员安全的作业通道等有关技术条件后综合研究确定,最小不应小于 5.0 m。正线与既有铁路或客货共线铁路并行地段线间距不应小于 5.3 m。当两线不等高或线间设置其他设备时,最小线间距应根据有关技术条件要求计算确定。隧道双洞地段两线间距应根据地质条件、隧道结构与防灾与救援要求,综合分析研究确定。

表 2.3 区间及站内正线线间距(m)

设计速度/(km·h^{-1})	350	300	250
最小线间距	5.0	4.8	4.6

2.1.3 缓和曲线

为使列车安全、平稳、舒适地由直线过渡到圆曲线或由圆曲线过渡到直线,在直线与圆曲线间必须设置一定长度的缓和曲线。缓和曲线是在直线与圆曲线之间的一段变曲率、变超高线段,其作用是在缓和曲线范围内完成曲率半径由直线上的无限大逐渐变化到圆曲线的曲率半径,曲线外股钢轨高度从直线上左右股钢轨水平一致逐渐变化到圆曲线时达到外轨超高值。在高速行车条件下,旅客对乘坐舒适度比较敏感,因而对缓和曲线的设置要求也更为严格。

缓和曲线线形很多,从研究和实测结果表明,只要缓和曲线长度达到一定要求,各种线形均能保证高速行车安全和旅客舒适度要求。考虑到三次抛物线线形简单,设计方便,平立面有效长度长,现场运用、养护经验丰富等特点,我国高速铁路仍以三次抛物线形缓和曲线为首选线形。

缓和曲线长度是高速铁路线路平面设计重要参数之一,随着列车运行速度的提高,要求缓和曲线应有足够的长度,使缓和曲线上的曲率和超高的变化不致太快,满足旅客乘车舒适的要求和确保行车的安全,但过长的缓和曲线长度会影响平面选线和纵断面设计的灵活性,会引起工程投资的增大。缓和曲线线形选定以后,就可考虑以下一些因素来确定缓和曲线长度:①车辆脱轨;②未被平衡横向离心加速度时变率(欠过超高时变率);③车体倾斜角速度(超高时变率)。我国高速铁路设计规范规定缓和曲线长度应根据设计行车速度、曲线半径和地形条件按表2.4合理选用,正常情况应选用(1)栏中的数值。

表 2.4 缓和曲线长度(m)

<table>
<tr><th rowspan="3">曲线半径/m</th><th colspan="9">设计速度/(km·h^{-1})</th></tr>
<tr><th colspan="3">350</th><th colspan="3">300</th><th colspan="3">250</th></tr>
<tr><th>(1)</th><th>(2)</th><th>(3)</th><th>(1)</th><th>(2)</th><th>(3)</th><th>(1)</th><th>(2)</th><th>(3)</th></tr>
<tr><td>12 000</td><td>370</td><td>330</td><td>300</td><td>220</td><td>200</td><td>180</td><td>140</td><td>130</td><td>120</td></tr>
<tr><td>11 000</td><td>410</td><td>370</td><td>330</td><td>240</td><td>210</td><td>190</td><td>160</td><td>140</td><td>130</td></tr>
<tr><td>10 000</td><td>470</td><td>420</td><td>380</td><td>270</td><td>240</td><td>220</td><td>170</td><td>150</td><td>140</td></tr>
<tr><td>9 000</td><td>530</td><td>470</td><td>430</td><td>300</td><td>270</td><td>250</td><td>190</td><td>170</td><td>150</td></tr>
<tr><td>8 000</td><td>590</td><td>530</td><td>470</td><td>340</td><td>300</td><td>270</td><td>210</td><td>190</td><td>170</td></tr>
<tr><td rowspan="2">7 000</td><td>670</td><td>590</td><td>540</td><td rowspan="2">390</td><td rowspan="2">350</td><td rowspan="2">310</td><td rowspan="2">240</td><td rowspan="2">220</td><td rowspan="2">190</td></tr>
<tr><td>680*</td><td>610*</td><td>550*</td></tr>
<tr><td rowspan="2">6 000</td><td>670</td><td>590</td><td>540</td><td rowspan="2">450</td><td rowspan="2">410</td><td rowspan="2">370</td><td rowspan="2">280</td><td rowspan="2">250</td><td rowspan="2">230</td></tr>
<tr><td>680*</td><td>610*</td><td>550*</td></tr>
<tr><td rowspan="2">5 500</td><td>670</td><td>590</td><td>540</td><td rowspan="2">490</td><td rowspan="2">440</td><td rowspan="2">390</td><td rowspan="2">310</td><td rowspan="2">280</td><td rowspan="2">250</td></tr>
<tr><td>680*</td><td>610*</td><td>550*</td></tr>
<tr><td>5 000</td><td>—</td><td>—</td><td>—</td><td>540</td><td>480</td><td>430</td><td>340</td><td>300</td><td>270</td></tr>
<tr><td rowspan="2">4 500</td><td rowspan="2">—</td><td rowspan="2">—</td><td rowspan="2">—</td><td>570</td><td>510</td><td>460</td><td rowspan="2">380</td><td rowspan="2">340</td><td rowspan="2">310</td></tr>
<tr><td>585*</td><td>520*</td><td>470*</td></tr>
</table>

续上表

曲线半径/m	设计速度/(km·h⁻¹)								
	350			300			250		
	(1)	(2)	(3)	(1)	(2)	(3)	(1)	(2)	(3)
4 000	—	—	—	570	510	460	480	380	340
				585*	520*	470*			
3 500	—	—	—	—	—	—	480	430	380
3 200	—	—	—	—	—	—	480	430	380
3 000	—	—	—	—	—	—	480	430	380
							490*	440*	400*
2 800	—	—	—	—	—	—	480	430	380
							490*	440*	400*

注:1. 表中(1)、(2)、(3)分别对应超高时变率 $f=25$ mm/s、$f=28$ mm/s、$f=31$ mm/s;

2. * 号标志表示曲线设计超高为 175 mm 时的取值。

2.1.4　夹直线、圆曲线或缓和曲线与道岔间的直线段最小长度

在地形困难、曲线毗连地段,两相邻曲线间的直线段,即前一曲线终点(HZ_1)与后一曲线起点(ZH_2)间的直线段,称为夹直线。理论上列车运行平稳、旅客乘坐舒适所要求的夹直线最小长度,通常按列车在缓和曲线出入口(即夹直线的起终点)产生的振动不致叠加考虑,与列车振动、衰减特性和列车运行速度有关。根据试验结果,车辆振动的周期约为 1.0 s,列车在缓和曲线出入口产生的振动在一个半至两个周期内基本衰减完毕,按两个周期计算则夹直线的最小长度为

$$L_{\min}=2\times\frac{v}{3.6}\approx0.6v \quad (\mathrm{m}) \tag{2.1}$$

式中　v——设计速度(km/h)。

计算机模拟计算结果表明,夹直线长度为 $0.8v$ 时,在夹直线起终点对高速车辆产生的激扰振动不会叠加,对行车平稳和旅客乘坐舒适性没有明显的影响。两缓和曲线间的圆曲线及正线上缓和曲线与道岔间的直线段也有类似的分析结果。我国《高速铁路设计规范》规定高速铁路夹直线或圆曲线最小长度一般按 $0.8v$ 计算确定,困难条件下按 $0.6v$ 计算确定,正线上缓和曲线与道岔间的直线段最小长度一般按 $0.6v$ 计算确定,困难条件下按 $0.5v$ 计算确定,并应符合表 2.5 的规定。

表 2.5　夹直线、圆曲线或缓和曲线与道岔间的直线段最小长度

设计速度/(km·h⁻¹)	350	300	250
圆曲线或夹直线最小长度/m	280(210)	240(180)	200(150)
缓和曲线与道岔间的直线段最小长度/m	210(170)	180(150)	150(120)

注:括号内为困难条件下采用的最小值。

2.1.5　其　他

连续梁、钢梁及较大跨度的桥梁宜设在直线上;困难条件下,经技术经济必选,也可设在曲

线上。隧道宜设在直线上;因地形、地质等条件限制时可设在曲线上,但不宜设在反向曲线上。站坪长度应根据远期车站布置要求确定;车站应设在直线上。钢轨伸缩调节器不应设在曲线上。

任务2.2 掌握高速铁路线路纵断面的基本知识

2.2.1 最大坡度

在一定自然条件下,线路的最大坡度与设计线的输送能力、牵引质量、工程数量和运营质量有着密切的关系,有时甚至影响线路走向。客货共线的铁路,线路最大坡度由货物列车运行要求所决定。高速列车采用大功率、轻型动车组,牵引和制动性能优良,能适应大坡度运行。但各国高速铁路由于采用的运输组织模式和线路条件各不相同,采用的线路最大坡度也不大一样。我国高速铁路设计规范规定区间正线的最大坡度,不宜大于20‰,困难条件下经技术经济比较后不应大于30‰。动车组走行线的最大坡度不应大于35‰。

2.2.2 最小坡段长度

两个坡段的连接点,即坡度变化点,称为变坡点。一个坡段两端变坡点间的水平距离称为坡段长度。从列车运行的平稳性要求出发,纵断面坡段长度宜设计为较长的坡段;但从节省工程投资的角度分析,较短的坡段能够较好地适应地形,减少工程数量,降低工程投资。因此,最小坡段长度的确定,既要满足列车运行的平稳性要求,又要尽可能地节约工程投资,使两者取得最佳的统一。我国高速铁路设计规范规定正线宜设计为较长的坡段。参考法国标准,我国《高速铁路设计规范》规定的最小坡段长度 L_p 按下式计算确定并取为50 m的整倍数。

$$L_p = \frac{\Delta i_1 + \Delta i_2}{2} \times R_{sh} + 0.4v \tag{2.2}$$

式中 $\Delta i_1, \Delta i_2$——坡段两端坡度差(‰);

v——设计速度(km/h);

R_{sh}——竖曲线半径(m)。

同时还规定,正线最小坡段长度一般不应小于900 m,困难条件时不应小于600 m,列车全部停站的车站两端不应小于400 m。另外,最小坡段长度不宜连续采用,困难条件下的最小坡段长度不应连续采用。

2.2.3 坡段连接

1. 相邻坡段的坡度差

相邻坡段的允许坡度差的最大值,主要由保证列车运行不断钩这一安全条件确定,客货共线的铁路相邻坡段的坡度差主要受货物列车制约。由于旅客列车质量远低于货物列车,国内外高速铁路对相邻坡段的坡度差均未做规定。

2. 竖曲线半径

为保证列车在变坡点的运行安全和乘客的舒适性要求,参照国外有关规范,高速铁路正线相邻坡段的坡度差大于或等于1‰时,应采用圆曲线形竖曲线连接(动车组走行线相邻坡段坡度差大于 3‰时设圆曲线形竖曲线,竖曲线半径一般为 5 000 m,困难条件为 3 000 m)。竖曲线半径由旅客舒适性要求控制,即由列车运行于竖曲线产生竖向离心加速度 a_{sh} 限制的最小竖曲线半径为

$$R_{sh} \geqslant \frac{v^2}{3.6^2[a_{sh}]} \tag{2.3}$$

式中,$[a_{sh}]$为乘客舒适度允许的竖向离心加速度,通过国外高速铁路线路竖向离心加速度允许值的分析,认为高速铁路线路的竖向离心加速度允许值取 0.4 m/s^2 较为合适(困难条件下为 0.5 m/s^2)。据此可导出根据舒适度要求的高速铁路线路最小竖曲线半径,经计算取整后最小竖曲线半径按表 2.6 选用。同时,由于竖曲线半径增大到一定程度时,养护维修很难达到其设置要求,因此,根据国内外养护维修经验,最大竖曲线半径一般不大于 30 000 m;最小竖曲线长度不得小于 25 m。

表 2.6 最小竖曲线半径

设计速度/(km · h⁻¹)	350	300	250
最小竖曲线半径/m	25 000	25 000	20 000

3. 竖曲线与缓和曲线、圆曲线、道岔及钢轨伸缩调节器重叠设置问题

竖曲线与缓和曲线、道岔及钢轨伸缩调节器重叠有如下不利影响:①增加线路测设工作量;②影响行车安全和乘坐舒适度;③增加养护维修工作的难度。同时考虑到缓和曲线、道岔及钢轨伸缩调节器长度相对圆曲线较短,避免重叠设置容易处理,我国《高速铁路设计规范》规定竖曲线与缓和曲线、道岔及钢轨伸缩调节器不得重叠。

竖曲线与平面圆曲线重叠设置时,也同样增加线路测设工作量,对行车安全和乘坐舒适度产生不利的影响,增加养护维修工作的难度,但由于高速铁路平面圆曲线半径较大,圆曲线长度较长,一般可达 1 km 以上,为避免竖曲线与圆曲线重叠设置而增加的工程投资巨大,同时此项重叠可通过采取适当措施减轻其不利影响。因此,我国《高速铁路设计规范》规定竖曲线与平面圆曲线不宜重叠设置,困难条件下竖曲线与圆曲线可重叠设置,但应满足表 2.7 的要求。

表 2.7 竖曲线与平面圆曲线重叠设置的最小曲线半径

设计速度/(km · h⁻¹)		350	300	250
平面最小圆曲线半径/m	一般条件	7 000	5 000	3 500
	困难条件	6 000	4 500	3 000
最小竖曲线半径/m		25 000	25 000	20 000

2.2.4 其　他

正线两线并行时,两线轨面高程宜按等高(曲线地段为内轨面等高)设计。正线与联络线、动车组走行线、既有线并行时,其轨面设计高程应根据路基横断面设计情况综合研究确定。

连续梁、钢梁及较大跨度的桥上纵断面设计应符合桥梁设计的技术要求。

隧道内的坡道可设置为单面坡道或人字坡道，地下水发育的长隧道宜采用人字坡，其坡度不应小于3‰。路堑地段线路坡度不宜小于2‰。

跨越排洪河道的特大桥和大中桥的桥头路基、水库和滨河地段、行洪及滞洪区的浸水路堤，其路肩设计高程应按有关设计规范并结合国家防洪标准设计。

站坪宜设在平道上；困难条件下，可设在不大于1‰的坡道上；特别困难条件下，可设在不大于2.5‰的坡道上；越行站可设在不大于6‰的坡道上。到发线有效长度范围内宜采用一个坡度。车站咽喉区的正线坡度宜与站坪坡度一致；困难条件下，可适当加大，但不宜大于2.5‰；特别困难条件下不应大于6‰。

任务2.3　学习高速铁路选线实例

2.3.1　选线设计原则

高速铁路线路应符合铁路网规划，与城市总体规划及其他交通方式、农田水利和其他工程建设相协调，做到布局合理。行经主要城市吸引客流，方便旅客出行。

高速铁路线路应符合环境保护、水土保持、土地节约及文物保护的要求；绕避各类不良地质体，无法绕避时应在详细地质勘察的基础上，结合特殊岩土、不良地质的特性，做好工程整治措施，保障运营安全。

高速铁路线路应结合地形地质条件，优化线路平、纵断面，减少拆迁工程量，合理确定工程类型，统筹考虑边坡防护及防排水工程，做好工程方案比较；考虑既有交通走廊、高压电力线、重要地下管线、军用设施及易燃、易爆或者放射性物品等危险物品的影响。

2.3.2　工程地质选线典型案例

下面结合成渝客运专线主要工程地质问题及地质选线案例，介绍工程地质选线方法。

1. 工程概况

成都至重庆铁路是我国西南地区第一条设计速度350 km/h的客运专线，是成渝经济区综合交通网的骨干，也是沪汉蓉快速客运通道的重要部分。线路自成都枢纽成都东站引出后，沿途经过四川省龙泉、简阳、资阳、内江后进入重庆市境内，经荣昌、永川、璧山、沙坪坝后达本线终点重庆枢纽重庆站，线路全长307.931 km。

2. 主要工程地质问题

制约铁路选线的主要工程地质问题为煤矿采空区、石材采空区、岩溶及岩溶水、有害气体等。

(1)煤矿采空区

测区川东南弧形构造带的西山背斜、沥鼻峡背斜、温塘峡背斜、观音峡背斜东西两翼或核部分布有三叠系上统须家河组(T_3xj)含煤地层，煤矿开采历史悠久，煤层大面积被开采，开采方式多为斜井开拓，走向长壁式采煤法，手镐、爆破落煤或机械采煤，平巷人力推车运输或机车运输，斜井、下山绞车提升，全陷法管理顶板。煤层大面积采空后，引起地表下沉变形，发展形成移动盆地。

(2)石材采空区

测区石灰岩产出层主要为华蓥山大断裂以东平行岭谷区的螺观山背斜、西山背斜、新店子背斜两翼侏罗系中下统自流井组东岳庙段($J_{1\text{-}2}z^1$)中部的介壳灰岩,厚 2 m;大安寨段($J_{1\text{-}2}z^3$)灰白、灰黑色石灰岩和介壳灰岩,矿石质量较好,厚 1.5～19 m,一般厚 5～8 m。可用作冶金和化工原料,烧石灰或改良酸性土壤。当地居民开采自流井组($J_{1\text{-}2}z$)灰岩用于烧制石灰、粉碎碎石作石料,大面积开采后形成石材采空区。据现场调查,一般采用仓房式开采,部分采用走向长壁式开采,预留石柱支撑顶板,石柱间距 7～12 m,开采巷道不规则,开采 1～2 层,一般采高 0.5～5 m,顶板多为泥灰岩和钙质泥岩,石材采空区开采深度较浅,地面变形比较剧烈,常见地表塌陷或开裂。

(3)岩溶及岩溶水

全线可溶岩地段主要分布在新中梁山隧道观音峡背斜核部及两翼的三叠系中统雷口坡组(T_2l)、下统嘉陵江组(T_1j)及飞仙关组第三段(T_1f^3)的碳酸盐岩地层,地貌上形成东西两个岩溶槽谷。本线路紧邻库容约 10 万 m^3 的下大天池水库,隧道施工将使本区水文地质条件发生较大改变,对于生态环境敏感、地下水环境复杂的中梁山地区,可能引起地表水库、鱼塘水的漏失,井泉点的干枯等一系列环境地质问题,甚至可能出现地表变形、塌陷等地质灾害。

(4)有害气体

四川盆地是一个含油气盆地,从震旦系至侏罗系均发育油气储层,线路经过川西气区、川西南气区和川南气区三个油气区。背斜是储集油气最有利的构造,只要构造完整,无断裂破坏,生、储、盖条件具备,就能形成油气田或含油气构造,下大伏油气就会对上覆地层进行浸染,产生不同程度的油气迹象。气田主要以丘状缓倾背斜为主,含油气构造多为低山陡倾背斜,根据现场原位测试成果,表明油气田及含油气构造与天然气显示密切相关,一般背斜核部天然气浓度较高。浅层天然气燃烧或爆炸是隧道工程的一种常见地质灾害,也是困扰隧道安全施工、运营的一大难题。

3. 地质选线方案研究

(1)重庆境内线路走向方案比选

线路从内江进入重庆,需穿越巴岳山、云雾山、缙云山、中梁山,控制线路方案的主要工程地质问题为煤矿采空区,结合各山脉煤矿采空区的分布情况,研究了经永川绕行方案和大足取直方案。线路走向方案比选示意图如图 2.1 所示。

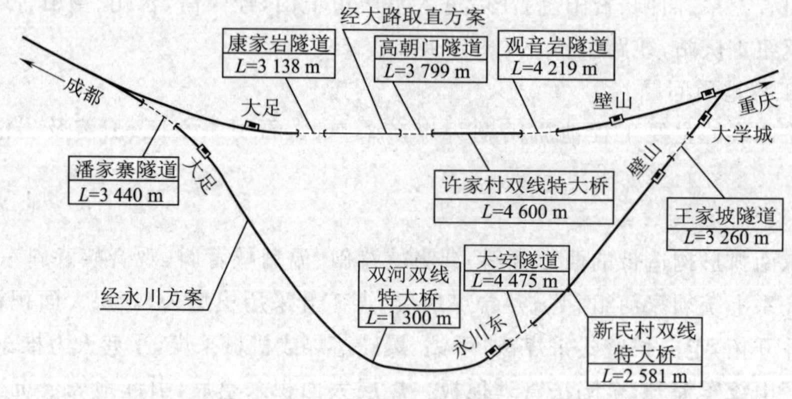

图 2.1　线路走向方案比选示意

通过煤矿资料收集、现场调查访问、井下实测、物探及深孔钻探验证等综合勘察手段,查明了煤矿采空区分布范围及特征,工程地质条件对比见表 2.8。

表 2.8 重庆境内线路走向方案工程地质条件综合对比表

线路方案	主要工程地质问题	推荐方案
经永川绕行方案	绕避了巴岳山、云雾山大面积分布的煤矿采空区，仅从永川区协合煤矿、金佳煤矿、箕山煤矿采动影响边界附近通过。以桥梁和路基工程通过了西山、新店子、东山含油气构造，有害气体对铁路工程影响相对较小	经永川绕行方案虽较大足取直方案线路增长，但其最大程度降低了煤矿采空区及有害气体对铁路的影响，推荐经永川绕行方案
大足取直方案	高朝门隧道通过大足区红伍联煤矿、福狮煤矿，铜梁区共和煤矿；观音岩隧道通过璧山区梅江乡煤矿，主要开采 T_3xj^5 煤层，煤层厚度 0.3～0.9 m，最低开采水平巷道＋150 m，煤矿采空区位于隧底以下 170 m，影响长度 1.5 km。高朝门隧道和观音岩隧道通过了西山和花果山含油气构造，为高瓦斯隧道	

(2)永川箕山局部方案比选

影响该段线路走向的主要因素为箕山煤矿采空区，永川区城市现状及发展规划，成渝高速公路等。研究了绕避采空区方案(贯通方案)、穿采空区方案(高速公路南侧设站方案和北侧设站方案)，方案比选平面示意图如图 2.2 所示。

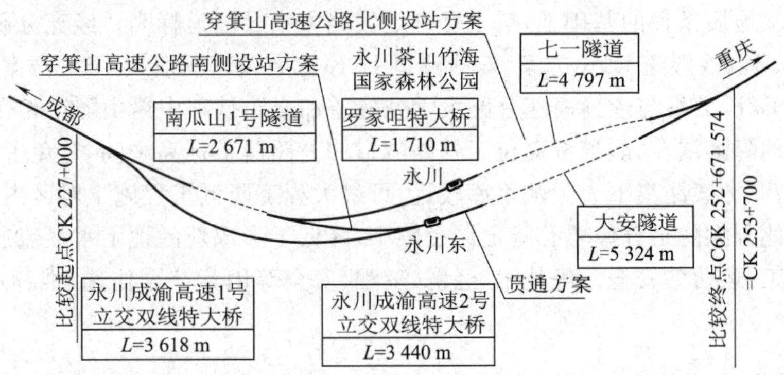

图 2.2 永川箕山局部方案比选平面示意

箕山煤矿始建于 1970 年，开采标高＋600～±0 m，开采须家河组三段、一段 K8、K13 煤层，煤厚 0.29～0.57 m，矿井设计生产能力 15 万 t/年，采用平硐暗斜井开拓，已形成大面积煤矿采空区，易引起地表下沉变形。穿箕山高速公路南侧设站方案通过采空区影响长度 0.8 km，穿箕山高速公路北侧设站方案通过采空区影响长度 1.3 km，对铁路危害极大，不推荐。受城市规划建设影响，贯通方案位于现状采动影响范围外，但位于最终采动影响范围内，采动区影响界线与线位关系如图 2.3 所示。因此对煤矿应进行限制开采，确保铁路工程运营安全。

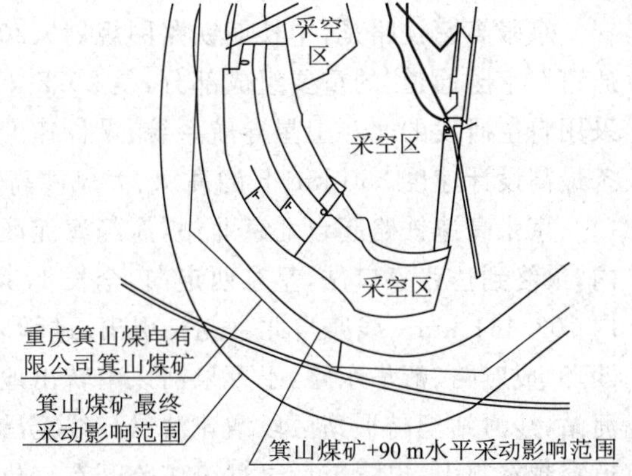

图 2.3 重庆箕山煤矿采动影响界线与线位关系

(3)大足石材采空区局部方案比选

控制该段线路走向的因素主要有石灰岩采空区、煤矿采空区、成渝高速公路、成渝铁路、城镇规划等。设计时研究了高速公路北侧站位、高速公路南侧站位两个方案。

在搜集资料和地质测绘的基础上,采用超高密度电法、对称四极直流电测深法、地震反射波法等综合物探确定疑似采空区域,通过钻孔进行验证。查明了石材采空区分布范围及特征,工程地质条件对比见表 2.9。

表 2.9　大足石材采空区局部方案工程地质条件综合对比表

线路方案	主要工程地质问题	推荐方案
高速公路北侧站位方案	通过太平场和双石桥场石材采空区,主要开采大安寨段($J_{1-2}z^3$)灰岩,开采 1～2 层,采高 0.5～5 m,采空区位于线路下方 0～58 m,影响长度 260 m	太平场石材采空区地表已发生开裂塌陷,稳定性差;同时开采深度大,处理较困难,故推荐高速公路南侧站位方案
高速公路南侧站位方案	通过双石桥场石材采空区,主要开采大安寨段($J_{1-2}z^3$)灰岩,开采 1～2 层,采高 2～6 m,采空区位于线路下方约 10 m,影响长度 350 m	

(4)新中梁山隧道局部方案比选

新中梁山隧道位于岩溶发育、地下水环境复杂、生态环境敏感的中梁山地区,在查明测区工程地质和水文地质条件的基础上,需合理确定线路方案及隧道标高。经充分研究,初步确定 3 个隧道方案,即双线隧道 D1K 方案、双线隧道 D2K 方案及双洞双线 D3K 方案。

双洞双线 D3K 方案与遂渝高速公路大学城隧道和襄渝铁路中梁山隧道相交,可充分利用既有隧洞形成的降落漏斗,隧道标高位于铁路隧道和公路隧道标高之间,避免了降落漏斗范围的进一步扩大;此方案距离下大天池水库较远,可最大程度降低工程施工对区内水文地质条件的影响;另外,此方案隧道分修单孔隧道洞径较小,降低了形成新的地下水径流通道的可能性,可保证隧道施工、运营的安全。经技术、经济、工程、安全等因素综合比选,推荐双洞双线 D3K 方案。

2.3.3　生态选线典型案例

1. 工程概况

京张高速铁路是《中长期铁路网规划》(2016 年版)中“八纵八横”高速铁路主通道中“京兰通道”“京昆通道”的重要组成部分,是 2022 年北京冬奥会的重要交通保障设施,是我国第一条采用自主研发的北斗卫星导航系统、设计速度 350 km/h 的智能化高速铁路,也是世界上第一条最高设计速度 350 km/h 的高寒、大风沙高速铁路。

京张高速铁路起自北京北站,途经海淀区、昌平区和延庆区,由延庆区康庄镇入河北省境内,最终到达张家口站,呈东西走向,全长 173.964 km,其中北京市境内 70.503 km,河北省境内 103.461 km。线路自北京北站引出,过学院南路后转入地下,连续下穿北三环、知春路、北四环、成府路、清华东路,于万泉河以南转出地面,后下穿北五环沿既有京张铁路增建二线至沙河站,沙河站至昌平站区段增建沙昌三线至昌平站,平面引入既有昌平站后经南口镇东侧以隧道穿越军都山,出隧道后于过康庄跨既有京包铁路进入河北境内,于既有线北侧在军事设施影响范围内采用地下隧道形式,出隧道后设东花园北站,跨官厅水库、大秦铁路、京藏高速公路,与既有京张铁路并行,下穿京新高速公路后设怀来站,出怀来站后一路西行经下花园北、宣化北新设站,终至张家口站。线路经行八达岭—十三陵风景名胜区、八达岭长城、官厅水库饮用水源保护区、吉家坊饮用水源保护区、京密引水渠饮用水源保护区等环境敏感区。

2. 生态选线典型案例

(1)北京城区段沿既有京包线走行减少新增占地和对地块切割

北京市区内京张高铁沿既有京包线通道走行(图 2.4),在满足本线运输能力的前提下,北京北至沙河段采用沿既有京包线增建双线的方案,沙河至昌平段采用沿既有京包线增建三线的方案,最大限度减少新增占地,避免了对城市的再次切割。

图 2.4　利用既有铁路通道选线设计

(2)北京北至北五环段落采用地下敷设降低对周边环境影响

设计阶段对北京北至五环段落内的地下方案和地面方案进行了重点研究和比选,推荐采用地下敷设方案。地下方案虽然存在着工程投资高、施工风险大等因素,但该段位于城市核心区,采用地下方案将对噪声和振动环境敏感点的影响数量由地面方案的 40 余处降低至 10 余处,减振降噪效果明显。

(3)八达岭采用地下方案体现绿色、以人为本的设计理念

设计阶段重点对八达岭景区内的滚天沟地下站方案和程家窑地面站方案进行了比选。滚天沟地下站方案车站距离八达岭长城景区入口仅 800 m,距北索道 300 m,游客可步行直达景区;程家窑地面站方案车站距离八达岭长城入口约 6.0 km,需对既有交通线路进行全面改造扩建。滚天沟地下站方案虽然工程投资高、施工难度大,但无须地面交通接驳。八达岭长城站选择地下站方案,充分体现了绿色、便捷、以人为本的理念。

(4)采用与京藏高速公路共走廊道方案,减少对官厅水库库区的切割和影响

设计阶段针对官厅水库段线路方案进行了多方案论述,最终选择了与京藏高速公路共通道、跨越水域面积最小的方案。该方案于既有京藏高速公路桥北侧约 60 m 处通过,穿越官厅水库水域长度约 900 m。在水域范围内,桥梁墩台与京藏高速公路对孔布置,采用 8 孔 110 m 简支钢桁梁桥,减少对官厅水库水体的影响。

复习思考题

2.1　我国高速铁路区间及站内正线线间距是如何规定的?

2.2　确定高速铁路缓和曲线长度时需要考虑哪些要素?

2.3　高速铁路对夹直线及圆曲线最小长度有何要求？请简要说明。

2.4　高速铁路对最小坡段长度有何要求？

2.5　在什么情况下高速铁路需设置竖曲线？竖曲线半径如何确定？

2.6　请简要分析高速铁路竖曲线与缓和曲线、圆曲线、道岔及钢轨伸缩调节器重叠设置问题。

2.7　请简要论述高速铁路选线的基本原则。

2.8　请简要论述生态选线如何体现“绿水青山就是金山银山”的理念。

项目3　高速铁路路基工程

项目描述

高速铁路的出现对传统铁路的设计施工和养护维修提出了新的挑战，在许多方面深化和改变了传统的设计方法和观念。路基工程是铁路轨下基础工程的重要组成部分，是保证列车高速、安全、舒适运行系统中的关键工程。

学习目标

1. 知识目标

(1)掌握高速铁路路基工程的特点；

(2)了解高速铁路路基设计基本知识；

(3)熟悉高速铁路路基软土地基加固与处理技术；

(4)熟悉高速铁路路基施工技术；

(5)掌握高速铁路路桥过渡段施工与控制技术。

2. 能力目标

(1)能够根据轨道类型、设计最高速度、曲线半径等确定高速铁路路基面的宽度。

(2)能够根据过渡段类型、地形地质等条件确定过渡段的设置方法。

(3)能够根据软土地基的特点选择合适的地基加固方法。

(4)通过压实质量检测方法的学习，养成严谨的工作作风和良好的工程质量意识，具备良好的职业道德。

相关案例：某客运专线铁路路基下沉事故

2009年7月7日至8日，由于连日普降暴雨，某客运专线发生了路基下沉事故，事故发生后，列车晃车严重，其中K178＋910、K158＋300、K106＋300三处路基下沉严重，最大下沉量分别达到64.2 cm、16 cm、9.7 cm。这起事故导致多趟动车组限速运行晚点，严重影响了铁路正常运输秩序，危及列车运行安全。铁道部认定K178＋910质量事故为铁路建设工程质量大事故，K158＋300、K106＋300质量事故为铁路建设工程质量一般事故。

事故原因包括三个方面：

(1)路基填筑不规范。填料控制不严，粒径超标，级配不良，甚至有的填料类别与设计不符；填筑工艺不按要求控制，野蛮作业，虚铺厚度超标；路基断面加宽不够，边坡碾压不实，雨季冲刷严重;过渡段台阶宽度不足,涵洞两侧不对称填筑;土工格栅铺设不平顺,接头搭接长度不足,搭接处理不规范等。

(2)路基挡护和排水工程质量问题突出。沉降缝、反滤层不按设计要求施作;片石混凝土中片石掺量过多;预应力坡面锚索施工不到位,存在锚索长度不够,数量不足,不做防锈处理等问题,甚至有个别锚索不张拉就使用。排水系统不到位、不完善、不畅通,造成路基、涵洞经常被水浸泡。

(3)CFG 桩和岩溶注浆施工存在较多的质量隐患。比如,不做工艺性试验就开始施工;实际地质与勘察资料有出入时,不及时进行变更,影响处理效果;对施工质量的过程控制手段偏弱等。

从该质量事故案例可以看出,无论是路基工程的勘察设计,还是施工质量控制,都是影响工程质量的关键。对于高速铁路,路基沉降与不均匀沉降最终严重影响到轨道的平顺性,而轨道的不平顺会严重危及高速列车的安全运行。因此,通过本项目的学习,应掌握高速铁路路基工程的特点,熟悉高速铁路路基软土地基加固与处理技术,熟悉高速铁路路基施工技术,掌握高速铁路路桥过渡段施工与控制技术。

任务 3.1 掌握高速铁路路基工程特点

高速铁路的出现对传统铁路的设计施工和养护维修提出了新的挑战,在许多方面深化和改变了传统的设计方法和观念。路基工程是铁路轨下基础工程的重要组成部分,是保证列车高速、安全、舒适运行系统中的关键工程。高速铁路运行速度快、技术标准高,对路基工程要求严格。控制路基工程变形已成为高速铁路路基工程的最大特点。因此,高速铁路路基工程与普速铁路路基工程有着本质的区别,其不同之处表现在控制路基变形、路基刚度的均匀性和在列车运行及自然条件下的稳定性以及施工组织与控制难度大等方面。

1. 控制路基变形

高速铁路对轨道的平顺性提出了更高的要求,对轨道不平顺管理标准要求非常严格。路基是铁路线路工程的一个重要组成部分,是承受轨道结构重量和列车荷载的基础,它也是线路工程中最薄弱、最不稳定的环节,路基变形自然会引起轨道的几何不平顺。

为保证高速铁路轨道的平顺性需严格控制路基工程变形,不均匀沉降变形控制更为关键。路基与桥台及路基与横向结构物连接处、地层变化较大处和不同地基处理措施连接处,比较容易发生不均匀沉降变形,在地基处理和路堤设计中应采取逐渐过渡的方法,减少不均匀沉降,以满足轨道平顺性要求。

在日本,良好地基的有砟轨道路堤填筑后一般需放置 1 个月以上,地基不良地段的路堤需放置 6 个月以上;黏土地基上的板式轨道路堤需放置 6 个月以上,其他地基需放置 3 个月以上;同时进行必要的沉降观测,并测算沉降稳定时间。法国和德国强调要进行详细地质勘察,一般安排路堤施工工期比较长,以保证沉降变形稳定所需时间。

2. 路基刚度的均匀性

列车速度越高,要求路基的刚度越大,弹性变形越小。弹性变形过大,高速运行就得不到保证,就像车辆在松软的沙滩上无法快速行驶一样。当然,刚度也不能过大,过大了会使列车振动加大,也不能平稳运行。路基刚度的不平顺则会给轨道造成动态不平顺。研究表明,由刚度变化引起的列车振动与速度的平方成正比。列车速度越高,路基刚度变化越大,则引起的列车振动越强烈。轻则使旅客舒适度降低，重则影响列车运行安全。所以，要求路基在线路纵向做到刚度均匀、变化缓慢，不允许刚度突变。

详细的工程勘察是高速铁路路基设计的基础，必须高度重视。工程实践表明，路基工程必须通过地质调绘和足够的勘探、试验工作，查明基底、路堑边坡、支挡结构基础等的岩土结构及其物理力学性质，查明不良地质情况，在取得可靠地质资料的基础上开展设计，才能保证路基满足列车高速运行的安全、平稳和舒适。国内大量的铁路路基病害的产生也多为勘察不足，没有查明不良地质情况，设计和施工中路基填料来源和性质差别大，再加上路基施工管理、质量控制不严等造成的。高速铁路路基主要的工程风险为地基的复杂性和填料性质的变异性，因此必须加强地质勘察工作，查明地质条件和填料工程性质，提供满足评价地基和路基结构物变形的地质资料。

3. 列车运行及自然条件下的稳定性

在列车运营时，路基不仅要承受轨道结构和附属构筑物的静荷载，还要承受列车荷载的长期反复作用。同时，由于路基直接暴露在自然条件下，需要抵抗气温变化、雨雪作用、地震破坏等不良因素的影响。路基工程必须在这些条件的长期作用下而保持其强度不会降低、弹性不会改变、变形不会加大，真正做到长寿命、少维修。只有这样，才能高速行车，减少维修费用，并增加运行的安全性。

路基工程地基处理、基础结构及直接影响路基稳定与安全的支挡等工程必须具有足够的强度、稳定性和耐久性，其设计使用年限为100年。填筑路基通过加强排水和防护、严格控制填料材质及压实质量，其强度及变形性能一般不随时间而衰减，甚至会出现增强和提高的情况。

4. 施工组织与控制难度大

与一般铁路工程的施工相比，高速铁路路基工程施工具有如下特点：

(1)工程质量要求高，工后沉降控制严。高速铁路的高平顺性决定了路基工程质量高，高速铁路采用无砟轨道，对路基工程的工后沉降和沉降差控制更严。

(2)填土高度增加。为了减少横向交通干扰，必须在高速铁路下设置行人和车辆行走的设施。对于山岭重丘区，可利用地形布置天桥式横穿道，对于平原区，则只能以提高路基填土高度来满足设置下穿式通道的要求，其填土高度一般都在4～5 m以上。由于填土高度增加，路基本体发生过大的和不均匀沉降变形的可能性增大，而高速铁路对路基的变形控制非常严格，因此必须相应提高填料的含水率、压实标准等指标。

(3)取土、弃土的矛盾较突出。当路线通过山区和丘陵区时，由于线形标准的提高，设计时很难考虑好土方的填挖平衡问题，有可能增大借土或弃土的数量，以及带来铁路用地范围的扩大，给工程施工造成困难。

(4)工后沉降控制难度大。高速铁路跨越不同地区，使工程地质极为复杂，很难在短时间内使路基变形趋于稳定，使工后沉降得以控制。必须采取措施和预留6～18个月沉降期，预留沉降期越长越有利。由于高速铁路线形的重要性，线路通过特殊地质条件的可能性大。在山区，通常会遇到大的滑坡体、泥石流及稻田、水库等情况；在冲积平原和三角洲地区修建高速铁路时，还会遇到大面积的深层软土地基。遇到以上情况时，在工程施工中就要求采取特殊的施工工艺。

(5)路桥过渡段路基压实难度大。高速铁路一般采取全封闭的方式，以保证列车的快速通行和安全行驶。为解决高速铁路与地方交通的关系，以及广大农村生活、耕作、灌溉等问题，就需要增设较多的桥涵及通道等特殊构造物，这就给施工增加了困难，如施工中需要修筑更多的施工便道;对路桥(涵)过渡段填土的压实标准要求也较严格。

(6)路基边坡的技术要求高。在高速铁路上,为了行车的舒适和安全,对路基边坡的稳定性和线形的美化程度均有较高的要求。路基边坡的防护和加固工程较多,其施工的技术要求和美学要求也较高。

(7)路基施工的组织与管理更加严格。高速铁路建设项目繁多,工程投资巨大,工程任务艰巨,工期要求紧,质量要求高,这就使路基施工的组织与管理更加严格。路基工程自身有地基处理、路堤填筑、路堑开挖,支挡结构、边坡防护、路基排水及相关工程项目,它们是一个相互制约、相互影响的系统工程。要在施工过程中实现优化施组及科学管理存在一定的难度。路基施工系野外作业,受水文、气候、地质等自然条件的影响很大。特别是雨季和冬季,使一些地区的施工增加了许多困难,施工作业受到极大限制,甚至无法进行。另外,路基工程是线形建筑物,施工面狭长,流动性大,临时工程多,施工易受到其他工程和外界的干扰,施工管理工作量大。在施工过程中,路基工程直接影响桥梁架设和轨道工程的施工,故而路基工程工期相当紧。

(8)路基施工机械化程度高,各种新工艺、新材料、新技术得到广泛应用,对工程技术人员提出了巨大的挑战。

任务 3.2　了解高速铁路路基工程设计的基本知识

高速铁路路基主体结构应按土工结构物进行设计,其地基处理、路堤填筑、边坡支挡防护以及排水设计等必须具有足够的强度、稳定性和耐久性,使之能抵抗各种自然因素作用的影响,确保列车高速、安全和平稳运行。

3.2.1　路基横断面

无砟轨道支承层(或底座)底部范围内可水平设置,支承层(或底座)外侧路基面设置不小于 4%的横向排水坡。有砟轨道路基面形状应为三角形,由路基面中心向两侧设置不小于 4%的横向排水坡。曲线加宽时,路基面仍应保持三角形。

路肩虽不直接承受列车荷载作用,但它对保证路基受力部分的稳固十分重要。路肩宽度选择应同时满足敷设接触网支柱,安放通信信号设备,埋设必要的线路标志,通行养路机具等要求。路肩宽度取决于以下几个因素:①路基稳定的需要,特别是浸水以后路堤边坡的稳定性;②满足养护维修的需要;③保证行人的安全,符合安全退避距离的要求;④为路堤压密与道床边坡坍落留有余地。我国高速铁路有砟轨道路肩宽度亦根据所采用的机车外形、车辆幅宽、列车长度、行车速度等,参考其他国家的资料并考虑了上述要求后,提出路基两侧路肩宽度不应小于 1.4 m(双线)和 1.5 m(单线)的标准。

路基横断面宽度和布置形式应考虑路基稳定的需要、线间距、轨道结构形式、曲线超高设置、路肩宽度、通信信号和电力电缆布置、接触网立柱基础位置、声屏障基础等因素的影响,并应综合考虑路基防排水问题。我国《高速铁路设计规范》中规定直线地段路基面宽度应符合表 3.1的规定。

路基面在无砟轨道正线曲线地段一般不加宽,当轨道结构和接触网支柱等设施的设置有特殊要求时,根据具体情况分析确定。有砟轨道正线曲线地段路基面加宽值应在曲线外侧按表 3.2 的规定加宽。曲线加宽值应在缓和曲线内渐变。

图 3.1～图 3.8 为我国高速铁路路基的标准横断面图。

表 3.1　路基面标准宽度

轨道类型	设计速度/(km·h^{-1})	双线线间距/m	路基面宽度	
			单线/m	双线/m
无砟轨道	250	4.6	8.6	13.2
	300	4.8		13.4
	350	5.0		13.6
有砟轨道	250	4.6	8.8	13.4
	300	4.8		13.6
	350	5.0		13.8

表 3.2　有砟轨道曲线地段路基面加宽值

设计速度/(km·h^{-1})	曲线半径 *R*/m	路基外侧加宽值/m
250	*R*≥10 000	0.2
	10 000>*R*≥7 000	0.3
	7 000>*R*≥5 000	0.4
	5 000>*R*≥4 000	0.5
	R<4 000	0.6
300	*R*≥14 000	0.2
	14 000≥*R*≥9 000	0.3
	9 000>*R*≥7 000	0.4
	7 000>*R*≥5 000	0.5
	R<5 000	0.6
350	*R*>12 000	0.3
	12 000≥*R*>9 000	0.4
	9 000≥*R*≥6 000	0.5
	R<6 000	0.6

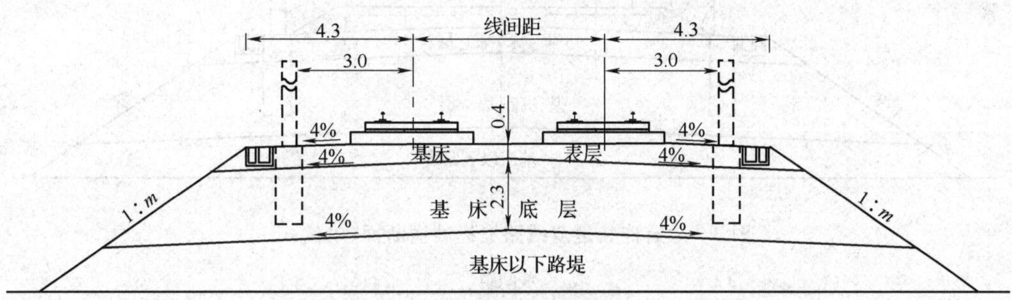

图 3.1　无砟轨道双线路堤标准横断面(单位:m)

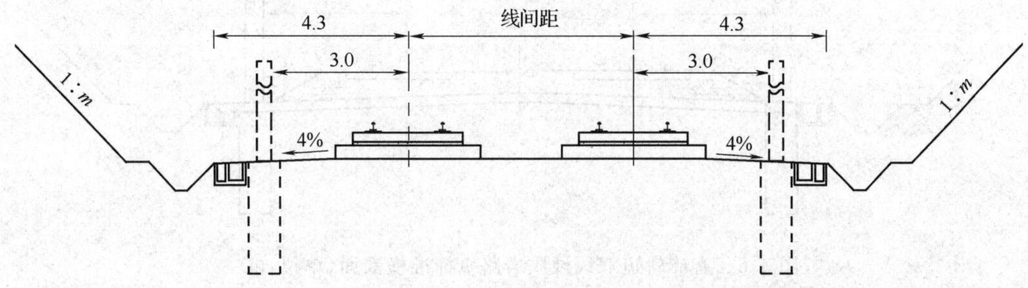

图 3.2　无砟轨道双线硬质岩路堑标准横断面(单位:m)

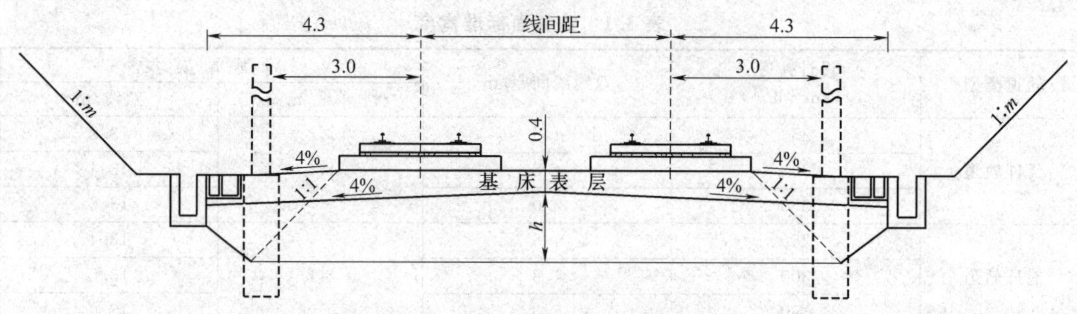

图 3.3　无砟轨道双线非硬质岩路堑标准横断面(单位:m)

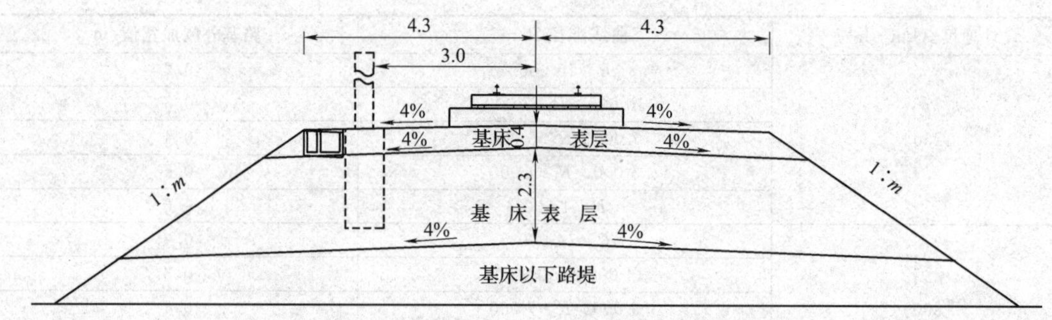

图 3.4　无砟轨道单线路堤标准横断面(单位:m)

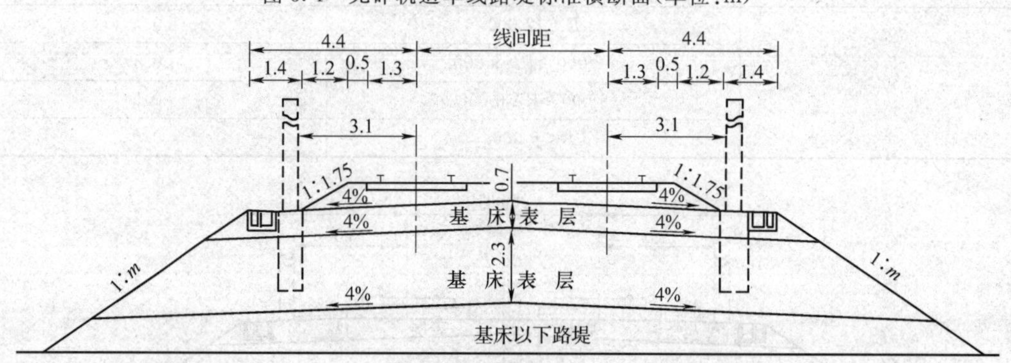

图 3.5　有砟轨道双线路堤标准横断面(单位:m)

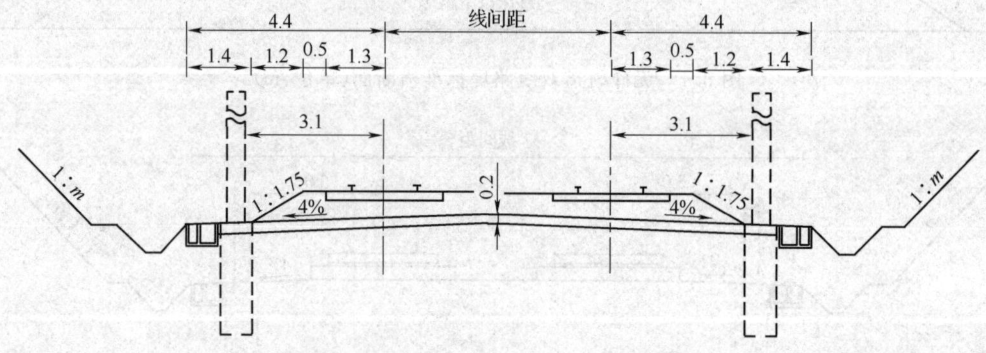

图 3.6　有砟轨道双线硬质岩路堑标准横断面(单位:m)

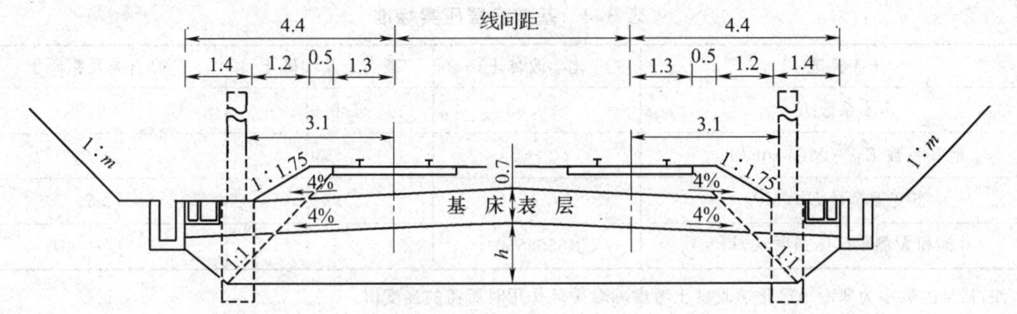

图 3.7　有砟轨道双线非硬质岩路堑标准横断面(单位:m)

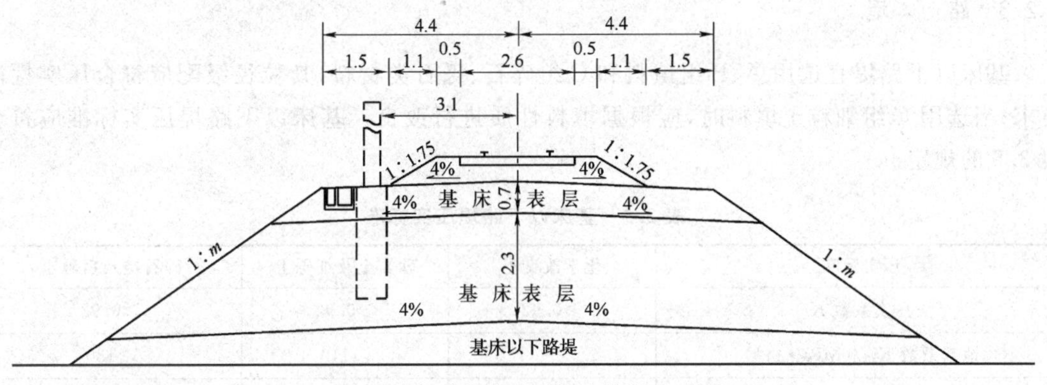

图 3.8　有砟轨道单线路堤标准横断面(单位:m)

3.2.2　路基基床

1. 基床结构

高速铁路路基基床是由基床表层和底层组成的两层结构。我国高速铁路基床表层厚度，无砟轨道为 0.4 m,有砟轨道为 0.7 m,基床底层厚度为 2.3 m。

2. 基床表层

路基基床表层的刚度应满足列车运行时产生的弹性变形能控制在一定范围内的要求;其强度应能承受列车荷载的长期作用;其厚度应使扩散到其底层面上的动应力不超过基床底层土的长期承载能力。基床表层填料应具有优良的级配,较高的密实度、强度及良好的水稳性,能够防止地表水侵入导致基床软化及产生翻浆冒泥、冻胀等基床病害。我国高速铁路基床表层要求填筑级配碎石,压实标准应符合表 3.3 的规定,其材料规格应符合相关技术条件要求。

表 3.3　基床表层的压实标准

压　实　标　准	级　配　碎　石
压实系数 K	≥0.97
地基系数 K_{30}/(MPa·m^{-1})	≥190
动态变形模量 E_{vd}/MPa	≥55

3. 基床底层

路基基床底层填料采用 A、B 组填料或改良土,A、B 组填料粒径级配应符合压实性能要求,寒冷地区冻结影响范围内的填料应符合防冻胀要求。路基填料最大粒径在基床表层内应小于 60 mm,在基床以下应小于 75 mm。基床底层压实标准应符合表 3.4 的规定。

表 3.4　基床底层压实标准

压实标准	化学改良土	砂类土及细砾土	碎石类及粗砾土
压实系数 K	≥0.95	≥0.95	≥0.95
地基系数 $K_{30}/(\mathrm{MPa\cdot m^{-1}})$	—	≥130	≥150
动态变形模量 E_{vd}/MPa	—	≥40	≥40
7 d 饱和无侧限抗压强度 q_u/kPa	≥350(550)	—	—

注:括号内数字为寒冷地区化学改良土考虑冻融循环作用时所需的强度值。

3.2.3　路　　堤

基床以下路堤宜选用 A、B 组填料和 C 组碎石、砾石类材料,其粒径级配应符合压实性能要求;当选用 C 组细粒土填料时,应根据填料性质进行改良。基床以下路堤压实标准应符合表 3.5 的规定。

表 3.5　基床以下路堤压实标准

压实标准	化学改良土	砂类土及细砾土	碎石类及粗砾土
压实系数 K	≥0.92	≥0.92	≥0.92
地基系数 $K_{30}/(\mathrm{MPa\cdot m^{-1}})$	—	≥110	≥130
7 d 饱和无侧限抗压强度 q_u/kPa	≥250	—	—

工后沉降是指铺轨工程完成以后,基础设施产生的沉降量。路基工后沉降值应控制在允许范围内,地基处理措施应根据地形和地质条件、路堤高度、填料及工期等进行计算分析确定。对路基与桥台及路基与横向结构物过渡段、地层变化较大处和不同地基处理措施连接处,应采取逐渐过渡的地基处理方法,减少不均匀沉降。路基施工应进行系统的沉降观测,铺轨前应根据沉降观测资料进行分析评估,确定路基工后沉降符合要求后方可进行轨道铺设。路基工后沉降量应符合下列规定:

(1)无砟轨道路基工后沉降应符合线路平顺性、结构稳定性和扣件调整能力的要求。工后沉降不宜超过 15 mm;沉降比较均匀并且调整轨面高程后的竖曲线半径应满足式(3.1)的要求时,允许的工后沉降量为 30 mm。

$$R_{sh} \geq 0.4v^2 \tag{3.1}$$

式中　R_{sh}——轨面圆顺的竖曲线半径(m);

v——设计最高速度(km/h)。

路基与桥梁、隧道或横向结构物交界处的工后沉降差不应大于 5 mm,不均匀沉降造成的折角不应大于 1/1 000。

(2)有砟轨道路基工后沉降应符合表 3.6 的要求。

表 3.6　路基工后沉降控制标准

设计速度/$(\mathrm{km\cdot h^{-1}})$	一般地段工后沉降/cm	桥台台尾过渡段工后沉降/cm	沉降速率/(cm·年$^{-1}$)
250	≤10	≤5	≤3
300、350	≤5	≤3	≤2

至于各种特殊地区路堤的填筑要求以及路堑、路基排水、路基防护、路基支挡等问题不再详细介绍。

3.2.4　过渡段

1. 设置过渡段的原因

铁路线路是由不同特点、性质迥异但又相互作用、相互依存、相互补充的构筑物(桥、隧、路基等)和轨道构成的。由于组成线路的结构物强度、刚度、变形、材料等方面的巨大差异,因此必然会引起轨道的不平顺。为了满足列车平稳舒适且不间断地运行,必须将其不平顺控制在一定范围之内。例如,与桥梁连接处的路堤一直是铁路路基的一个薄弱环节,由于路基与桥梁刚度差别很大,一方面引起轨道刚度的变化,另一方面,路基与桥台的沉降也不一致,在路桥过渡点附近极易产生沉降差,导致轨面发生弯折。当列车高速通过时,必然会增加列车与线路的振动,引起列车与线路结构的相互作用力的增加,影响线路结构的稳定,甚至危及行车安全。在路基与桥梁之间设置一定长度的过渡段,可使轨道的刚度逐渐变化,并最大限度地减少路基与桥梁之间的沉降差,达到降低列车与线路的振动,减缓线路结构的变形,保证列车安全、平稳、运行和旅客舒适的目的。路基与桥台、横向结构物、隧道及路堤与路堑、有砟轨道与无砟轨道等连接处均应设置过渡段,保证线路纵向刚度及变形均匀变化。

2. 过渡段的设置

(1)路桥过渡段

路堤与桥台连接处应设置过渡段,可采用沿线路纵向倒梯形的过渡段形式(图 3.9),并应符合下列规定:

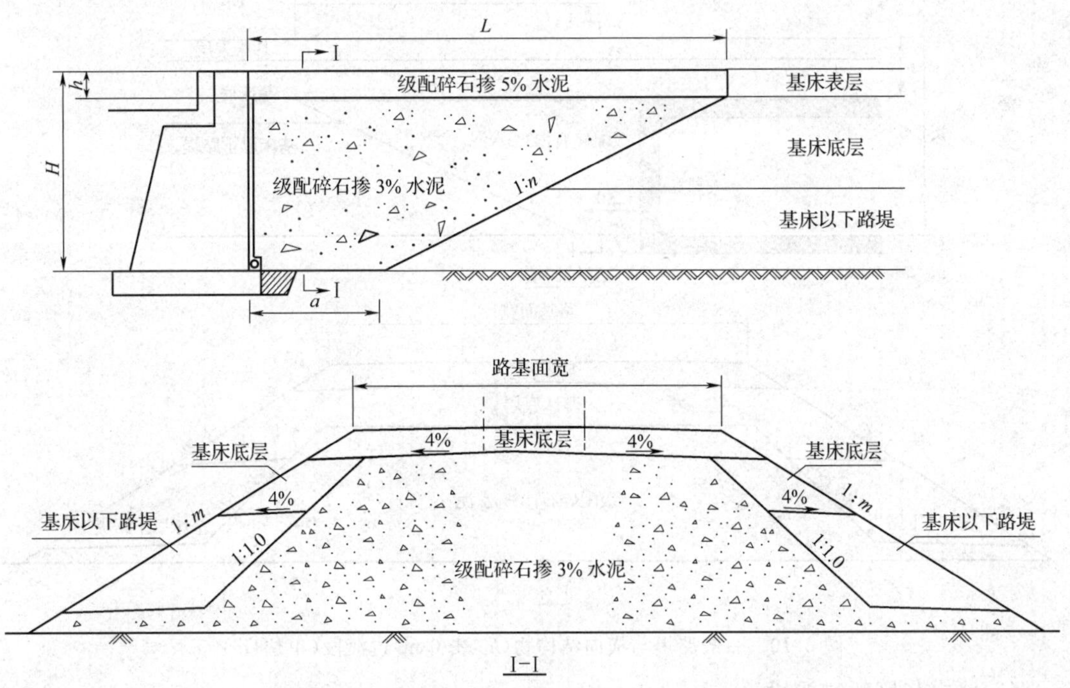

图 3.9　台尾过渡段设置

①过渡段长度按式(3.2)确定,且不小于 20 m。

$$L=a+(H-h)\cdot n \tag{3.2}$$

式中 L——过渡段长度(m);

H——台后路堤高度(m);

h——基床表层厚度(m);

a——倒梯形底部沿线路方向长度,取 3～5 m;

n——常数,取 2～5。

②过渡段路堤基床表层应满足上述有关要求,并掺入 5%的水泥。基床表层以下倒梯形部分分层填筑掺入 3%水泥的级配碎石,压实标准应满足压实系数 $K \geqslant 0.95$,地基系数 $K_{30} \geqslant$ 150 MPa/m,动态变形模量 $E_{vd} \geqslant 50$ MPa。

③过渡段桥台基坑应以混凝土回填或以碎石、灰土分层填筑并用小型机具碾压密实,混凝土应满足设计强度要求,碎石、灰土填筑应满足 $E_{vd} \geqslant 30$ MPa。

④过渡段地基需要加固时应考虑与相邻地段协调渐变。

⑤过渡段还应符合轨道特殊结构的要求。

⑥过渡段路堤应与其连接的路堤同时施工,并按大致相同的高度分层填筑。距离台背 2.0 m 范围内应用小型机具碾压密实并适当减小分层填筑厚度。

⑦过渡段处理措施及施工工艺应结合工程实际,进行现场试验。

(2)路堤与横向结构物过渡段

路堤与横向结构物(立交框构、箱涵等)连接处应设置过渡段,可采用沿线路纵向倒梯形的过渡形式,如图 3.10 所示。严寒、寒冷地区过渡段设置应充分考虑与横向结构物冻结影响范围填料的防冻问题,如图 3.11 所示。横向结构物顶面填土厚度不大于 1.0 m 时,横向结构物及两侧 20 m 范围内基床表层填筑级配碎石应掺加 5%水泥,如图 3.12 所示。

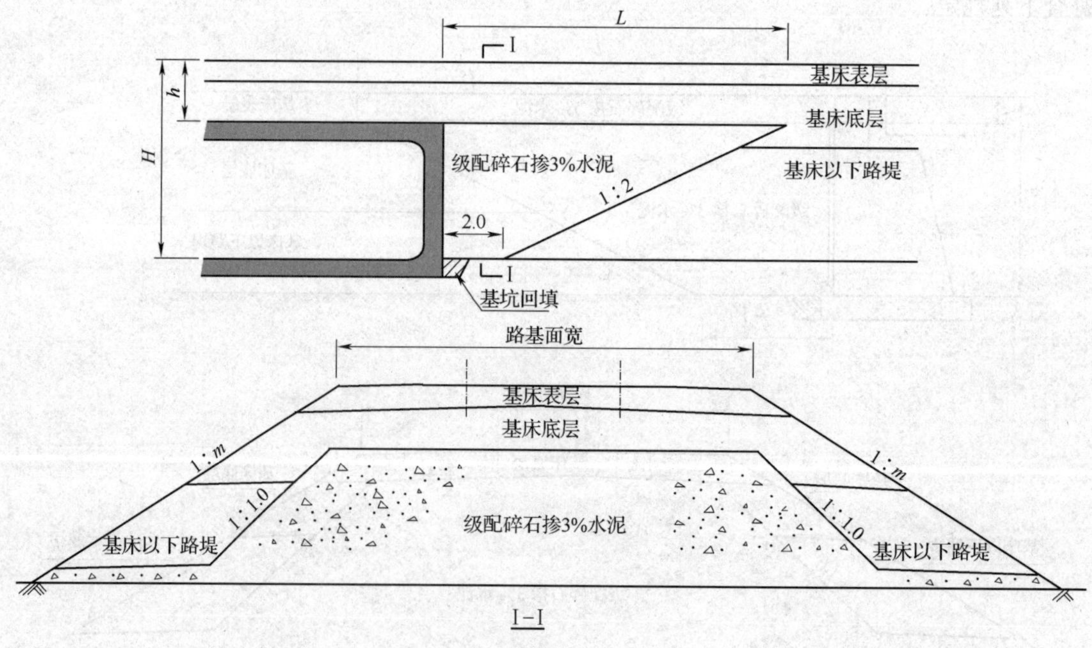

图 3.10 一般路堤与横向结构物(h>1.0 m)过渡段(单位:m)

(3)路堤与路堑过渡段

路堤与路堑连接处应设置过渡段,过渡段可采用下列设置方式:

①当路堤与路堑连接处为硬质岩石路堑时,在路堑一侧顺原地面纵向开挖台阶,每级台阶自原坡面的挖入深度不应小于 1.0 m,台阶高度 0.6 m 左右,并应在路堤一侧设置过渡段,如

图 3.13 所示。

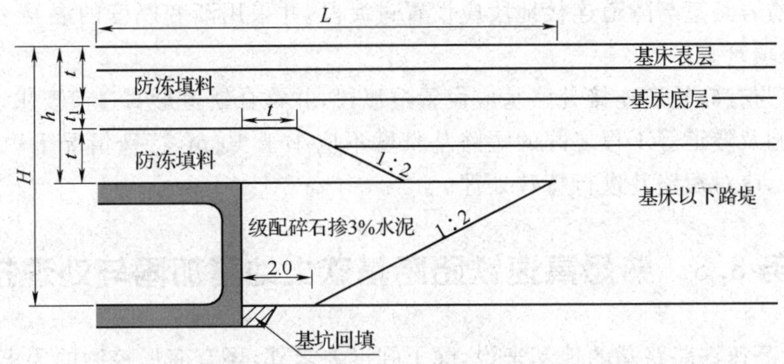

图 3.11　严寒、寒冷地区路堤与横向结构物($h>1.0$ m)过渡段(单位:m)

注:图中 t 为最大冻结厚度,当 $t_1<0.3$ m 时,涵顶全部填筑防冻填料。

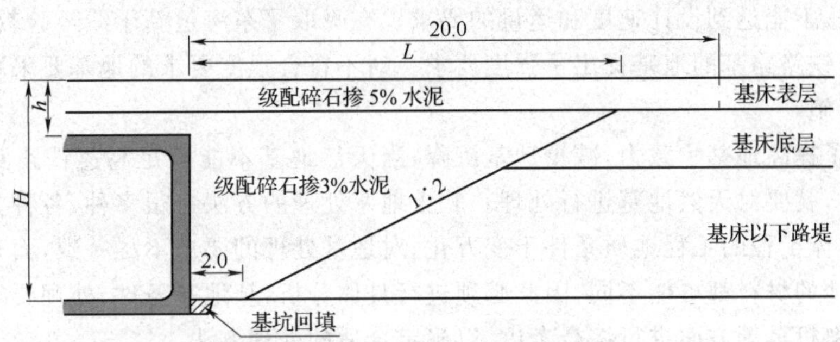

图 3.12　路堤与横向结构物($h\leqslant1.0$ m)过渡段(单位:m)

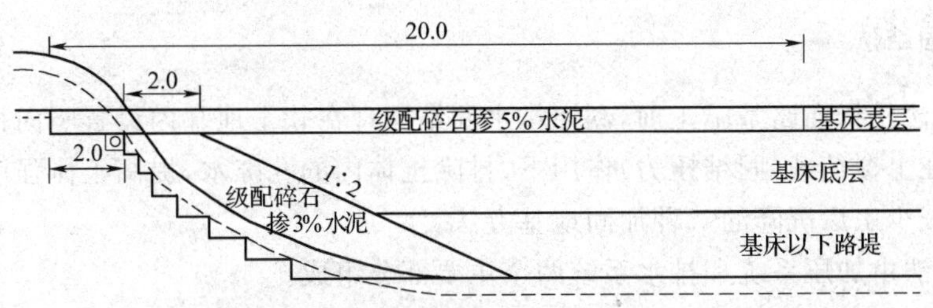

图 3.13　硬质岩石堤堑过渡段(单位:m)

②当路堤与路堑连接处为软质岩石或土质路堑时,应顺原地面纵向开挖台阶,每级台阶挖入深度不应小于 1.0 m,台阶高度 0.6 m 左右,如图 3.14 所示,其开挖部分填筑要求应与路堤相应位置相同。

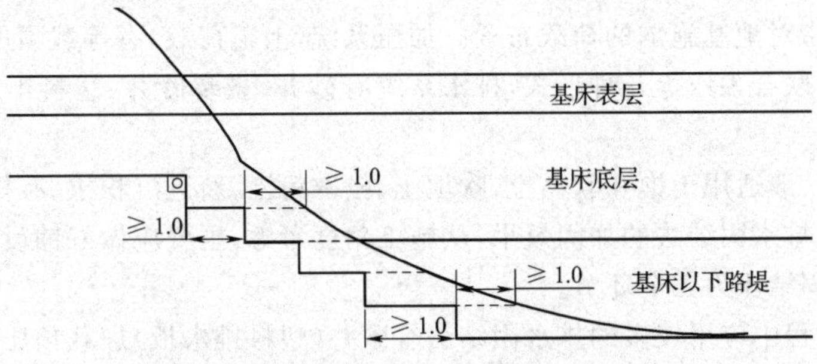

图 3.14　软质岩石或土质堤堑过渡段(单位:m)

(4)其他过渡段

土质、软质岩路堑与隧道连接地段应设置过渡段,并采用渐变厚度的混凝土或掺入5%水泥的级配碎石填筑。

无砟轨道与有砟轨道连接处路基应设置过渡段,并符合轨道形式过渡要求。

桥梁、涵洞及隧道等工程之间的短路基长度不应小于40 m,特殊情况下短路基长度不满足上述要求时,应对短路基进行特殊处理。

任务3.3 熟悉高速铁路路基软土地基加固与处理技术

对于支承高速铁路路基的地基来说,除了强度要求外,还有变形控制的要求。过大的工后沉降和沉降速率会造成线路养护维修工作量和运营支出大量增加,严重干扰正常行车,在高速铁路线路的全寿命周期内很不经济。例如,日本东海道新干线建成后,由于软土地基沉降造成轨道状态不良,不能达到设计速度和运量的要求。在吸取了东海道新干线经验教训后,对后来新修建的高速铁路路基的地基提出了强度要求。对不符合强度要求的地基要采取加固和减少工后沉降的措施。

因此,为了提高地基承载力,减少地基沉降,当天然地基不能满足高速铁路路基稳定或变形控制要求时,就要对天然地基进行处理。软土地基处理的方法有很多种,各种方法都有它的适用范围。具体工程的工程地质条件千变万化,对地基处理的要求不尽一致,而且施工部门采用的机具、当地的材料都可能不同,因此必须进行具体分析,从地基条件、处理要求、处理范围、工程进度、材料机具等方面进行综合考虑,以确定合适的处理方法。

下面对各种处理方法作简要的介绍。

3.3.1 排水固结法

排水固结法是指在路基施工前,利用排水固结原理在软土地基内设置竖向排水体,铺设水平排水垫层,在上覆荷载(固结压力)作用下,排除土体内的孔隙水,提高土体强度,以达到提高地基承载力,减少工后沉降的一种加固地基方法。

排水固结法由加压系统和排水系统两个主要部分组成。

排水系统由竖向排水体和水平排水体构成,主要作用是改变地基的排水边界条件,缩短排水距离和增加孔隙水排出的途径。当软土层靠近地表且较薄或土的渗透性好且施工周期较长时,可在地面铺设一定厚度的砂垫层,不设竖向排水通道,土中的孔隙水在外荷载作用下可排至砂垫层,从而产生固结。若软土层较厚时,为加快排水固结,应在地基中设置砂井等竖向排水体,与水平砂垫层一起构成排水系统。

加压系统是指对地基施加的荷载布置。加压系统(上覆荷载)有等载预压、超载预压、真空预压、堆载与真空联合预压等几种形式,排水系统有砂井、袋装砂井、塑料排水板、砂垫层等几种形式。

排水固结法一般适用于饱和软黏土、吹填土、松散粉土、新近沉积土、有机质土及泥炭土地基。因此,要保证排水固结法的加固效果,从施工角度考虑,主要应做好铺设水平垫层、设置竖向排水体和施加固结压力三个环节。

目前,实际工程中应用较多的排水固结法有砂井(塑料排水板)加载预压和砂井(塑料排水板)真空预压。图3.15和图3.16所示为插板机插塑料排水板的施工。排水砂井多采用袋装砂井，如图 3.17 所示。

图 3.15　插板机插板施工

图 3.16　插板完成后的场地

图 3.17　袋装砂井

堆载预压是指在拟建路基场地上用堆土或其他荷重，施加或分级施加与其相当的荷载，对地基土进行预压，使土体中孔隙水排出，孔隙体积变小，地基土压密，以增强土体的抗剪强度，提高地基承载力和稳定性；同时可减小土体的压缩性，消除沉降量，以便在使用期间不致产生有害的沉降和沉降差。

真空预压法是通过在砂垫层及竖向排水体中形成负压，使土体排水固结。真空预压的排水系统与常规堆载法完全一致。

3.3.2　刚性桩基础

刚性桩（如混凝土方桩、CFG 桩、预应力管桩等）一般不单独使用，通常在桩顶设置加筋褥垫层，从而形成桩网复合结构。其基本原理是：在地基处理过程中通过设置刚性桩，下部土体得到竖向增强体“桩”的加强，形成复合地基加固区，桩顶上部土体得到水平向增强体“网”的加强形成复合地基加固区，使网—桩—土三者协同作用，整体共同承担上部荷载。桩网复合结构具有沉降变形小而且完成快、工后沉降较易控制、稳定性高、施工方便等优点。

1. CFG 桩

CFG 桩即水泥粉煤灰碎石桩，是由碎石、石屑、砂、粉煤灰掺水泥加水拌和，用各种成桩机械制成的可变强度桩。CFG 桩可用于加固填土、饱和及非饱和黏性土、松散的砂土、粉土等；对塑性指数高的饱和软黏土使用时应慎重。CFG 桩由于桩身具有一定的黏结性，故可全长范围内受力，能充分发挥桩周摩阻力和端承力，桩土应力比一般为 10～40，复合地基承载力的提高幅度较大，有沉降小、稳定快的特点。其处理深度以 30m 内较经济。

京津城际铁路、武广高速铁路、郑西高速铁路，由于设计速度高（350 km/h），且为无砟轨道，为了有效地控制地基沉降，在软土和松软土地基段大量采用 CFG 桩进行地基处理，如图 3.18所示。

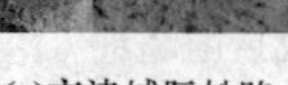

(a)京津城际铁路

(b)武广高速铁路

(c)郑西高速铁路

图 3.18　CFG 桩施工实景

桩体主体材料碎石、石屑为中等粒径骨料，可改善级配；粉煤灰作为细骨料，可以和低强度水泥作用。通过调整水泥掺量和配合比，桩体强度可在 C5～C20 之间变化，一般为 C5～C10，是介于刚性桩与柔性桩之间的一种桩型。CFG 桩和桩间土一起，通过褥垫层形成 CFG 桩复合地基共同工作。

按打桩顺序分，CFG 桩的施工方法有连打法、间隔跳打法。具体采用何种打法应由现场试验来确定。连打法易造成邻桩被挤碎或缩颈，在黏性土中易造成地面隆起；跳打法不易发生上述现象，但土层较硬时，在已打桩中间补打新桩，可能造成已打桩被振裂或振断。在软土中，桩距较大时可采用隔桩跳打，但施工新桩应与已打桩时间间隔不少于 7 d；在饱和的松散粉土中，桩距较小时，不宜采用隔桩跳打；全长布桩时，应遵循“由一边向另一边打桩”的原则。

按施工机械分，其施工方法可分为长螺旋施工和振动沉管施工两种，如图 3.19 和图 3.20所示。长螺旋施工的特点是：施工速度快，对相邻桩体的影响很小，穿透地层能力较强，排土量大。振动沉管施工的特点是机械简单，对已打桩体的影响较大，易出现浅层断桩，穿透地层能力较弱。

图 3.19　长螺旋施工

图 3.20　振动沉管施工

2. 打入桩

打入桩又称沉入桩，是靠桩锤的冲击能量将预制桩打(压)入土中，使土被压挤密实，以达到加固地基的作用。沉入桩所用的基桩主要为预制的钢筋混凝土桩和预应力混凝土桩。沉入桩的施工方法主要有：锤击沉桩、振动沉桩、射水沉桩、静力压桩以及钻孔埋置桩等。

静压法施工无噪声，桩垂直度控制容易，但静压机自重大，对地基强度要求也高。打入法施工自重轻，对地基强度要求低，但桩垂直度控制困难。

打入桩施工可根据地质条件、桩型和桩体承载能力等采用锤击桩法或振动法。

3. 桩板结构

桩板结构是采用混凝土桩、板(梁)来处理填土高度低且地基软弱的一种结构形式，可以解决深厚层软土地基沉降问题，并满足基床动力响应要求。

3.3.3 深层密实法

1. 灰土挤密桩

该方法是利用沉管、冲击或爆扩等方法在地基中挤土成孔，然后向孔内夯填素土或灰土成桩。成桩时，通过成孔过程中的横向挤压作用，桩孔内的土被挤向周围，使桩间土得以挤密，然后将备好的素土(黏性土)或灰土分层填入桩孔内，并分层捣实至设计标高。用素土分层夯实的桩体，称为土挤密桩；用灰土分层夯实的桩体，称为灰土挤密桩。二者分别与挤密的桩间土组成复合地基，共同承受基础的上部荷载。

2. 强夯

强夯法又称动力固结法，是将重锤(一般为 10～40 t，国外曾有过锤重 200 t 的报道)从高处(10～40 m)自由下落，夯击地基，从而使地基土的强度得到提高，压缩性得到降低的方法。

3.3.4 置换法双层地基或复合地基

1. 换填

当软土地基的承载力和变形满足不了设计要求，而软土层的厚度又不是很大时，可将路基底面下处理范围内的软弱土层部分或全部挖去，然后分层换填强度较高的砂(碎石、素土、灰土、二灰土等)或其他强度较高、性能稳定、无侵蚀性的材料，并用人工或机械方法压(夯、振)实至要求的密实度为止，这种地基处理的方法称为换填土法。

2. 砂(碎石)垫层

当软土层很厚时，可在软土层上分层填筑砂、碎石等强度较大的材料，并加以夯实振密。砂(碎石)垫层还为软土提供一个排水的通道，从而加速软土固结而快速提高软基的承载能力。砂垫层适于施工期限不紧，路堤高度为极限高度的 2 倍以内，且软土表面无隔水层的情况。

用砂和砂石料作为垫层材料时，应选用颗粒级配良好、质地坚硬的中、粗砂，可掺入一定数量的碎(卵)石，但要分布均匀，颗粒的不均匀系数最好不小于 10。

3. 复合地基

复合地基是指天然地基在处理过程中部分土体得到增强或被置换，或在天然地基中设置加筋材料，加固区是由基体和增强体两部分组成的人工地基。

复合地基又分为散体材料复合地基、柔性桩复合地基和刚性桩复合地基三种。散体材料复合地基如碎石桩复合地基、砂桩复合地基等。柔性桩复合地基如深层搅拌桩复合地基、旋喷桩复合地基等。刚性桩复合地基如 CFG 复合地基、管桩复合地基、钢筋混凝土复合地基(通常其上部设有褥垫层)等。

(1)深层搅拌桩

深层搅拌桩分为粉体喷射搅拌桩(简称粉喷桩)和浆体喷射搅拌桩(湿喷桩)。粉喷桩是用于加固软土地基的一种方法，它是以水泥浆作为固化材料，通过专用的深层搅拌机在地基深处就地将软土和水泥浆强制搅拌,使它们之间产生一系列的物理、化学反应,从而使软土硬结成有整体性、水稳性和一定强度的水泥加固土,以提高地基的稳定和力学性能。湿喷桩加固软土地基实际上就是水泥加固土的过程,即采用机械深层搅拌软土与水泥浆,进而使之发生一系列物理化学反应而形成复合地基的过程。

(2)砂石桩

砂石桩是指采用振动、冲击或水冲等方式在软弱地基中成孔后,将砂或碎石挤压入已成的孔中,形成大直径的砂石所构成的密实桩体,包括碎石桩、砂桩和砂石桩,总称为砂石桩。砂石桩与土共同组成基础下的复合土层,作为持力层,以提高地基承载力和减小变形。

(3)高压旋喷桩

高压旋喷桩复合地基属一般粘结强度桩复合地基。高压旋喷桩水泥土桩是通过搅拌装置和喷射头,将水泥固化剂与场地原土强制搅拌形成的水泥土桩桩体(图 3.21)。

图 3.21 高压旋喷桩

高压旋喷桩施工流程为:桩机按设计桩位就位后,钻孔至设计深度;沉入注浆管至孔底;高压喷射注浆,注浆管应在前锋水泥浆流出喷头后,方可开始提升注浆管,自下而上喷射注浆。成桩后拔管,并清洗机械。

(4)混凝土灌注桩

混凝土灌注桩的成孔施工可根据地质条件、桩长和桩径等采用钻机成孔或人工挖孔。其方法与普速铁路混凝土灌注桩工艺基本相同,在此不再详细介绍。

3.3.5 其他方法

1. 土工合成材料垫层

土工合成材料具有加筋、隔离、防护、防渗、过滤和排水等多种功能。通过土工织物或土工网、土工格栅、土工格室等补强地基,可提高路基的整体稳定性。图 3.22 为砂垫层中铺设的土工格栅,图 3.23 为垫层中铺设的土工格室。

图 3.22 砂垫层中铺设的土工格栅

图 3.23 垫层中铺设的土工格室

2. 洞穴处理

洞穴可以采用压浆加固处理方法,也可填片石及水泥土混合物。

3. 灌浆法

灌浆法是指利用液压、气压或电化学原理,通过注浆管把浆液均匀地注入地层中,浆液以填充、渗透和挤密等方式，赶走土颗粒间或岩石裂隙中的水分和空气后占据其位置，经一定时间后，浆液将原来松散的土粒或裂隙胶结成一个整体，形成一个结构新、强度高、防水性能好和化学稳定性良好的“结石体”。

任务3.4 熟悉高速铁路路基施工技术

由于高速铁路路堑与普速铁路路堑在施工方法上基本相同，限于篇幅，本书仅介绍高速铁路路堤施工技术和基床施工技术，对高速铁路路堑施工不再予以介绍。

路堤施工前，应先进行原地面处理。具体要求参见相关规定。

3.4.1 填料改良

填料改良是指在原土中添加某种材料，使之与土发生一定的物理化学反应，以改变原土的物理力学性质。填料改良已在国内外高速铁路、公路土方工程中广泛应用，各国均制订有自己的“技术准则”或“工法”。填料改良可分为物理改良和化学改良两类。

物理改良是指通过在原土中添加某种粒径的土(石)料，改善其级配(C_c,C_u)特性，提高物理力学性能及压实性。

化学改良是指通过在原土中添加固化剂(水泥、石灰、粉煤灰、土壤固化剂及其他有机及无机材料)使之发生物理化学反应，如阳离子交换、胶凝、碳化结块等作用，从而使土的结构与性质发生较大的变化，改善土的物理力学性质，增加强度，同时，降低填料的含水率，便于施工、压实。水泥宜适用于改良不均匀系数 $C_u>10$，$I_p\leqslant 12$ 且 $w_L<40\%$ 的黏性土。石灰宜改良黏粒($d<0.002$ mm)含量大于10%及 $I_p>12$ 的黏性土。

由于铁路线路长，不可能在线路全长范围内都有优质填料和良好填料。在优质填料和良好填料匮乏地区，如果不对填料进行改良，就可能需要长距离运输优质填料和良好填料，很不经济。下面简要介绍填料化学改良的方法。

1. 添加剂选择及改良步骤

添加剂有石灰、水泥、粉煤灰、沥青、合成固化剂、合成树脂等。添加剂的选用原则是：一般情况下，塑性指数较高的黏性土采用石灰；砂类土采用水泥。

改良步骤：①进行原土各类物理、力学、水稳性试验。②对各类添加剂改良土进行相关试验，确定添加剂及配方(经济、技术、控制性指标改善情况)。③现场工况试验，确定现场添加剂用量及工艺。

2. 改良填料施工工艺

改良填料施工工艺可分为厂拌法、路拌法和集中场拌法。

(1)厂拌法：采用专用的破碎、拌和机械进行工厂化生产。主要优点是拌和均匀，质量容易控制，但成本高、效率低。主要工艺流程：填料摊铺并晾晒→含水率检测→填料入仓→机械破碎→粒径检测→添加剂含量检测→添加剂＋破碎料机械拌和→均匀性检测→出厂→摊铺、平整、碾压。厂拌法施工如图3.24所示。

(2)路拌法：指采用路拌机械在路堤施工现场拌和。方法简便，成本低，对含水率要求不高。但受气候影响大，污染较大。主要工艺流程：填料摊铺、晾晒→添加剂含量检测→拌和→含水率及均匀性检测→平整、碾压。路拌法施工如图3.25所示。

(3)场拌(集中厂拌)法：采用路拌机械集中在场地(如取土场、专用拌和场)内拌和，其拌和工艺与路拌法相同，可减少对施工沿线的污染。

图3.24 京沪高速铁路试验工点厂拌法施工

图3.25 京沪高速铁路试验工点路拌法施工

3.4.2 基床以下路堤填筑

基床以下路堤填筑应按“三阶段、四区段、八流程”的施工工艺组织施工，每个区段的长度应根据使用机械的能力、数量确定，一般宜在200 m以上或以构造物为界。各区段或流程内严禁几种作业交叉进行。图3.26为冲击式压路机碾压路基。

图3.26 冲击式压路机碾压路基

基床以下路堤应选用A、B组填料和C组块石、碎石、砾石类填料。如果填料是粉、细砂，则一般不宜直接填筑而宜改良后填筑；如果填料是中砂及以上砂、砾，则应级配良好，且其不均匀系数 $C_u>12$。C组细粒土中的粉黏土应使其黏粉比(黏粒重量/粉粒重量)大于22，同时应满足无侧限抗压强度 $q_u>170$ kPa(或黏聚力 $c>65$ kPa)。

3.4.3 基床填筑

1. 基床表层填筑

基床表层级配碎石填筑工艺流程如图3.27所示。基床表层沥青混凝土施工方法参见相关规范。为了降低铁路建设成本，便于施工，基床表层选料原则上应就近取材，其料源可选用开山块石。

开山块石的原料较单一，材质较均匀，只要在加工工艺上采取有效措施剔除黏土及其他杂物，就可以保证成品的清洁度，而且成品粗颗粒表面为破碎面，铺设碾压之后稳定性较好，不易被雨水冲刷流失等，是级配碎石的首选原料。

2. 基床底层填筑

基床底层填筑前，应根据所选的机械及计划使用的填料种类进行现场填筑压实工艺试验。试验段的长度不宜小于50 m。基床底层填筑应符合基床以下路堤填筑的相关要求。

在填筑基床底层时，若填料为细砂，则一般不宜直接填筑，宜改良后填筑；如果填料为中砂及以上砂、砾，则应级配良好，且其不均匀系数 $C_u>20$。对不符合上述要求的填料，可采取改良措施，并应与远运土进行经济技术比较。粗粒土宜用物理改良方法改善其粒径级配。改良后的粗粒土其级配曲线应接近圆顺，不均匀系数 $C_u>20$。细粒土可采用物理改良方法或化学改良方法，当采用化学改良方法时，应根据不同性质的填料选择适宜的外掺料，并进行不同配合比的室内物理、力学试验，优化配合比，满足最不利气候条件下的(如干湿、冻融循环后饱和)动应力要求，并提出改良后的主要技术参数(如无侧限抗压强度等)。

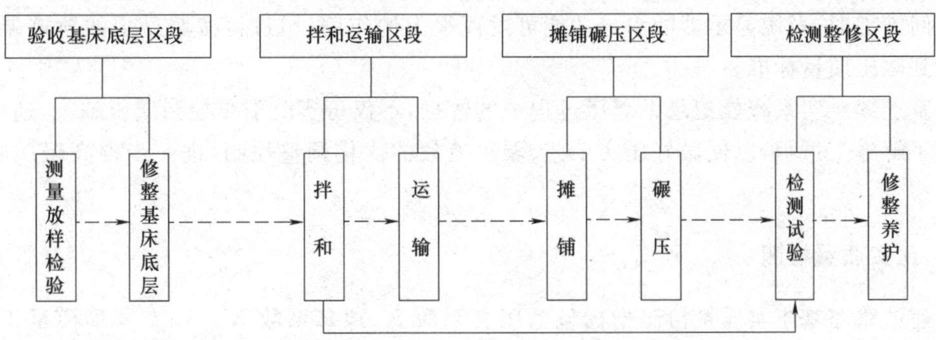

图 3.27　基床表层级配碎石填筑工艺流程

3.4.4　路基连续压实系统

随着近年来智能建造技术的兴起，基于北斗导航、传感网等技术的路基连续压实系统也得到长足发展，下面做简要介绍。

1. 路基连续压实系统原理

路基连续压实系统包括北斗基准站组件和振动压路机安装组件。系统运行时，架设在控制点上的北斗基准站实时向压路机上的北斗接收机发送差分信号，安装在振动压路机顶部的北斗接收机和无线电接收器，接收北斗卫星信号和基站发送的差分信号进行实时厘米级定位；装在压路机振动轮上的 VCV 压实传感器实时将压实数据传输给安装在驾驶室里的显示控制器，使机手能够实时知道当前压路机所处三维位置、压实度、碾压遍数等信息，其原理如图 3.28所示。

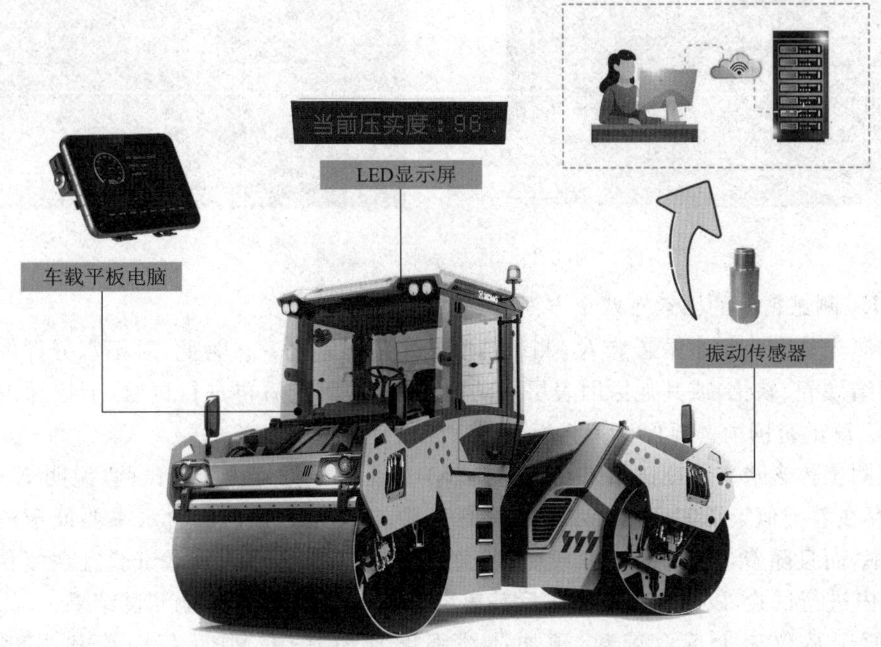

图 3.28　路基连续压实系统原理图示

2. 系统应用效果

在施工过程中,路基连续压实系统引导压路机机手按照设计图纸进行碾压,驾驶室里的显示器能够实时显示当前碾压遍数、行进速度,司机可按照轨迹进行重叠碾压,无须记录碾压遍数。夜间施工时,系统显示器的引导功能可发挥很大的作用,司机可按照显示的轨迹碾压,就能够达到碾压质量标准。

路基连续压实系统能记录下碾压过程中的数据,不仅可实时引导控制碾压施工,还可在事后清楚了解施工过程,以便做好压实工艺、碾压参数的优化调整控制,进一步提高碾压质量和碾压效率。

3.4.5 压实质量检测

高速铁路路基压实质量检测指标包括压实系数 K、地基系数 K_{30}、动态变形模量 E_{vd}、7 d 饱和无侧限抗压强度 q_u 和 E_{v2}。压实系数 K(%)指工地试样的干密度与由击实试验得到的试样的最大干密度的比值。7 d 饱和无侧限抗压强度是指试件在非冰冻区 25 ℃(在冰冻区 20 ℃)条件下湿养 6 d、浸水 1 d,在无侧限条件下,抵抗轴向压力的极限强度。其值等于土破坏时的垂直极限压力,一般用无侧限压力仪来测定。上述两指标的检测比较简单,在此不再叙述。

1. 地基系数 K_{30}

地基系数 K_{30} 是日本和我国在铁路路基检测中常用的压实质量控制指标。地基系数 K_{30} 是指采用直径 30 cm 的荷载板,测定产生压缩下沉量为 0.125 cm 时的荷载值 σ_s,通过 $K_{30}=\sigma_s/1.25\times 10^{-3}$(MPa/m)计算得出的,属单循环荷载试验。图 3.29 所示为地基系数 K_{30} 检测现场。

图 3.29 地基系数 K_{30} 检测

影响 K_{30} 测试精度的因素有两个方面:

(1)被测土体表面状态是影响 K_{30} 测试精度的主要因素之一。为此,对于水分挥发快的均粒砂、表面结硬壳、软化,或其他原因表层扰动的土,必须下挖后再进行试验,下挖深度限定在荷载板直径 D 的范围内。要保证荷载板与测试面的良好密贴。

(2)被测土体含水率对测试结果也起主要影响作用。根据室内模拟试验,说明 K_{30} 值与含水率之间存在着类似于压实度与含水率之间的关系。K_{30} 最大值时的含水率要低于压实度的最佳含水率,而且随着含水率的增加 K_{30} 值将急剧下降。因此,平板荷载试验宜在填料层压实后 2~4 h 内进行试验,以防止碾压完成后其表层含水率变化,从而影响测试结果。

为了便于从仪表上读取读数,预加荷载强度宜为 0.01 MPa,每级荷载强度增量宜为0.04 MPa。

2. 动态变形模量 E_{vd}

动态变形模量检测原理如图 3.30 所示。在被检测的路基面上放置一块一定直径的承压板，一落锤在一定高度处自由下落，落到一缓冲装置后，再落至承压板，并对填土面施加一冲击动荷载，使填土面产生沉陷。通过测试冲击动荷载的大小、板及板周围一定范围内填土面的动变形，利用专用的信号采集及数据处理软件，来求算路基土层的动模量。承载板的沉陷值越大，被测点的承载能力越小，动模量也越小；反之，越大。因此，动模量能反映该处的承载力。

动态平板载荷试验是采用动态平板载荷试验仪(图 3.31)进行的，所测得的土体变形是由规定的动态冲击荷载(σ=0.1 MPa)产生的。试验时，落锤从设定的高度自由下落在阻尼装置上而产生符合测试条件的冲击荷载，由此引起的土体变形 S(即荷载板的沉陷值，mm)可通过沉陷测定仪记录下来，再通过平板压力公式计算得出 E_{vd}值(MPa)。实际使用时常采用简化公式：$E_{vd}=22.5/S$。图 3.30 是动态变形模量 E_{vd}检测仪。

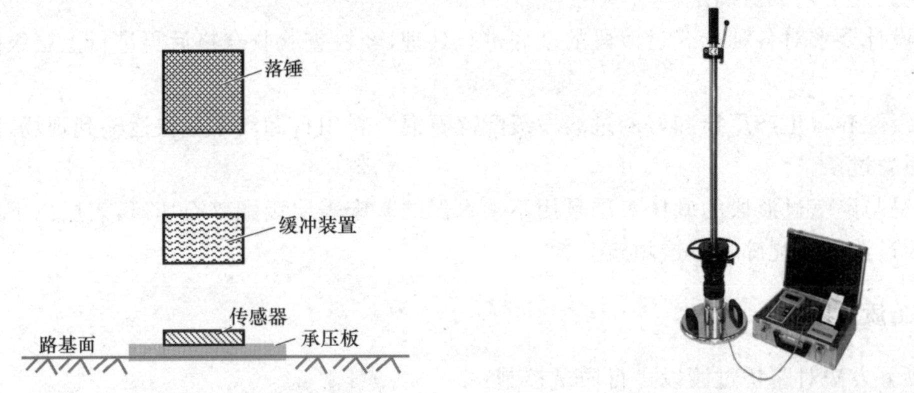

图 3.30　动态变形模量 E_{vd}检测原理　　图 3.31　动态变形模量 E_{vd}检测仪

任务 3.5　掌握高速铁路路桥过渡段施工与控制技术

3.5.1　工艺流程及工艺要点

路桥过渡段填筑施工工艺流程如图 3.32 所示，其施工工艺要点如下。

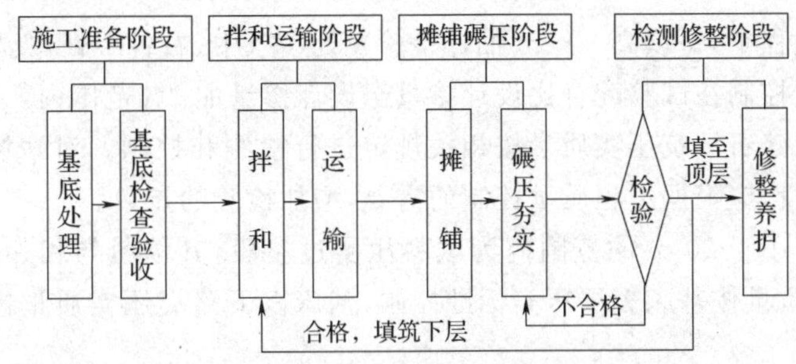

图 3.32　过渡段级配碎石填筑施工工艺流程

(1)基床表层以下级配碎石及台后 20 m 范围内基床表层的级配碎石中应按设计掺适量水泥。过渡段路堤应与桥台锥体和相邻路堤同步填筑，横向结构物两侧过渡段应对称、均匀分层同步填筑施工。大型压路机碾压不到的部位及在台后 2.0 m 范围内，应用小型振动压实设备进行碾压，每层摊铺厚度为相邻路堤分层摊铺厚度的 1/2，填料的松铺厚度不宜大于 20 cm，碾压遍数应通过工艺试验确定。台后 2 m 范围外，每层摊铺厚度应与相邻路堤分层摊铺厚度相匹配，采用压路机时按工艺试验确定的碾压遍数、行驶速率及碾压程序进行碾压。路堤与桥台过渡段虚铺厚度可参考表 3.7 所列参数。

表 3.7　路堤与桥台过渡段虚铺厚度参数

碾压机具	压路机	冲击夯实机具	平板振动器
虚铺厚度/cm	<30	<25	<13

重型压路机可采用“静压＋弱振＋强振＋静压”的碾压方式。重型压路机碾压不到的部位及在台后 2.0 m 范围内，可用小型振动压实设备进行碾压。填料的松铺厚度不宜大于 20 cm，碾压遍数应通过工艺试验确定。

(2)按设计要求对各种形式过渡段的基底进行处理，经检查验收合格后再进行上层级配碎石填筑。

(3)将级配碎石生产厂拌和好的过渡段级配碎石混合料用自卸汽车尽快运输到现场，防止水分蒸发损失过多。

(4)路堤与路堑过渡段的基床表层采用不掺水泥的基床表层级配碎石填筑，表层以下采用不掺水泥的过渡段级配碎石分层填筑。

3.5.2　施工质量控制

应按以下方法对路桥过渡段进行质量控制：

(1)对运至现场的级配碎石混合料按每施工作业段每一层抽检不少于一组的频次，检测其颗粒级配和含水率。当发现运至路基填筑现场的混合料级配或含水率有明显变化时，及时抽样复查，并将检测信息反馈给填料生产拌和站，以对配料比例作相应调整，使生产的级配碎石混合料符合要求。

(2)在每一层的填筑过程中，确认级配碎石混合料颗粒级配、含水率的均匀性、铺筑厚度、填层表面平整等符合设计及施工工艺参数后，再按工艺试验确定的碾压速率和遍数进行碾压夯实。

(3)填筑施工过程中，每填高 90 cm 抽样检验 3 处(左、中、右各 1 处)级配碎石混合料中水泥的含量，水泥含量控制在试验配合比设计掺量至设计掺量加 1%范围内。

(4)过渡段级配碎石填筑压实质量按相关规定进行检测和控制。对站场内多线路基或填筑压实质量可疑地段，应根据工程质量控制的需要，增加检验的点数。

(5)过渡段后不小于 20 m 的范围内为填料压实过渡段，其填料与相邻路堤用填料相同，但其基床底层压实质量按基床表层压实标准控制，基床以下路堤压实质量按非过渡段基床底层压实标准控制。

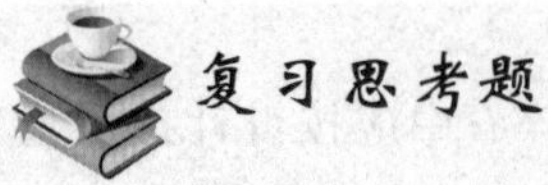

复习思考题

3.1　简述高速铁路路基工程特点。

3.2　高速铁路对路基基床以下路堤填料有何要求？请简要说明。

3.3　简述高速铁路软土地基加固处理的方法。

3.4　简述高速铁路路基填料改良的方法及步骤。

3.5　高速铁路路基压实质量检测指标有哪些？

3.6　简述路基连续压实系统的基本原理。

3.7　简述高速铁路路基与桥梁过渡段的处理方法。

项目4　高速铁路桥梁工程

项目描述

高速铁路桥梁大量采用以32 m为主，其他常用跨度为辅的桥跨；以预应力混凝土整孔简支箱梁为主，预应力混凝土连续箱梁和其他结构为辅的桥式；以现场集中预制、运梁车运梁、架桥机架设为主，现浇或移动模架制梁为辅的施工方法。高速铁路新线预应力混凝土桥梁在施工质量、外形外观、尺寸精度、预制梁检验、墩台沉降等方面比一般铁路桥梁更为严格。

学习目标

1. 知识目标

(1)掌握高速铁路桥梁工程特点；

(2)熟悉桥梁结构形式与桥面布置；

(3)掌握高速铁路桥梁施工技术。

2. 能力目标

(1)能够根据地形地质地物特点选择合适的桥梁施工方法。

(2)能够结合相关施工技术规程，分析高速铁路桥梁简支箱梁集中预制与架设施工工艺要点。

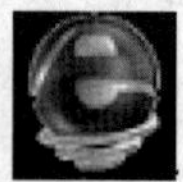

相关案例：京沪高速铁路济南黄河特大桥

京沪高速铁路济南黄河特大桥位于山东济南市境内，距上游济德高速公路杨庄大桥约3 km，距下游泺口铁路大桥约11 km。桥址周围铁路、公路路网密集，车站、渡口距离桥位较近，交通运输便捷。济南黄河特大桥全长5 143.4 m，包括正桥、北引桥和南引桥。正桥为(112+3×168+112) m下承式连续钢桁梁桥，为加大中跨结构刚度，在中跨设置加劲拱。刚性主梁采用带竖杆的等高度三角形桁架，桁高16 m，桁宽30 m，节间14.0 m，柔性拱肋按圆曲线布置，矢高30 m，矢跨140 m，矢跨比1/4.67。正桥滩地采用54 m预应力混凝土连续箱梁；引桥采用32.7 m预应力混凝土简支箱梁，跨越南临黄大堤和北展宽区大堤处采用主孔80 m的预应力混凝土连续箱梁。北引桥为32.85 m+(54.609+80+54.609)m+32.9 m+107×32.7 m、南引桥为(54.741+54.120+53.920)+(44.466+80+44.167 5)m+10×32.7 m的预应力钢筋混凝土连续梁和预应力钢筋混凝土简支箱梁。

主桥墩基础墩号为0～5号，其中3号墩为固定墩。0、5号墩采用21根ϕ2.0 m钻孔灌注桩，0号墩桩长90 m，5号墩桩长70 m。1、2、3、4号墩采用28根ϕ2.5 m钻孔灌注桩，1、4号墩桩长

90 m,2 号墩桩长 102 m,3 号墩桩长 98 m。主桥墩身采用带托盘的板式实体墩,1～4 号墩身截面为适应凌汛期间破冰的要求而采用尖端形,0 号墩位于北临黄大堤以外,5 号墩位于南滩地,不在流凌范围,采用矩形圆弧倒角的实体墩身。0、5 号墩帽为适应钢桁梁和相邻简支梁梁高差异采用 L 形高低墩,1～4号墩墩帽顶面为平面。南北引桥基础采用 ϕ1.2 m、ϕ1.5 m、ϕ2.0 m 钻孔灌注桩承台基础。

全桥钻孔桩总计 1 621 根,墩柱总计 150 个,其中尖端实体墩 4 个,矩形实体墩 18 个,圆端空心直墩 84 个,圆端空心变截面墩 44 个。全桥混凝土 36 万 m^3,其中 C25 封底混凝土 1.16 万 m^3,C35 水下混凝土 25.25 万 m^3,C45 墩台混凝土 4.48 万 m^3,C50 现浇箱梁混凝土 4.75 万 m^3;钢材 5.42 万 t,其中钢桁梁 2.51 万 t,钢筋 2.91 万 t。

从该工程案例可以看出,高速铁路桥梁工程量巨大,桥梁所占比例大,高架长桥多,强调结构与环境的协调,技术复杂,施工难度大。因此,通过本项目的学习,应掌握高速铁路铁路桥梁工程的特点,熟悉桥梁结构形式,掌握高速铁路桥梁施工技术,通过学习高速铁路桥梁箱梁运架施工案例,能够分析高速铁路桥梁箱梁运架施工工艺要点。

任务 4.1　掌握高速铁路桥梁工程特点

高速铁路桥梁工程具有以下特点。

1. 桥梁所占比例大,高架长桥多

高速铁路由于采用全封闭行车模式,线路平纵面参数限制严格以及要求轨道高平顺性,导致桥梁比例明显增大。尤其在人口稠密地区和地质不良地段,为了跨越既有交通路网,节省农田,避免高大路基阻挡视线和路基不均匀沉降,大量采用高架线路。例如,京津城际铁路桥梁工程占线路总长的 87%,京沪高速铁路桥梁工程长度约1 140 km,占正线长度 86.5%。

2. 桥梁以中小跨度为主

由于高速铁路对线路、桥梁、隧道等土建工程的刚度要求严格,因此高速铁路桥梁的跨度不宜过大,应以中小跨度为主。但是,为跨越主要交通干线或通航河流也会采用钢混结合梁、连续梁、斜拉桥、钢桁拱等特殊结构的大跨度梁式。

3. 刚度大、整体性好

列车高速、舒适、安全行驶要求高速铁路桥梁必须具有足够大的刚度和良好的整体性,以防桥梁出现较大的挠度和振幅,同时,必须限制桥梁的预应力徐变上拱、不均匀温差引起的结构变形、墩台基础的沉降和纵横向刚度,以保证轨道的高平顺性和稳定性。一般来说,高速铁路桥梁设计主要由刚度控制,强度基本上不控制其设计。尽管高速铁路活载小于普速铁路,但实际应用的高速铁路桥梁,在梁高、梁重上均超过普速铁路。

4. 重视改善结构耐久性,便于检查、维修

国内外大量桥梁的使用经验说明,结构的耐久性对桥梁的安全使用和经济性起着决定的作用。经济性是指建造费用与使用期内的检查维修费用之和达到最少,片面地追求较低的建造费用而忽视耐久性,往往会造成很大的经济损失。因此,高速铁路桥梁结构设计应十分重视结构物的耐久性设计,统一考虑合理的结构布局和结构细节,强调要使结构易于检查维修以保证桥梁的安全使用。

5. 具有良好的动力特性

高速铁路桥梁设计除须满足一般铁路桥梁的要求外,还需满足一些特殊的要求,具备良好的动力特性。这是因为在列车高速运行条件下,结构的动力响应加剧,从而使列车运行的安全性、旅客乘坐的舒适度、荷载冲击、材料疲劳、列车运行噪声、结构耐久性等问题都与普速铁路不同。

6. 强调结构与环境的协调

高速铁路作为重要的现代交通运输线,应强调结构与环境的协调,重视生态环境的保护。这主要是指桥梁造型要与环境相一致并注重结构外观和色彩;在居民点附近的桥梁应有降噪措施;避免桥面污水损害生态环境等。

7. 桥梁上部结构多采用混凝土材料

各国已建成的高速铁路中,预应力混凝土桥梁的数量占有绝对优势,这是因为与其他混凝土建桥材料相比,预应力结构具有一系列适合高速铁路要求的特性,如刚度大、噪声低,由温度变化引起的结构位移对线路结构的影响小,运营期间养护工作量少等,而且造价也较为经济,所以要求高速铁路桥梁上部结构应优先采用预应力混凝土结构。

8. 技术复杂,施工难度大

我国高速铁路大量采用的 32 m 跨度的双线简支箱梁重约 900 t,其制造、运输、架设均需专门的大型施工设施与装备。

任务 4.2　熟悉桥梁结构形式与桥面布置

4.2.1　桥梁结构形式

各国高速铁路的桥梁结构形式呈多样化,有预应力混凝土简支箱梁、连续箱梁、钢筋混凝土刚架、多片式 T 梁、上承式钢板连续结合梁、下承式钢桁梁、鱼腹式上承钢桁连续结合梁、大跨度系杆钢拱、斜拉桥等多种结构形式。设计时应根据桥梁的使用功能、河流水文条件、工程地质情况、轨道类型以及施工设备等因素综合考虑和选择桥梁结构形式。我国高速铁路桥梁绝大部分为多孔等跨预应力混凝土简支箱梁,有 20 m、24 m、32 m 三个跨度系列,主要以32 m 梁为主。图 4.1 所示为高速铁路 32 m 简支箱梁桥。

图 4.1　高速铁路 32 m 简支箱梁桥

高架线路上采用多孔等跨简支梁桥的形式,其具有如下优点:

(1)等跨简支体系的桥跨外形一致,截面相同,构造布置统一,使桥跨密集的高架线路在运营中的管理工作大为简化,也便于结构的日常检查和养护维修。

(2)高架线路采用简支体系的梁桥,更能适应地质不良、地基承载力低的地段。

(3)等跨简支梁,适宜于现场工厂化预制,逐孔架设,能显著提高施工速度。

跨越主要交通干线或通航河流时将会采用特殊结构的大跨度梁式,一般选用连续梁、连续刚构、拱及结合梁桥等，并尽量采用双线整孔箱形截面。大跨度桥梁由于对外界激励的敏感性强，且结构庞大，不易更换，对其物理、力学性能及结构的可靠性要求比小跨度桥梁更高。图 4.2～图 4.6 为我国建成的几座典型的高速铁路大跨度桥梁。

图 4.2　武汉天兴洲大桥

主桥采用(98＋196＋504＋196＋98)m 的双塔三索面斜拉桥，全长 1 092 m。

图 4.3　南京大胜关长江大桥

主桥采用(108＋192＋336＋336＋192＋108)m 六跨连续钢桁拱桥，
北岸浅水区采用两联 2×84 m 连续钢桁梁结构。

图 4.4　广珠小榄水道特大桥

主跨采用(100＋220＋100)m 的 V 形连续刚构—拱组合结构，
有效降低了线路标高，该结构在国内铁路桥梁首次采用。

图 4.5　广珠容桂水道特大桥

桥梁全长 8 555 m，主跨为(108＋2×185＋115)m 的双线连续刚构。

图 4.6　郑州黄河特大桥

桥梁全长 1 680 m,主桥设计为(120＋5×168＋120＋5×120)m 的六塔单索面部分斜拉连续钢桁结合梁,为公铁两用桥。

对于跨度 16 m 及以下的桥梁,钢筋混凝土框架桥、钢筋混凝土连续刚架、小跨度刚架连续梁、整体式钢筋混凝土板梁、横向联结的多片式 T 梁等均能满足高速行车的要求,可以根据工点的实际情况、施工条件等来选择合理的结构形式。

4.2.2　桥面布置

图 4.7、图 4.8 为我国设计时速 350 km 高速铁路桥面布置情况,桥面的布置应符合下列规定。

(1)桥上有砟轨道轨下枕底道砟厚度不应小于 0.35 m。

(2)桥上应设置挡砟墙或防护墙,其高度与相邻轨道轨面等高。直线和曲线、曲线内侧和外侧可采用不同的高度。有砟轨道桥梁,直线上的线路中心至挡砟墙内侧净距不应小于2.2 m。

(3)桥面应为主要设备的安装预留位置。

(4)桥上栏杆高度不应小于 1.0 m。

(5)强风口地段应设置防风设施。当设置防风设施时,桥上栏杆或声屏障与防风设施要结合考虑,同时要考虑旅客观光需要。

(6)线路中心线距接触网支柱内侧边缘最小距离不应小于 3.0 m。曲线地段接触网支柱内侧至线路中心距离应符合建筑限界加宽的要求。当接触网支柱设置在桥面上时,不宜设在梁跨跨中。

(7)主梁翼缘悬臂板端部宜设遮板。

(8)桥面宽度应按照建筑限界、作业维修通道及电缆槽、接触网立柱构造宽度的要求计算确定。

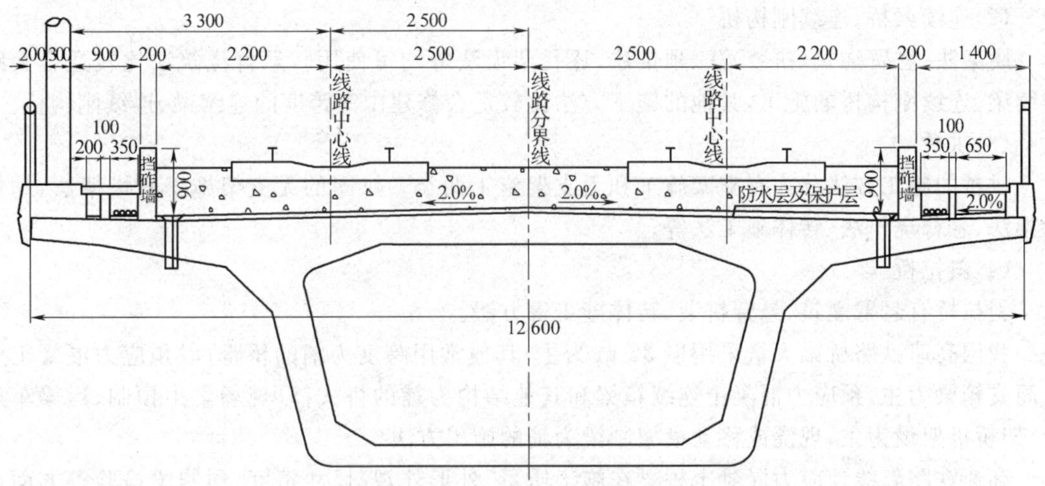

图 4.7　设计时速 350 km 有砟桥面布置示意(单位:mm)

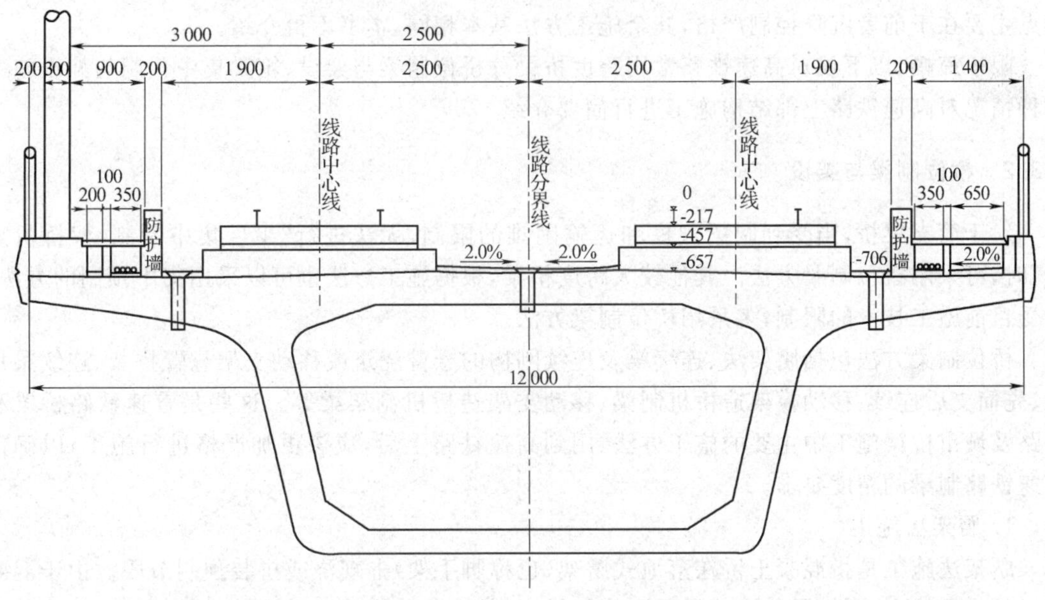

图 4.8　设计时速 350 km 无砟桥面布置示意(单位:mm)

桥长超过 3 km 时,应结合地面道路条件,在线路两侧交错设置可上下桥的救援疏散通道。每隔 3 km(单侧 6 km)左右设 1 处。救援疏散通道侧对应的桥上栏杆或声屏障位置应预留出口。

随着工程实践的发展,桥面布置会不断地被优化,桥梁的其他构造要求不再一一赘述。

任务 4.3　掌握高速铁路桥梁施工技术

4.3.1　施工方法分类

不同的结构形式,其上部结构的施工方法也有所差异,归纳起来可分为以下几种。

(1)简支梁桥

鉴于高速铁路桥梁的特点,高速铁路简支梁桥多采用双线整孔箱梁、双线并置单箱梁及多片 T 梁并置三种形式。三种类型的简支梁架设、制造的方法目前有三种:满铺支架、架桥机、造桥机。

(2)连续梁桥、连续刚构桥

膺架法、悬臂浇筑(拼装)法、顶推法、逐孔架设法等均可使用。悬臂浇筑法比较适合大跨连续梁、连续刚构桥的施工,其他的施工方法比较适合修建中等跨度的连续梁、连续刚构桥。

(3)拱桥

拱桥的施工方法分为有支架施工和无支架施工两类。拱圈的无支架施工有塔架法、劲性骨架法、悬臂浇筑法、转体施工法等。

(4)斜拉桥

斜拉桥有悬臂灌筑、悬臂拼装、转体施工等方法。

我国高速铁路桥梁大量采用以 32 m 为主,其他常用跨度为辅的桥跨;以预应力混凝土整孔简支箱梁为主,预应力混凝土连续箱梁和其他结构为辅的桥式;以现场集中预制、运梁车运梁、架桥机架设为主,现浇或移动模架制梁为辅的施工方法。

高速铁路新线预应力混凝土桥梁在施工质量、外形外观、尺寸精度、预制梁检验等方面比一般铁路桥梁更为严格。高速铁路桥梁墩台和基础施工与普速铁路桥梁墩台和基础施工的不同点主要在于前者沉降控制严格,其余施工方法基本相同,本书不再介绍。

限于篇幅,以下仅对高速铁路常用跨度桥梁分桥位制梁与架设、箱梁集中预制与架设施工两种情况对高速铁路上部结构施工进行简要介绍。

4.3.2 桥位制梁与架设

对于简支梁桥,当受到制梁规模和运输困难的限制,无法进行“工厂集中预制,架桥机架设”时,可采用桥位制梁方法。其他较大跨度桥梁,根据施工方法也可以采用集中预制的方法,但受目前施工技术的限制,多采用桥位制梁方法。

桥位制梁方法包括膺架法、连续梁及连续刚构的悬臂浇筑或移动支架悬臂拼装、连续梁顶推、先简支后连续、移动模架造桥机制梁、移动支架造桥机制架梁等。这些是普速铁路桥梁和公路及城市桥梁施工中主要的施工方法,用到高速铁路上后,应该更加严格进行施工,以确保高速铁路制梁的精度要求。

1. 膺架法施工

膺架法施工是指混凝土桥在落地式膺架(也称脚手架)上现浇或拼装预制节段。由于混凝土桥的自重较大,膺架需按沉落量设置预加拱度,并安装落梁装置。膺架法是一种比较简单可靠的施工方法,一般适用于地基条件较好,跨越旱地或浅水河流,且桥墩高度较低、桥址地质条件较好、工期要求不紧的简支梁、连续梁、连续刚构梁桥施工,但工期较长。图 4.9 为膺架法中的临时墩法施工。

当桥梁工程结构为异性结构、桥梁工程远离桥群、架桥机机械设备不足、选用架桥机经济效益较低等情况时,一般应优先考虑采用膺架法。

对于采用架桥机架梁的简支梁桥,若场地受到限制(如桥隧相连)而无法组拼架桥机时,可先采用膺架法建成邻近下承式钢桁梁的简支箱梁,从而为架桥机组拼提供必要的施工场所。

2. 悬臂施工

悬臂施工是利用挂篮设备在已建桥墩顶部,沿桥梁跨径方向,对称逐段施工的方法,所以也称为分段施工法。每延伸一段,待混凝土达到强度后施加预应力与已成梁体部分形成整体。悬臂对称施工根据施工方法的不同可分为悬臂浇筑和悬臂拼装两类。

图 4.9　临时墩法

(1)悬臂浇筑法

悬臂浇筑是在桥墩两侧利用挂篮，对称浇筑混凝土，待混凝土达到张拉强度后张拉预应力筋，而后移动挂篮继续下一段的悬臂浇筑(图 4.10)，先形成 T 构，再逐跨合龙，逐跨释放临时固定支座，完成体系转换，最后成桥。悬臂浇筑法用于大跨度连续梁、连续刚构桥。

(a) 悬臂浇筑

(b) 挂篮

图 4.10　悬臂浇筑施工

(2)悬臂拼装法

悬臂拼装法是利用移动式悬拼吊机将预制梁段起吊至桥位，就位后采用环氧树脂胶及钢丝束预施应力使之连接成整体，一个节段张拉锚固后，再拼装下一节段，如图 4.11 所示。悬臂拼装的分段，主要取决于悬拼吊机的起重能力，一般节段长 2～5 m。节段过长则自重大，需要悬拼吊机起重能力大，节段过短则拼装接缝多，工期也延长。一般在悬臂根部，因截面积较大，节段长度较短，以后向端部节段逐渐增长。

3. 连续法顶推

顶推法施工是在沿桥轴纵轴方向的台后设置预制场，分阶段预制梁体，纵向预应力张拉后，通过水平千斤顶施力，借助滑道(不锈钢板)、滑块(由橡胶、薄钢板、聚四氟乙烯板组成)等滑动装置，将梁逐段向前顶推就位，然后落梁更换正式支座的一种施工方法。主要用于峡谷区或孔数不多的中小跨度混凝土梁。较大跨度的钢梁也多采用顶推法施工。

4. 先简支后连续

先简支后连续的施工方法一般用于等跨连续梁施工。为保证高速铁路对轨道线路的高平顺度要求，采用先简支、后连续技术进行连续梁施工已经被国外铁路界认同，采用这种结构的同时还能增强桥梁的整体性，提高桥梁的纵、横向刚度，改善桥梁受力状况。其所采用的简支梁可以工厂预制,也可以现场预制,这样可加快施工速度。高速铁路桥梁采用连续梁能够极大地提高梁体的结构整体性、刚度和线路的平整性。

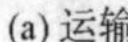
(a) 运输

(b) 吊装

图 4.11　悬臂拼装施工

在先简支后连续箱梁施工方法中,桥梁的连续是其重点和难点,主要应注意湿接缝的浇筑、施加预应力、体系转换以及架桥机和运梁车安全通过湿接缝等几个问题。

5. 移动模架造桥机制梁

移动模架造桥机分为上行式造桥机和下行式造桥机两类。移动模架造桥机在欧洲广泛运用,自动化程度较高,跨度一般在 56 m 以下。该方法具有不需梁场,少占耕地;机动灵活,可迅速转场;设备投入少,研制风险低;作业程序清晰、结构受力明确、模架强度高,不受桥下地质条件的限制等优点。缺点是移动模架具有野外、高空和流动的特点,施工管理范围大,资源调配难,安全质量控制难度大。

移动模架适合于桥梁梁身截面相同的多跨大桥连续梁桥、高架桥和跨越江河深谷且无法采用支架进行现浇或桥下通航的桥梁。同时,由于一些高速铁路桥隧相间,所以对于因隧道的阻挡而使箱梁无法运架的桥梁也需采用移动模架施工。

图 4.12 为适用于 32 m 整孔箱梁的 900 t 上行式移动模架造桥机,图 4.13 为 900 t 下行式移动模架造桥机。

图 4.12　900 t 上行式移动模架造桥机

图 4.13　900 t 下行式移动模架造桥机

6. 移动支架造桥机制、架梁

移动支架造桥机制、架梁,其方法是在桥墩上拼装造桥机,在桥头或桥下建节段预制厂,箱梁分成若干段预制,梁段依次运至造桥机上,预留湿接缝,进行穿束张拉,形成整孔梁。要求桥头有预制梁节段场地。图 4.14 为移动支架造桥机节段拼装。

图 4.14　移动支架造桥机节段拼装

4.3.3　箱梁集中预制与架设

在长桥或高架桥桥梁架设中，“工厂集中预制，架桥机架设”是最经济的方法。采用在工厂集中预制混凝土箱梁、利用箱梁运输车完成箱梁自预制场到架设地的运输，使用架桥机进行逐跨吊装架设的成套施工方法，具有施工组织周期性较强，大大减少现场工作量，大量节省施工费用，压缩施工工期，降低各种事故发生概率等优点，是一种十分有效的施工组织形式。

1. 制梁场布置

制梁场的布置应有利于梁体预制、存放、运输及架设。制梁场地的选择主要根据铺架计划而定，同时要考虑交通状况、原材料来源、地形地貌、地质概况等因素，一般设在桥梁比较集中的地段内。

制梁场的布局主要依据对桥梁分布情况、桥梁特殊孔跨、运梁车及架桥机技术参数、建设工期的要求等综合考虑来进行设置。制梁场要有充分的水源和可靠的电源。制梁场必须具有稳定的生产规模和较为固定的生产设备。图 4.15 为某制梁场布置图。

图 4.15　制梁场布置

对制梁场的规模应做具体的经济技术分析，要根据供应范围内桥梁需要的数量、梁的生产周期、梁的种类、采用蒸汽养护或自然养护及以后的拆迁、场地的恢复等因素综合考虑，并对砂石料场进行硬化处理。对有盐雾侵蚀影响的梁场，其存梁台位应高出地面 200 mm 以上。生产台座、存梁股道、运梁线路的地基应具备足够的承载能力。生产台座两端顶梁部位的地基须采取特殊处理，以防集中受力而引起地基下沉。

2. 梁体检验、试验

梁体应进行检验、试验,包括原材料和配件检验、出场检验、形式检验及静载试验。图 4.16为静载试验(弯曲抗裂性及挠度试验)。

图 4.16　静载试验(弯曲抗裂性及挠度试验)

3. 梁体徐变上拱控制

高速铁路桥梁桥上无砟轨道对桥梁变形控制提出了更为严格的要求:①桥梁具有足够的竖向、横向、纵向和抗扭刚度,使结构的各种变形很小;②避免结构出现共振和过大振动。

在施工的各个环节中均应采取技术措施来严格控制预应力混凝土无砟桥面梁的徐变上拱,满足轨道铺设后有砟、无砟桥面梁徐变上拱值的设计要求。轨道铺设后,有砟桥面梁的徐变上拱值不宜大于 20 mm;无砟桥面梁的徐变上拱值不应大于梁跨度的 1/5 000,并不大于20 mm。

4. 梁端转角控制

梁端转角是箱梁在荷载作用下产生的变形。在高速列车运行条件下,结构的动力响应加剧,梁端转角对列车运行的安全性、旅客乘坐的舒适度、荷载冲击、材料疲劳、列车运行噪声、结构耐久性等问题都有不可忽视的影响。

为了保证墩台发生沉降后,桥头和桥上线路坡度的改变不致影响列车的正常运行,或者即使要进行线路高程调整,其调整工作量也不致太大,需要对墩台基础工后沉降及工后沉降差给予一定的限值(按恒载计算),具体见表 4.1。

表 4.1　墩台基础工后沉降及工后沉降差限值

沉降类型	桥上轨道类型	限　　值/mm
墩台均匀沉降	有砟轨道	30
	无砟轨道	20
相邻墩台沉降差	有砟轨道	15
	无砟轨道	5

5. 施工监测及信息反馈修正

施工监测与控制是确保实现设计目标的关键。施工过程监测的主要目的是通过对施工过程中桥梁关键部位的变形和应力的量测,来对施工过程进行分析评价和适时调整,以使桥梁的变形和应力能严格控制在设计容许的范围内。简支箱梁徐变上拱、梁端转角监测尤为重要。

6. 提梁

梁体架设前，需要利用提梁机将梁体放置到运梁车上。提梁机分为轮胎式提梁机和轨行式提梁机，图 4.17 为轮胎式提梁机，图 4.18 为轨行式提梁机。

图 4.17　轮胎式提梁机

图 4.18　轨行式提梁机

7. 梁体运输

梁体采用运梁车运输时，利用已架桥的桥面运送预制梁显然是最安全、最经济、最简单的方法。但是在已架好的梁上通过时，运梁设备及梁本身的重量总和已超过已架好的梁体重量，甚至远大于梁体本身的计算动负荷。而无限制地降低运梁设备的重量显然是不可能的，如果想使运梁的总负荷小于梁体计算动负荷，就必须加大梁体尺寸，这显然也不经济，这就使巨大的梁体运送过程变得十分复杂而困难。图 4.19 所示为轮胎式运梁车。

8. 梁体架设

(1)导梁式架桥机架设

导梁式架桥机如图 4.20 所示。架梁作业的主要工艺流程是：拼架桥机和导梁→运架桥机和导梁就位→运梁车喂梁就位→起吊箱梁→前移下导梁→安装支座，落梁就位→架桥机前移一跨。

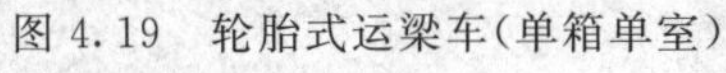

图 4.19　轮胎式运梁车(单箱单室)

图 4.20　导梁式架桥机

(2)步履式架桥机架设

步履式架桥机如图 4.21 所示。架梁作业的主要工艺流程是：拼架桥机→运梁车驮运架桥机就位→放下前支腿和中支腿，抬起后支腿，退运梁车→放下后支腿，收起中支腿，起重小车运行到主梁后部指定位置→架桥机纵移到位→利用支腿倒换运梁车喂梁就位→支立前后支腿，收起中间支腿，起重小车吊起箱梁前移到位→安装支座，落梁就位。

图 4.21 步履式箱梁架桥机

(3)运架一体式架桥机架设

运架一体式架桥机如图 4.22 所示。架梁作业的主要工艺流程是:拼架桥机→下导梁就位→安装支座→梁场取梁→运梁→喂梁→落梁→架桥机退回→支腿转移。

图 4.22 运架一体式架桥机

任务 4.4 学习高速铁路智能化梁场建设实例

智能化梁场建设就通过将人工智能技术和梁场建设工艺深度融合,利用计算机技术、控制技术等高新技术提高梁场装备的自动化和智能化水平,从而提高梁场内施工工艺的智能化水平,以达到智能化梁场建造的目标。

4.4.1 梁场各个区域智能化建设要求

预制梁场主要包含办公—生活区、制梁区、钢筋加工区、存梁区、拌和站、试验室等。根据功能需要,这里只列出 3 个区域智能化建设要求。

1. 办公—生活区智能化建设要求

为满足梁场信息化管理的要求,梁场需配备“智慧云”信息系统平台,实现梁场任意位置、全过程、无死角进行监控,同时监控运梁车、架桥机、箱梁及架设施工人员的位置、状态等,及时对存在危险状态的设备、人员等发出警报,如图 4.23 所示。

图 4.23 智能化信息室

2. 制梁区智能化建设要求

箱梁内模应采用整体式液压模板，行走系统、控制系统宜采用机械化、自动化程度高的齿轨行走系统及遥控系统，由驱动托架、移动托架、固定支墩、定位滑轮、模内轨道及遥控手柄组成，达到安全、高效、省时、省力的目的。

3. 存梁区智能化建设要求

条件允许情况下，宜选用节能环保及养护效果较好的自动喷淋养护方式，在使用自动喷淋系统养护时，为保证梁体喷淋养生效果，喷头间距设置应选用喷头的辐射喷淋面积确定，保证梁体表面全覆盖，确保喷淋无“盲区”。使用固定式自动喷淋养护系统时，应在箱梁两侧、底板、顶板及箱室内布设喷淋管。自动喷淋采用定时系统，时间宜设置为每小时喷淋 10 min，夏季炎热干燥可根据天气情况增加喷淋频率或每次喷淋时长。

为满足大风等干旱地区冬季养护要求，梁场应设置梁体混凝土养护棚罩，设置数量与日制梁数匹配，养护棚罩应采用耐火材质，为控制棚内温度，棚内用应均匀布置测温点。

4.4.2　梁场预制成套设备智能化

1. 智能化钢筋加工设备

钢筋智能化生产设备可与 BIM 模型技术一体连接，可在操作平台上自动完成所有型号钢筋的生产，机器人、光伏运输车的应用，实现钢筋从生产、运输、装卸等过程的智能化。与常规加工设备相比，智能加工设备可提高生产效率，减少钢筋加工作业人员数量，加工尺寸更精确。这里只列出智能钢筋弯箍机器人，如图 4.24 所示。智能化钢筋加工设备流水线如图 4.25 所示。

图 4.24　智能钢筋弯箍机器人

图 4.25　智能化钢筋加工设备流水线

以某智能化梁场为例，按施工生产计划平均每天完成箱梁预制 2.5 榀，需要加工钢筋 55 t/榀×2.5 榀＝137.5 t，常规设备加工需要 50 人左右；采用智能化加工设备后，钢筋加工流水线仅需 23 人(双班)，每月可节省人工成本约 20 万元，钢筋加工人工总成本可节约 160 万元。

2. 智能化箱梁液压内模

液压内模自动走行系统通过内模底部滑道，由驱动系统(电机)将内模送入或退出箱梁内部，如图 4.26 所示。

内模纵移前，将液压内模自动走行系统吊装至工作位置，调节支架底部螺杆，提升或降低支架高度，使驱动轮与主梁底部的自动走行轨道吻合。锁定地面连接件，完成支架的安装，启动电机，内模即实现自动走行。箱梁内模自动行走，改变了传统卷扬机拖拽内模的方式，方便安装和拆除施工。采用常规工艺安拆内模需要 8 个人；采用液压内模自动走行系统，缩短内模安装及拆除时间,并且可减少工作人员投入,经智能化改造后仅需 4 人即可完成此项工作。同时,安拆内模时可减少龙门吊长时间占用,提高施工速度。

图 4.26　液压内模自动走行系统

3. 智能化预应力张拉设备(图 4.27)

智能张拉利用计算机智能控制技术,通过仪器自动操作完成箱梁钢绞线的张拉施工。箱梁预应力张拉的智能化控制,可实现施工数据与铁路建管平台的实时链接,达到远程监控的目的。

4. 智能化静载试验系统

智能化静载试验系统的基本原理:利用桥梁自重和一定的底面反力实现双线箱梁静载试验,静载试验时无须开孔,在保证梁完好无损的同时,还极大降低劳动强度,如图 4.28 所示。

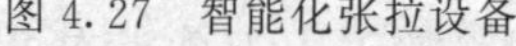

图 4.27　智能化张拉设备

图 4.28　智能化静载试验系统

通过在箱梁底板设置传感器,通过无线网络,将静载试验数据实时传输至控制平台,由控制平台对数据进行分析处理,最终得出静载试验结论。智能化静载试验减少大量操作工人和静载试验数据收集人员,与常规静载试验相比,可节省操作人员 20 人。在试验过程中实现自动加载、精确计算、无线传输,避免人为读数误差,确保静载试验检测数据的准确性。

5. 智能化梁体养生系统

自动喷淋系统采用高压水泵从蓄水池抽水,在存梁区预埋养护管道,设置喷淋装置并通过手机 App 无线网络连接操作控制平台,可控制喷淋养护时间。将喷淋养护喷头调整固定好,由专人通过手机 App 连接喷淋养护系统,定时开启自动喷淋,对箱梁箱内、顶板、腹板全覆盖进行喷淋养护，如图 4.29 所示。其喷出的水雾覆盖面较广，且人工可以通过手机 App 控制养护时间，从而达到全覆盖和全湿润的养护要求。自动喷淋系统能够自动完成对梁体的全方位养护，与常规洒水覆盖养护相比，可减少洒水养护人员投入，由原来的 2 人可减少至 1 人来完成养护系统的操作，并且能够保证箱梁混凝土长期处于湿润状态，达到更好的养护效果。

图 4.29　梁体自动喷淋养护系统

特殊施工环境下，梁体养护可选择在棚内养护。养护棚可平移收缩，采用多个钢管骨架等杆件组装而成，钢管架顶面覆盖粘接式篷布，钢骨架底部设置滑轮，分体式设计，可自由伸缩。箱梁混凝土浇筑结束后，将可移收缩式保温棚用龙门吊吊装至制梁台座模板顶部，对已浇筑混凝土进行覆盖养护（图 4.30）。养护棚具有锁水保湿作用，能够有效保证梁端混凝土养护质量。与常规梁端养生相比，可以减少定时定点洒水养护人工的投入，可由原来的 4 人减少至 2 人来完成梁端覆盖养护工作。同时，采用可重复利用的保温保湿养护材料对梁面进行覆盖，可进一步节约养护水量并提升保温养护效果。

图 4.30　智能化养护棚

复习思考题

4.1　简述高速铁路桥梁工程特点。

4.2　结合我国设计时速 350 km 无砟桥面布置图，简要分析高速铁路桥面布置的特点。

4.3　高速铁路高架线路上采用多孔等跨简支梁桥的形式具有哪些优点？

4.4　简述不同桥梁结构形式的上部结构施工方法。

4.5　简述高速铁路智能化梁场建设施工要点。

项目5 高速铁路隧道工程

项目描述

高速铁路隧道与普速铁路隧道最大的区别就是当列车高速通过隧道时会诱发空气动力学效应，这就需要增大隧道断面积，并在洞口设置缓冲结构。高速铁路隧道跨度大，使其施工难度和安全风险都加大；高速铁路长隧道多，要求隧道具备防灾能力以及快速救援能力；高速铁路线路有时无法绕避不良地质地段，这就对隧道施工综合超前地质预报能力提出了更高的要求。

学习目标

1. 知识目标

(1)掌握高速铁路隧道工程特点；

(2)了解高速铁路隧道工程设计的基本知识；

(3)熟悉大断面隧道施工方法；

(4)掌握隧道施工综合超前地质预报技术。

2. 能力目标

(1)能够综合考虑工程造价、施工进度、施工安全等方面的因素，合理选择施工方法。

(2)能够根据隧道围岩等级、地下水情况等，选择合适的钻爆开挖方法。

(3)能够根据断面形状、隧道长度、工期、地质、周围环境等条件综合确定大断面隧道开挖方法。

(4)能够结合有关验收标准，参与隧道工程施工质量验收。

(5)具备强烈的安全意识、质量意识和吃苦耐劳的工作作风。

相关案例：南广高速铁路白云隧道塌方事故

1. 事故经过

2010年1月16日8时，广州至南宁高速铁路白云隧道发生突水突泥地质灾害。本次灾害共突泥2 500 m^3，突水量约300 m^3/h，淤积长度150 m。灾害造成6人遇难，4人受伤。图5.1所示为隧道现场。

2. 事故原因

在灾害发生前的2010年1月12日，当隧道掘进到669 m时，该区域曾发生400 m^3 塌

(a) 隧道内

(b) 隧道外

图 5.1　隧道事故现场

方，本次塌方未造成人员伤亡。发生本次塌方后，设计单位、建设管理单位、施工单位、监理单位组织专家召开专项论证会。论证会要求停止开挖，加强监测，地质稳定后再恢复施工。为了做好隧道围岩稳定性监测，2010 年 1 月 16 日上午 8 时，10 分，隧道左上方突发突水突泥。

溶洞一般出现在石灰岩地段。该隧道事故地段为石英砂岩，一般不会出现溶洞。经专家调查，确认该灾害属于断层突水突泥灾害。

3. 事故启示

从这起事故可以看出，铁路隧道工程施工安全风险高，无论是勘察设计，还是施工管理，无论是监理工作，还是建设管理工作，任何一个环节发生疏漏都可能导致极其严重的安全事故，造成无法挽回的损失。通过本项目的学习，不仅要掌握高速铁路隧道工程的特点，还要掌握隧道施工综合超前地质预报技术，养成较高的安全意识，质量意识和一丝不苟、吃苦耐劳的工作作风。

任务 5.1　掌握高速铁路隧道工程特点

5.1.1　空气动力学效应

高速铁路隧道与普速铁路隧道最大的区别就是当列车以高速通过隧道时会诱发空气动力学效应，其主要表现在三个方面，即瞬变压力、洞口微气压波和行车阻力。

瞬变压力主要表现在使人的听觉感到不适，影响其大小的主要因素是行车速度、隧道净空面积和列车断面积以及列车的密封系数。

当列车进入隧道时，原来占据着隧道空间的空气被排开。空气的黏性以及隧道壁面和列车表面的摩阻作用使得被排开的空气不能像隧道外那样及时、顺畅地沿列车两侧和上部形成绕流。于是，列车前方的空气受压缩，列车后方则形成一定的负压。这就产生一个压力波动过程，这种压力波动又以声速传播至隧道口，形成反射波——Mach 波，回传，叠加，诱发对运营产生一系列负面影响的空气动力学效应。瞬变压力造成旅客不适，并对铁路员工和车辆产生危害；高速列车进入隧道时，会在隧道出口产生微气压波，引起爆破噪声并危及洞口建筑物(图 5.2)；行车阻力加大，引起对列车动力和能耗的特殊要求；列车风加剧，影响在隧道中待避的作业人员；其他，如隧道内热量的积聚、空气动力学噪声等。

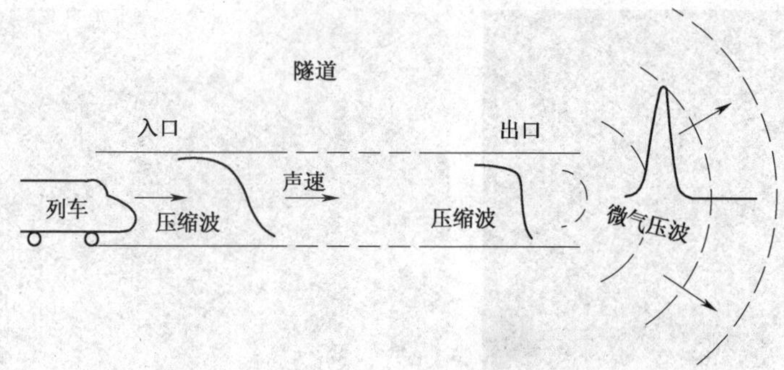

图 5.2 隧道微气压波的产生过程

微气压波的量值主要取决于行车速度和隧道净空面积及列车断面积,但对行车速度更为敏感,当行车速度达到 300 km/h 以上时,加大断面对防止微气压波不能起到显著作用。此时应考虑在洞口设置缓冲结构。

解决行车阻力问题的办法主要是加大隧道净空面积,有关研究成果表明,在隧道有效净空面积为 100 m^2 时最大行车阻力只比明线增大 15%～30%。会车时隧道内的空气阻力比明线的增大值也不超过 30%。由此可见,增大隧道净空面积对空气动力学效应有整体减缓作用。当行车速度提高时,必要时还可以修建洞口缓冲结构等辅助措施。

概括起来,高速铁路隧道的空气动力学效应受以下三个方面因素影响:

(1)机车车辆方面。行车速度,车头和车尾形状,列车横断面,列车长度,列车外表面形状和粗糙度,车辆的密封性等。

(2)隧道方面。隧道净空断面面积,阻塞比,双线单洞还是单线双洞,隧道壁面的粗糙度,洞口及辅助结构物形式,竖井、斜井和横洞,道床类型等。

(3)其他方面。列车在隧道中交会等。

因此,设计时应从车辆及隧道两方面采取措施,以减缓空气动力学效应。高速铁路隧道工程设计必须考虑列车进入隧道诱发的空气动力学效应对行车、旅客舒适度、车辆结构强度和环境等方面的不利影响。例如可设置洞口缓冲结构,图 5.3 为郑西高速铁路秦东隧道洞门及缓冲结构效果图。

图 5.3 郑西高速铁路秦东隧道洞门及缓冲结构效果图

5.1.2 可靠性和结构耐久性要求高

所谓可靠性,是指结构在规定的时间内,在正常规定的条件下,完成预定功能的能力,包括安全性、适用性和耐久性。当以概率来度量时,成为结构的可靠度。所谓结构耐久性,是指结构及其部件在可能引起材料性能劣化的各种作用下能够长期维持其应有性能的能力。

隧道工程一旦建成后，对衬砌结构进行维修难度极大，隧道因其结构缺陷而产生的病害，往往难以彻底治理，且整治难度极大，另外高速铁路隧道结构还要受到频繁变化的微气压波的作用。因此，高速铁路隧道应高度重视结构耐久性设计。隧道主体结构是指拱墙衬砌和仰拱、底板，应按满足 100 年使用年限要求设计。

例如，高速铁路隧道对衬砌混凝土的裂缝要求特别严格，因为高速铁路隧道内空气压力在不断地变化，特别是在洞内会车情况下，压力的波动对结构的表层稳定是不利的。欧洲及日本的研究成果表明：同样的一条裂纹，对普速铁路隧道来说在外荷载停止发展后，将不再继续变化，而高速铁路隧道就不同了，即使外荷载停止了发展，但在频繁变化的洞内空气压力波的作用下，裂缝还将继续发展，从而降低隧道衬砌耐久性和使用功能，甚至危及行车安全。因此，在高速铁路隧道设计中，要采取有效措施减少隧道衬砌裂缝。

5.1.3　更加重视对环境的影响

环境包括自然环境、生态环境和周边人文环境，高速列车以较高的速度运行，其产生的轮轨噪声、机械噪声、弓网噪声和空气动力学等噪声将比普速列车明显，对环境的影响也比普速列车大。例如，列车进入隧道后，形成压缩波，当压缩波传到隧道出口突然释放形成微气压波时，会对洞口的环境造成一定的影响，严重时会产生爆破音，影响附近的建筑物和居民的正常生活。所以高速铁路隧道的修建就应该更加重视对环境的影响，围绕降低噪声、减少对自然环境、生态环境和周边人文环境的破坏，采取不同于普速铁路隧道的工程措施。例如，在不良地质地段，若设深路堑，不仅破坏环境，而且对高速铁路的运营造成安全隐患，这时就可以设置明洞以取代深路堑，如图 5.4所示。

图 5.4　明洞取代深路堑

5.1.4　防灾救援要求高

高速铁路隧道中运行的主要是高速度的旅客列车，一旦发生事故和灾害，后果比普速铁路要严重得多。如何尽量避免高速度的旅客列车在隧道内发生事故和灾害，以及旅客列车在隧道内因故停车时，如何快速疏散乘客，发生灾害事故时如何快速救援等，是高速铁路隧道应该重点考虑的问题，相对普速客货共线的铁路隧道来讲，高速铁路隧道对防止发生事故和灾害以及快速救援的要求更高。

当隧道长度较长时，列车在隧道内的运营时间增长，活塞通风效应减弱，列车在隧道内发生事故的概率增大，旅客疏散难度增大。采用两条单线隧道方案，可以解决以上问题。

石太高速铁路设计中提出了“以防为主，防消结合，方便自救，快速疏散”的防灾救援原则，率先在铁路特长隧道内引入“紧急救援站”的设计理念。当列车意外发生火灾事故后不能及时驶出隧道时，列车可停靠在一个疏散条件完善的救援站。“紧急救援站”设有防灾通风设施，可满足旅客在隧道内需要的新鲜空气，达到保护旅客、降低事故损失的目的。石太客运专线太行山隧道和南梁隧道总长度约 39.5 km,在太行山隧道中部 5 号斜井处和隧道进口设置 2 个紧急救援站,紧急救援站的间距为 15.5 km,南梁隧道的 2 号施工斜井作为紧急出口。

任务 5.2 了解高速铁路隧道工程设计的基本知识

5.2.1 隧道衬砌内轮廓

隧道衬砌内轮廓的确定应考虑下列因素:①隧道建筑界限;②股道数及线间距;③隧道设备空间;④空气动力学效应;⑤轨道结构形式及其运营维护方式。从世界高速铁路修建史看,为了消减空气动力学效应所采用的措施大致可分为两类:一是“小断面”方式(以日本新干线隧道为代表的控制隧道断面积,提高运营车辆的密封性能,达到节约工程投资的目的);二是“大断面”方式(以德国高速铁路隧道为代表的适当加大隧道断面净空面积的方法,缓解高速铁路隧道的空气动力学效应)。我国《高速铁路设计规范》规定隧道净空有效面积应符合以下规定:

(1)设计速度目标值为 300 km/h、350 km/h 时,双线隧道不宜小于 100 m^2,单线隧道不宜小于 70 m^2。

(2)设计速度目标值为 250 km/h 时,双线隧道不宜小于 90 m^2,单线隧道不宜小于 58 m^2。

隧道断面不仅要满足空气动力学特性的要求,还要满足在隧道列车高速运行安全的要求,以及救援通道等设施的空间要求。我国现行《高速铁路设计规范》中要求隧道内应设置救援通道和安全空间,并应符合以下规定。

(1)救援通道

隧道内应设置贯通的救援通道,用于自救或外部救援。单线隧道单侧设置,双线隧道双侧设置,救援通道距线路中线不应小于 2.3 m。救援通道宽度不宜小于 1.5 m,在装设专业设施处,宽度可适当减少;高度不应小于 2.2 m。救援通道走行面应不低于轨面,走行面应平整、铺设稳固。

(2)安全空间

安全空间应设在距线路中心线 3.0 m 以外,单线隧道在救援通道一侧设置,多线隧道在两侧设置。安全区间宽度不小于 0.8 m,高度不应小于 2.2 m。

双线、单线隧道内衬砌轮廓如图 5.5～图 5.8 所示。

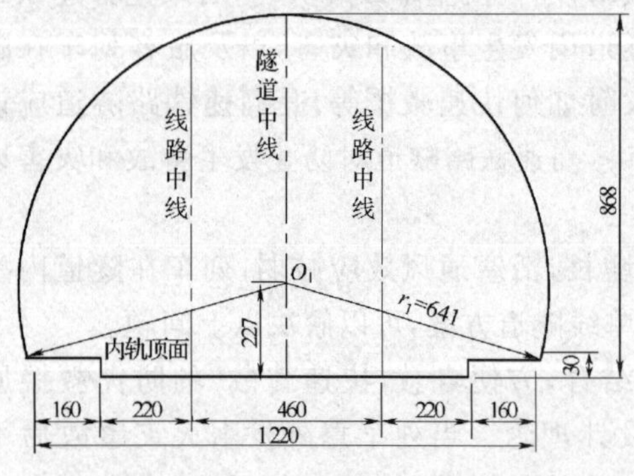

图 5.5 250 km/h 双线隧道内轮廓(单位:cm)

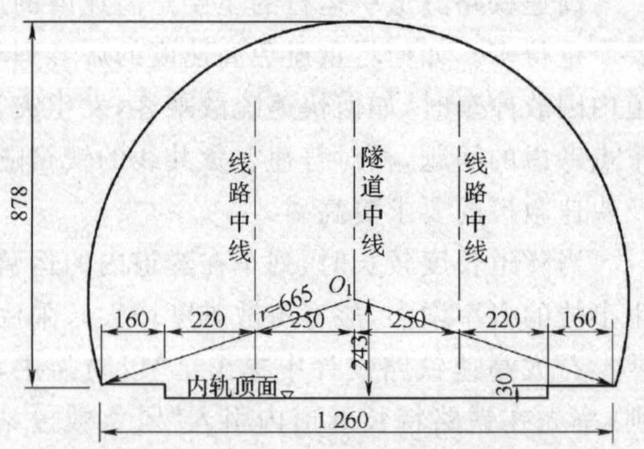

图 5.6 300 km/h、350 km/h 双线隧道内轮廓(单位:cm)

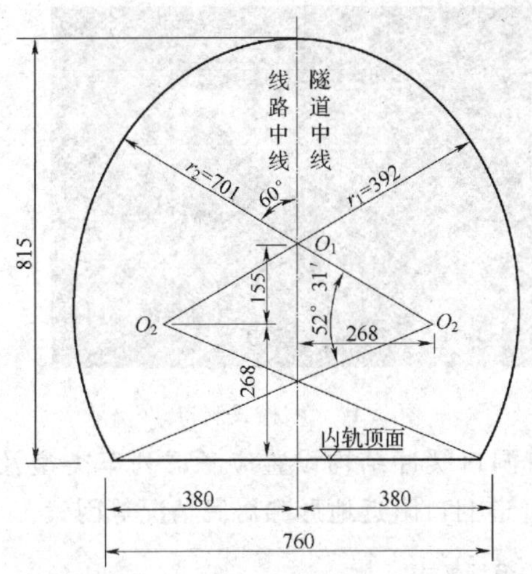

图5.7　250 km/h 单线隧道内轮廓(单位:cm)

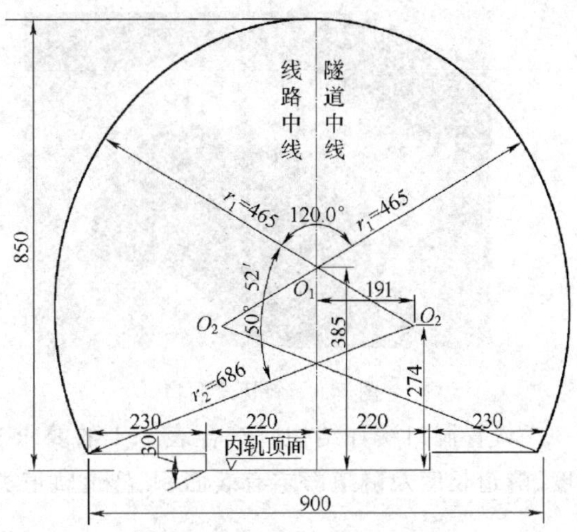

图5.8　300 km/h、350 km/h 单线隧道内轮廓(单位:cm)

5.2.2　隧道衬砌

高速铁路隧道的横断面较大,受力比较复杂,且列车运行速度较高,隧道维修有一定的时间限制,复合式衬砌比喷锚衬砌安全,且耐久性较好。而喷锚衬砌耐久性和防水性能均存在一些问题,因此我国《高速铁路设计规范》规定暗挖隧道应采用复合式衬砌,明挖隧道应采用整体式衬砌。

考虑到大断面隧道的受力情况不利,Ⅰ、Ⅱ级围岩隧道衬砌宜采用曲墙加底板的结构形式,Ⅲ～Ⅵ级围岩隧道衬砌应采用曲墙有仰拱的形式。隧道衬砌内轮廓宜采用圆形断面,单线隧道可采用三心圆断面。隧道底部较为复杂,而两侧边墙底直角变化容易引起应力集中,研究与试验表明,边墙与仰拱若采用圆顺连接则可改善受力状况,因此带仰拱的隧道边墙与仰拱宜圆顺连接。

隧底结构由于在长期列车动载作用及地下水侵蚀的影响下极易产生破坏,从而引起基底沉陷、道床翻浆冒泥等病害,不但增加养护维修工作量,而且严重影响运营安全,尤其是高速铁路对隧道底部的强度较普速铁路要求更高,且高速铁路隧道的断面跨度较大,因此要求隧道衬砌混凝土强度等级不应低于C30,钢筋混凝土强度等级不应低于C35。Ⅰ、Ⅱ级围岩隧道衬砌底板厚度应不小于30 cm,混凝土强度等级不应低于C35,并应配置双层钢筋。仰拱填充混凝土强度等级不低于C20。隧道二次衬砌Ⅳ～Ⅵ级围岩地段宜采用钢筋混凝土;Ⅰ～Ⅲ级围岩地段宜采用混凝土,并可掺加一定比例的纤维。

5.2.3　洞口结构

高速铁路隧道洞口结构的设计,应结合地形、地质和环境条件,综合考虑景观要求,贯彻执行“早进晚出”的设计原则。按照《铁路主要技术政策》的规定,隧道洞门建设要考虑生态和环保的有关要求,对隧道洞口进行新型结构与景观设计,以适应洞口环保、美观、结构安全和施工技术配套各方面的需要。新型洞门的形式有直切、斜切、倒切(帽檐式)和经过艺术化处理的洞口形式,优先选用斜切式和帽檐式结构形式,如图5.9和图5.10所示。

根据有关研究报告,当列车速度达到300 km/h以上时,为解决洞口微气压波问题需修建洞口缓冲结构。对于洞口附近近期无环境要求的,运营初期暂不修建,预留洞口缓冲结构条件。设路基挡墙的洞口,为使以后修建缓冲结构时不致拆除挡墙,故应把挡墙修建在缓冲结构之外。

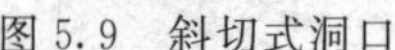

图 5.9　斜切式洞口

图 5.10　帽檐式洞口

设置洞口缓冲结构应符合表 5.1 的要求。隧道洞口缓冲结构设置应考虑列车类型及长度、隧道长度及隧道净空有效面积、隧道轨道类型、隧道洞口附近地形和居民情况等因素。

表 5.1　洞口缓冲结构设置要求

建筑物至洞口距离	建筑物有无特殊环境要求	基准点	微气压波峰值
＜50 m	有	建筑物	按要求
	无		≤20 Pa
≥50 m	有	距洞口 20 m 处	＜50 Pa

洞口上方附近有公路时，为避免汽车失控冲出车道时跌落在隧道洞口轨道上，引发恶性事故。因此我国《高速铁路设计规范》规定：隧道洞口上方有公路跨越时，公路应设置防撞护栏及监测设备。

两座隧道洞口间距较近时，列车进出隧道时间间隔很短，短时间内较大的空气压力变化对旅客舒适度影响较大，同时对列车结构安全也不利，两隧道洞口宜采用明洞连接。采用明洞连接后可消除这种空气动力学效应影响。

5.2.4　隧道防排水

结合近几年高速铁路隧道设计情况，隧道建设引起的地下水环境变化越来越被重视，对于隧道排水引起地表浅层水流失、环保要求较高的隧道应该考虑采用全包防水限制地下水排放。

根据我国的实践，隧道渗漏水的危害巨大，因此高速铁路隧道防排水采用《地下工程防水技术规范》(GB 50108—2008)的一级防水等级的规定，即隧道内不允许渗水，结构表面无湿渍。隧道防排水设计方案应结合隧道洞身水环境要求和水文地质条件确定。隧道防排水应采取“防、堵、截、排，因地制宜，综合治理”的原则。地下水环境保护要求高、埋深浅的隧道应采用全断面封闭防水。初期支护与二次衬砌之间铺设防水板，防水板厚度不得小于 1.5 mm。一般应设置双侧水沟和中心水沟，中心水沟与双侧水沟相连通。隧道衬砌背后应设置与排水沟连通的环、纵向排水盲管，环、纵向排水盲管应直接引入侧沟。

5.2.5　单洞双线和双洞单线断面的比较

在通常情况下，高速铁路隧道考虑空气动力学的特性，都采用单洞双线断面，较少采用双洞单线断面。但在某些情况下，如隧道很长(长度大于 10 km)，同时考虑维修养护条件及防灾的需求时，宜采用双线单洞断面。表 5.2 为单洞双线和双洞单线断面的比较。

表 5.2　单洞双线和双洞单线断面的比较

比较项目	双洞单线断面	单洞双线断面
图　示		
空气动力学影响	相对大	相对小
逃生疏散	方便	满足要求
养护维修	一样	一样
工程施工难度	相对容易	较大
环境影响	相对大	相对小
投资比较	多 20%～40%	小

隧道洞内附属构筑物、运营通风、防灾救援疏散等问题不再详细介绍。

任务 5.3　熟悉大断面隧道施工方法

高速铁路大断面隧道施工方法可分为三类，如图 5.11 所示。在选择具体的施工方法时，应根据实际情况综合考虑，力求在工程造价、施工进度、施工安全等方面取得平衡。下面对这些施工方法进行简要地叙述。

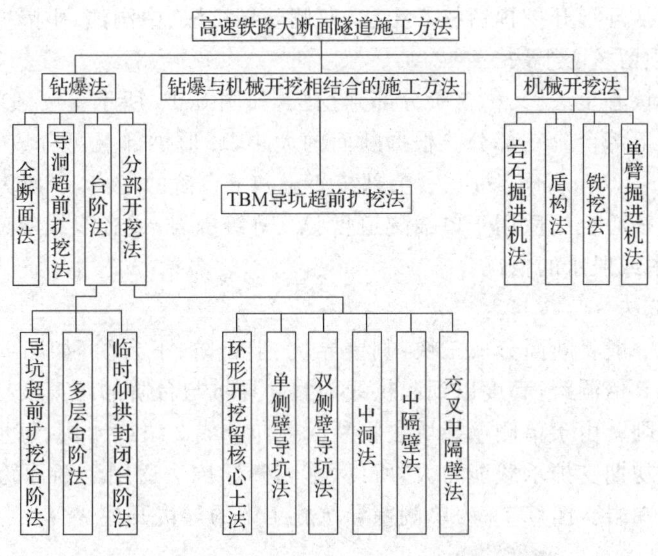

图 5.11　高速铁路大断面隧道施工方法分类

5.3.1　钻 爆 法

1. 全断面开挖法

所谓全断面开挖法(简称全断面法)，是指按照隧道设计轮廓线一次开挖成形的施工方法。该施工方法的特点是作业空间较大，有利于大型机械化配套作业以提高工程进度，且操作工序少，操作方法简单，施工干扰小，便于施工组织和管理。全断面法开挖断面大，对地质条件要求严格，围岩必须有足够的自稳能力，且每循环工作量相对较大，要求施工单位具有较强的开挖、出渣、运输及支护技术能力。

在高速铁路隧道中,全断面法主要用于地下水状态为干燥或潮湿的Ⅰ~Ⅲ级围岩的单线隧道施工,在Ⅳ~Ⅴ级围岩采用全断面法施工时,必须辅以辅助工法,如正面喷射混凝土、打设正面锚杆等。双线铁路隧道开挖面积达 140~170 m²,受施工机械作业能力的限制,难以采用全断面法。

2. 台阶法

所谓台阶法施工,就是为了控制围岩变形,而将结构断面分成上下两断面(图 5.12)或几个作业面,分成两步或多步开挖的方法。台阶法施工适用条件:①单线隧道Ⅲ、Ⅳ级围岩;②双线隧道Ⅲ级围岩;③地下水状态:干燥或潮湿。台阶法还有很多变体,如导坑超前扩挖台阶法、多层台阶法、临时仰拱封闭台阶法等,限于篇幅,就不再予以介绍。

图 5.12 台阶法施工

各国高速铁路隧道施工实践证明,台阶法已成为大断面隧道施工的主流施工方法。我国台湾台北—高雄高速铁路隧道(隧道净空有效面积为 90 m²,开挖断面积为 130~150 m²),大部分也是采用台阶法修建的。德国科隆—法兰克福高速铁路上的隧道工程,虽然地质条件比较差,但多数隧道仍采用台阶法施工。

3. 分部开挖法

分部开挖法包括环形开挖预留核心土法、双侧壁导坑法、中洞法、中隔壁法等。

(1)环形开挖预留核心土法

环形开挖预留核心土法,又称台阶分部开挖法,如图 5.13 所示。一般将断面分成为环形拱部、上部核心土、下部台阶三部分。根据断面的大小,环形拱部又可分成几块交替开挖。环形开挖进尺为 0.5~1.0 m,不宜过长。上部核心土和下台阶的距离,一般为 1 倍隧道洞跨。

环形开挖预留核心土法适用于单线隧道Ⅳ、Ⅴ、Ⅵ级围岩,或者双线隧道Ⅲ、Ⅳ、Ⅴ、Ⅵ级围岩,或地下水为渗水或股水的情况。

(2)单侧壁导坑法

单侧壁导坑法一般将断面分成三块:侧壁导坑、上台阶、下台阶,如图 5.14 所示。侧壁导坑宽度不宜超过 0.5 倍洞跨,高度以到起拱线为宜。导坑与台阶的距离没有硬性规定,一般以施工互不干扰为原则。由于单侧壁导坑法将断面横向分成 3 块或 4 块,每步开挖的宽度较小,而且封闭型的导坑初期支护承载能力大,所以,单侧壁导坑法适用于断面跨度大,地表沉陷难于控制的软弱松散围岩。图 5.15 为单侧壁导坑施工中的导坑开挖。

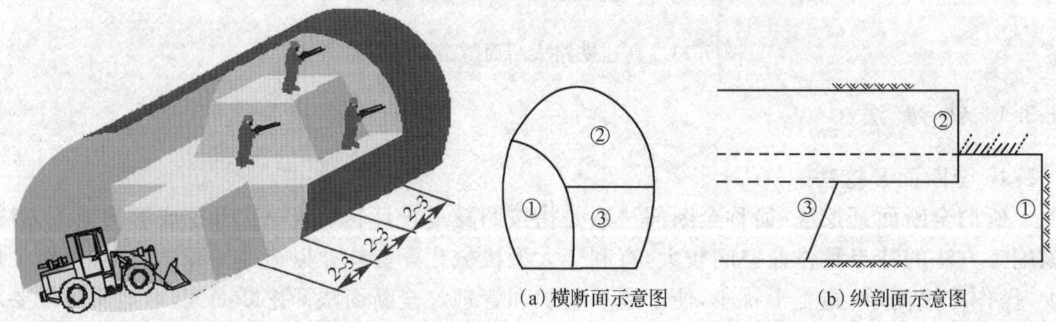

图 5.13 环形开挖预留核心土法三维视图(单位:m)

图 5.14 单侧壁导坑法

(3)双侧壁导坑法

双侧壁导坑法又称眼镜工法，如图5.16所示。当隧道跨度很大，地表沉陷要求严格，围岩条件特别差，单侧壁导坑法难以控制围岩变形时，可采用双侧壁导坑法。

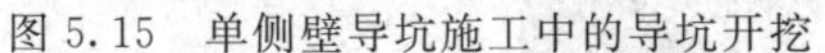

图5.15　单侧壁导坑施工中的导坑开挖

图5.16　双侧壁导坑法施工实例

双侧壁导坑法主要适用于围岩较差(单线隧道Ⅴ、Ⅵ级围岩，或双线隧道Ⅳ、Ⅴ、Ⅵ级围岩，或地下水为渗水或股水的情况)、开挖断面很大的大断面隧道，如三线或多线常速铁路隧道、高速铁路大断面隧道等。

(4)中洞法

中洞法是指采用先施作隧道中墙混凝土，后开挖两侧的施工方法。中洞法开挖高度应大于中墙高度1 m，开挖宽度应大于5 m；中洞开挖长度根据隧道长度、宽度及地质情况综合考虑，一般为50～80 m；中洞开挖后应及时施作初期支护，再分段灌筑中墙混凝土，在中墙混凝土达到设计强度后方可拆模，并进行临时横向支撑。中洞法适用于双连拱隧道。图5.17为中洞法施工实例。

图5.17　中洞法施工实例

(5)中隔壁法(CD)

中隔壁法实际上是分部开挖法和台阶法的结合，所以也称为中隔壁台阶法，如图5.18所示。当开挖工作面地层自稳能力较差，上台阶开挖后拱脚支承在未开挖岩体上的自稳时间较短且开挖断面跨度较大时，可采用中隔壁台阶法(通常配合临时仰拱使用)。通过中隔壁的分载作用，可减轻两侧拱脚的压力，降低地表沉陷值，以确保施工安全。

中隔壁法适用于单、双线隧道Ⅴ～Ⅵ级围岩的浅埋隧道、三线隧道。

(6)交叉中隔壁法(CRD)

采用自上而下分为二至三步开挖中隔壁的一侧，并及时支护，待完成1～2部后，即开始另一侧1～2部开挖及支护，形成左右两侧开挖及支护相互交叉的情形，如图5.19和图5.20所示。

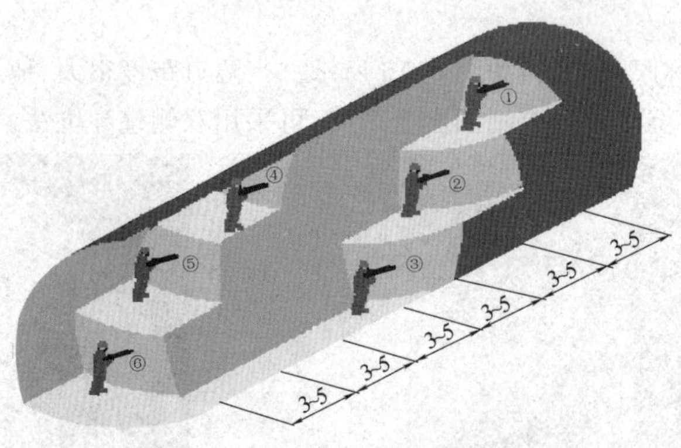

图 5.18　中隔壁法施工三维视图

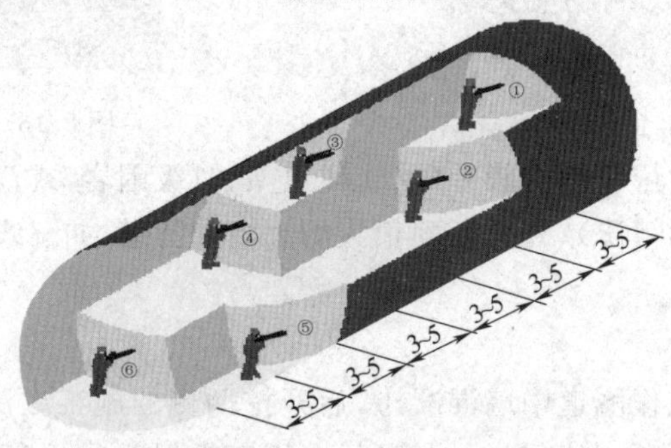

图 5.19　交叉中隔壁法施工三维视图(单位:m)

(a)洞口

(b)局部施工

图 5.20　交叉中隔壁法施工实景

交叉中隔壁法适用于双线,三线隧道Ⅳ、Ⅴ、Ⅵ级围岩及浅埋隧道。

中隔壁法和交叉中隔壁法的区别在于:前者先施工左侧上、下断面,再施工右上、右下断面,后者先施工左上、右上断面,再施工左下、右下断面。前者没有临时仰拱,后者有临时仰拱。

相比于中隔壁法,交叉中隔壁法更适合围岩级别更差的隧道,因为采用交叉中隔壁法施工可以施作临时仰拱,更好地控制围岩收敛,保证施工安全。

4. 导洞超前扩挖法

导洞超前扩挖法是指在隧道设计断面内的适当位置先开挖一条导洞,待导洞贯通(称为先通导洞法)或超前一定长度(称为超前导洞法)后,进行地质调查、排水以及围岩改良等作业,再按设计断面进行扩挖、支护和其他作业的一种隧道施工方法。该法在一些高速铁路长大隧道施工中已取得了高速度、高质量、高效益的骄人业绩。图 5.21 为小导洞超前施工实景。

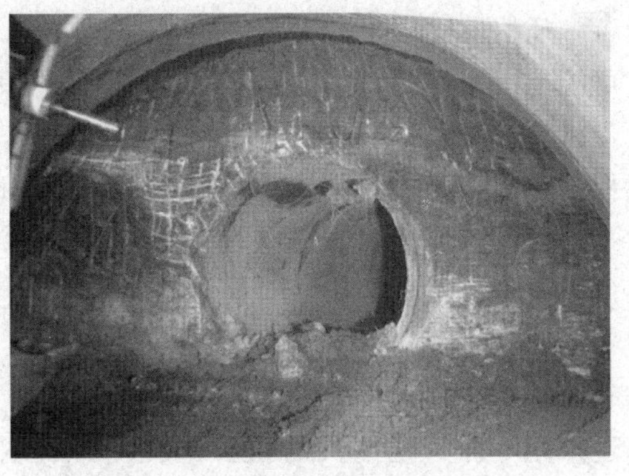

图 5.21　小导洞超前施工实景

5.3.2　机械开挖法

机械开挖施工法主要包括岩石掘进机法、单臂掘进机法、盾构法、铣挖法等。

1. 岩石掘进机(TBM)法

岩石掘进机是利用回转刀具开挖，同时破碎洞内围岩及掘进，形成整个隧道断面的一种新型、先进的隧道施工机械。相对于目前常用的方法，TBM 集钻、掘进、支护于一体，使用电子、信息、遥测、遥控等高新技术对全部作业进行制导和监控，使掘进过程始终处于最佳状态。

TBM 可分为软岩 TBM 和硬岩 TBM。硬岩 TBM 又可分为开敞式 TBM 和护盾式 TBM。

开敞式 TBM 主要用于围岩较好、强度较高的岩石，没有较大破碎带、断层和地下水的地质状况，一般随着开挖在刀盘后部施作临时支护，然后再根据需要施作二次混凝土衬砌。刀盘掘进所需的推动力，由水平支撑靴作用于洞室侧壁提供。图 5.22 为开敞式 TBM。

图 5.22　开敞式 TBM

护盾式 TBM 又可分为单护盾 TBM 和双护盾 TBM(目前国外 TBM 生产商已研制出三护盾 TBM)，如图 5.23 和图 5.24 所示。

图 5.23　单护盾 TBM(加拿大 LOVAT)

图 5.24　双护盾 TBM

2. 盾构法

盾构法是软土隧道掘进施工的一种有效方法，在城市地下铁道施工中已得到广泛应用，如图 5.25所示。盾构技术近十多年来有了飞跃发展，可适用于多种地层。我国广深港客运专线狮子洋隧道、天津站与天津西站地下直径线就是采用盾构法施工的隧道。

盾构机实质上就是软土隧道掘进机。不过,它既可能是机械开挖,也可能是人工开挖。它既是一种施工机具,又是一个强有力的临时支撑结构。在盾壳的保护下,既可进行开挖,又能进行衬砌。采用盾构法施工,具有不影响地面交通、没有振动、对地面邻近建筑物危害较小等优点。

图 5.25　盾构机

3. 铣挖法

铣挖法是近年来兴起的一种新的施工方法,它通过采用一种叫铣挖机的设备,安装在液压挖掘机上,高效替代挖斗、破碎锤、液压钳等通用配置,应用于隧道掘进及轮廓修整、渠道沟槽铣掘、建筑物拆除、沥青混凝土路面铣刨、岩石冻土铣挖、树根铣削等多个领域。该方法在软岩隧道开挖中具有减少围岩扰动、控制超挖、加快施工进度等优点,为隧道开挖提供了一种崭新的施工方法,适用于多种地质条件。

国外采用铣挖法施工的隧道已有许多成功实例,如:奥地利的 Vomp 铁路隧道等,开挖面积从 20～100 m^2 不等,均取得良好的实效,这表明采用铣挖法修建隧道是可行的。我国武广高速铁路浏阳河隧道就采用了铣挖法,图 5.26 为其选择的艾尔卡特 ER1500-1S 型装配式铣挖,图 5.27 为装配式铣挖机横向铣挖头。

图 5.26　ER1500-1S 型装配式铣挖机

图 5.27　装配式铣挖机横向铣挖头

4. 单臂掘进机法

单臂掘进机又称为自由断面掘进机(图 5.28),它可以开挖任意断面形状的隧道,在软岩和小断面隧道中得到比较广泛的应用。日本在东北新干线的金田隧道中就曾采用单臂掘进机施工。

图 5.28　单臂掘进机

5.3.3　钻爆与机械开挖相结合的施工方法

当 TBM 开挖断面过大时,会带来电力不足、运输困难、造价过高等问题,不仅影响机械的使用性能,而且还会大大增加机械的制造成本。利用小断面掘进机配合钻爆法开挖的方法就能解决这个难题。

对于超大断面隧道施工,可以采用 TBM 导坑超前扩挖法,即在开挖主洞之前先用 TBM 快速掘进一个超前导坑,利用超前的导坑进行地质调查、排水、围岩改良等作业,然后用钻爆法进行扩挖的一种施工方法。超前导坑为爆破创造了更多的临空面,其施工速度比只有一个临空面的方法可提高 2～3 倍。TBM 导坑超前扩挖法又可以分为多种形式,如单导坑法(包括上部导坑法和底部导坑法)、双导坑法等。

在我国高速铁路隧道中,由于大部分采用单洞双线隧道,开挖断面大,采用 TBM 导坑超前扩挖法既可以充分运用我国钻爆法施工成熟的经验,又可以利用 TBM 快速掘进特点,必将成为我国高速铁路隧道施工的一个发展方向。

5.3.4 高速铁路大断面隧道施工方法的选择

大断面隧道的施工方法要根据断面形状、隧道长度、工期、地质、周围环境等条件综合确定。选择施工方法时要注意以下几点:

(1)地形、地质的特殊性,如洞口段、浅埋段、易变形地段的地质状况等;

(2)是否有限制条件,如对地表沉降的限制、地基承载力不足等;

(3)必要时要与辅助工法配合;

(4)要尽量采用能避免围岩松弛的施工方法,如在泥岩或黄土中采用机械开挖;

(5)应尽量使支护及早封闭,避免多次扰动围岩,控制初期支护位移、变形;

(6)施工组织的统一协调,在同一隧道中应尽量减少工法的频繁变换;

(7)尽量采用机械化施工,提高作业效率,加快施工速度。

高速铁路隧道施工方法的选择,关键在于要和隧道的地质条件相匹配。这就要求提供给高速铁路隧道设计的地质资料要齐全完整、真实可靠。要求隧道地质勘察要查明隧道通过地段的地形、地貌、地层、岩性和地质构造;岩质隧道应着重查明岩层层理、片理、节理等软弱结构面的产状、密度及组合形式,断层、褶曲的性质、产状、宽度及破碎程度;土质隧道应着重查明土的地层年代、成因类型、结构特征、物质成分、料径大小、密实度及潮湿程度;查明不良地质、特殊岩土的分布及对隧道的影响,特别是对洞口及边仰坡的影响。据此选择合适的施工方法。

在高速铁路隧道施工中,钻爆法仍然为主要的施工方法,其中,比较常用的方法有全断面法、台阶法、CD 法、CRD 法、双侧壁导坑法。各种方法的适用条件、沉降量、工期、防水效果、临时支护和造价特点见表 5.3。从工程造价和施工进度出发,施工方法选择顺序应为:全断面法→正台阶法→台阶设临时仰拱→CD 法→CRD 法→双侧壁导坑法。从施工安全考虑,施工方法选择顺序正好与此相反。

表 5.3 常用钻爆法比较

施工方法	适用条件	沉降	工期	防水效果	拆除临时支护	造价
全断面法	地层好,跨度≤8 m	一般	最短	好	无	低
正台阶法	地层较差,跨度≤12 m	一般	短	好	无	低
上台阶临时封闭正台阶法	地层差,跨度≤12 m	一般	短	好	小	低
正台阶环形开挖法	地层差,跨度≤12 m	一般	短	好	无	低
单侧壁导坑正台阶法	地层差,跨度≤14 m	较大	较短	好	小	低

续上表

施工方法	适用条件	沉降	工期	防水效果	拆除临时支护	造价
CD 法	地层差,跨度≤18 m	较大	较短	好	小	偏高
CRD 法	地层差,跨度≤20 m	较小	长	较差	大	高
双侧壁导坑法(眼镜法)	小跨度,可扩成大跨	大	长	差	大	高

不管采用哪种施工方法,在不良地质条件下,都需要配合采用各种辅助工法。特别是在大断面隧道的施工中,辅助工法显得更为重要。

5.3.5 高速铁路隧道施工技术发展趋势

我国大规模高速铁路建设为高速铁路隧道技术进步和创新提供了很好的发展机遇。随着国家、社会与广大民众环境保护意识的提高,以及"以人为本""创建和谐社会"等建设理念的逐步深入,我国高速铁路隧道数量越来越多,技术含量越来越高,工程质量会越来越好。总体来看,高速铁路隧道技术体现出以下 6 个方面的发展趋势。

1. 大断面和超大断面隧道快速施工技术将会有所发展

要实现大断面和超大断面隧道的快速施工,减少施工工序最为关键。应尽量多采用机械化施工,加大一次施工的断面面积和作业循环长度。在能够保证有效控制变形和沉降的情况下,尽早实现初期支护的封闭。为了充分发挥掘进机和钻爆法施工的各自优势,采用小断面掘进机开挖超前导坑,然后再用钻爆法扩挖的工法,是解决大断面和超大断面隧道快速施工的有效措施。

2. 高速铁路特长隧道修建技术将不断完善成熟

我国高速铁路已经开工和规划了很多特长隧道,有些隧道已经建成,如长 27.839 km 的石太客运专线太行山隧道。对于特长隧道的辅助坑道设置、消减列车空气动力学效应的缓冲措施、防灾救援、运营通风和维护管理、施工工法和建设工期等问题,通过不断完善和优化,逐步会形成一套适合我国国情的高速铁路特长隧道修建技术。

3. 跨越江河、海峡的水下隧道将会有重大进展

在以往修建行车速度目标值较低的铁路中,一般采用桥梁方案跨越江河。随着高速铁路行车速度目标值的提高,较大跨度的桥梁较难解决振动和舒适度的问题。同时部分通航标准要求较高的大江、大河,对于水中设墩特别敏感,防洪也提出比较高的要求,水下隧道的优势越来越明显,所以我国已经开工和规划的许多高速铁路项目中,大量采用了隧道方式穿越江河,这将对我国水底隧道修建技术的发展起到促进作用。

全长 10.115 km 的武广高速铁路浏阳河隧道是我国第一条同时下穿河流及中心城市的高速铁路隧道,为我国水下隧道施工积累了宝贵的经验。图 5.29为浏阳河隧道施工场景。

图 5.29 浏阳河隧道施工场景

4. 下穿城市的隧道会越来越多

高速铁路穿过城市,城市景观、建筑物的拆迁和噪声控制是最关键的问题,解决这些问题最好的方

式是以隧道方式下穿城市人口较密集地区。图5.30所示为京石客运专线通过石家庄市时采用的以隧道方式通过的方案。

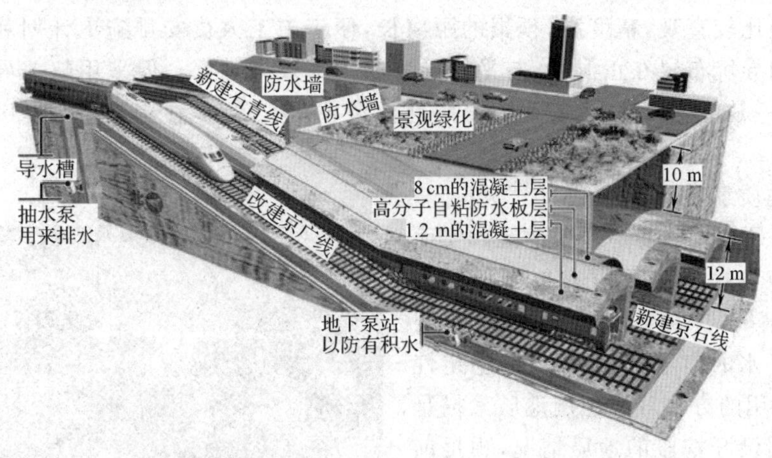

图5.30　京石客运专线通过石家庄市区采用的隧道通过方案

5. 掘进机技术将会得到广泛应用

掘进机以其掘进速度快、施工质量高、沉降控制好、劳动强度低等优越性，在长及特长铁路隧道中的应用越来越广泛，随着大规模高速铁路隧道的修建，对于地质和作业条件适宜的特长山岭隧道、下穿城市建筑物的隧道、水下隧道等，会更多地采用掘进机(盾构)施工，掘进机技术将会得到广泛应用。

6. 非钻爆法开挖施工工法会逐步完善

传统的铁路隧道施工一般采用钻爆法，随着大断面高速铁路隧道的修建，为减少开挖对围岩的扰动，充分“保护围岩”，同时减小震动，保护隧道附近对震动有较高要求的结构物，选择部分地质条件适宜的隧道采用铣挖机、单臂掘进机、液压破碎锤、大功率挖掘机等装备开挖，将是一个发展趋势，这种采用非钻爆法施工的工法会逐步完善。

任务5.4　掌握隧道施工综合超前地质预报技术

高速铁路隧道的施工、工期、造价均受到地质条件的制约。因此，了解隧道穿过地段地质条件不仅是隧道建设的需要，也是隧道工程地质工作的目的。由于隧道及其他地下工程深埋地下，工程岩体的水文地质与工程地质条件复杂多变，根据现有的地质勘探技术水平及手段所取得的资料不能完全满足施工要求，因此这些问题的解决还有待在施工中开展深入的超前地质预报工作。目前在隧道施工期间采用的超前地质预报方法从专业技术层面可分为常规地质法和物探法两大类，具体有以下几种：①超前导坑；②正洞地质素描；③水平超前探孔；④声波测试；⑤红外探水；⑥弹性波法；⑦电磁波法。

5.4.1　常规地质法

1. 超前导坑法

超前导坑法可分为超前平行导坑和超前正洞导坑。平行导坑的布置平行于正洞，断面小而且和正洞之间有一定的距离，通过在施工过程中对导坑中遇到的构造、结构面或地下水等情况作地质素描图来对正洞的地质条件进行预报。采用平行导坑预报的优点是:平行导坑超前的距离越长预报就越早,施工中有充分的准备时间,可以增加工作面、加快施工进度,还可以起到排水减压放水、改善通风条件和探明地质构造条件的作用。采用超前平行导坑进行预报比较直观,精度高,预报的距离长,便于施工人员安排施工计划和调整施工方案。超前正洞导坑布置在正洞中,与平行导坑相比其效果更好。但采用超前导坑法进行预报也有缺陷,一是成本太高,有时需要全洞进行平导开挖;二是在构造复杂地区地质预报准确度不高。

2. 正洞地质素描

地质素描是对开挖面的地质情况如实而准确地反映。素描的主要内容包括地层岩性、构造发育情况(含断层、贯穿性节理、夹层或岩脉)、地下水的出水状态、围岩的稳定性及初期支护采用的方法等。正洞地质素描是利用所见正洞已开挖段的地质情况,预报前方可能出现的不良地质条件(断层等),图 5.31为利用超前帷幕注浆进行地质观察。

图 5.31 利用超前帷幕注浆进行地质观察

针对断层而言,正洞地质素描又分断层露头作图法和断层前兆特征法。断层露头作图法对结构面向开挖后方倾斜的断层预报效果较好,因为断层先在隧道底出露,对岩体稳定性影响不大时就可以发现;对于向掌子面前方倾斜的结构面,因为先在顶部出现,预报时效果相对较差。正洞地质素描的优点是不占用施工时间,设备简单,不干扰施工,出结果快,预报的效果好,而且为整个隧道提供了完整的地质资料;缺点是对与隧道夹角较大而又向前倾的结构面容易产生漏报。

3. 水平超前探孔

水平超前探孔法(图 5.32)是在隧道内安放水平钻机进行水平钻进,根据隧道中线水平方向上的钻孔资料来推断隧道前方的地质情况。钻孔的数量、角度及钻孔长度可人为设计和控制。一般可根据钻进速度的变化、钻孔取芯鉴定、钻孔冲洗液的颜色、气味、岩粉以及在钻探过程中遇到的其他情况来进行地质判断。

图 5.32 水平超前探孔

水平超前探孔法可以反映岩体的大概情况,比较直观,施工人员可根据现场的地质情况来安排下一步的施工组织。但该方法也存在不足之处:①在复杂地质条件下预报效果较差,很难预测到正洞掌子面前方的小断层和贯穿性大节理,特别是与隧道轴线平行的结构面,其预报很难反映出来;②钻孔与钻孔之间的地质情况反映不出来。

5.4.2 物探方法

物探即地球物理探测,是间接、无损的测试手段,在隧道超前地质预报中,常用的方法有声波测试、红外探水、弹性波法、电磁波法等。

1. 声波测试

声波对裂隙反应很敏感，遇到裂隙即发生界面效应（反射、折射和绕射），耗损波能，波形变复杂，波速减缓，此外声波速度的大小还和岩体强度有关。

2. 红外探水

所有物体都发射出不可见的红外线能量，红外线能量的大小与物体的发射率成正比。而发射率的大小取决于物体的物质和它的表面状况。当隧道掌子面前方及周边介质单一时，所测得的红外场为正常场，当前面存在隐伏含水构造或有水时，所产生的场强要叠加到正常场上，从而使正常场产生畸变。据此可判断掌子面前方一定范围内有无含水构造。其探测原理如图 5.33 所示。

3. 弹性波法

弹性波超前预报技术按观测系统可分为地震反射法（负视速度法）和水平声波剖面法。

当弹性波向地下传播，遇到波阻抗不同的地层界面时，将遵循反射定律发生反射现象。介质的波阻抗差异愈大，反射回来的信号就愈强。

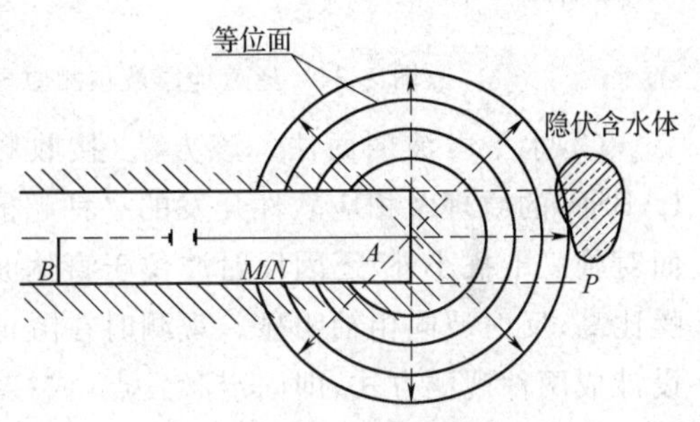

图 5.33 红外探水原理图

A—供电电极；M/N—测量电极；

B—相对无穷远点（AB>300 m）；

P—含水体接触点

(1)地震负视速度法。地震负视速度法的原理是利用地震波在不均匀地层中产生的反射波特征，来预报隧道掌子面前方及周围区域的地质情况。在隧道侧壁的一定范围内布置激震点（如小药量爆破）进行激发，产生的地震波信号在隧道周围岩体内以球面波的形式传播，在不同岩层中地震波以不同的速度传播，当岩石强度发生变化时（比如有断层或岩层变化），地震波信号的一部分将返回，这个信号称为反射波，并被高精度的接收器接收。反射界面与测线直立正交时，所接收的反射波与直接由震源发出的信号（称为直达波）在记录图像上呈负视速度。

通过计算机软件分析前方围岩性质、节理裂隙分布、软弱岩层及含水状况等，最终显示屏上显示各种围岩构造界面与隧道轴线相交所呈现的角度及距掌子面的距离，并可初步测定岩石的弹性模量、密度、泊松比等参数以供参考。该法适用于划分地层界线、查找地质构造、探测不良地质体的厚度和范围。但测试仪器在作业过程中对环境的要求较高，若噪声过大则会影响采集数据的准确性。隧道地震波预测原理如图 5.34 所示。TGP12 隧道地质预报系统就是利用这个原理制造的。它能在中等硬度级别的隧道围岩中对掌子面前方 150～200 m 范围内的岩性变化、断层、破碎带、岩溶发育带以及它们的产状、规模和前方岩层的含水特性作出预测预报，并能计算出上述范围内的纵波、横波速度、波速比，泊松比，及相应岩体的动弹模量和剪切模量等岩石力学参数。

TSP203 超前地质预报系统（图 5.35）的预报原理同负视速度法，接收频率为 10～8 000 Hz，预报长度为 100～200 m。

总的来说，采用地震反射波法进行超前地质预报，预报距离相对较长，对大的构造（尤其是张性结构面）反应明显，另外对软硬岩的变化点也有较好的反应。

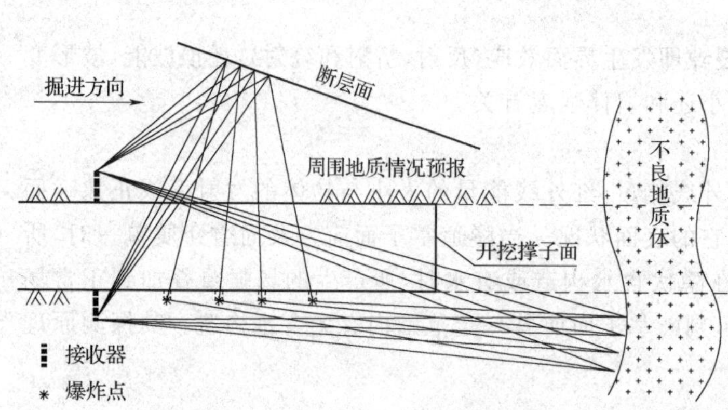

图 5.34　隧道地震波预测原理

图 5.35　TSP203 超前地质预报系统

(2)水平声波剖面法。该方法(接收频率为声波频段的地震波)是利用孔间地震剖面法(ABSP)的原理及相应软件开发的一种超前预报方法。震源和检波器的布置除脱离开挖工作面对施工干扰小外,还因反射波位于直达波、面波延续相位之外而不受干扰,因此记录清晰、信噪比高、反射波同相轴明显。观测时在隧道的两个侧壁分别布置震源和检波器,按其相对位置设计成两种观测方式,即固定激发点(或接收点)和激发与接收点相错斜交方式。

4. 电磁波法

电磁波法是利用电磁波在不同介质中产生透射、反射的特性来进行地质预报工作的,目前常用的方法是地质雷达法。

在物探后,对前方有疑问和可能造成地质灾害的不良地质宜辅以钻孔探测。必要时还可取芯,钻孔数根据需要确定。在软弱破碎围岩施工中,每循环钻孔作业时选 1～3 个钻孔加深 4～5 m,根据钻孔速度的变化和出浆的情况,可分析前方地质情况的变化。

利用地质雷达进行超前预报时,当前方岩石完整的情况下,可以预报 30 m 的距离;当岩石不完整或存在构造的条件下,预报距离小于 10 m。雷达探测的效果主要取决于不同介质的电性差异(即介电常数差异),若介质之间的介电常数差异大,则探测效果就好。在洞内测试时,由于受干扰因素较多,往往造成假的异常,形成误判。

目前,TSP 探测技术已经成为瑞士等国家众多隧道工程施工中的必不可少的地质超前预报手段,通常情况下每掘进 150～200 m 就做一次 TSP 测量。与钻探法等相比,这种测量方法的突出优点是测量结果的信息量大,预报范围广,测量本身成本低。在使用掘进机施工的隧道标段,TSP 超前预报测量还是唯一切实有效的测量手段,因为掘进机施工时的日进尺有时高达 25 m,超前预报的范围只有数倍于掘进机的日进尺时,这种测量才显得有意义。常规的钻孔测量法因需要较大的设备布置空间,且效率低、影响掘进机施工,不适合掘进机施工条件下的地质超前预报。

我国目前正在进行大规模的高速铁路工程建设,需要修建大量的隧道,TSP 作为一项隧道长期(长距离)的探测技术,将在减少和消除隧道施工塌方方面发挥巨大作用。设计中也已明确要求采用 TSP 进行超前地质预报,施工中需进行必要的培训,以适应高速铁路建设的需要。

任务5.5　学习高速铁路隧道工程钻爆法施工实例

本节以武广高速铁路金沙洲隧道工程施工为例，对钻爆法施工进行较为详细的介绍。

5.5.1　工程概况

1. 工程简介

金沙洲隧道位于广州市西北侧和佛山市南海区境内，北起南海区里水镇洲村，先后下穿偏压山体、水塘、厂房、广佛高速公路沙贝立交互通枢纽、广州西环高速公路、凤岐里峰村、浔峰洲收费站、建设大道、三乡路南至南海区黄歧镇沙溪村，总体呈 NS 向展布。隧道兼容山岭隧道及城市地铁的双重特点，沿线建筑物密集，道路交通网错综复杂。

隧道建筑长度 4 469 m（含长 407 m 敞开段），最大开挖断面 160.11 m^2，最大跨度16 m。隧道位于直线上，呈 V 字形坡，分别为长 2 359 m 的 20‰下坡和长 2 075 m 的 20‰上坡。隧道辅助坑道为一个斜井和两个竖井，斜井长 235 m，1 号竖井深 40.88 m，2 号竖井深 32.75 m，施工过程中在明暗挖分界处增设一座简易竖井。隧道施工平面布置如图 5.36 所示。

隧道穿越溶洞区，其主要发育形态为溶沟、溶槽、溶洞等，溶洞的规模、埋深及充填情况等差异较大，在里程 DK2194＋757 附近穿越发育 F2 断层破碎带。隧道暗挖段围岩分级见表 5.4。

表 5.4　隧道地质情况一览表

隧道情况				隧道穿越的岩土层
起始里程	终止里程	长度/m	围岩分级	
DK2192＋836	DK2192＋920	84	Ⅴ	穿越（D3m）粉砂岩弱风化带，岩体破碎
DK2192＋920	DK2192＋970	50	Ⅳ	穿越（D3m）粉砂岩弱风化带，岩体较破碎
DK2192＋970	DK2193＋290	320	Ⅲ	穿越（D3m）粉砂岩弱风化带，岩体完整
DK2193＋290	DK2193＋330	40	Ⅳ	穿越（D3m）粉砂岩弱风化带，岩体较破碎
DK2193＋330	DK2193＋350	20	Ⅴ	穿越（D3m）粉砂岩弱风化带，岩体破碎
DK2193＋350	DK2193＋500	150	Ⅵ	穿越（D3m）粉砂岩全～弱风化带，岩体很破碎
DK2193＋500	DK2193＋530	30	Ⅴ	穿越（D3m）粉砂岩弱风化带，岩体破碎
DK2193＋530	DK2193＋550	20	Ⅳ	穿越（D3m）粉砂岩弱风化带，岩体较破碎
DK2193＋550	DK2193＋660	110	Ⅲ	穿越（D3m）粉砂岩弱风化带，岩体完整
DK2193＋660	DK2193＋720	60	Ⅳ	穿越（D3m）粉砂岩弱风化带，岩体较破碎
DK2193＋720	DK2193＋880	160	Ⅴ	顶板穿越（D3m）粉砂岩全～弱风化带，岩体很破碎。底板穿越（D3m）粉砂岩弱风化带，岩体较破碎
DK2193＋880	DK2193＋930	50	Ⅴ	
DK2193＋930	DK2194＋350	420	Ⅳ	穿越（D3m）粉砂岩弱风化带，岩体破碎。局部顶板穿越（D3m）粉砂岩强风化带，岩体很破碎
DK2194＋350	DK2194＋470	120	Ⅴ	穿越（D3m）粉砂岩及（C1ds）灰岩、炭质页岩强风化带，岩体很破碎
DK2194＋470	DK2194＋685	215	Ⅴ	穿越（D3m）粉砂岩及（C1ds）灰岩、炭质页岩强风化带，岩体很破碎
DK2194＋685	DK2194＋825	140	Ⅵ	穿越 F2 构造破碎带风化残积积土
DK2194＋825	DK2194＋870	45	Ⅴ	穿越（C1ds）灰岩弱风化带，岩体破碎，溶洞发育，地下水丰富

续上表

隧道情况				隧道穿越的岩土层
起始里程	终止里程	长度/m	围岩分级	
DK2194＋870	DK2194＋920	50	Ⅳ	穿越(C1ds)灰岩弱风化带,岩体较破碎
DK2194＋920	DK2195＋029	109	Ⅲ	穿越(C1ds)灰岩、局部炭质页岩弱风化带,岩体较完整
DK2195＋029	DK2195＋290	261	Ⅲ	穿越(C1ds)灰岩、局部炭质页岩弱风化带,岩体较完整
DK2195＋290	DK2195＋360	70	Ⅲ	穿越(C1ds)灰岩、局部炭质页岩弱风化带,岩体较完整
DK2195＋360	DK2195＋540	180	Ⅲ	穿越(C1ds)灰岩、局部炭质页岩弱风化带,岩体较完整
DK2195＋540	DK2195＋670	130	Ⅳ	穿越(C1dc)灰岩、炭质页岩弱风化带,岩体较破碎
DK2195＋670	DK2195＋720	50	Ⅵ	底部穿越(C1dc)灰岩弱风化带,中顶部为残积土层
DK2195＋720	DK2195＋790	70	Ⅴ	底部穿越(C1dc)灰岩、炭质页岩弱风化带,顶部穿越(C1dc)灰岩、炭质页岩强风化带,岩体破碎
DK2195＋790	DK2195＋940	150	Ⅵ	底板穿越(C1dc)灰岩、炭质页岩全强风化带,顶板穿越残积土层、Q4土层,岩体很破碎
DK2195＋940	DK2196＋300	360	Ⅵ	底板穿越(C1dc)灰岩、炭质页岩全强风化带,顶板穿越残积土层、Q4土层,岩体很破碎

2. 隧道施工难点

(1)斜井施工

斜井位于线路前进方向的左侧,与线路左线交于DK2193＋943,与线路小里程平面交角40°。斜井综合坡度为8.5%,斜长为235 m。斜井与隧道采用斜交单联,采用无轨运输方式和单车道衬砌断面。斜井开挖采用台阶法施工,上台阶位于起拱线位置。

(2)隧道下穿高速公路互通立交枢纽施工

隧道在DK2194＋560～DK2194＋840段先后穿越广佛高速公路、佛环匝道桥、西环高速公路,隧道与互通立交枢纽的平面和立面位置关系如图5.37所示。隧道中线与沙贝立交桥中线在DK2194＋675.7处斜交,角度为83°5′45″。隧道位于桥梁6号墩位基底以下18.83 m,隧道开挖高度为12.98 m,而桥梁高度最大值为9.56 m,最小值位于两边桥台处,为8.54 m。

该地段地层岩性为:表层为粉质黏土、淤泥质土、细砂等,下伏基岩以灰岩为主,局部为灰岩夹炭质页岩,弱风化为主,局部为浅埋型。软土含水率高、孔隙比大、透水性差、强度低、压缩性高、灵敏度高,在暗挖段的局部洞顶容易造成地基失稳。DK2194＋704～＋757段为F2泌冲构造断裂破碎带。

(3)隧道穿越水塘地段施工

隧道进口至斜井段地表主要为农田、水塘、果园及苗圃,小河渠、小涌较发育,部分地段分布农村低层房屋。DK2193＋340～＋510段共穿越水塘两个。DK2193＋337～＋398水塘经过征地,已排尽塘水,隧道穿越时候已干枯一个月余。DK2193＋400～＋448水塘征地滞后,造成水塘基本未排水,其中DK2193＋440附近埋深仅3.56 m,其中淤泥层厚度1m。

(4)隧道穿越淤泥质黏土

隧道DK2196＋110～＋300段埋深较浅,拱顶覆盖土厚9.5～15 m,隧道上地面为西环高速公路匝道和地方交通要道。洞身开挖范围内主要为淤泥质黏土、粉质黏土及强风化粉质砂岩,洞顶主要地层为淤泥,流塑状,主要成分为黏粒,含少量有机质、腐殖物,属高压缩性土,土质不均匀。

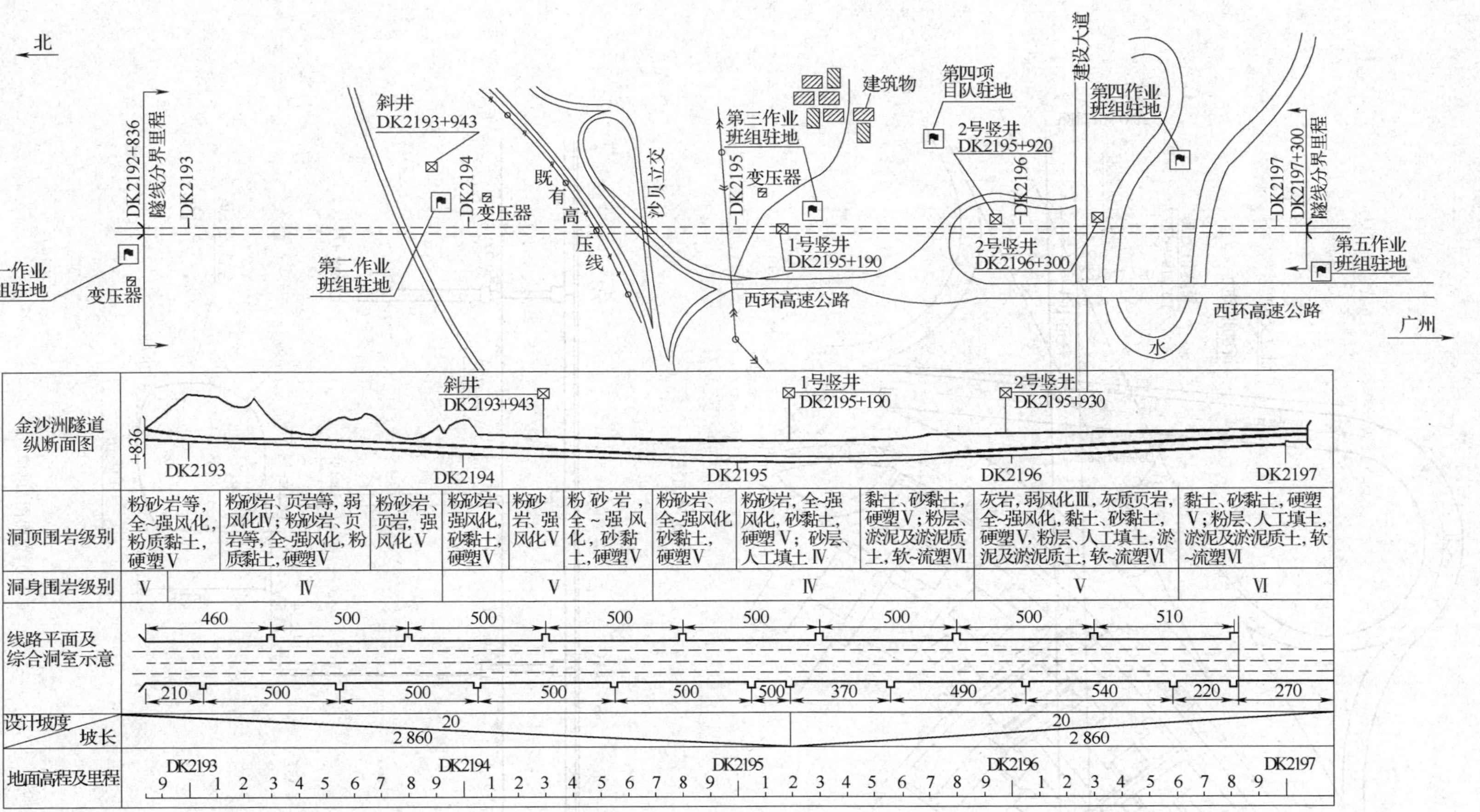

图 5.36 金沙洲隧道施工平面布置示意

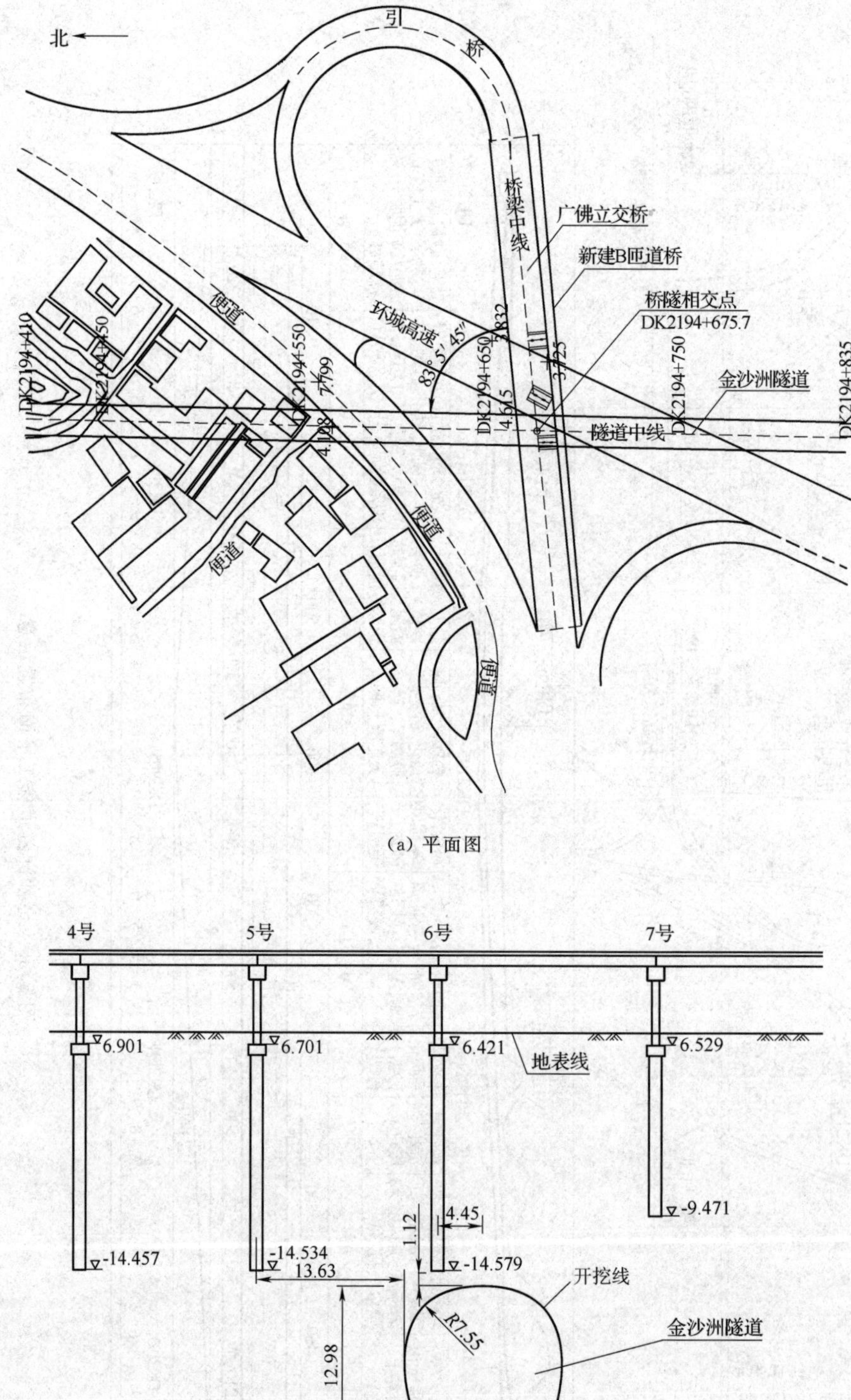

(a) 平面图

(b) 立面图(单位:m)

图 5.37 隧道与互通立交枢纽位置关系

5.5.2　斜井施工综合技术

1. 斜井施工

(1)斜井洞口防护

洞口开挖施工前，先按照测量放线施作洞顶截水天沟，截排地表水，对地表进行处理，确保边仰坡稳定。边仰坡刷坡自上而下分层开挖，随开挖及时进行锚网喷支护。支护参数：C20网喷混凝土厚8 cm，ϕ8 mm钢筋网格按20 cm×20 cm设置，砂浆锚杆间距按2.0 m×2.0 m布置，单根长$L=2.5$ m。为确保安全进洞，洞门拱部140°范围内打设单排ϕ42 mm超前小导管，长6 m，环向间距40 cm，注浆为1∶1水泥浆液，进洞前采用架设一榀格栅钢架与超前小导管连接并喷射C20混凝土，形成整体套拱。

(2)斜井开挖

斜井采用台阶法开挖，周边采用光面爆破以减少对围岩的震动，控制成形。上、下台阶采用人工风钻钻孔，挖掘机将上台阶的石砟扒到下断面，下断面出砟利用装载机装砟，自卸汽车运砟至指定的弃砟场地。

(3)斜井二次衬砌

二次衬砌采用自制简易衬砌模板台车，长10.5 m。暗洞衬砌施工完30 m后，及时施工洞门，保证斜井洞口稳定。

2. 斜井转正洞施工

(1)概况

斜井转正洞采用大包方案，垂直线路中线，自斜井台阶法开挖巷道进入正洞。巷道总开挖高度大于正洞开挖轮廓线，开挖长度大于正洞开挖轮廓线。巷道开挖到端头后，在侧壁上测量放线，画出正洞开挖轮廓线，施工完正洞超前支护后，分别向大、小里程方向开挖正洞，转入正洞施工，斜井转正洞平面示意图如图5.38所示。

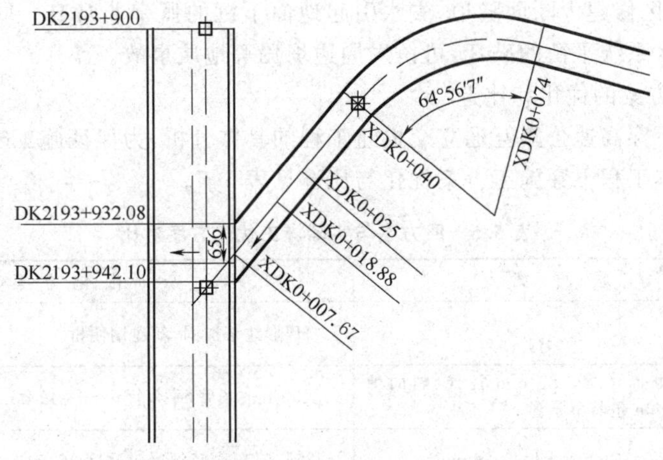

图5.38　斜井转正洞整体平面示意(单位：m)

(2)施工方法

正洞拱架与斜井初支拱架垂直相交方能满足施工要求，通过XDK0+025～+018.8段使斜井格栅由曲墙转化为直墙形式。初期支护参数：格栅拱架间距1 m，ϕ22 mm砂浆锚杆长度3 m，环、纵间距0.8 m×1.0 m，C20网喷混凝土，厚度20 cm，ϕ8 mm钢筋网按间距20 cm×20 cm布置。

斜井与正洞相交处拱架跨度为 10.02 m,考虑跨度较大加之此段范围应力集中,故斜井 XDK0＋007.67～＋018.8 段初期支护采用 I20 工字钢进行加强,每榀间距按 74.74 cm 布设。在 XDK0＋005.93～＋007.67 段采用两榀 I20 的工字钢并列设置。

斜井 XDK0＋007.67～＋018.8 初期支护参数:I20a 钢拱架中心间距 0.747 m,ϕ22 mm 砂浆锚杆长度 4.0 m,环向间距 0.8 m,纵向间距随钢拱架布置。C20 网喷混凝土,厚度27 cm。ϕ8 mm 钢筋网按间距 20 cm×20 cm 布置。

斜井垂直转入正洞 DK2193＋932.08～＋942.1 范围内的初期支护参数参考设计文件拟订采用 I20a 进行加强,间距按 0.6～0.8m 布设(视围岩情况确定),为减少拱部回填工程量,自 XDK0＋005.93 至正洞拱顶中心段斜率按 26.87%控制。考虑施工安全,斜井垂直进入正洞范围内的开挖宽度定为 6.56 m,采用工字钢门式结构。初期支护参数:超前支护 ϕ42 mm 小导管,L＝3.5 m,搭接长度不小与 1.0 m。系统锚杆采用 ϕ22 mm 砂浆锚杆,L＝4 m。C20 网喷混凝土,厚 27 cm,ϕ8 mm 钢筋网片按间距 20 cm×20 cm 布置。

5.5.3 下穿高速公路互通立交枢纽施工

1. 隧道施工主要风险分析

广州环城高速和广佛高速在沙贝地区汇合形成立交枢纽,是广州西北方向的交通咽喉。如果该处堵塞,势必会引起广州全城交通的瘫痪。根据该段地质的地形地貌和环境特征,隧道施工面临以下风险:

(1)隧道在岩溶和断层地质条件下以浅埋形式下穿高速公路,掘进施工中,难以避免引起高速公路下沉。

(2)沙贝立交枢纽的高架桥是经过多年改造而形成的交通要道,由两部分组成:既有老桥和新修建的 B 匝道桥。车流量密度大,重车、特重车多,高架桥早已不堪重荷。隧道施工由于失水可能引起高架桥桥墩下沉,导致高架桥损伤、破裂,甚至垮塌。

(3)在岩溶地区修建大断面隧道,失水引起地面下沉的概率非常高。同时,隧道施工引起的岩溶地区地下水系统平衡的破坏,可诱发周边坍塌等地质事故。

2. 施工技术方案的优化和比选

通过对隧道下穿高速公路互通立交枢纽工程的具体分析,为保证施工安全,对原设计方案进行适当优化。本工程下穿施工方案优化与比选见表 5.5。

表 5.5 原方案与实际施工优化方案对比

项目	原 方 案	优 化 方 案
地表加固	无	“H”形注浆加固,新建钢便桥
超前加固	超前全断面注浆,ϕ89 mm 长管(斜向埋设)＋ϕ42 mm 超前小导管	ϕ159 mm 长管(平角埋设)＋ϕ42 mm 超前小导管
初期支护参数	I22a 工字钢,喷混凝土厚度 28 cm	I25a 工字钢,喷混凝土厚度 35 cm
开挖工法	双侧壁导坑工法	三台阶临时仰拱封闭法
优缺点对比	1. 全断面帷幕注浆、双侧壁导坑法施工难度大,施工工期长; 2. 超前管棚斜角埋设,管棚防塌效果减弱	1. 洞内施工工法简单易行; 2. 超前管棚角度容易控制,防塌效果显著; 3. 地表进行注浆加固和新建钢便桥,对既有老桥和新建匝道桥有了实质性的保护

续上表

项目	原方案	优化方案
示意图	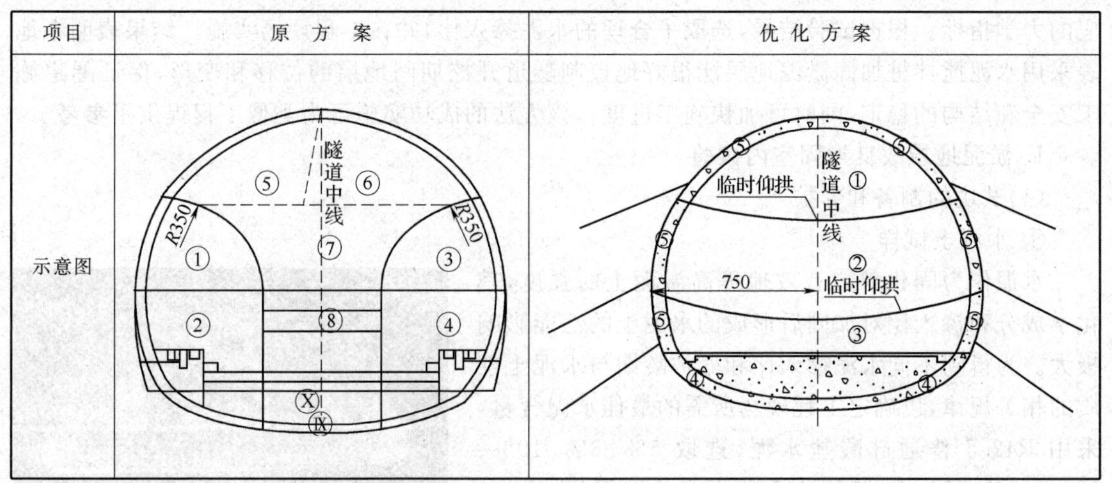	

通过对施工方案的合理优化，采取了一些应急措施，最终顺利通过高速公路互通立交枢纽。

5.5.4　穿越水塘地段施工

1. 施工措施

(1)围堰抽水

DK2193＋337～＋398 鱼塘，经过排水后回填土平整，避免隧道顶地面过多积水。原计划在隧道掘进进入 DK2193＋400～480 水塘范围前，修筑土坝，抽干堰内塘水，局部回填黏土。再在地表施作加固措施。最后考虑经济原因，只进行部分围堰抽水。

(2)地面加固

地面采用袖阀管进行注浆加固，注浆孔呈梅花形布置，排距 1.5 m。注浆底部进入风化岩(W3)或隔离层，采用纯水泥浆液。含水率较大的地层采用水泥＋水玻璃浆液，注浆压力0.5～1.0 MPa。注浆完成后，钻孔取样检查，其渗透系数和土的力学指标有所改善。

(3)ϕ108 mm 管棚超前支护

拱部 140°范围埋设管棚，防止顶部围岩过度松弛，引起坍塌。原设计采用 ϕ89 mm 管棚，斜向埋设，长度 10 m，开挖 7 m，搭接 3 m。施工优化采用 ϕ108 mm 管棚，洞内设管棚工作室，管棚水平设置，长度 30～35 m，环向间距 40 cm，采用花管注浆，注浆压力 0.8～1.0 MPa。通过对比分析，优化方案无论在管棚加固支护效果、材料消耗、工期等方面都有显著优势。

2. 施工效果分析

实际施工中，在 DK2193＋440 紧邻鱼塘断面的拱顶沉降与洞内收敛的监控量测数据表明，虽然 DK2193＋440 断面紧邻鱼塘，但采取相应措施后，在各开挖施工工序阶段，断面附近拱顶沉降和围岩的收敛情况变化均较正常。

5.5.5　淤泥地层改良加固

为保证安全，隧道施工过程中需采取有效的地层预加固措施。目前常采用洞内加固的方法，如采用帷幕注浆，而从底部采用竖向旋喷桩或者水泥搅拌桩进行淤泥地层加固的方法应用较少。

施工单位结合金沙洲隧道 DK2196＋110～＋300 段流塑状淤泥地层实际条件，通过现场取样,选取多种水泥土配合比和养护龄期,分别进行水泥土物理力学参数的室内试验,得到相应的力学指标。根据试验结果,选取了合理的水泥掺入比,并在工程现场实施。结果表明在地表采用水泥搅拌桩加固淤泥地层能很好地控制隧道开挖期间地层的位移和变形,保证隧道施工安全和结构的稳定,同时可加快施工进度。该方法的成功实施可为类似工程提供了参考。

1. 淤泥地层改良加固室内试验

(1)试块的制备和养护

① 水泥土试样

水泥作为固化剂能有效地提高淤泥土的强度,其化学成分和掺入比对加固后形成的水泥土的性能影响极大。为得到不同水泥掺入比和养护龄期与水泥土性质的相关规律,以确定工程现场所需的最佳水泥含量,采用 R42.5 普通硅酸盐水泥,选取 5%、8%、10%、12%、15%、18%和 25%共 7 种不同的水泥掺入比制作试样。图 5.39 为部分水泥土试样。

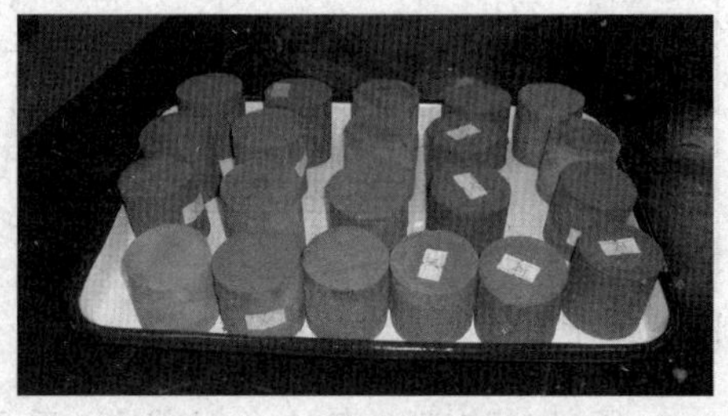

图 5.39　水泥土试样

② 石灰土试样

将生石灰粉按 6%、8%、10%、12%、15%掺入比掺入原状土中,并搅拌均匀装入 50 mm×50 mm 的圆柱钢模中均匀捣实抹平,24 h 后脱模。为模拟淤泥地层实际条件,采用塑料袋养生法,即将制备好的试样装入塑料袋内,封闭后置入水中在室内常温下养护。

在试样制备过程,对比水泥土试样发现,若石灰土试样在 12 h 后脱模,其自稳能力差,放置过程中无外力情况下仍有较大变形;若石灰土试样在 24 h 后脱模,情况大致与水泥土相仿。

(2)试验结果分析

① 原状土的物理力学特征

原状土为取自金沙洲隧道 DK2196+320 地下 2～3 m 深处的淤泥土,在天然状态下呈流塑状并具高压缩性,原状土物理力学特征指标室内试验结果略小于地质勘察报告结果,但 基本在允许误差内。

② 含水率

原状土掺入水泥或石灰后,含水率较原状土有所降低,且随水泥或石灰掺入量增加而降低,比较水泥土和石灰土后发现,在相同渗入比的情况下,石灰与水泥对含水率的影响规律大致相同,石灰对于含水率影响略大,但随着掺入量的增加水泥土含水率下降速率较快。

2. 现场加固效果

DK2196+110～+300 段地表采用水泥搅拌桩加固后,在开挖过程中,上台掌子面稳定,挖出的改良土土块坚硬,自稳能力强,有较强的抗剪强度,表明通过对 DK2196+110～299.8 段地表软土(基本为淤泥)的改良,基本达到了预期效果。在施工管棚过程中发现,土体改良后,地层较硬,孔口流出的浆液反映主要为水泥土混合物,基本为较硬地层,个别地段很硬,难以钻进。

3. 结论

(1)室内试验表明,通过掺入一定量的水泥,可以显著提高淤泥土的物理力学特性。为采用地表粉喷桩进行金沙洲隧道出口淤泥质地层进行改良加固提供了基础。

(2)在室内试验结果的基础上,选取水泥渗入量不低于 18%作为固化剂,进行现场地表粉喷桩施工,隧道现场施工结果表明,该方法加固效果良好。

(3)通过地表粉喷桩进行淤泥质地层的改良加固,能有效地控制大断面隧道开挖引起的地层变形和位移,相对于其他方法,具有施工进度快,易于保证加固效果等优点。

任务5.6　学习高速铁路隧道工程盾构法施工实例

本节以京张高铁清华园隧道工程为实例,对盾构法施工进行较为详细的介绍。

5.6.1　工程概况

清华园隧道位于北京市海淀区,起始里程DK13+400,依次下穿学院南路、北三环、知春路、北四环、成府路、清华东路等城市主干道,终至里程DK19+420。线路径行区域如图5.40所示。

图5.40　清华园隧道平面图示

清华园隧道是京张高速铁路的控制性工程,包括盾构隧道(4 448.5 m)、明挖隧道(1 507.5 m)、暗挖隧道(64 m)。清华园隧道盾构段为单洞双线隧道,采用全预制管片拼装,混凝土设计强度C50、抗渗等级P12,管片外径12.2 m,内径11.1 m,管片环宽2 m,壁厚0.55 m,采用“6+2+1”模式拼装。隧道最大纵坡30‰,最小曲线半径995 m,设计时速120 km。采用两台直径为12.64 m的泥水平衡盾构机施工,分别自2号(深37 m)、3号(深22.6 m)盾构竖井始发,1号(深20.8 m)、2号盾构竖井接收。

5.6.2　总体实施方案

针对清华园隧道工程地质情况,采用泥水平衡盾构机完成盾构段施工。管片、箱涵由位于北京房山的预制件生产基地制作,预制件经过汽车运往临时存放场地,洞内水平运输采用特制双向车进行运送,运输车辆包括砂浆车、管片车与箱涵车。

盾构机(图5.41)总长约150 m(含后配套台车及倒车平台),整机质量约3 500 t,最大工作压力0.8 MPa,盾构机装机容量8 200 kVA。盾构机刀盘开口率为36%,由5个主臂组成。

刀盘配备重型刀具,共计 226 把,具备世界领先的常压换刀功能,其中可常压更换刀具 76 把,刀盘面板采用高强度耐磨材料。主轴承直径为 6 m,驱动形式为变频电机驱动,共有 13 个驱动单元,刀盘转速为 0～2.6 r/min,额定扭矩为 18 925 kN·m,最大扭矩为 26 116 kN·m。推进系统共有 25 组油缸,最大推力为 160 000 kN。盾尾间隙设计为 45 mm,盾尾密封采用 4 道盾尾刷＋1 道钢板束＋1 道止浆板组成。盾构机的后配套主要有 1 节设备桥及 4 节台车组装。后配套上安装着盾构机的动力源主控室、注浆系统、泥水环流系统、喂片机、管片吊车。

图 5.41 盾构机实物

5.6.3 邻近地铁 13 号线施工

1. 工程基本情况

清华园隧道全线并行正在运营的地铁 13 号线,与地铁 13 号线水平距离 3.4～32 m。13 号线并行段为地面线(图 5.42),主要结构形式有高架、路基和地面车站。

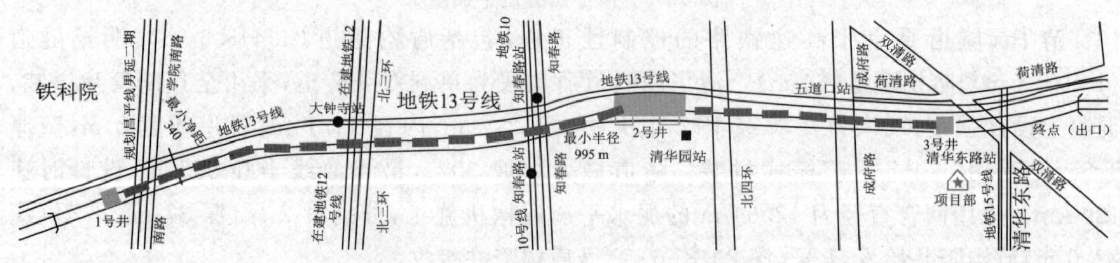

图 5.42 清华园隧道并行地铁 13 号线

工作井与 13 号线相对关系:1 号井深 20.84 m,距地铁 13 号线 11.68 m;2A 始发井深 37.1 m,距 13 号线 27.4 m;2B 接收井深 35 m,距 13 号线 27.1 m;3 号工作井深 22.6 m,距地铁 13 号线 10.2 m,如图 5.43 所示。

明挖段与 13 号线位置关系:大、小里程明挖段与 13 号线间距 9.8～28.6 m。明挖段埋深比工作井略小,距 13 号线的水平距离略远。

盾构段与 13 号线位置关系:盾构段与 13 号线间距 3.4～32 m,且盾构段埋深较大。DK13＋867 门型墩处,盾构段隧道埋深 11.2 m,距 13 号线桥桩 3.4 m,如图 5.44 所示。

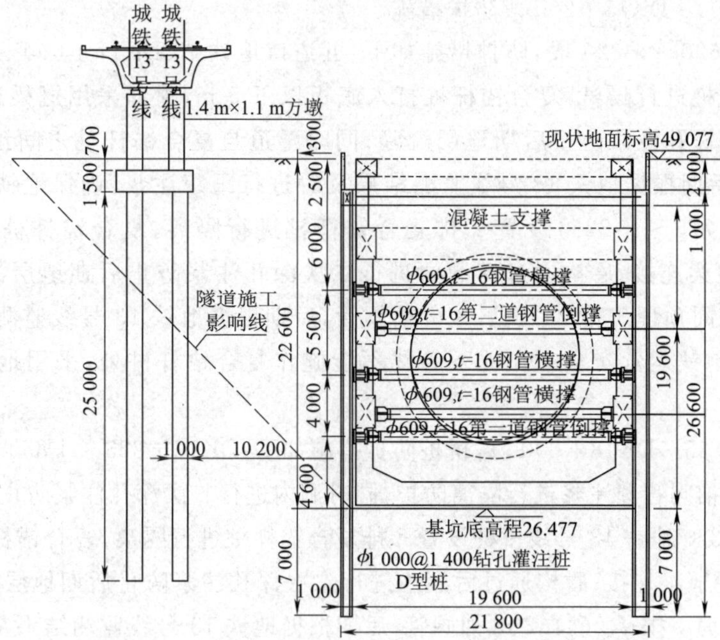

图 5.43　3 号盾构机与 13 号线位置关系(单位:mm)

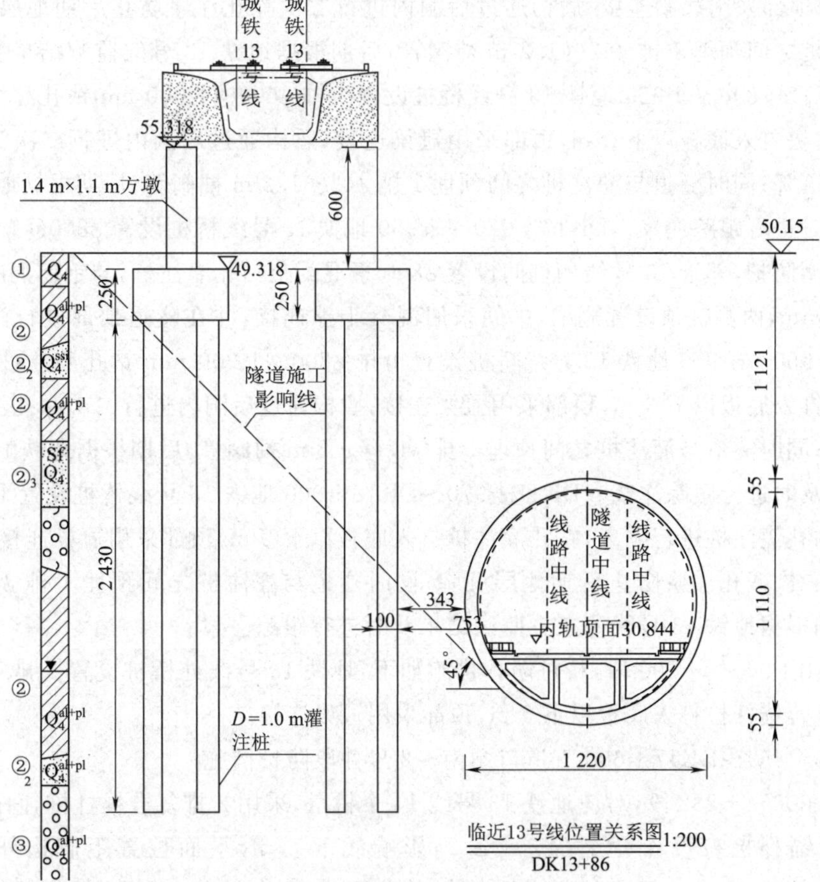

图 5.44　门型墩位置盾构隧道与地铁 13 号线位置关系(单位:cm)

2. DK17＋600～DK18＋200 段防护措施

(1)DK17＋600～＋825 段，防护措施如下：五道口地铁站(DK17＋600～＋775)设置连续 3 排复合锚杆桩进行隔离，复合锚杆桩打入底板以下 5 m，顶部采用冠梁连接；盾构通过后洞内进行二次深孔注浆防止后期地层沉降；同时隧道与复合锚杆桩之间预埋 1 排 ϕ42@1.2 m 袖阀管，后期根据地铁 13 号线监测结果及时进行跟踪注浆，确保地铁运营安全。其余地段(DK17＋775～＋825)设置 2 排复合锚杆桩进行隔离，复合锚杆桩打入底板以下 5 m，顶部采用冠梁连接；盾构通过后洞内进行二次深孔注浆防止后期地层沉降；同时隧道与复合锚杆桩之间预埋 1 排 ϕ42@1.2 m 袖阀管，后期根据地铁 13 号线监测结果及时进行跟踪注浆，确保地铁运营安全。在地下管线不能施作复合锚杆桩处，采用地表注浆方式加固地层。

(2)DK17＋825～DK18＋000 段，桥桩防护措施如下：DK17＋825～＋850 地铁 13 号线桥桩设置 2 排 ϕ42 袖阀管预注浆进行隔离防护，同时洞内进行二次深孔注浆防止后期地层沉降。DK17＋850～＋870 地铁 13 号线桥桩设置 2 排复合锚杆桩进行隔离，复合锚杆桩打入底板以下 5 m，顶部采用冠梁连接；盾构通过后洞内进行二次深孔注浆防止后期地层沉降；同时隧道与灌注桩之间预埋 1 排 ϕ42@1.2 m 袖阀管，后期根据地铁 13 号线监测结果及时进行跟踪注浆。DK17＋870～＋890 地铁 13 号线桥桩设置 3 排复合锚杆桩进行隔离，复合锚杆桩打入底板以下 5 m，顶部采用冠梁连接；盾构通过后洞内进行二次深孔注浆防止后期地层沉降；同时隧道与灌注桩之间预埋 1 排 ϕ42@1.2 m 袖阀管，后期根据地铁 13 号线监测结果及时进行跟踪注浆。DK17＋890～＋920 地铁 13 号线桥桩设置 1 排 ϕ600@1 000 mm钻孔灌注桩进行隔离，钻孔灌注桩打入底板以下 2 m，顶部采用冠梁连接；盾构通过后洞内进行二次深孔注浆防止后期地层沉降；同时隧道与灌注桩之间预埋 1 排 ϕ42@1.2 m 袖阀管，后期根据地铁 13 号线监测结果及时进行跟踪注浆。DK17＋920～＋950 地铁 13 号线桥桩设置 ϕ800@1 300 mm 钻孔灌注桩门型防护，邻近 13 号线侧桩间设置 ϕ800 素混凝土钻孔灌注桩，与钢筋混凝土桩咬合长度为 200 mm，两侧桩顶设置冠梁，中间采用混凝土撑连接，并在隧道顶部进行注浆加固地层。DK17＋950～＋970 地铁 13 号线桥桩设置 1 排 ϕ800@1 200 mm 钻孔灌注桩进行隔离，钻孔灌注桩打入底板以下 3 m，顶部采用冠梁连接；盾构通过后洞内进行二次深孔注浆防止后期地层沉降；同时隧道与灌注桩之间预埋 1 排 ϕ42@1.2 m 袖阀管，后期根据地铁 13 号线第三方监测结果及时进行跟踪注浆。DK17＋970～DK18＋000 地铁 13 号线桥桩设置 1 排 ϕ800@1 200 mm 钻孔灌注桩进行隔离，钻孔灌注桩打入底板以下 2 m，顶部采用冠梁连接；盾构通过后洞内进行二次深孔注浆防止后期地层沉降；同时隧道与灌注桩之间预埋 1 排 ϕ42@1.2 m 袖阀管，后期根据地铁 13 号线第三方监测结果及时进行跟踪注浆。

(3)DK18＋000～＋200 段，桥桩防护措施如下：地铁 13 号线处桥桩设置 3 排复合锚杆桩进行隔离，复合锚杆桩打入底板以下 5 m，顶部采用冠梁连接。

3. DK16＋459～DK17＋600 五道口站南～2 号井段防护措施

DK17＋600～＋282 段，对应地铁 13 号线 14 个桥墩，采用 2 排复合锚杆桩，间距 0.8 m×0.8 m，复合锚杆桩打设深度至($45°+\varphi/2$)影响线下 5 m，平面位置距盾构外缘线3 m。DK17＋010～DK16＋900 段穿越北四环中路，管片预留 25 个径向注浆孔，盾构通过后距离盾尾约 5 环处，根据监测结果及时进行径向注浆，注浆图如图 5.45 所示。

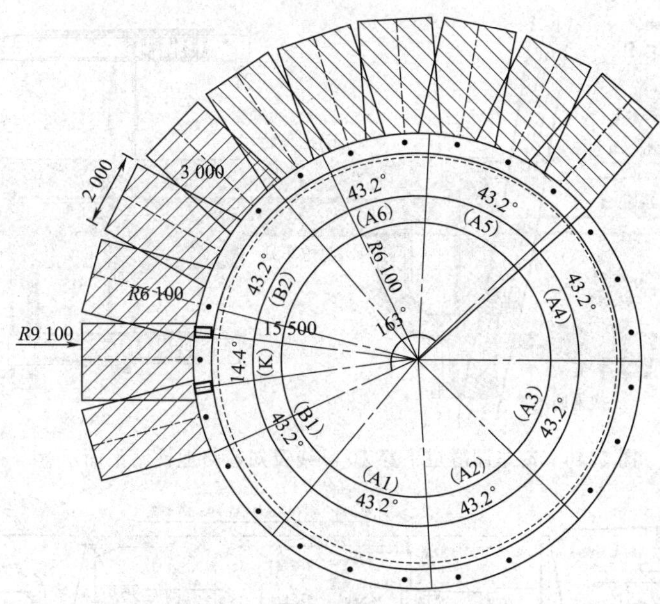

图 5.45　特殊地段径向注浆加固图示(单位:mm)

4. DK15＋700～DK16＋317.5 邻近地铁 13 号线段防护措施

DK15＋993～DK15＋953 里程段为地铁 13 号线路基道岔段，碎石道床，路基密实度较好。新建盾构隧道埋深 26.79～26.96 m。13 号线路基坡脚距隧道结构外缘线约 24.0 m。该处沉降变形控制要求较高，对该段采取特殊防护措施，具体措施要求如下：于盾构隧道结构外 5.0 m 外设置预埋 2 排 ϕ42 袖阀管间距 1.5 m，交错布置，设置范围为本段范围内沿隧道满布，后期根据实时监测结果及时跟踪注浆加固地层；钻孔布置成圆形圈，保证注浆充分，不留死角，浆液扩散半径 1.0 m；施工采用普通硅酸盐水泥浆，浆液配比 W∶C＝1∶1；注浆压力：0.3～2 MPa，注浆时根据现场实验及实际注浆加固效果进行调整；当单孔注浆终压达到 0.6～1.0 MPa，持续 15 min，进浆量很少或不进浆时，可结束本孔注浆，该结束标准为参考值，实际结束标准应通过现场试验最后确定。

5.6.4　下穿地铁 10 号线施工

清华园隧道盾构段(图 5.46)于 DK15＋826～DK15＋847 下穿紧邻地铁 10 号线知春路站的区间段，清华园隧道与 10 号线区间段交叉角度为 79°，垂直净距为 6.5 m；清华园隧道距离地铁 10 号线知春路站西侧最小水平间距为 1.5 m。

清华园隧道下穿的 10 号区间段采用暗挖施工，马蹄形断面高度为 6.7 m，宽度为 6.5 m，采用 ϕ377 夯管管棚支护，上下两个台阶开挖，衬砌采用 C25 喷射早强混凝土厚度为 30 cm。

10 号线知春路地铁站沿东西走向长度约 172 m，南北方向西侧宽度约为 24 m、东侧宽度约为 37 m，清华园隧道从地铁站西侧区间段下穿(图 5.47)；10 号线知春路地铁站左线(北侧线)为单层结构、右线(南侧线)为双层结构，站厅层位于右线第一层。左线采用暗挖法施工，采用马蹄形断面高度为 9.25 m，宽度为 10.3 m，初期支护采用 30 cm 厚 C25 早强喷射混凝土，二次衬砌采用 50 cm 厚 C30 模筑防水钢筋混凝土。右线(南侧)采用明挖法施工，采用双层矩形断面，西侧顶板厚度为 80 cm，西侧边墙厚度为 70 cm，西侧底板厚度为 90 cm，围护结构采用 ϕ800@1.4 m 钻孔桩，邻近清华园隧道桩底标高为 22.127 m，桩底距离盾构管片最小距离为 1.75 m。具体防护措施如下：

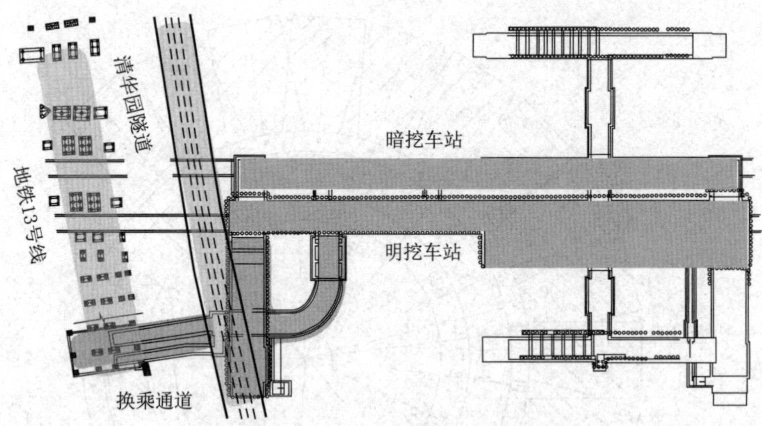

图 5.46 清华园隧道下穿 10 号线及知春路地铁站平面示意

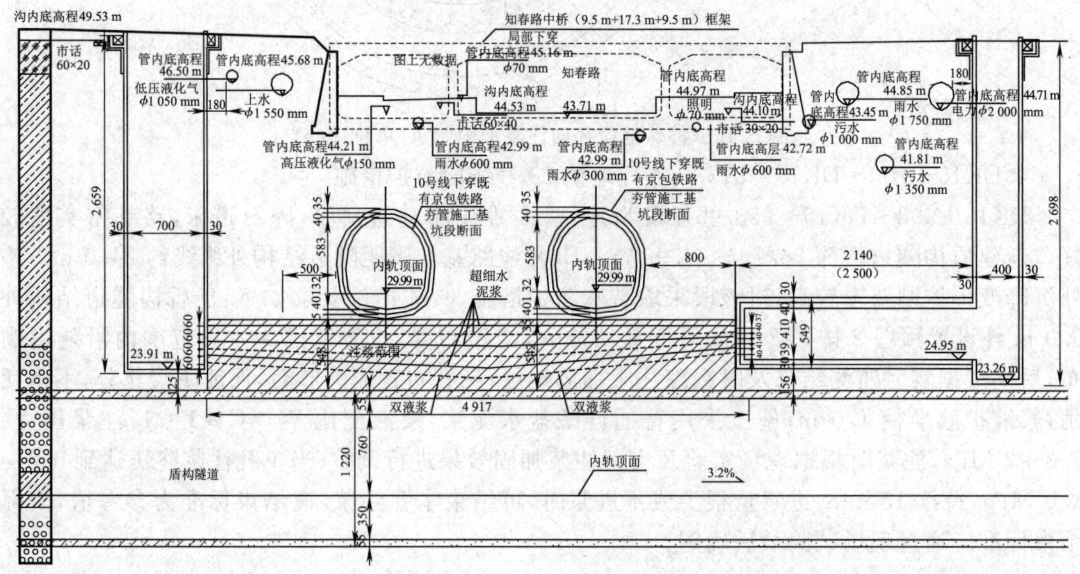

图 5.47 京张高铁下穿知春路地铁站剖面示意(单位:cm)

①在 10 号区间南北两侧分别设置竖井,北侧竖井设置注浆作业通道。利用竖井和作业通道采用直径 50 mm 袖阀管对新建隧道与既有隧道结构间土体进行注浆加固,注浆管采用直径 50 mm 钢花管,注浆材料:黏土范围内采用 1∶1 超细水泥浆,卵石地层采用 1∶1 水泥—水玻璃双液浆。下穿换乘通道段采用 1∶1 水泥浆进行注浆加固。

②盾构穿越期间,利用第一层注浆孔对地层变形进行保压循环注浆,利用倒数第二层注浆孔对地层变形进行跟踪注浆,注浆材料采用 1∶1 超细水泥浆。实施过程中应严格控制注浆压力并加强地铁 10 号线监测,依据监测结果动态调整保压注浆压力。

复习思考题

5.1 简述高速铁路隧道工程特点。

5.2 高速铁路隧道与普速铁路隧道的主要区别是什么?

5.3 高速铁路隧道空气动力学效应主要表现在哪些方面?请简要分析。

5.4　高速铁路隧道洞口微气压波是如何产生的？其有何特点？

5.5　高速铁路隧道的横断面由哪些部分构成？

5.6　高速铁路大断面隧道施工方法如何分类？

5.7　高速铁路大断面隧道施工方法如何选择？

5.8　在隧道施工期间可采用的超前地质预报方法有哪些？

项目6　高速铁路轨道工程

项目描述

高速列车的安全运行需要高平顺性、高可靠性、高稳定性和高耐久性的轨道。为满足上述要求，在轨道结构上，高速铁路轨道除了采用传统的有砟轨道外，还大量采用新型无砟轨道和高速道岔；在线路测量和轨道安装测量上，高速铁路轨道工程的施工则采用了精密工程测量技术。

学习目标

1. 知识目标

(1)熟悉高速铁路对轨道的基本要求；

(2)掌握有砟轨道施工技术；

(3)掌握无砟轨道施工技术；

(4)掌握高速道岔施工技术。

2. 能力目标

(1)能够结合有关施工技术规程，参与高速铁路轨道工程施工技术指导工作。

(2)能够结合有关验收标准，参与高速铁路轨道工程施工质量验收工作。

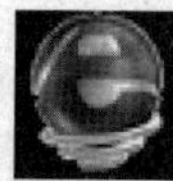

相关案例：CRTSⅡ型板式无砟轨道轨道板及其接缝伤损修复

京沪高速铁路上行R50134、R50135轨道板位于缓和曲线上，该处轨道板系2010年5月28日灌板，2010年9月16日宽接缝浇注。2011年8月9日，×工务段会同有关单位检查发现R50135轨道板1号承轨台曲下股外侧裂纹环裂贯通，裂纹宽度1.7 mm，端部外侧面裂纹长度540 mm，宽度2.5 mm。R50134轨道板10号承轨台曲下股外侧裂纹长度320 mm，宽度1.5 mm。R50134和R50135轨道板间宽接缝破碎，宽接缝处采用10 m弦测量高出约3 mm。因一个天窗内不能完成宽接缝修复，在温度力影响下，轨道几何尺寸难以保持稳定，为保证行车安全，限速45 km/h运行，直至修补完毕。

鉴于此处宽接缝破碎与Ⅱ型板裂纹比较严重，有关专家对此进行会诊，经分析，造成这两块轨道板病害的主要原因有：①轨道板未按设计要求进行张拉。②轨道板宽接缝混凝土灌注温度控制存在问题。③轨道板宽接缝出现裂纹后，采取的修补方法不合理。

由该案例可以看出，无砟轨道虽然有着诸多优点，但是若不严格按照规定要求进行施工或修补方法不科学，就很容易造成严重的轨道病害，并且一旦破坏，很难修复，甚至严重危及高速列车的行车安全。因此，通过本项目的学习，应熟悉高速铁路对轨道的基本要求，了解高速铁路轨道工程设计基本知识，掌握有砟轨道、无砟轨道和高速道岔的施工技术，同时培养良好的质量意识和严谨务实的工作作风。

任务 6.1　熟悉高速铁路对轨道的基本要求

1. 高平顺性

高平顺性是高速铁路对轨道的最根本的要求，也是建设高速铁路的控制性条件。这是因为轨道不平顺是引起列车振动、轮轨动作用力增大的主要原因。在高平顺的轨道上，高速列车的列车振动和轮轨间的动作用力均较小，行车安全和平稳性、舒适性能得到保证，轨道和机车车辆部件的使用寿命和维修周期也较长。因此，为保障高速行车的平稳、安全和舒适，必须严格控制轨道的平顺性。

高速铁路轨道的高平顺性主要体现在以下几个方面：钢轨的原始平直度公差要小；焊缝的几何尺寸公差要小；道岔区不能有接头轨缝、有害空间等不平顺；高低、轨向、水平、扭曲和轨距偏差等局部孤立存在的小平顺幅值要小；敏感波长和周期性不平顺的幅值要小；轨道不平顺各种波长的功率谱密度值都要小。

轨道初始不平顺是运营后各种轨道不平顺发生、发展和恶化的根源，若不进行严格控制，将造成运营过程中难以处置的无穷后患。因此，要提高轨道的铺设精度标准，严格控制轨道的初始不平顺。表 6.1 和表 6.2 为我国《高速铁路设计规范》中规定的正线轨道静态平顺度铺设精度标准。

表 6.1　正线轨道静态铺设精度标准

<table>
<tr><th>序号</th><th>项　目</th><th>容许偏差</th><th>备　注</th></tr>
<tr><td rowspan="2">1</td><td rowspan="2">轨　距</td><td>无砟轨道±1 mm
有砟轨道±2 mm</td><td>相对于标准轨距 1 435 mm</td></tr>
<tr><td>1/1 500</td><td>变化率</td></tr>
<tr><td rowspan="2">2</td><td rowspan="2">轨　向</td><td>2 mm</td><td>弦长 10 m</td></tr>
<tr><td>2 mm/(5 或 8a)m
10 mm/(150 或 240a)m</td><td>基线长(30 或 48a)m
基线长(300 或 480a)m</td></tr>
<tr><td rowspan="2">3</td><td rowspan="2">高　低</td><td>2 mm</td><td>弦长 10 m</td></tr>
<tr><td>2 mm/(5 或 8a)m
10 mm/(150 或 240a)m</td><td>基线长(30 或 48a)m
基线长(300 或 480a)m</td></tr>
<tr><td>4</td><td>水　平</td><td>2 mm</td><td>不包含曲线、缓和曲线上的超高值</td></tr>
<tr><td>5</td><td>扭　曲</td><td>2 mm</td><td>基长 3 m 包含缓和曲线上由于超高顺坡所造成的扭曲量</td></tr>
<tr><td>6</td><td>与设计高程偏差</td><td>10 mm</td><td rowspan="2">站台处的轨面高程不应低于设计值</td></tr>
<tr><td>7</td><td>与设计中线偏差</td><td>10 mm</td></tr>
</table>

注：表中轨向、高低栏中的 a 为无砟轨道扣件节点间距；容许偏差列中括弧内数值为用矢距法检测测点间距；备注列中括弧内数值为基线长，其中含 a 表达式适用于无砟轨道，与其对应的具体数值适用于有砟轨道。

表 6.2　道岔(直向)静态铺设精度标准

<table>
<tr><th>项　目</th><th>高　低</th><th>轨　向</th><th>水　平</th><th>扭曲(基长 3 m)</th><th colspan="2">轨　距</th></tr>
<tr><td>幅值/mm</td><td>2</td><td>2</td><td>2</td><td>2</td><td>±1</td><td>变化率 1/1 500</td></tr>
<tr><td>弦长/m</td><td colspan="2">10</td><td colspan="4">—</td></tr>
</table>

2. 高可靠性

高可靠性主要是指轨道结构保持平顺性，维持线路正常运营的能力。高速列车的轴重较轻，在高平顺性条件下所产生的轮轨动力附加荷载也较小，因而轨道各部件的静强度指标通常易于得到满足。高速列车荷载的特点主要在于高频冲击和振动，这种高频荷载容易造成扣件松动、轨下胶垫磨耗、混凝土轨枕承轨槽破损，特别是有砟轨道中的道砟破碎、粉化，道床沉降和变形。所有上述现象都会导致轨道结构不均、轨道弹性不匀，并最终引起轨道中、长波不平顺，导致轨道平顺性破坏，影响线路的正常运营。

3. 高稳定性

所谓高稳定性主要是指轨道抵抗失稳的能力。高速轨道采用跨区间无缝线路，是提高轨道连续性和均衡性的重大举措。保持足够的轨道纵向、横向阻力，降低高速列车的蛇行运动和横向冲击振动是十分重要的技术政策。

4. 高耐久性

所谓高耐久性主要是指轨道材料寿命长和轨道维修周期长，这是保持高速轨道能经常处于高平顺、高可靠性和高稳定性的基本前提。

任务6.2 了解高速铁路轨道工程设计的基本知识

本节结合我国《高速铁路设计规范》对轨道工程设计情况进行介绍。

1. 钢轨及配件

(1)正线轨道应采用 100 m 定尺长 60 kg/m 无螺栓孔新钢轨，其质量应符合相应速度等级的钢轨相关要求。

(2)有砟轨道采用与轨枕配套的弹性扣件，其轨下弹性垫层静刚度宜为(60±10) kN/mm。

(3)无砟轨道采用与轨道板或双块式轨枕配套的弹性扣件，其轨下弹性垫层静刚度宜为(25±5) kN/mm。

2. 正线有砟轨道

(1)正线有砟轨道应采用 2.6 m 长混凝土轨枕，每千米铺设 1 667 根。道岔区段应铺设混凝土岔枕。

(2)道床设计应满足以下规定：

① 采用特级碎石道砟，道砟上道前应进行清洗。

② 道床顶面应低于承轨面 40 mm，且不应高于轨枕中部顶面。

③ 路基地段单线道床顶面宽度 3.6 m，道床厚度 0.35 m，道床边坡 1∶1.75，砟肩堆高 0.15 m。双线道床顶面宽度应分别按单线设计。石质路堑地段应采用弹性轨枕或铺设砟下弹性垫层。

④ 桥上道床标准应与路基地段相同，采用弹性轨枕或铺设砟下弹性垫层。砟肩至挡砟墙间以道砟填平。

⑤ 隧道内标准应与路基地段相同，采用弹性轨枕或铺设砟下弹性垫层。砟肩至边墙(或高侧水沟)间以道砟填平。

⑥ 线路开通前，道床密度不得小于 1.75 g/cm^3，轨枕支承刚度不得小于 120 kN/mm，纵向阻力不得小于 14 kN/枕，横向阻力不得小于 12 kN/枕。

(3)应采用高速道岔,如图 6.1 所示。

3. 无砟轨道

在技术引进、消化吸收再创新的基础上,我国现今采用的无砟轨道类型有 CRTSⅠ型双块式无砟轨道、CRTSⅡ型双块式无砟轨道、CRTSⅠ型板式无砟轨道、CRTSⅡ型板式无砟轨道、CRTSⅢ型板式无砟轨道、岔区长枕埋入式无砟轨道、岔区板式无砟轨道。其中,CRTSⅠ型双块式无砟轨道、CRTSⅢ型板式无砟轨道、岔区长枕埋入式无砟轨道最为成熟,应用效果较好。

图 6.1　高速铁路有砟道岔

(1)CRTSⅠ型板式无砟轨道

预制轨道板通过水泥乳化沥青砂浆充填层,铺设在现场浇筑的具有凸形挡台的钢筋混凝土底座上,如图 6.2所示,并适应 ZPW-2000 轨道电路的单元轨道板无砟轨道结构形式。

图 6.2　CRTSⅠ型板式无砟轨道

轨道结构由钢轨、弹性扣件、轨道板、水泥乳化沥青砂浆充填层、底座、凸形挡台及其周围填充树脂等组成。轨道板结构形式可分为预应力混凝土平板、预应力混凝土框架板和钢筋混凝土板,根据环境条件和下部基础合理选用。

标准轨道板长度宜为 4 962 mm,轨道板宽度宜为 2 400 mm,厚度不宜小于 190 mm。轨道板两端设半圆形缺口,半径宜为 300 mm。水泥乳化沥青砂浆充填层厚度为 50 mm;对于减振型板式轨道充填层厚度为 40 mm。底座采用钢筋混凝土结构,混凝土强度等级为 C40,轨道板外侧的底座顶面应设置横向排水坡。凸形挡台形状分圆形和半圆形,混凝土强度等级为 C40。凸形挡台和轨道板之间填充树脂材料,设计厚度为 40 mm。曲线超高在底座上设置,超高设置以内轨顶面为基准,采用外轨抬高方式,并在缓和曲线范围内线性过渡。图 6.3 为桥梁地段 CRTSⅠ型板式无砟轨道标准横断面图。

(2)CRTSⅡ型板式无砟轨道

预制轨道板通过水泥沥青砂浆调整层,铺设在现场摊铺的混凝土支承层或现场浇筑的钢筋混凝土底座(桥梁)上,如图 6.4 所示,并适应 ZPW-2000 轨道电路的连续轨道板无砟轨道结构形式。

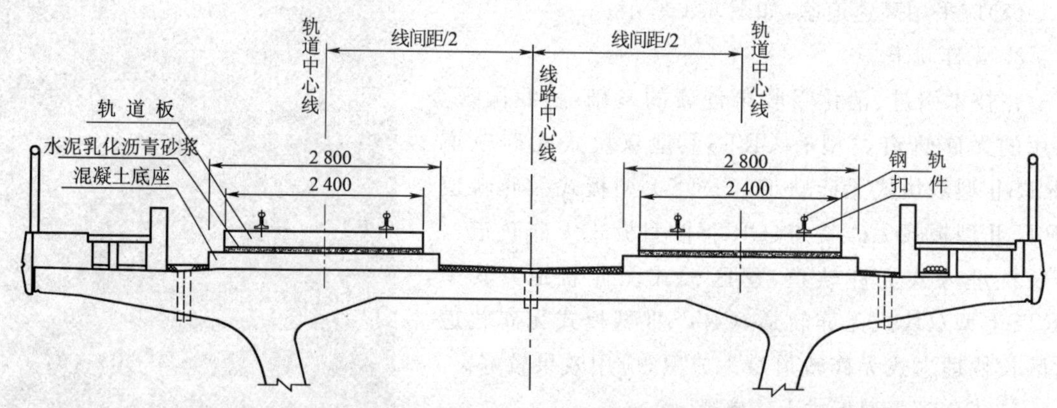

图 6.3 桥梁地段 CRTSⅠ型板式无砟轨道标准横断面(单位:mm)

图 6.4 CRTSⅡ型板式无砟轨道

轨道板采用预应力混凝土结构,混凝土强度等级为 C55。标准轨道板长度为 6 450 mm,宽度为 2 550 mm,厚度为 200 mm。水泥乳化沥青砂浆充填层厚度为 30 mm。

路基地段 CRTSⅡ型板式无砟轨道由钢轨、弹性扣件、轨道板、水泥乳化沥青砂浆充填层、支承层等组成。支承层在路基基床表层上设置,顶面宽度为 2 950 mm,底面宽度为 3 250 mm,厚度为 300 mm。沿线路纵向,每隔不大于 5 m 切一横向预裂缝,缝深宜为厚度的 1/3。对轨道板宽度范围内的支承层表面应进行拉毛处理。曲线超高在路基基床表层上设置。线路两侧及线间路基面应进行防水处理。

桥梁地段 CRTSⅡ型板式无砟轨道由钢轨、弹性扣件、轨道板、水泥乳化沥青砂浆充填层、底座板、滑动层、高强度挤塑板、侧向挡块、台后锚固结构等组成。底座板采用纵向连续的钢筋混凝土结构,混凝土强度等级为 C30。曲线超高在底座板上设置。底座板结构可根据施工组织安排设置一定数量的混凝土后浇带及钢板联结器。底座板宽度范围内,梁面设置滑动层。

在桥梁固定支座上方，梁体设置底座板纵向限位机构，相应位置设置抗剪齿槽及锚固筋联结套筒。底座板两侧隔一定距离设置侧向挡块，梁体相应位置设置钢筋联结套筒，侧向挡块与底座板间设置弹性限位板。距梁端一定范围内，梁面设置高强度挤塑板，厚度宜为 50 mm。台后路基应设置锚固结构及过渡板。

隧道地段 CRTSⅡ型板式无砟轨道由钢轨、弹性扣件、轨道板、水泥乳化沥青砂浆充填层、支承层等组成。当支承层采用混凝土结构时，曲线超高可在支承层设置。当支承层采用水硬性混合料时，曲线超高应在仰拱回填层（有仰拱隧道）或底板（无仰拱隧道）上设置。其他规定与路基地段相同。图 6.5 为桥梁地段 CRTSⅡ型板式无砟轨道标准横断面。

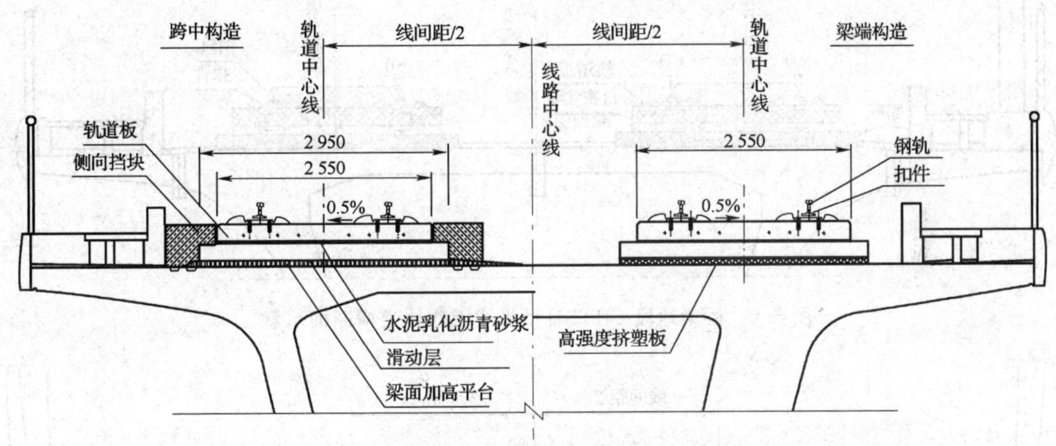

图 6.5　桥梁地段 CRTSⅡ型板式无砟轨道标准横断面（单位：mm）

（3）CRTSⅢ型板式无砟轨道

预制轨道板通过水泥沥青砂浆调整层或自密实混凝土，铺设在现场摊铺的混凝土支承层或现场浇筑的钢筋混凝土底座（桥梁）上，如图 6.6 所示，并适应 ZPW-2000 轨道电路的连续轨道板无砟轨道结构形式，且对每块板限位的无砟轨道结构。

图 6.6　CRTSⅢ型板式无砟轨道

CRTSⅢ型板式无砟轨道结构如图 6.7～图 6.9 所示，其结构设计应符合下列规定：

①轨道板应根据列车荷载、温度荷载以及制造、运输和施工阶段的受力条件，结合配套扣件、轨道电路、综合接地和耐久性等技术要求进行结构设计。

②底座结构设计应根据列车荷载、温度荷载及混凝土收缩等的共同作用，并考虑下部基础变形的影响，进行承载能力、裂缝宽度等检算。

线间距/2
线间距/2
轨道中心线
线路分界线
轨道中心线
轨道板
自密实混凝土层
底座
±0
±0
±0
钢轨
扣件

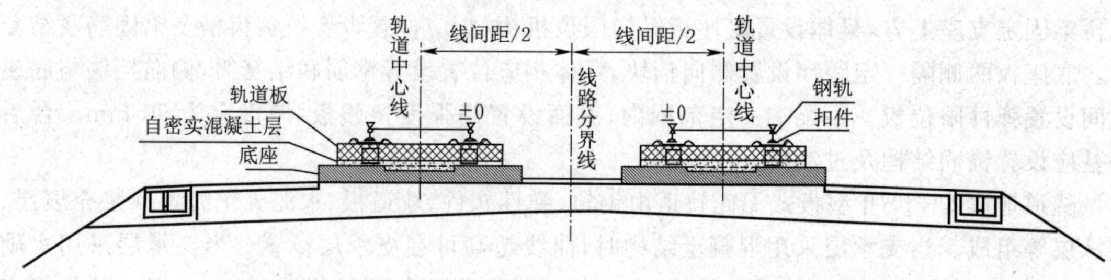

图 6.7 路基地段 CRTSⅢ型板式无砟轨道横断面示意

线间距/2
线间距/2
轨道中心线
线路分界线
轨道中心线
±0
±0
轨道板
自密实混凝土层
底座
±0
钢轨
扣件

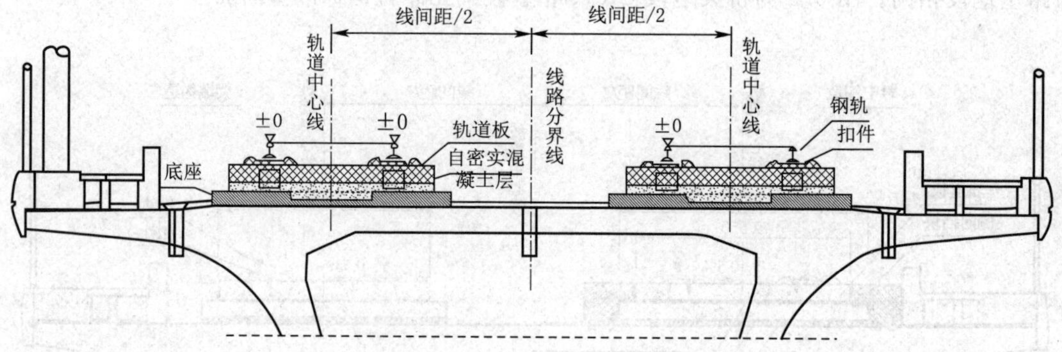

图 6.8 桥梁地段 CRTSⅢ型板式无砟轨道横断面示意

线间距/2
线间距/2
轨道中心线
线路中心线
轨道中心线
轨道板
自密实混凝土层
底座板
±0
±0
±0
钢轨
扣件

(a) 有仰拱隧道

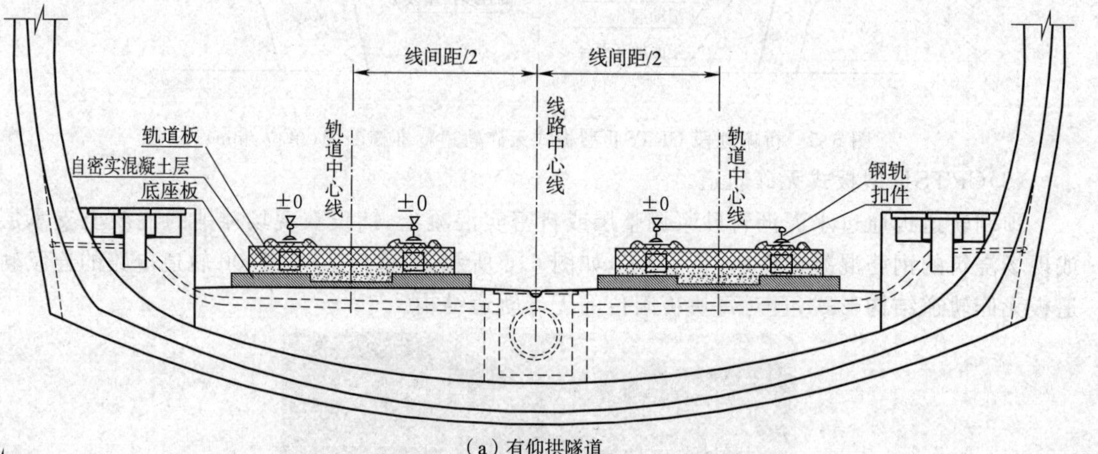

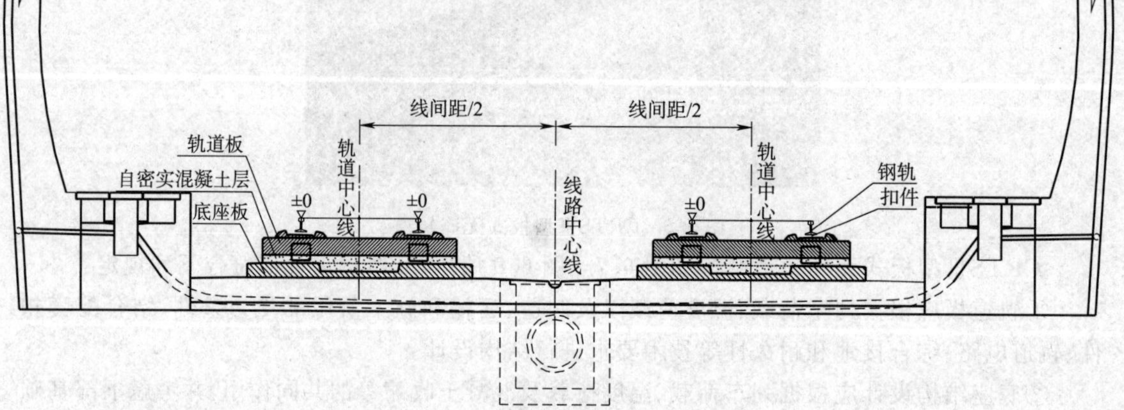

线间距/2
线间距/2
轨道中心线
线路中心线
轨道中心线
轨道板
自密实混凝土层
底座板
±0
±0
±0
钢轨
扣件

(b) 无仰拱隧道

图 6.9 隧道地段 CRTSⅡ型板式无砟轨道横断面示意

(4)CRTSⅠ型双块式无砟轨道

将预制的双块式轨枕组装成轨排，以现场浇筑混凝土方式将轨枕浇入均匀连续的钢筋混凝土道床内，如图 6.10 所示，并适应 ZPW-2000 轨道电路的无砟轨道结构形式。

图 6.10　CRTSⅠ型双块式无砟轨道

道床板采用钢筋混凝土结构，现场浇筑成型，混凝土强度等级为 C40。

路基地段 CRTSⅠ型双块式无砟轨道由钢轨、弹性扣件、双块式轨枕、道床板、支承层等组成。支承层在路基基床表层上设置，顶面宽度宜为 3 200 mm，底面宽度宜为 3 400 mm，厚度宜为 300 mm。沿线路纵向，每隔不大于 5 m 切一横向预裂缝，缝深宜为厚度的 1/3。对道床板宽度范围内的支承层表面应进行拉毛处理。道床板为纵向连续的钢筋混凝土结构，在支承层上构筑。道床板宽度为 2 800 mm，厚度为 260 mm。曲线超高在路基基床表层上设置。线路两侧及线间路基面应进行防水处理。

桥梁地段 CRTSⅠ型双块式无砟轨道由钢轨、弹性扣件、双块式轨枕、道床板、隔离层、底座及凹槽周围弹性垫层等组成。道床板、底座沿线路纵向在梁面上分块构筑，分块长度宜在 5.0～7.0 m，相邻道床板及底座的间隔缝为 100 mm。道床板宽度宜为 2 800 mm，厚度宜为 260 mm。底座宽度宜为 2 800 mm。底座通过梁体预埋套筒植筋或预埋钢筋与桥梁联结，轨道中心线 2.6 m 范围内，梁面应进行拉毛处理。曲线超高在底座上设置。底座顶面应设置隔离层，对应每块道床板，底座应设置限位凹槽，凹槽侧面设弹性垫层。在底座范围内，梁面不设防水层和保护层。

隧道地段 CRTSⅠ型双块式无砟轨道由钢轨、弹性扣件、双块式轨枕、道床板等组成。道床板为纵向连续的钢筋混凝土结构，直接在隧道仰拱回填层(有仰拱隧道)或底板(无仰拱隧道)上构筑。道床板宽度宜为 2 800 mm，厚度宜为 260 mm，其宽度范围内，仰拱回填层或底板表面应进行拉毛处理。曲线超高在道床板上设置。距洞口 200 m 范围，隧道内道床板结构与路基地段相同，其余地段的道床板结构设计应根据相应的设计荷载确定。图 6.11 为桥梁地段 CRTSⅠ型双块式无砟轨道标准横断面。

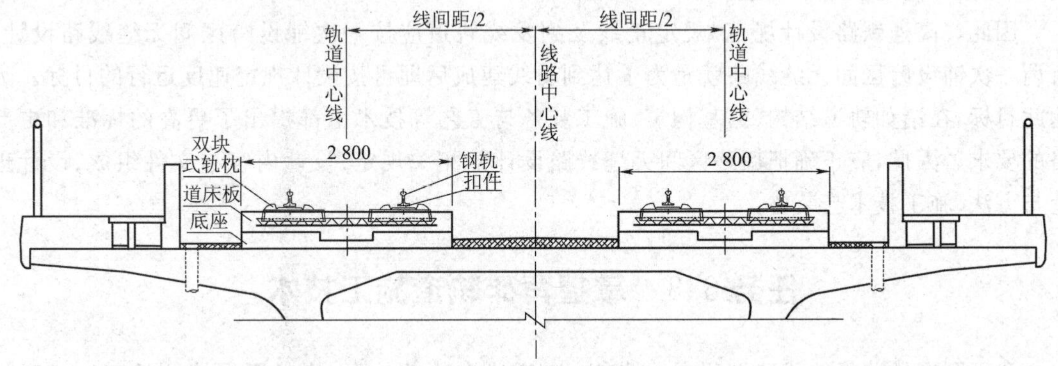

图 6.11　桥梁地段 CRTSⅠ型双块式无砟轨道标准横断面(单位：mm)

(5)CRTSⅡ型双块式无砟轨道

以现场浇筑混凝土方式，将预制的双块式轨枕通过机械振动法嵌入均匀连续的钢筋混凝土道床内,如图 6.12 所示,并适应 ZPW-2000 轨道电路的无砟轨道结构形式。

(6)道岔区无砟轨道(图 6.13)

道岔区无砟轨道有轨枕埋入式和板式两种。道岔区轨枕埋入式无砟轨道是将预制的混凝土岔枕组装成标准道岔轨排,现浇混凝土形成均匀连续的钢筋混凝土道床,并适应 ZPW-2000 轨道电路的无砟轨道结构形式。道岔区板式无砟轨道是将预制道岔板通过水泥沥青砂浆调整层,铺设在现场摊铺的混凝土支承层或现场浇注的钢筋混凝土底座上,并适应 ZPW-2000 轨道电路的无砟轨道结构形式。

图 6.12 CRTSⅡ型双块式无砟轨道

图 6.13 道岔区无砟轨道

4. 一次铺设跨区间无缝线路

新线铺设无缝线路有两种基本方案:一是短轨过渡方案,即先铺设短轨有缝线路,并经初期运营,待路基、道床在列车作用下逐步达到密实、稳定之后,保持道床、轨枕不动,将短轨更换为长轨条并焊接成无缝线路。这种经过短轨有缝阶段过渡而铺成的无缝线路,容易导致钢轨接头部位的基床、道床受到伤害,使之在强度、弹性及其结构均匀性等方面成为固有的薄弱环节。且这些已经形成的薄弱环节不可能通过维修手段予以彻底根除,而具有"记忆"特征,长期影响线路的平顺性和均匀性,不能较好地满足高速列车的运营要求,同时也加大了维修工作量。另一种是一次铺设无缝线路方案。新铺长钢轨一次焊成无缝线路,在无缝线路铺成之前,基本不承受工程列车,更不承受初期运营列车作用,从而免除了由于短轨过渡期所出现的上述问题,保证了高速线路的质量。

因此,《高速铁路设计规范》规定正线及到发线轨道应按一次铺设跨区间无缝线路设计。所谓一次铺设跨区间无缝线路就是为了达到新线建成后即可按设计规定速度运行的目标。为达此目标,在诸如轨道结构、路基构筑、施工装备与工艺等技术上都提出了更高的标准和更严格的要求。因此,应正确把握跨区间无缝线路设计的相关规定、设计内容与文件组成、设计理论与方法、施工技术与装备。

任务 6.3 掌握有砟轨道施工技术

我国既有铁路无缝线路铺设是在路基、道床稳定的条件下,将工厂焊接的长钢轨(250～500 m)运至工地焊联成 1～2 km 的单元轨节,再在既有轨的基础上利用换轨小车换铺到轨道上,经过应力放散、焊联锁定成为无缝线路。

随着无缝线路理论研究的不断深入,施工技术的不断发展,新建铁路一次性铺设无缝线路逐渐成为新建铁路发展的主要方向。新建铁路只有铺设无缝线路,才能保证轨道具有良好的平顺性,才能使新建铁路开通时的速度进一步提高。其中,长钢轨铺设是新线一次性铺设无缝线路的关键技术。

6.3.1　长钢轨铺设方法

根据国内外有砟轨道铺设无缝线路的经验,新线铺设长钢轨轨道可归纳为两类铺设方式。

第一类是引进国外的技术装备和作业方法,用铺轨机布枕、铺轨。此种铺轨方式在国外已有较成熟的技术和装备,其中可分为散枕铺设法和长轨排铺设法。散枕铺设法是将长钢轨和轨枕运至工地,先将长钢轨拖卸在线路两侧底层道床上,再将轨枕按设计间距布放在底层道床上,然后用收轨装置将长钢轨收入轨枕承轨台,铺枕铺轨车边布枕,边收轨,随即上扣件,构成浮放在道床上的长钢轨轨道。长轨排铺设法是将长钢轨和轨枕组装成长轨排,用专用的运输机械将长轨排运送到工地,再用多台龙门吊将长轨排吊放在底层道床上,构成浮放在道床上的长钢轨轨道。

第二类是充分利用我国铁路轨道工程现有的工程机械和技术,并加以合理组合进行无缝线路长钢轨的铺设施工,此法称为"工具轨换铺法",即先用钢轨、轨枕运输车(或其他机械设备)将临时轨排和长钢轨运至工地,再用常规铺轨机将轨排铺设在底层道床上,轨排铺完后铺轨机及钢轨轨枕运输车退至临时轨排铺设起点,拆除工具轨,用长钢轨推送装置将长钢轨直接推送入轨枕承轨槽,上好扣件后完成长钢轨铺设施工。随后回收工具轨,运回铺轨基地再用。

另外也可利用人工配合长轨运输车进行长钢轨的铺设。

1. 散枕铺设法

散枕铺设法又可分为单枕连续铺设法和群枕连续铺设法。单枕连续铺设法使用的设备主要有奥地利 Plasser&Theurer 公司生产的 SVM1000 型(及其改进型)、美国 HTT 公司生产的 NTC 型、瑞士 MATISAA 公司生产的 TCM60 型(及其改进型)铺轨机组。群枕连续铺设法所使用的设备主要有法国 GEISMA 公司生产的 PTH350、PTH500 型铺枕机(图 6.14)和奥地利 Plasser&Theurer 公司生产的 PK250 型铺枕机(图 6.15),上述铺枕机均必须配上收轨机及轨枕定位机才能使轨道准确定位。我国自主研制的 CPG-500 型铺轨机组可以用于 500 m 长钢轨的铺设,其属于单枕连续铺设法。目前我国高速、提速铁路施工中已成功使用了 SVM1000 型(图 6.16)、NTC 型(图 6.17)、TCM60 型(图 6.18)、CPG-500 型(图 6.19)铺轨机组。

图 6.14　PTH500 型铺枕机

图 6.15　PK250 型铺枕机

图 6.16　SVM1000 型铺轨机组

图 6.17　NTC 型铺轨机组

图 6.18　TCM60 型铺轨机组

图 6.19　CPG-500 型铺轨机组

2. 长轨排铺设法

长轨排铺设法的施工程序同传统的短轨排铺设程序基本相同，即轨排组装、运输、铺设、联结和整理。早在 1969 年，德国就开始采用轨排铺设法铺设长钢轨，初始时还只能铺设 120 m 长轨排，随着近些年的技术不断改进和完善，至今不仅可以铺设 180 m 长轨排(图 6.20)，而且还可以直接铺设整体道岔。虽然长轨排铺设法具有工厂化生产、技术可靠、组装精度高等优点，但轨排铺设法对曲线段的轨道铺设，在一定程度上可能会限制长钢轨的铺设长度，同时铺轨设备须在铺轨工地和轨排组装基地之间往返，轨排组装基地则需要随铺轨工地的推进而转移，以致作业效率降低，再加上机械设备庞大、复杂等缺点，所以长轨排铺设法应用较少。

3. 换铺法

所谓换铺法就是首先用铺轨机结合轨排换装龙门吊，利用 25 m 轨排铺设一定长度的临时线路，轨排铺设完毕后并经初步整道，保持线路基本平顺；然后用长轨运输车将焊轨厂焊接好的长钢轨(250～500 m)运输至现场，长轨条之间采用钢轨临时联结器联结，并上好扣件，随

图 6.20　德国长轨排铺轨机

后利用轨道吊车将短轨回收，运回铺轨基地重新利用。换铺法目前主要有利用换轨小车组换铺、采用新型组合式换轨车换轨和利用铺轨机推送换铺作业三种方法。

(1)利用换轨小车组换铺

换轨小车组由拨入长轨小车和拨出短轨小车组成。作业时由轨道车牵引，拨入入轨小车在前，拨出短轨小车在后，两小车之间用钢丝绳连挂。平时换轨小车放在平板车上，作业时由平板车上卸下，作业完毕再回放到平板车上，由轨道车回送到邻站或换轨基地。作业时拨入长轨小车在前，走行在短轨上；拨出短轨小车在后，走行在刚拨入的长轨上，如图 6.21 所示。以前换铺 50 kg/m 时采用换轨小车，现在我国铁路正线基本上均为 60 kg/m 及以上钢轨，换轨小车已不再适用，现多采用新型组合式换轨车进行换轨作业。

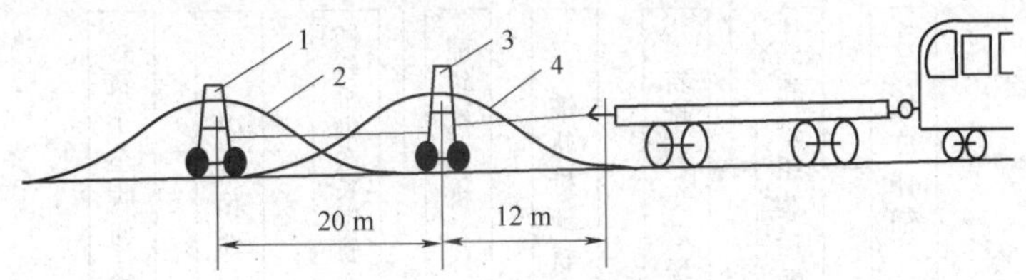

1—拨出旧轨小车；2—旧轨；3—拨入新轨小车；4—新轨。

图 6.21　换轨台车示意

(2)采用新型组合式换轨车换轨作业

组合式换轨车是对换轨小车组的成功改进，它完全克服了换轨小车组在作业中发现的缺点。它改新、旧钢轨分体作业为一体化作业；改新、旧钢轨交叉交换为平行交换；改平板车和装换轨设备取代小车组；改人工引轨为机械引轨，不仅间接工时大大缩减，并且走行平稳，较小车作业效率提高。组合式换轨车将拨新、旧轨的功能合组于一车，用 30 t 平板车改装而成，如图 6.22所示。引入新轨的龙口装在平板车的两侧，拨旧轨的龙口装在车尾悬臂梁的梁端之下部，在悬臂梁的梁端之上部装有新轨的导向龙口。悬臂梁可升高或降低，由卷扬机控制。悬臂梁亦可转动，其轮轴设在平板车的端梁上，区间运行时，将悬臂梁落在另一平板车上，平板车的另一端装有平衡悬臂梁的平衡重。组合式换轨车可与其他车连挂运行，调转运行方便。组合式换轨车在作业中走行平稳，拨动钢轨的力度较强，新、旧轨的拨入与拨出的通路上、下平行，互不干扰。在曲线上作业时，悬臂梁可适当转一角度定位，使新、旧轨走向与线路中线吻合。组合式换轨车进入工位后，甩掉托运平板车，而后落下悬臂梁，使拨旧轨的龙口略高于轨面，再分别用钢轨吊起装置将新、旧轨引入各自的龙口，换轨即随车缓慢启动，待新、旧轨开始落地后，换轨车即可按规定速度行进，每小时可更换 2～3 km。

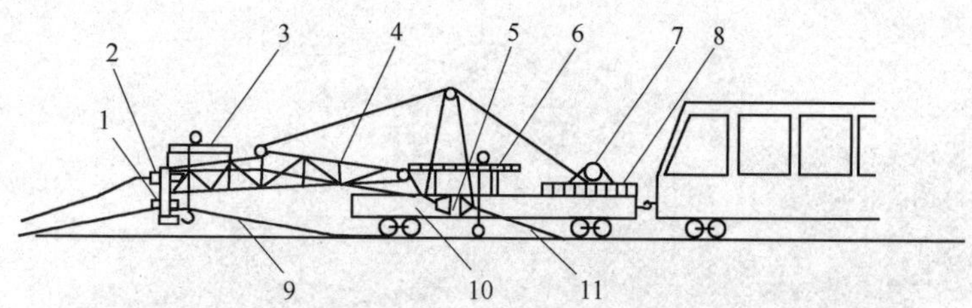

1—旧轨拨轮；2—新轨导轮；3—起旧轨吊架；4—悬臂梁；5—新轨拨轮；
6—起新轨吊架；7—卷扬机；8—配重；9—旧轨；10—台车；11—新轨。

图 6.22　组合换轨作业车示意

(3)利用铺轨机推送换铺

这种方法的铺设原理与利用换轨小车换轨法类似，所不同的是铺轨机铺设完成标准轨排后，退回铺轨起点，拆除轨排钢轨，翻到枕木外侧，将轨排之间的轨枕按设计放好，运输轨排的平板列车退回铺轨基地(若采用枕轨运输车运输轨排则无须退回)。将长钢轨列车送至铺轨现场，再将长钢轨直接推送或拖拉至承轨槽内(承轨槽内每隔一定距离放置一个滚筒)，拆除滚筒长钢轨落槽，上好扣件，用无孔钢轨临时联结器联结长轨轨道。铺轨机继续向前铺轨，随后用收轨机收回标准轨循环使用。其施工工艺流程如图 6.23 所示。

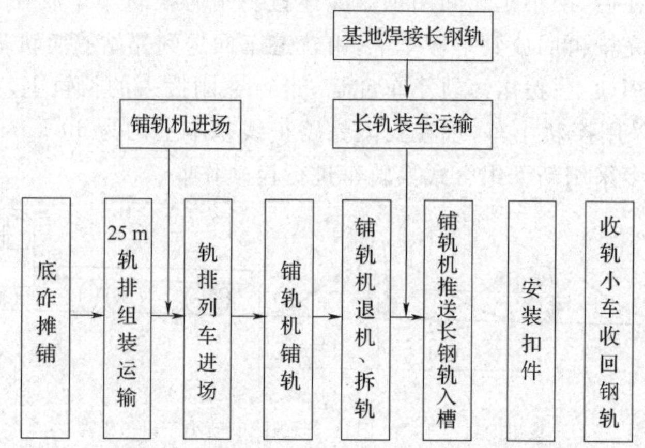

图 6.23　利用铺轨机推送换铺工艺流程

对于有砟轨道，当沿线交通条件较好，单根轨枕运输方便时，也可以先人工布放单枕，然后采取推轨法铺设长钢轨。

6.3.2　施工工艺及作业要点

有砟轨道施工基本工艺流程如图 6.24 所示。有砟轨道施工时，铺枕、铺轨作业区与铺砟整道作业区的距离不宜过长。施工应采用一次性铺设无缝线路的“流水作业法”，下面以现场广泛采用的单枕连续铺设法为例，详细介绍各工序作业控制要点(后续无砟轨道、道岔施工相关内容不再一一赘述)。

1. 施工准备

施工准备中最重要的一项工作是 CPⅢ轨道控制网的测设和线下工程沉降评估，其内容可参考有关文献。

2. 铺轨前预铺道砟

(1)道砟验收

预铺道砟前对道砟进行检验，道砟等级、材质及级配应符合设计及道砟技术条件要求。

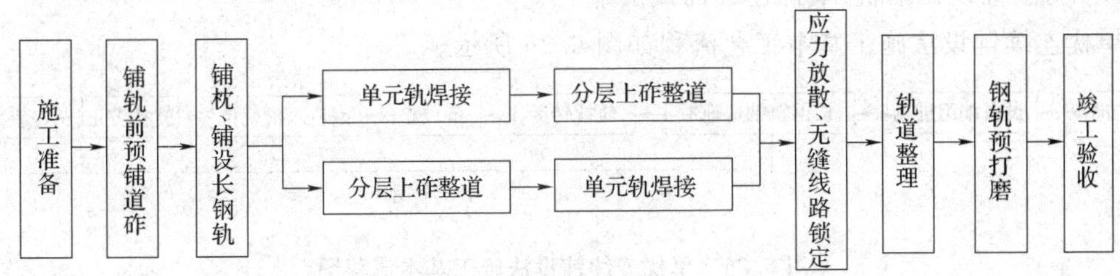

图 6.24　有砟轨道无缝线路施工基本流程

(2)测量放线

① 预铺道砟前，核对路基面(含桥梁、隧道)的高程及中桩。

② 根据其摊铺厚度及中线，在路肩挂拉弦线，长度一般为 150～200 m，每 10 m 设置一支点，并在两端用加紧器将钢弦拉紧。

(3)试验参数确定

通过试验选定摊铺机械压实振动频率、摊铺厚度、摊铺速度等各项工艺参数。

(4)摊铺压实

① 作业机械行走比压不应超过基床设计允许值，应避免对路基基床表层的扰动。

② 运砟车辆在基床表层上行驶时，应做到缓行缓停，禁止突然加速或急刹车，载重运行速度宜小于 15 km/h。

③ 预铺道砟厚度不宜小于 150 mm，砟面应整平压实，砟面中间不得凸起，可压出凹槽。

④ 预铺道砟采用道砟摊铺机一次摊铺压实成形(图 6.25)，或采用压强不小于 160 kPa 的机械配合碾压、整平。

图 6.25　铺轨前预铺道砟

⑤ 道砟整平、压实施工过程中使用的机械设备应统一指挥。

⑥ 施工过程中摊铺机两侧应设专业观测传感仪工作状况，发现大的误差应及时调整，严重时应鸣笛中止工作，及时排除故障。

⑦ 人工平整压实砟面，不得出现反超高或大的三角坑。

⑧ 在立交桥上铺砟时应做好防护，并注意桥下行车情况。

(5)检测

① 砟面外形：铺设完成的砟面应在纵横向坡度、宽度、厚度等方面达到要求。

② 平整度：用 3 m 靠尺检查砟面平整度，线路设计速度大于 160 km/h 时为 20 mm。

③ 压实密度不小于 1.6 g/cm^3。

3. 铺枕、铺设长钢轨(单枕连续铺设法)

单枕连续铺设法施工基本工艺流程如图 6.26 所示。

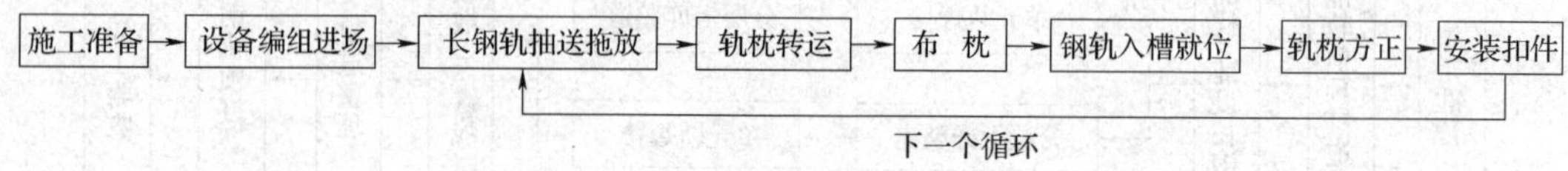

图 6.26 单枕连续铺设法施工基本流程图

(1)施工准备

① 按设计要求精确测量线路中心线,并按铺轨机作业要求用醒目颜色设置铺轨机走行标示线或设置导向边桩及钢弦。

② 按枕轨运输列车技术要求装载长钢轨和轨枕,如图 6.27 所示,长钢轨装车完毕后要保证其锁定牢固。

③ 轨枕装车时严禁发生碰损、装偏、倾斜、漏垫支垫物等现象。

(2)长轨推送拖放

① 机车推送铺轨列车进场时,运枕龙门吊应在铺轨机上锁定牢固。

② 拖卸长钢轨时,每次只允许解开所拖卸的长钢轨的锁紧装置。扳下钢轨间隔铁,搬开长轨前挡块。

③ 拨、串钢轨时,应由专人指挥,施工人员应动作一致。

④ 牵引长钢轨时,必须卡牢牵引卡,并设专人保护,施工人员不得站在牵引钢丝绳两侧,轨头送入推送机构时,位置要准确,拖拉要平稳。

图 6.27 枕轨运输列车

⑤ 长轨推送装置将长轨沿导向装置推送至铺轨机前端拖拉机拖拉架下,并用专用的夹具将长轨前端与拖拉架相连。

⑥ 拖拉机拖拉长轨前行,每隔 10 m 左右在长轨下放置一对滚筒,滚筒横向中心距为 3 250 mm。

⑦ 在钢轨端部脱开车体或各工作机构时,一切人员与钢轨端部要保持一定的距离,防止钢轨端部反弹伤人。

(3)轨枕转运

轨枕的吊运应分层进行。

(4)布枕

① 铺轨机沿线路中心线匀速前行,轨枕布设装置按规定间距布设轨枕,布枕中心线与线路中心线的误差在 30 mm 以内。

② 轨枕布设时将橡胶垫板放至轨枕承轨槽中。

(5)钢轨入槽就位

① 铺轨机前进时收轨装置自动将长钢轨收入至轨枕承轨槽中,长钢轨间用临时联结器联结,如图 6.28 所示。

图 6.28　四种无孔钢轨临时联结器

② 收轨同时，将轨底的滚筒收到铺轨机前端的存放滚筒架上。

(6)安装扣件

长钢轨就位后，方正轨枕，安装部分扣件，保证铺轨机组安全通过，铺轨机组通过后要及时补充扣件。

(7)质量检验

① 严格按铺轨编号依次铺设长钢轨，铺轨时应及时记录铺设轨温。

② 铺轨后左右股单元轨节接头相错量不宜超过 100 mm。

③ 轨道中心线与线路设计中心线应一致，允许偏差为 30 mm。

④ 枕间距为 600 mm 时，轨枕间距及偏斜允许偏差为±20 mm，连续 6 根轨枕的间距为3 m±30 mm。

4. 分层上砟整道

分层上砟整道施工基本工艺流程如图 6.29 所示。

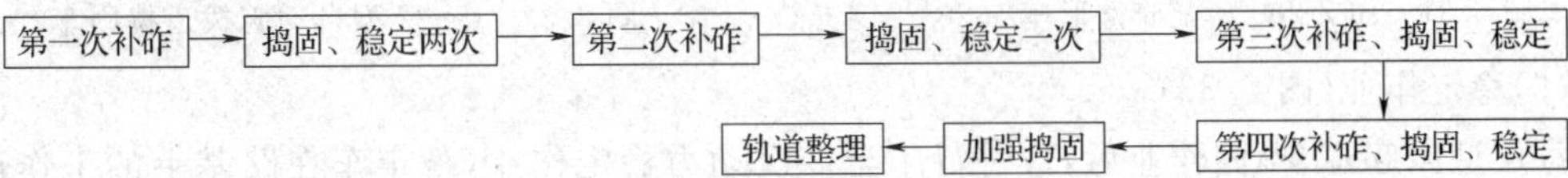

图 6.29　分层上砟整道施工基本工艺流程

(1)整道前施工测量

① 采用全站仪测设线路的中线桩,直线上每 50 m、圆曲线上每 20 m 及缓和曲线上每 10 m测设一点,并把中线点外移到线路的外侧。

② 完成平面测量,算出相应里程的拨道量。

③ 在路基两侧的路肩上钉设水平桩,直线地段不大于 50 m,曲线地段不大于 20 m,变坡点和竖曲线起讫点应增设桩橛。用水准仪往返测量,测出各点的桩顶实测标高、轨顶实测标高,计算出起道量、桩顶至设计轨顶标高的距离。

(2)补砟

长钢轨铺设后使用风动卸砟车及时进行第一次上砟,如图 6.30 所示。

图 6.30　K13 型风动卸砟车

(3)轨道线路调查

① 枕下道砟摊铺厚度不应小于 150 mm,轨枕盒内道砟饱满。

② 调查并处理钢轨硬弯、死弯、曲线反超高等。

③ 调查并处理、拆除可能影响机械养护作业的障碍物。

④ 调查具备机械养护条件的线路区段,编制施工方案。

(4)配砟整形作业(图 6.31)

① 配砟整形车在收放工作装置时,应选择线路比较平直的地段进行。

② 放下侧犁时应避免侧犁后翼犁板碰撞司机室,中犁放下后应距轨枕面 10～15 mm,清扫装置放下后应距轨枕面 10～15 mm。

③ 配砟整形车工作时,应注意线路上的固定装置及障碍物。

(5)起拨捣固作业(图 6.32)

① 第一、二遍起道量不宜大于 50 mm,第三、四、五遍起道量不宜大于 30 mm。

② 一次拨道量不宜大于 50 mm。

③ 起道量 30 mm 以上时,宜双捣作业,起道量 30 mm 以下时,宜单捣作业。

图 6.31　SPZ-200 型配砟整形车

图 6.32　08-32 型自动起拨道捣固车

(6)稳定作业(图 6.33)

每层道床起道、捣固作业后,应进行 1 至 2 次动力稳定作业,稳定车在路基上的工作速度一般为 0.6～0.9 km/h,由下层至上层速度逐层降低,作业频率控制在 30～35 Hz 范围内,竖向荷载为 19.8 kN。

图 6.33　WD-320 型动力稳定车

(7)质量检验

① 轨道几何尺寸允许偏差应符合有关要求。

② 轨面高程及道床断面基本符合设计要求，道床厚度宜比设计厚度小 40 mm，道砟数量宜符合设计断面要求。

③ 轨道中心线与设计线路中心线应一致，允许偏差为 30 mm。

④ 道床状态参数指标：道床横向阻力不低于 7.5 kN/枕；道床支承刚度不得低于70 kN/mm。

5. 工地钢轨焊接(移动式闪光焊)

(1)准备：在正式焊接前必须按钢轨焊接的相关要求通过焊头形式检验，确定焊接参数，制定相应规程。

(2)拆除扣件垫放滚筒：拆除待焊轨头前方长钢轨全部及轨头后方 10 m 范围内的扣件，并校直钢轨。根据轨枕和扣件类型，在钢轨下加楔子将两焊接轨抬起一定高度，便于焊机对位夹轨。待焊轨头前方长钢轨下每隔 12.5 m 安放一个滚筒。

(3)轨端打磨：打磨两待焊轨端面 500 mm 范围及钢轨与电极接触部位，使之呈现金属光泽。

(4)焊接：焊轨作业车(图 6.34)一侧钢轨轨下应通过支垫等措施实现轨面高度平顺过渡。推进移动焊轨车第一个轮对距焊缝中心 3.5 m 左右进行初定位，由吊机的液压系统吊起焊机精确定位。焊机夹紧钢轨自动对正。焊机自动焊接钢轨、顶锻并推除焊瘤。承受拉力的焊缝，在其轨温高于 400 ℃时应持力保压。焊缝区域冷却到 400 ℃以下时，焊轨作业车方可通过钢轨焊头。

图 6.34　焊轨作业车

(5)正火:正火应在焊接接头不受拉力的条件下进行。焊接接头温度低于 500 ℃(轨头表面)时方可正火加热,加热温度应控制在 850~950 ℃。轨头冷却宜采用风冷。

(6)粗磨:粗磨应保证焊接接头的表面粗糙度能够满足探伤扫描的要求。焊头非工作边的错边应进行纵向打磨过渡。手砂轮粗打磨时,应纵向打磨,使火花飞出方向与钢轨纵向平行。打磨过程中,不应使砂轮在钢轨上跳动冲击钢轨母材,不应出现打磨灼伤。

(7)精磨:焊缝及焊缝中心线两侧各 450 mm 长度范围内的轨顶面、轨头内侧面应使用仿型打磨机精细打磨,打磨时焊头温度不宜大于 50 ℃。

(8)收尾:检查焊好的接头,并打上焊接标记,填写焊接记录报告。将轨道恢复到正常状态并清理焊接现场。

(9)质量检验:对焊接接头进行探伤检查,并检测焊头平直度(表 6.3),对无法整修达标的需锯除重新焊接。

6. 应力放散和锁定线路

(1)准备

① 选择作业时间、测量轨温、安装撞轨器、安装拉伸器、分散作业人员及工具等。

② 应力放散作业时,当轨温在设计锁定轨温范围内时采用“滚筒法”施工,当轨温低于设计锁定轨温时采用“拉伸器滚筒法”施工。

表 6.3 焊接接头平直度允许偏差(mm/1 m)

序号	部 位	允许偏差
1	轨顶面	+0.2 0
2	轨头内侧工作面	+0.2 0
3	轨底(焊筋)	+0.5 0

注:1. 轨顶面中,符号“+”表示高出钢轨母材规定基准面。
2. 轨头内侧工作面中,符号“+”表示凹进。
3. 轨底(焊筋)中,符号“+”表示凸出。

(2)钢轨位移观测桩设置

① 按设计要求设置钢轨位移观测桩。

② 单元轨节起终点的位移观测桩宜与单元轨节焊接接头对应,纵向相错量不应大于 30 m。位移观测桩应与电务设备错开。

③ 位移观测桩应设置齐全,牢固可靠,易于观测和不易被破坏。

(3)测量轨温

① 线路锁定前应掌握当地轨温变化规律,选定锁定线路的最佳施工时间。

② 测量轨温时,要对钢轨的不同位置进行多点测量,取其平均值。

(4)拆扣件、垫滚筒

拆除待放散单元轨节的全部扣件,每隔一定距离垫入一个滚筒,每隔一定距离设置一台撞轨器。

(5)应力放散

① 放散应力时,应每隔 100 m 左右设一临时位移观测点观测钢轨的位移量,及时排除影响放散的障碍,达到应力放散均匀、彻底。

② 在单元轨节的终端,每股钢轨设置一台拉伸器拉伸钢轨,必要时撞轨、拉伸,使应力放散均匀。

(6)落轨锁定线路

① 钢轨拉伸量达到计算值后,钢轨拉伸器保压,撤出滚筒,安装扣件,锁定线路。这时的锁定作业轨温加上钢轨拉伸换算轨温即为实际锁定轨温。

② 两股钢轨宜同步锁定,线路锁定后才能撤出钢轨拉伸器。拉伸器撤除后,已锁定单元轨节自由端会产生回缩量,下一单元轨节拉伸锁定时,应将已锁定单元回缩量计入单元轨节拉伸量。

(7)位移观测标记

线路锁定后,应立即在钢轨上设置纵向位移观测的"零点"标记,按规定开始观测并记录钢轨位移情况。

(8)质量检查

① 无缝线路实际锁定轨温应控制在设计锁定轨温范围内。

② 相邻单元轨节锁定轨温之差不应大于5 ℃,左右股锁定轨温之差不应大于3 ℃,同一区间内的单元轨节最高与最低锁定轨温之差不应大于10 ℃。

③ 胶垫应放正并无缺损,扣件安装齐全,扣压力符合设计要求。

7. 轨道整理

(1)准备

① 检查轨道精调整理主要施工设备状态良好。

② 进行线路缺砟情况调查,用道砟运输车补砟。

(2)稳定线路

对线路实施精调之前采用稳定车对线路进行1～2遍的稳定密实,以减少精调后的线路变化。

(3)轨道状态检查

轨道精调整理前,对全线轨道控制网CPⅢ进行复测,并对线路进行全面检查测量。主要检查线路平纵断面、轨距、水平、高低、方向、钢轨硬弯和钢轨焊缝平直度等,并及时汇总检测资料,为制定线路精调计划提供依据。

(4)轨道整理

① 线路锁定后的精调整理,一次拆卸扣件不宜过长。

② 整修打磨不平顺焊缝,提高轨面平顺性。钢轨硬弯矫直。调整轨距,补齐扣件、配件、轨下垫板。

(5)精细整道

① 对速度大于200 km/h的线路通常分四遍进行大机精细整道。第一、二遍采用精确法作业,第三、四遍采用顺平法作业,起道量控制在15 mm左右,全部采用双捣,夹持时间设置在0.45 s及以上。捣固作业后的稳定车按重稳的要求实施,稳定速度为1 km/h,重稳频率宜按40～45 Hz设置,加载至80%。

② 在精调作业阶段的起、拨道作业轨温尽量控制在实际锁定轨温±5 ℃内进行,困难时不得超过实际锁定轨温的－20～＋15 ℃,严禁超温作业。

(6)轨道静态检测

① 轨道静态铺设精度标准见表6.1。

② 线间距允许偏差为:0～＋20 mm。车站线间距应与站台误差协调调整。

③ 道床状态参数指标为:线路开通前,道床密度不得小于1.75 g/cm^3,轨枕支承刚度不得小于120 kN/mm,纵向阻力不得小于14 kN/枕,横向阻力不得小于12 kN/枕。

④ 轨道质量静态平顺度检验可采用便携式轨道几何尺寸检测仪或轨检小车,如图6.35所示。

(7)轨道动态检测

① 轨道整理作业后,动态质量应检查局部不平顺(峰值管理)和线路区段整体不平顺(均值管理)。轨道动态检查项目及轨道不平顺管理值应按有关工程验收的规定执行。

② 轨道质量动态检验应采用轨道检查车或高速综合检测列车,如图6.36所示。

图 6.35　轨检小车静态检测

图 6.36　高速综合检测列车动态检测

8. 钢轨预打磨

钢轨预打磨施工基本工艺流程如图 6.37 所示。打磨列车如图 6.38 所示。

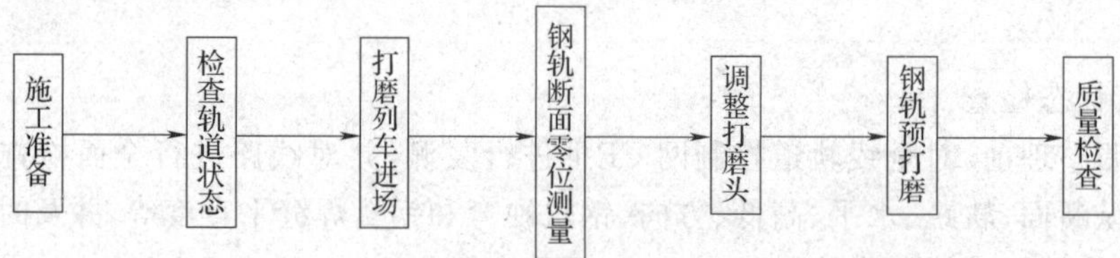

图 6.37　钢轨预打磨施工基本工艺流程

图 6.38　打磨列车

(1)具备的条件

① 无缝线路达到轨道质量静态检验标准。

② 轨面高程符合设计要求。

③ 钢轨扣件齐全紧固。

④ 钢轨焊头平直度已达到标准规定。

(2)打磨工艺要求

① 打磨前,应调整好打磨头的偏转面和对钢轨的施压力。

② 打磨前用安装在打磨机上的测量设备对整个打磨段上的钢轨进行纵断面的零位测量。

③ 对具有波纹和短波的钢轨，原则上要磨到波纹底及波谷范围。

④ 道岔尖轨及可动心轨、辙叉和钢轨伸缩调节器尖轨，应采用专用机械或手工操作的钢轨波纹研磨机进行打磨，严禁用普通打磨列车打磨。

⑤ 打磨列车应回收打磨下的铁粉。

(3)钢轨打磨后的要求

① 消除钢轨微小缺陷及锈蚀等，消除钢轨在轧制过程中形成的轨面斑点及微小不平顺。

② 消除轨头表面的脱碳层。

③ 钢轨的表面应光滑、平顺、无斑点，使其适应列车速度。

④ 钢轨顶面平直度 1 m 范围内允许偏差 0～＋0.2 mm。

⑤ 钢轨头部工作面的实际横断面与理论横断面相比允许偏差为±0.3 mm。

⑥ 全线钢轨预打磨作业后，轨顶表面粗糙度大于 10/μm 的个数不应超过 16%。

⑦ 打磨面最大宽度在轨距圆弧上为 4 mm，在轨距角圆弧和轨顶圆弧的连接圆弧部分为 7 mm，在轨顶圆弧上为 10 mm。从轨头打磨区向非打磨区应平滑过渡。

⑧ 打磨面宽度的最大变化在沿钢轨长度 100 mm 的范围内不应大于打磨面最大宽度的 25%。

⑨ 轨头打磨区无连续发蓝带。

(4)质量检验

① 在使用打磨列车时，应用安装在打磨列车上的测量设备做打磨后测量。

② 打磨后应对打磨前确定的较大波纹和波形磨耗的范围，进行钢轨纵断面的重点测量。

③ 打磨后的钢轨应达到上述(3)的规定。

任务6.4　掌握无砟轨道施工技术

无砟轨道是近年来大力发展的轨道结构形式，以下简要介绍无砟轨道施工技术。

6.4.1　CPⅢ轨道控制网测设和线下工程沉降评估

CPⅢ轨道控制网测设和线下工程沉降评估是一项极其重要的工作，其内容参见相关文献。

6.4.2　CRTSⅠ型板式无砟轨道道床施工

Ⅰ型轨道板生产采用分节段流水作业，主要生产工艺流程为：施工准备及原材料的检验→模型检测整修、涂刷脱模剂→预埋件安装→钢筋骨架和 PC 钢棒安装→合模并预紧 PC 钢棒→骨架绝缘性检测→混凝土灌注→混凝土养护→混凝土脱模→轨道板张拉→张拉锚穴封锚→水中养护→成品检查和存放→出厂检验。

CRTSⅠ型板式无砟轨道道床施工基本工艺流程如图 6.39 所示。图 6.40 为 CRTSⅠ型板式无砟轨道主要施工工序照片（以桥梁上为例）。应当指出，CRTSⅠ型板式无砟轨道的结构形式和施工技术在不断变化。

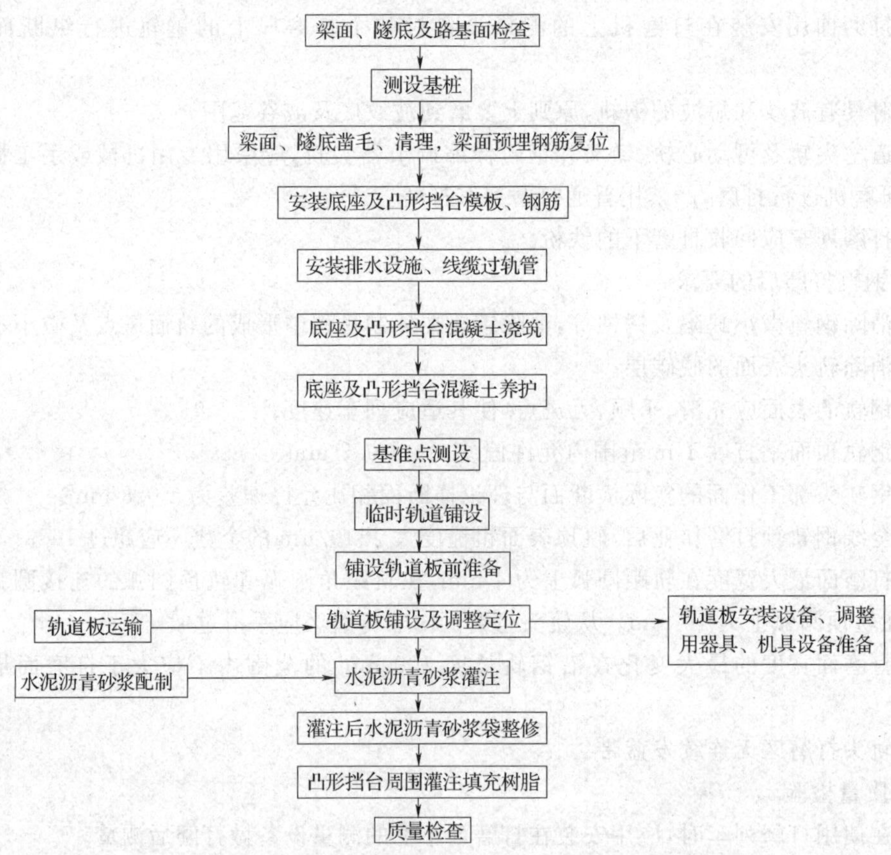

图 6.39　CRTSⅠ型板式无砟轨道道床施工基本工艺流程

(a)下部基础验交

(b)底座与凸形挡台的施工

(c)临时轨道的铺设

(d)轨道板的吊装

图 6.40

(e)轨道板的运输

(f)轨道板的铺设

(g)轨道板的状态调整

(h)水泥沥青砂浆灌注

(i)凸形挡台周围树脂的填充

(j)长钢轨铺设

(k)长钢轨焊接

(l)轨道状态的精细调整(充填式垫板施工)

图6.40　CRTSⅠ型板式无砟轨道主要施工工序照片

6.4.3　CRTSⅡ型板式无砟轨道道床施工

CRTSⅡ型板式无砟轨道源于德国的博格板式轨道，轨道板生产(预制及打磨)、精确测量和沥青水泥砂浆的搅拌和灌注是Ⅱ型板系统的三大核心技术。

CRTSⅡ型板式无砟轨道系统技术从施工生产的角度来分，包括轨道板工厂化生产技术和轨道板现场铺设两大部分。Ⅱ型轨道板采用长线台座、先张工艺生产。目前，我国新建高速铁路已经基本不再铺设CRTSⅡ型板式无砟轨道，限于篇幅，在此不再赘述。

6.4.4 CRTS Ⅲ型板式无砟轨道道床施工

CRTS Ⅲ型板式无砟轨道是CRTSⅠ型板式无砟轨道和CRTSⅡ型板式无砟轨道的结合，其道床施工基本工艺流程如图6.41所示。“绿色”CRTS Ⅲ型板式无砟轨道将Ⅰ型板的制造、Ⅱ型板的精度和双块式的受力融合为一体，采用了有挡肩二维可调钢模设备预制轨道板(图6.42)，采用自密实混凝土等，其施工基本工艺流程如图6.43所示(以桥梁上用CRTS Ⅲ型板为例)。

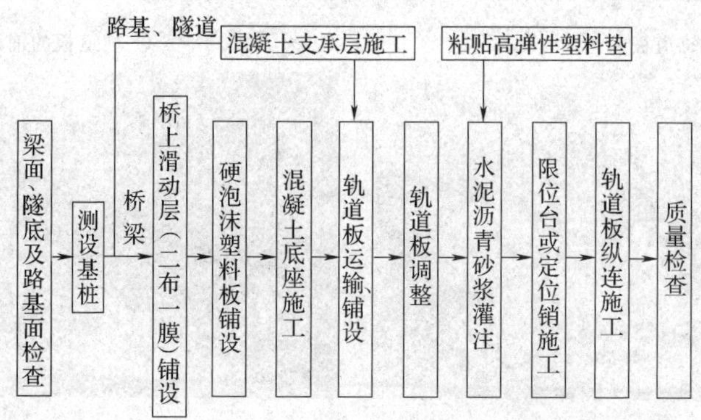

图6.41 CRTS Ⅲ型板式无砟轨道道床施工基本工艺流程

图6.42 二维可调钢模设备

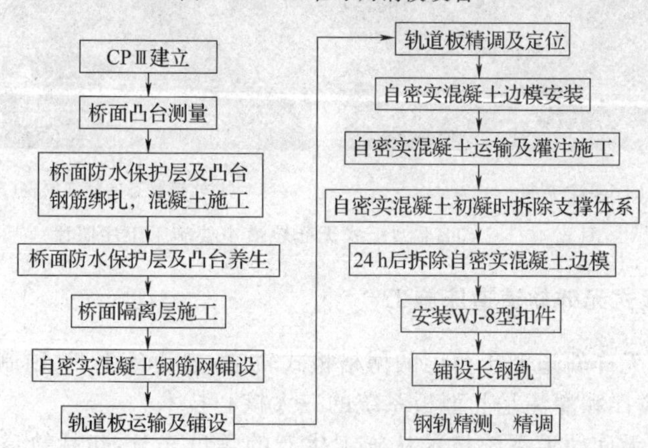

图6.43 “绿色”CRTSⅢ型板式无砟轨道施工基本工艺流程(桥梁上)

CRTSⅢ型轨道板的预制工艺流程如图 6.44 所示。

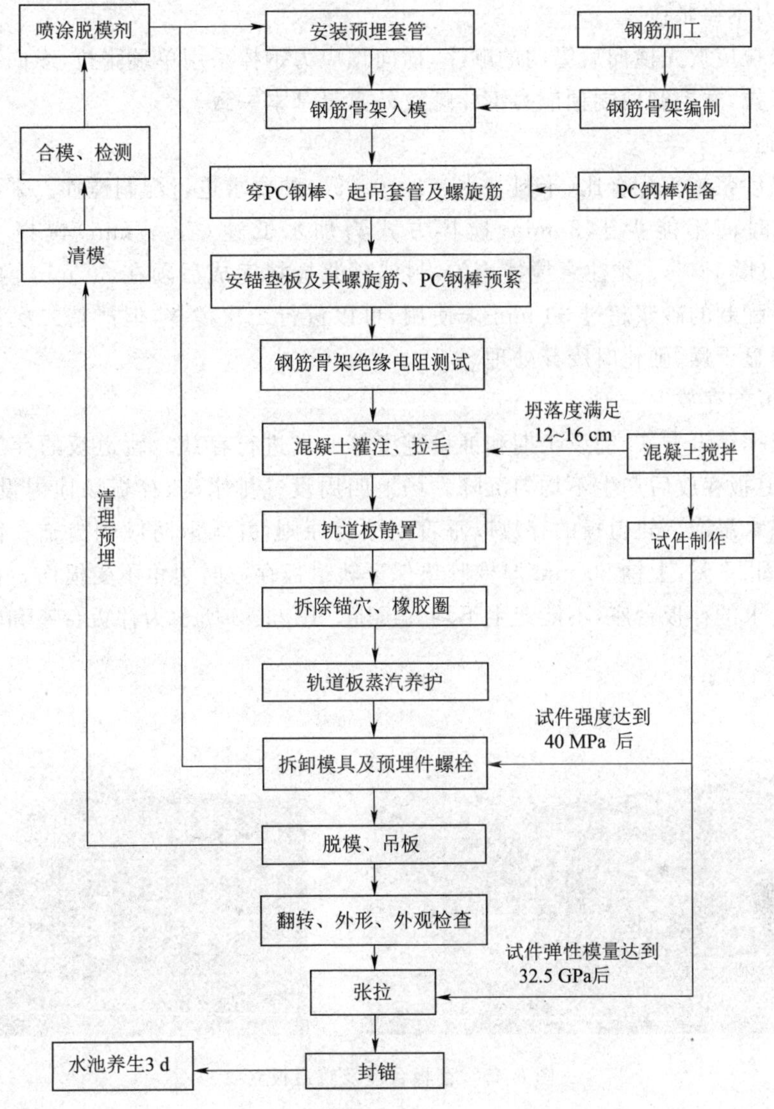

图 6.44 CRTSⅢ型轨道板的预制工艺流程

1. CRTSⅢ轨道板预制

(1)预埋件的安装与施工

一块轨道板内预埋件包含预埋套管及螺旋筋、接地端子、起吊套管、钢棒组装件、锚垫板及螺旋筋。模板清理组装完成并涂上脱模剂、钢筋骨架吊入模板后,即可进行各种预埋件的安装(预埋套管在钢筋骨架入模前进行安装)。

(2)轨道板的蒸汽养护

轨道板混凝土浇筑完成后,采用蒸汽养生,养生分为静置、升温、恒温、降温四个阶段。混凝土浇筑完成后,须静停 2.5～3.5 h(根据混凝土坍落度情况而定);静停完成后拆除锚穴及灌注孔,并开始蒸养升温。升温速度不大于 15 ℃/h,恒温时蒸汽温度不超过 45 ℃,板内芯部混凝土温度不超过 55 ℃,最高温度的持续时间不超过 6 h;降温速度不大于 15 ℃/h,脱模时,轨道板表面与环境温差不大于 15 ℃。在养护过程中须定时测温,并做好记录。并采用计算机自动测温系统测量养护棚内温度和板体中心混凝土芯部温度。

(3)预应力钢棒张拉

预应力张拉应按先横向后纵向的顺序,横向预应力钢棒采用单端张拉,纵向预应力钢棒采用两端对称张拉,并控制两端预应力钢棒螺纹外露量基本一致。

(4)封锚施工

按照封锚砂浆施工配合比(干料∶水＝1∶0.095)的要求进行配制搅拌。采用强制式搅拌机搅拌;搅拌时间不能少于 3 min;搅拌方式为加水低速(73 r/min)慢搅 60 s,再高速(216 r/min)快搅 120 s。须注意搅拌均匀,封锚砂浆搅拌完成后须在 30 min 内使用完毕,使用过程中如果配制的砂浆超过 30 min 未使用,可以进行二次搅拌,但严禁二次加水。若配制的砂浆发生明显干燥、硬化时废弃处理。

(5)轨道板的存放

轨道板根据铺设方式、铺设工期和铺设进度等要求进行存放。轨道板的存放场地应平整坚固,避免轨道板存放后产生不均匀沉降。场地四周设置排水沟,存板场地内设置排水坡,存板场内严禁积水浸泡。轨道板的存放以垂直立放为原则,并采取防倾倒措施。存板台座要求标高一致,坚固、平整,上铺 20 mm 厚橡胶垫保证轨道板存放时边角不受损伤。存放点须设置承载力满足要求的存板台座,不能产生不均匀沉降。图 6.45 所示为存板台座和轨道板立放现场图。

图 6.45　存板台座及轨道板立放

(6)轨道板的养护

按照不同阶段,养护方式包括洒水养护、水池养护和喷淋养护。

2. 下部支承层施工

CRTSⅢ型板式无砟轨道底座在整个无砟轨道结构体系中起着传导力和轨道板限位的作用。底座板承受无砟轨道上部结构的荷载,并将荷载传递至下部基层结构。底座板上设置限位凹槽与上部自密实混凝土结合,以实现结构层传力、限位功能,对于轨道结构稳定性和几何形位保持具有重要作用。

CRTSⅢ型板式无砟轨道底座是钢筋混凝土结构,无砟轨道底座共有四种结构型式,分别为路基底座、桥梁底座、隧道底座、钢架桥底座。底座板采用“模筑法”施工,混凝土泵送入模后,人工大致摊铺均匀,经插入式振捣器捣固后,用滚轴式摊铺机提浆整平,利用铝合金刮尺刮平,最后对底座混凝土进行表面收光处理。底座板施工完成后即铺设中间隔离层及弹性垫层。

3. CRTSⅢ型轨道板铺装

轨道板是无砟轨道结构体系中上部结构与下部结构传力的主要构件,其下通过自密实混凝土支承于底座上。轨道板铺装是将轨道板铺设于设计位置,并将自密实混凝土钢筋网片固定于轨道板上,再通过CPⅢ测量网测量调整其对位精度并固定,保证自密实混凝土浇筑后轨道板位置及精度符合设计要求。

(1)轨道板粗铺放线

轨道板铺设前,在底座上放出轨道板位置轮廓线,保证粗铺时轨道板中心线与线路中心线偏差在10 mm之内,以提高轨道板精调时效率。

(2)吊装、运输

根据施工需要,提前将轨道板运送至铺板现场。轨道板采用小型汽车运输,装车时需考虑轨道板铺设顺序,按先铺的后装,后铺的先装,避免轨道板铺设时二次倒板。轨道板装车前,应用硬扫把清扫板底灰尘,用刮刀清除板边缘杂物,然后用清水冲洗板底,在检查板干净、无附着杂物后才可装车。图6.46所示为轨道板吊装运输。

图6.46 轨道板吊装运输

(3)轨道板粗铺

用汽车吊将运至现场的轨道板吊起并就位。曲线上的轨道板应严格按照铺设计划表的位置进行铺设。曲线地段每块轨道板必须按相应的偏转角放置。经检查轨道板粗铺满足要求后,拆除吊具,填写粗铺记录。在轨道板门式筋内插入钢筋,再在门型筋与自密实混凝土钢筋网片间插入"U"形筋,保证自密实混凝土钢筋网片与轨道板形成整体。轨道板粗铺完成后立即按配板图填写铺板编号,确保所铺轨道板均可追溯到生产源头。

(4)轨道板精调

轨道板精调是CRTSⅢ型板式无砟轨道一个关键环节,对轨道板的高程和平面位置要求非常严格。轨道板的平顺性影响后期调轨速度和运营时旅客的舒适度。但由于轨道板精调设备对外部条件(如光照、湿度、气温等)非常敏感,一天内的有利精调时间非常有限。为了提高精调速度,在轨道板精调之前,先对轨道板进行粗调,使轨道板的高程和平面误差在10 mm范围内,然后在有利时间内在对轨道板进行精确调整,提高无砟轨道精调效率。

4. 自密实混凝土灌注

所谓自密实混凝土,是指拌合物具有高流动性、高间隙通过性和高抗离析性,浇注时无需振捣仅靠其自重作用便能均匀充填密实成型,且硬化体具有高耐久性和高体积稳定性的高性能混凝土。

自密实混凝土作为CRTSⅢ板式无砟轨道系统的重要组成部件,它位于轨道板与混凝土底座之间,其主要功能为填充调整、承力传力。填充调整:全面均匀地支承轨道板,消除轨道板与底座之间的间隙;便于调整轨道高低,提高施工效率和下部基础变形时的可维护性。承力传力:承受由轨道板传来的垂向力和纵横向水平力,并把它传递给底座和限位装置,分散列车荷载。

CRTSⅢ型板式无砟轨道采用自密实混凝土代替CA砂浆作为板底填充与调整层,不仅简化结构,而且能做到就地取材,减少对环境的污染。采用现有的混凝土拌和站、混凝土罐车和泵车等设备,与“Ⅰ”“Ⅱ”型板式无砟轨道相比,可节约投资。自密实混凝土采用分离式模板,轻便简捷,施工方便。采用自密实混凝土灌注形成板下填充层,对精调后的轨道板位置、标高精度影响较小,易于保证质量。

6.4.5　CRTSⅠ型双块式无砟轨道道床施工

CRTSⅠ型双块式无砟轨道源于德国的Rheda 2000型无砟轨道,采用“自上至下”的施工方法,即先将预制的双块式轨枕组装成轨排,并调整好轨排的几何形位,然后以现场灌注混凝土方式将轨枕浇入均匀连续的钢筋混凝土道床内。主要施工装备有滑模摊铺机、抓枕机、轨排粗调机、螺杆/螺旋调整器、混凝土灌筑及振捣设备、专用铁路测量系统、全站仪等,如图6.47所示。

双块式轨枕生产采用机组流水法,蒸汽养护工艺,采用4×1联轨枕钢模,生产节奏为4 min/模。双块式轨枕生产工艺流程如图6.48所示。

CRTSⅠ型双块式无砟轨道道床施工基本工艺流程如图6.49所示。目前实际施工中的施工方法有“机组法”“排架法”“轨排框架法”等,CRTSⅠ型双块式无砟轨道的结构形式也在不断变化。

6.4.6　CRTSⅡ型双块式无砟轨道道床施工

CRTSⅡ型双块式无砟轨道源于德国的旭普林(Züblin)型无砟轨道,其设计原理和方法与Rheda2000系统基本相同,最大的不同是施工方法。其采用德国Züblin公司开发的专用成套施工设备,用固定架替代钢轨支撑架,将轨排振动压入预先浇注的混凝土中。其施工机械化程度高,施工进度快,施工不需要工具轨,且受环境条件影响小,但施工控制相对复杂。CRTSⅡ型双块式无砟轨道施工所需的专用施工设备主要包括(图6.50):

(1)混凝土巡回车。从混凝土搅拌车接受混凝土,将混凝土运送到灌筑位置。

(2)混凝土压实单元。用于刮平或找平道床板混凝土表面,用外部的振动器捣实混凝土。

(3)轨枕安装单元。用于将轨枕以振动法贯入混凝土。该单元可以从轨枕装载单元抓取一个轨枕固定架和一个横梁送到安装位置。内装的升降器将横梁安置在支脚上。内装的振动架将带有5个双块轨枕的固定架以振动法贯入混凝土,安置在横梁上。

(4)拆卸单元。拆除固定架,并抓取横梁,将固定架及横梁送到装载单元,放在其尾部。

(5)轨枕装载单元。以吊车装载轨枕,从拆卸单元上接收固定架及横梁。

(6)专用模板轨道。模板轨道为道床混凝土的施工模板,同时可作为临时轨道,供轨道施工设备走行。

(7)支脚。支脚用于承载横梁及固定架。

(8)横梁。横梁安置在2个相对的支脚上,用以承载固定架。横梁的支承面加工精度要求高。

(9)固定架。用于装配5根双块式轨枕,将轨枕振动压入道床板混凝土中,放在前后两个横梁上。固定架为高精度部件,施工及运输过程中需加强保护。

(10)尾车。回收支脚和模板轨道。

(a)抓枕机

(b)轨排粗调机

(c)螺杆/螺旋调整器(精调设备)

(d)混凝土灌筑设备

(e)混凝土振捣设备

(f)轨排状态专用测量设备

图6.47　CRTSⅠ型双块式无砟轨道主要施工设备

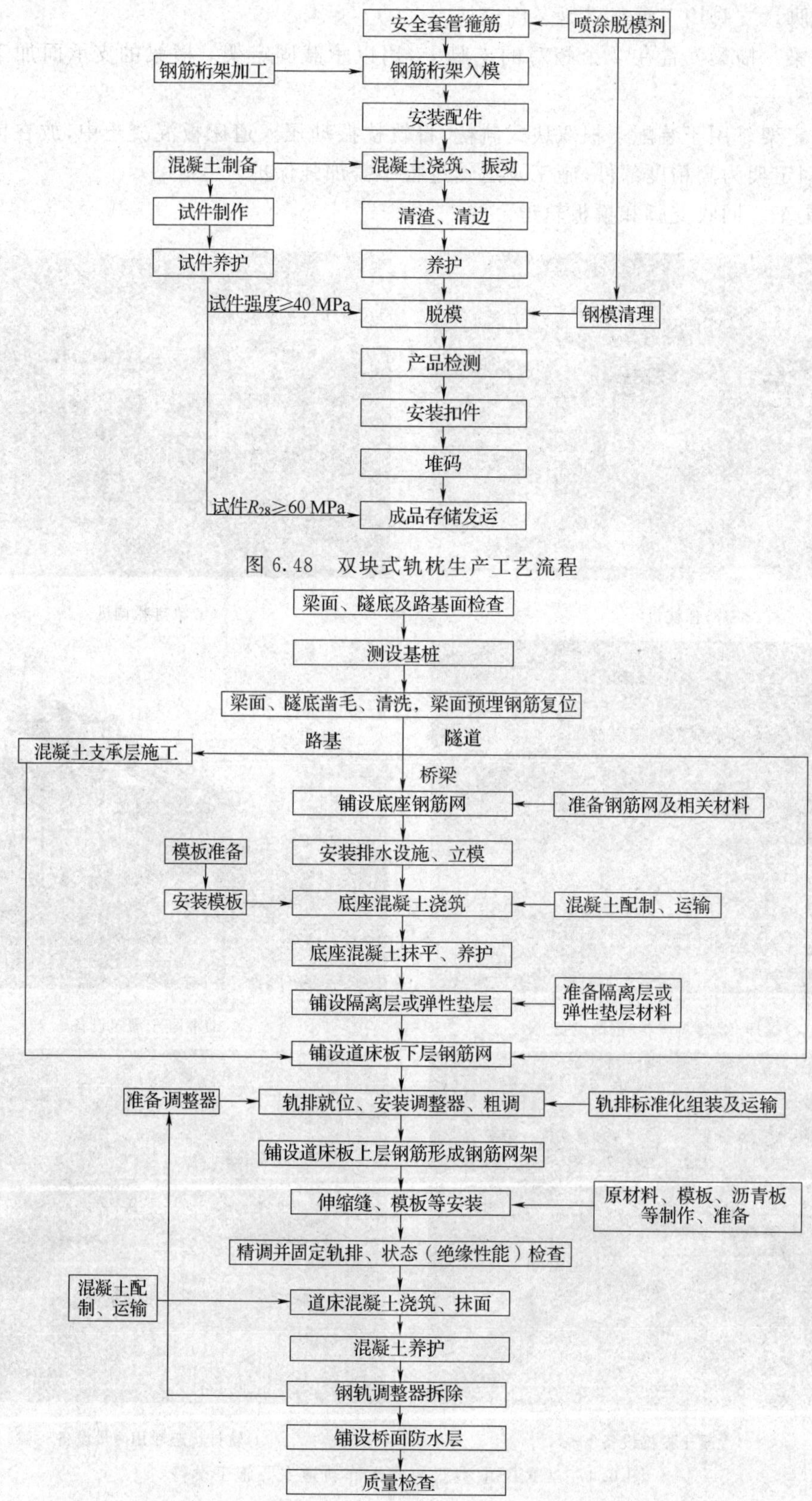

图 6.48 双块式轨枕生产工艺流程

图 6.49 CRTS Ⅰ 型双块式无砟轨道道床施工基本工艺流程

(a)混凝土巡回车

(b)混凝土压实单元

(c)轨枕安装单元

(d)拆卸单元

(e)轨枕装载单元

(f)专用模板轨道

(g)支脚

(h)横梁

图6.50

(i)固定架

(j)尾车

图 6.50　CRTSⅡ型双块式无砟轨道主要施工设备

CRTSⅡ型双块式无砟轨道道床施工基本工艺流程如图 6.51 所示。

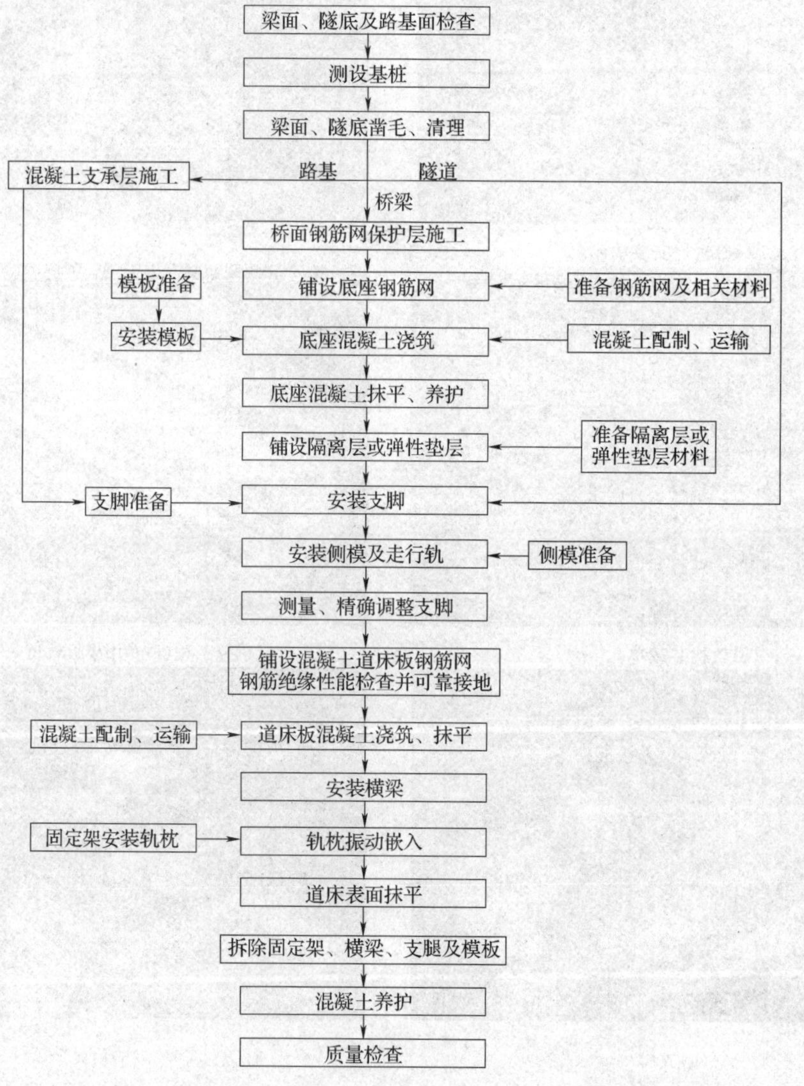

图 6.51　CRTSⅡ型双块式无砟轨道道床施工基本工艺流程

6.4.7　无砟轨道长钢轨铺设施工

目前,无砟轨道长钢轨铺设一是采用钢轨纵向推送直接入槽的方法,称为“纵向推送法”(图 6.52);二是采用钢轨纵向拖拉直接入槽的方法,称为“拖拉法”(图 6.53)。纵向推送法的主要铺轨设备由机车、长钢轨运输车、长钢轨推送车、导向装置等组成;拖拉法的主要铺轨设备由机车、长钢轨运输车、牵引车、导向车、滚轮小车等组成。

图 6.52　纵向推送法铺设长钢轨

图 6.53　拖拉法铺设长钢轨

6.4.8　无砟轨道精细调整施工

无砟轨道精细调整是关键的施工工序,通常用轨道几何状态测量仪(图 6.54)进行检测,并对超标点进行反复调整,直到轨道状态符合标准要求,并按相关规定提交检测成果资料。

图 6.54　无砟轨道精调测量

任务 6.5　掌握高速道岔施工技术

道岔结构复杂,零件较多,技术要求严格,因此道岔的施工是一项细致复杂的工作。要保证道岔的铺设质量,必须依照其铺设程序,严格进行事前、事中及事后质量控制。在铺设前,应详细审核图纸,全面掌握技术要求,详细检查轨料及其零件。在铺设时,要严格遵循铺设程序,严格各个部件的尺寸,对铺设质量时刻进行监控。在铺设后,要认真检查铺设质量,确定其是否能够满足规范的要求,如果达不到要求,应进行整改。

6.5.1　国外高速铁路道岔铺设方法

高速铁路正线采用大号码道岔,对道岔组装和铺设质量提出了更严格的要求。国外一般都在道岔工厂先把道岔组装好(有些在组装基地组装),然后整体分段将道岔运往现场,以保证道岔的组装质量和铺设质量。道岔组装后,因重量和外形尺寸都较大,需要按照道岔的尺寸选择运输方案。图 6.55 为工厂组装道岔图,图 6.56 为芬兰 DESEC 公司的道岔运输车,该运输车可自带动力,也可外接电源,实现斜板的自动升降。为保证运输安全,所装道岔必须与平板车牢固连接,斜板升起后应有锁闭装置,使其重心位于车辆的中心位置。

图 6.55　工厂组装道岔

图 6.56　芬兰 DESEC 公司的道岔运输车(分段运输)

芬兰 DESEC 公司的 TL50 道岔铺设机械如图 6.57 所示。该机很适合于新线轨道和道岔的铺设。在作业时,门式吊车跨在运输车两侧,将道岔吊起。该机具有自走行系统,可直行,也可横移,将道岔吊运至铺轨位置后,放下就位即可。这种跨吊式大型道岔铺设机,全液压驱动,可用普通平板车运输。利用自身的支承油缸和走行系统,可自行完成上下运载车的过程,所以该机是目前世界上较为先进的道岔铺设机械。

图 6.57　芬兰 DESEC 公司的铺轨与铺道岔机

奥地利普拉塞—陶依尔公司开发的“四柱起重架”运输车如图 6.58 所示。该机在吊道岔时也跨在平板车两侧,吊起道岔后,平板车退出,然后带有自行系统的运输车将道岔移动就位。

图 6.58　普拉塞—陶依尔公司的四柱道岔自行起重架

法国大号码道岔铺设的技术要求较高,铺设时采用法国 GEISMAR 公司的 PUM 道岔铺设专用设备。该设备由多组机动龙门架与运送小车组成,根据道岔长度,采用不同组数作业。施工时需要机车配合,并铺设临时轨道,以便将道岔送入预定位置。

德国 ICE 高速铁路铺设大号码道岔时也采用龙门吊车,如图 6.59 所示。

图 6.59 德国 ICE 高速铁路 BWG 公司铺设道岔

6.5.2 国内高速铁路有砟道岔铺设方法

国内高速铁路大号码有砟道岔铺设,一是采用机械换铺法,主要设备为轨道吊、龙门吊、门架单元组合式换铺设备和焊轨设备等,其施工基本工艺流程如图 6.60 所示;二是采用原位铺设法。

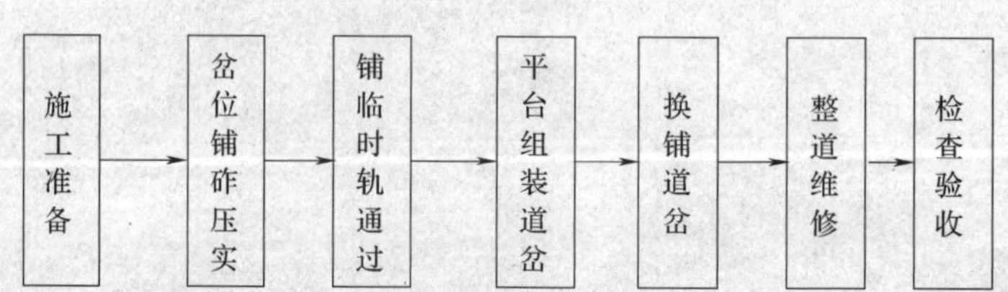

图 6.60 机械换铺法施工基本工艺流程

6.5.3 国内高速铁路无砟道岔铺设方法

国内大号码无砟道岔施工应遵循“专业化、机械化、标准化”施工,确保道岔铺设质量,满足铁路建设总体工期要求的原则,根据施工现场工况条件,进行施工方案的技术经济比选。优先采用原位组装施工方法,也可采用道岔预组装整组铺设等其他施工方法。图 6.61 所示为我国高速铁路原位法无砟道岔施工工艺流程图,图6.62为我国高速铁路预组装法无砟道岔施工工艺流程图。

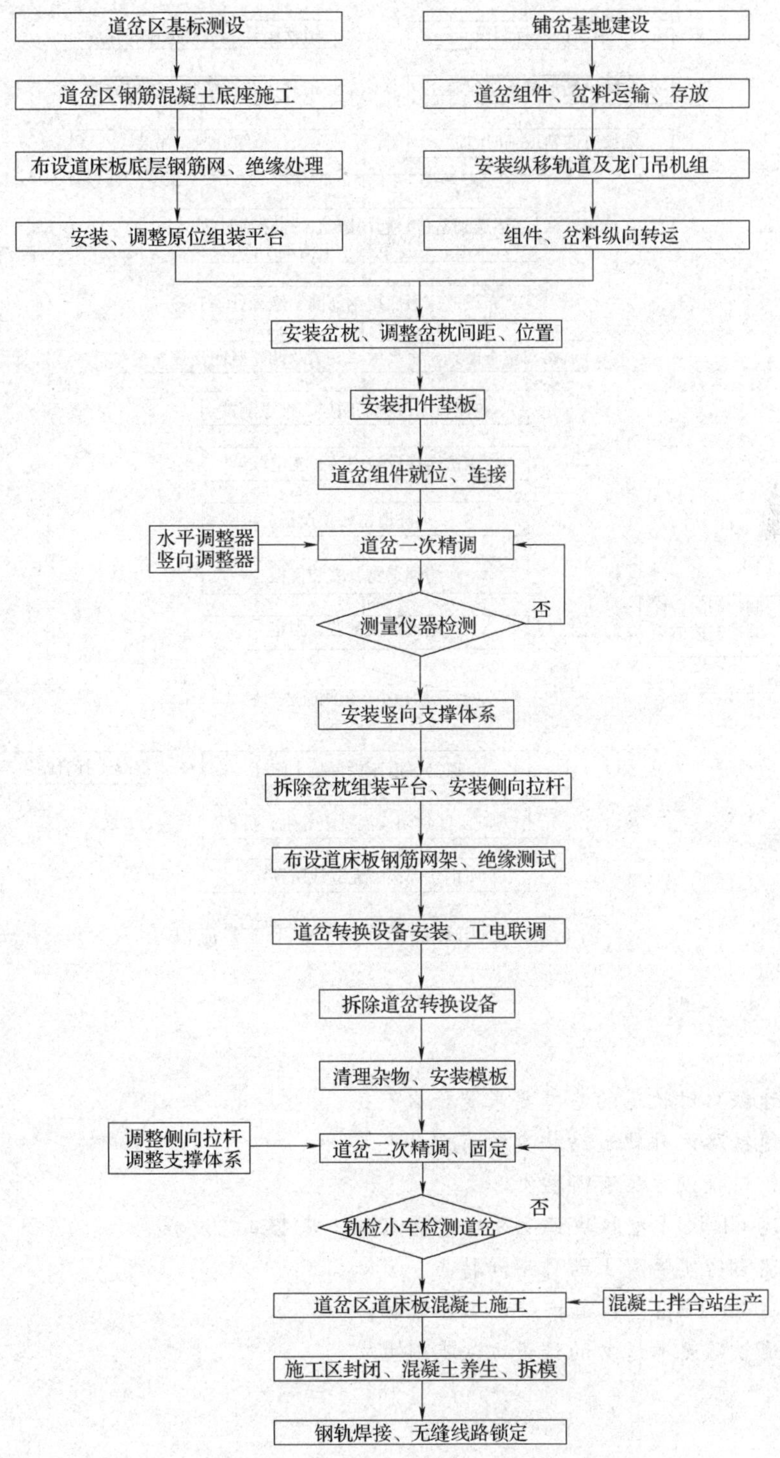

图6.61　原位法无砟道岔施工工艺流程

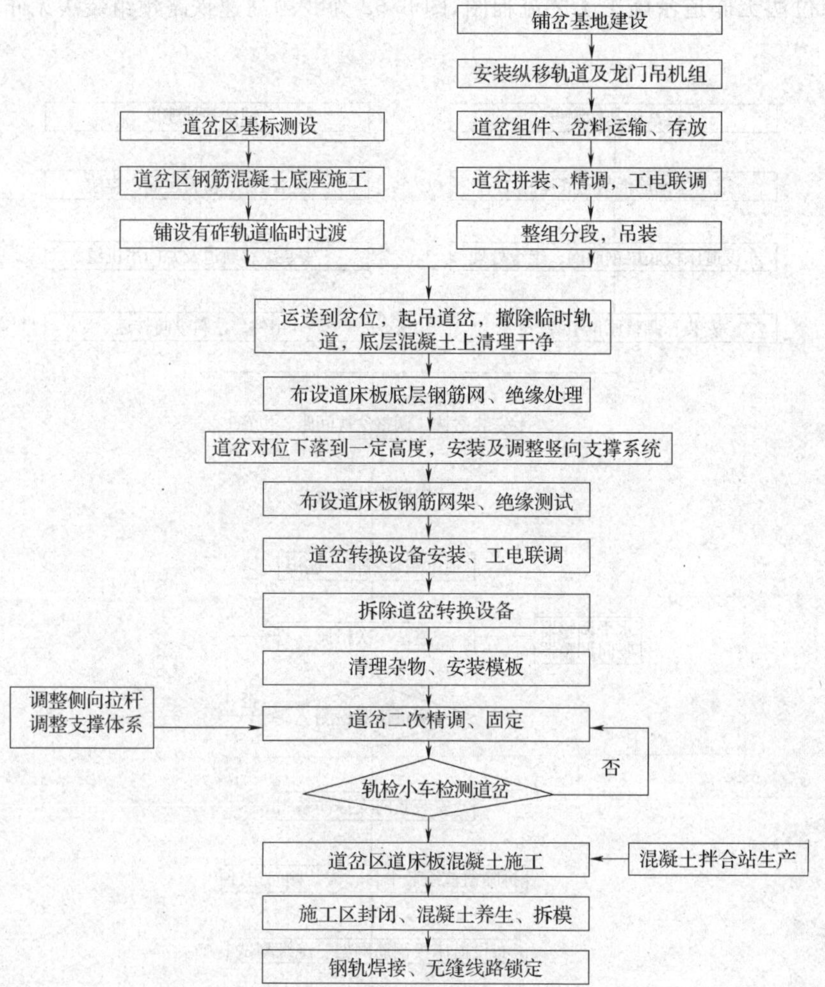

图 6.62　预组装法无砟道岔施工工艺流程

复习思考题

6.1　高速铁路对轨道的基本要求是什么？

6.2　高速铁路无砟轨道结构类型有哪些？

6.3　长钢轨铺设方案有哪些？

6.4　简述 CRTSⅠ型双块式无砟轨道道床施工基本工艺流程。

6.5　简述自密实混凝土的作用和特点。

6.6　简述 CRTSⅢ型轨道板铺装工艺流程。

6.7　高速铁路无砟道岔的铺设方法有哪些？

项目 7　高速列车及牵引供电

项目描述

作为高速铁路核心的高速列车，须具备起动快、速度高、停得住、运行平稳、振动与噪声小的特点，为此，必须采用相应的高新技术。目前，我国已经拥有高速列车的自主开发能力。为保证列车高速运行时能稳定地从接触网取得电流，高速铁路牵引供电技术必须能保证提供足够的供电能力和良好的供电可靠性。在既有普速铁路线上开行摆式列车则可以大幅度提高小半径曲线上旅客列车的运行速度，从而避免修建高速铁路新线或大量改建既有线而引起的大量工程投资。

学习目标

1. 知识目标

(1)熟悉高速列车的分类；

(2)熟悉高速列车关键技术；

(3)掌握高速铁路牵引供电的基本知识；

(4)了解摆式列车的基本原理。

2. 能力目标

(1)能够根据外形辨别某一国产和谐号高速动车组所属型号。

(2)具有强烈的安全意识、质量意识和追求卓越、严谨务实的工作作风。

相关案例：1998 年德国 ICE 列车事故

1998 年 6 月 3 日，德国城际快车 ICE884 次运载 287 人，从德国慕尼黑开往汉堡，在途经小镇艾雪德附近突然脱轨，短短 180 s 内，时速 200 km 的高速列车冲向树丛和桥梁，300 t 重的上跨公路立交桥被撞得完全坍塌，列车的 8 节车厢依次相撞在一起，挤得仅剩下一节车厢的长度，图 7.1 为事故现场。事故造成 101 人死亡，88 人重伤，106 人轻伤，遇难者还包括两名儿童。调查认定，列车车轮外钢圈因疲乏爆裂是引发事故的主要原因，于是，随后的 3 周内，德国列车上所有类似设计的车轮被更换。

德国铁路集团原来在 ICE 列车上使用的是箍着钢条的双毂钢轮，因为其中有橡胶层，可以减少噪声，且使运行更平稳。但这种双毂钢轮的缺点是容易出现金属疲乏现象，进而造成金属断裂。1997 年秋天，德国电车公司曾告知德国铁路集团，这种车轮会出现问题，应较为频繁地更换车轮，但德国铁路集团仅以一句“我们并没有发现金属疲乏”而草草了事。就这样，在德国铁路集团疏忽下，最终酿成惨剧。

图 7.1　德国 ICE 列车脱轨事故现场

从这个案例可以看出,高速列车的安全性应放在最重要的位置。通过本项目的学习,应熟悉高速列车关键技术,掌握高速铁路牵引供电的基本知识,理解摆式列车技术的基本原理。

任务 7.1　熟悉高速列车的分类与发展概况

目前世界上拥有自主开发能力并已成功运用高速列车的国家有中国、日本、法国、德国、意大利等,它们的共同之处是在高速列车系统中均大力应用高新技术,但又各具特色,即根据本国的运用条件和传统经验,特别是在转向架结构、列车动力配置及构成形式、电传动及控制技术等方面都有各自的特点。

7.1.1　高速列车的分类

高速列车的分类是根据国外已成功运用的高速列车的几种不同特点进行划分的,这些特点主要表现在列车动力驱动轴的分布、动力设备的配置以及列车中车辆之间的连接方式和组成结构,一般可将它们划分为图 7.2 的不同类型。

高速列车按列车动力轮对的分布和驱动设备的设置分为动力分散型和动力集中型;按列车车辆转向架布置和车辆之间的连接方式分为独立(转向架)式和铰接(转向架)式。较为典型的如日本各系高速列车和德国的 ICE3 高速列车,为动力分散型、独立转向架;法国的 TGV 高速列车,为动力集中型、铰接转向架;德国的 ICE1、ICE2 高速列车,为动力集中型、独立转向架;法国的 AGV 高速列车,为动力分散型、铰接转向架。

动力分散型列车是将由电机驱动的动力轮对,分散布置在全部列车或列车的多组轮对上,同时将主要电器及机械设备吊挂在车辆下部,列车的全部车辆都可载客,如图 7.2(c)、(d)所示;动力集中型列车是将电器和动力设备集中安装在位于列车两端的动力车上,仅有动力车的轮对是受电机驱动的动力轮对,动力车不载客,只有中间拖车(无动力轮对)可载客,如图 7.2(a)、(b)所示。

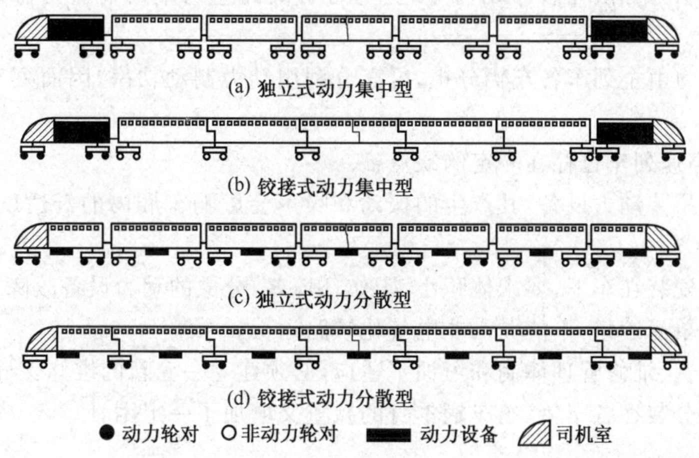

图 7.2　高速列车分类示意

独立式列车的每节车辆的车体都置于两台转向架上，车辆与车辆之间用密接式车钩相连接，每节车辆从列车上解挂后，可以独立行走；铰接式列车是将车辆的车体间以弹性铰相连接，在相邻车体的连接处放置一个共用转向架，因此每节车辆不能从列车中解开成为一个独立可行的车辆。

由列车动力轮对两种分布类型和车辆连接与转向架布置的两种方式相互组合就出现了如图 7.2 所示的 4 种形式不同的高速列车。

动力集中型高速列车具有以下优点：

(1)它与传统的列车相似，便于按习惯进行运行管理和维修管理。

(2)故障相对较高的电器、机械设备集中在头车，运用中便于监测和进行技术保养，这些设备的工作环境也较清洁。

(3)机械、电气设备与载客车厢相隔离，车厢内噪声、振动较小。

(4)牵引头车可以摘挂(虽然不像传统列车的自动车钩那样方便摘挂)，使列车进入既有线，甚至可更换内燃机车使列车直接进入非电气化铁路运行。

动力集中型高速列车的缺点在于：

(1)动力头车不能载客，相对减少了载客量。

(2)动力头车集中了全部动力设备，动力头车重量较重，减轻设备重量比较困难，而高速列车要求列车的轴重尽量轻。

(3)高速度的列车需要头车产生足够大的黏着牵引力，因而动力车轮的轴重不能太轻，这与(2)条提到的要求形成难以克服的矛盾。

(4)速度越高，列车的功率越大，大功率动力设备的重量也相应增大，这与减轻重量的要求又是矛盾。

(5)动力头车的制动能力受到黏着的限制，需要拖车分担部分制动功率，因此列车的制动性能欠佳。

动力分散型高速列车的优点是：

(1)可较充分利用车辆载客，增加列车载客量。

(2)将牵引动力设备和牵引电机的功率和重量分散由列车的各个车辆负担，较易实现高速列车减轻轴重的要求。

(3)列车的牵引力分散在各个动力车轮上,可解决高速列车大牵引力与轴重限制之间的矛盾。

(4)列车制动力由全列车各车辆分担,可充分利用动力制动功率,因而列车具有较好的制动性能。

动力分散型高速列车也存在一定的缺点:

(1)车辆下部吊装动力设备,其产生的振动和噪声会影响车厢内的舒适度,为隔振降噪增加技术难度。

(2)动力设备安装在车下,要求体积小,工作环境差,分散的动力设备故障率相对较高。

(3)列车只能单元编组,不能驶入非电气化铁路运行。

(4)与传统运营、维修管理体制和习惯不适应,必须建立一套新的维修保养体系。

(5)动力设备分装在各车辆,给车辆本身的减重又增加了一定困难。

7.1.2　国外高速列车的发展概况

下面介绍日本、法国、德国、意大利等国高速列车的发展概况,并扼要总结国外高速列车的发展趋势,摆式列车另见本章7.4节。

1. 日本新干线高速列车

日本是建设高速铁路最早的国家。1964年,世界上第一条高速铁路运营线——东海道新干线建成,0系高速列车投入运营,最高试验速度256 km/h,最高运行速度210 km/h。1982年,东北、上越新干线开通,200系高速列车投入运营,最高运行速度东北新干线275 km/h,上越新干线240 km/h。1989年又研制成功300系高速列车,最高运行速度270 km/h,东京—新大阪的旅行时间缩短到2.5 h。1991年为了实现新干线与既有线路的直通客运,日本又研制出400系高速列车,最高试验速度345 km/h,1992年正式投入运营。从1992年开始,日本先后研究制造出WIN350(试验列车)、STAR21(试验列车)、E1系、300X(试验列车)、E2系、E3系、E4系、500系及700系等高速列车,还设计了800系概念车。其中,日本WIN350型高速列车6辆编组,1992年8月创造了350.4 km/h的当时日本最高速度纪录,为500系前身;日本STAR21型高速列车9辆编组(有铰接式车辆5辆,独立式车辆4辆),1993年12月创造了425 km/h的当时日本最高速度纪录,为“面向21世纪促进铁路发展的高级列车”;日本300X型高速列车6辆编组,1996年7月创造了443 km/h的日本最高速度纪录,为700系前身;E4系是日本另一类具有代表性的高速列车,是由E1系发展而来的全部由双层车辆构成的新型列车,1997年开始运营,速度为240 km/h。700系客车车体结构的基本构件与300系相同,采用铝合金中空挤压型材,中空部分在挤压成型时填充了隔音隔热材料,从而降低了车内噪声,提高了旅客乘坐舒适度。列车监控系统进一步完善,实现了车辆监控智能化,除了具有车辆状态和故障显示功能外,还具有自动检查功能。

图7.3～图7.10为日本新干线高速列车的外形。

2. 法国TGV高速列车

法国是继日本之后,在欧洲首先发展高速铁路的国家。1965年,法国提出了发展高速铁路的设想。1969年,法国国铁向Alstom公司订购了TGV001样车,这是对TGV乃至世界高速列车历史产生深远影响的样车,它是TGV的雏形。1972年4月样车出厂,TGV001型是由5辆车组成的燃汽轮动车组,其主要特点是采用铰接式转向架,当年最高试验速度已达318 km/h。

图 7.3　日本 0 系高速列车外形

图 7.4　日本 100 系高速列车外形

图 7.5　日本 300 系高速列车外形

图 7.6　日本 400 系高速列车外形

图 7.7　日本 E1 系高速列车外形

图 7.8　日本 E4 系高速列车外形

图 7.9　日本 500 系高速列车外形

图 7.10　日本 700 系高速列车外形

由于受到世界石油危机的影响，法国放弃研制以燃汽轮为动力的高速列车，加速研制高速电动车组。1974 年对研制的 Z7001 电动车组进行了高速运行试验,其中列车有 48 次以 300 km/h 的速度运行,奠定了高速运行的基础。

1981 年,首列第一代 TGV 高速列车 TGV-PSE(图 7.11)以 260 km/h 的速度在巴黎—里昂正式运营,1983 年速度提高到 270 km/h,其最高试验速度达 380 km/h;1989 年,第二代 TGV 高速列车 TGV-A(图 7.12)投入运营,最高运行速度 300 km/h,1990 年创下了试验速度 515.3 km/h的世界纪录;网路 TGV 即 TGV-R(图 7.13)于 1992 年投入运用,环绕巴黎将几条高速线连成一体,最高速度达 300 km/h;TGV-TMST 即欧洲之星 EUROSTAR 于 1994 年运行在巴黎—伦敦—布鲁塞尔之间,是穿越英吉利海峡隧道的高速列车,最高速度达 300 km/h,在英吉利海峡隧道内 160 km/h,在比利时 200 km/h;TGV-PBKA,即TGV-Thalys运行于 4 个欧洲国家,联结巴黎(P)—布鲁塞尔(B)—科隆(K)—阿姆斯特丹(A)4 个首都,是一种适应 4 种电流制的列车,最高速度 300 km/h,1996 年投入运用。网路 TGV-R、TGV-TMST、TGV-PBKA、西班牙 AVE、韩国 TGV-K,均属于同一代产品,车体结构与 TGV-A 大致相同,仅在外形、内部设备和一些技术装备有所差别。

1996 年,第三代 TGV 高速列车——TGV-2N 型全双层高速列车(图 7.14),在北方新干线投入运营,运行速度 300 km/h。TGV-2N 高速列车采用了很多新技术、新工艺、新材料(铝质车体)。该列车的投入运营标志着法国铁路客车制造技术达到了新水平,位居世界高速列车制造业前列。2001 年,开发出第四代 TGV 即 AGV 电动车组(图 7.15),最高运行速度达350 km/h。AGV 与以前的 TGV 列车主要区别是采用了动力分散式,只有拖车组铰接在标准的 TGV 车组上。AGV 列车由 9 节不同的模块组成,包括混编的单层和双层车辆。

TGV 高速列车的主要特点是采用了铰接技术,将相邻车体铰接,转向架置于铰接处,增强了列车的整体性,减少了转向架数量和列车运行阻力,提高了列车的运行平稳性和安全性。

TGV 使法国在传统轮轨高速领域处于技术领先地位。1996 年,欧盟各国的国有铁路公司经联合协商后确定以法国技术作为全欧高速客车的技术标准,同时 TGV 技术被出口至韩国、西班牙和澳大利亚等国,是运用最广泛的高速轮轨技术。1992 年 4 月,西班牙国有铁路开通了马德里—塞维利亚电气化高速铁路,并投入运营了从法国定购的 AVE 动力集中式高速列车(图 7.16)。一部分 AVE 高速列车在西班牙境内组装,该列车 10 节编组,最高运行速度可达300 km/h。AVE 高速列车是在 TGV-A 的基础上设计的,由于要通过西班牙山区 17 处隧道,对列车密封做了改进。韩国的高速列车招标中,法国 Alstom 公司于 1993 年中标。根据合同,法国提供 46 列(TGV-K 型),韩国自行研究制造 46 列中的后 34 列(KHST 型)。2004 年 4 月,韩国高速铁路线投入运营。TGV-K 型高速列车(图 7.17)一列编组 20 辆,是 TGV 定员最多(1 000 人)、功率最大(13 200 kW)的高速列车,运营速度 300 km/h,采用法国 TGV-R 技术,列车长度比“欧洲之星”短,但座位较密,定员较多,可以满足大运量的要求。目前共计 46 列车(920 辆车)投入运营。韩国依靠本国技术和外国技术(TGV)已自行研制出 KHST 样机(图 7.18),最高速度达350 km/h。

图 7.11　法国 TGV-PSE 高速列车外形

图 7.12　法国 TGV-A 高速列车外形

图 7.13　法国 TGV-R 高速列车外形

图 7.14　法国 TGV-2N 高速列车外形

图 7.15　法国 TGV-AGV 高速列车外形

图 7.16　AVE 高速列车外形

图 7.17　TGV-K 高速列车外形

图 7.18　KHST 高速列车外形

3. 德国 ICE 高速列车

ICE 型高速列车真正投入运营在 20 世纪 90 年代初，比 TGV 约晚 10 年，有 ICE1、ICE2、ICE3 等几种类型。

1985 年，德国试制成功 ICE 高速列车。ICE-V 高速列车(试验型 ICE，见图 7.19)于 1988 年 5 月试验速度达 406.9 km/h。1991 年 7 月 ICE1 型高速列车(图 7.20)正式投入运营，最高运行速度 280 km/h。1996 年，德国成功地制造出 ICE2 型高速列车(图 7.21)，其结构与 ICE1 基本相同，可两列联挂，1998 年投入运营。1999 年初，ICE3(图 7.22)问世并投入试运行，2000 年秋投入运营，该列车 8 节编组。ICE1、ICE2 是动力集中式，ICE3 采用动力分散式驱动装置。与动力集中方式相比，动力分散方式可以使列车拥有更大的坐席容量，更均匀的重量分布，更好的低黏着牵引性能，具有动力制动的比例更高，较小的动轮使得簧下质量更低，加上较低的静轴重而使线路负载降低。ICE3 最高试验速度达 363 km/h，最高构造速度可达 330 km/h。由于该车运营于科隆—法兰克福新线，最大坡度为 40‰，故列车装有可靠的制动系统，每辆动车安装再生制动系统，拖车装有线性涡流制动系统，所有车辆均装有盘形制动装置，从而保证该列车在长大下行坡道上安全行驶。它代表德国铁路客车最新技术水平，引起世界各国的关注。

图 7.19 德国 ICE-V 高速列车外形

图 7.20 德国 ICE1 高速列车外形

图 7.21 德国 ICE2 高速列车外形

图 7.22 德国 ICE3 高速列车外形

2003 年，有 4 列 ICE3 交付给了荷兰国家铁路使用。西班牙铁路在 2004 年投入运营 Velaro E(西门子的注册商标)高速列车(图 7.23)，它是以德国铁路和荷兰铁路制造的 54 辆 ICE3 列车为基础经改进而成的，其运营速度达 350 km/h。

4. 意大利 ETR 型高速列车

意大利高速铁路有其自己的特点：客货列车混跑，利用原有线车站，根据不同线路特点选用不同车型的列车。对于曲线较多的高速线路，选用 ETR-450 型等摆式车体高速列车，对于曲线较少的高速线，则选用技术标准较高的 ETR-500 型高速列车(图 7.24)。ETR-500 型高速列车有 2 动 11 拖和 2 动 8 拖两种不同编组。它先经过 1 动 1 拖的试验型，2 动 3 拖的改进型，而后完善定型于 1991 年投产，1995 年开始供货，最高运行速度 300 km/h。ETR-500 独特的动力转向架及其驱动系统、电/空制动安全控制系统等技术，使它成为一种不可忽视的高速列车类型。

图 7.23　Velaro E 型高速列车外形

图 7.24　意大利 ETR-500 型高速列车外形

5. 国外高速列车的发展趋势

根据各国高速列车的发展情况和运用经验，目前高速列车的发展趋势具有以下几方面特点：

(1)速度不断提高，表现在以提高试验速度为基础，不断提高运营速度。最高运营速度达到 300 km/h 并向 350 km/h 发展。

(2)车体结构和动力设备不断轻量化。车体结构和部分机械零部件大量采用铝合金。大型挤压型材、蜂窝结构和高分子复合材料等新材料、新工艺，在保证强度的前提下可大幅度减轻重量，如日本 500 系列车轴重已降到 11.4 t 左右。减轻车体及设备重量一方面可以增加载客量，如日本 E4 系双层客车，一节车厢定员达到 133 席；另一方面减轻轴重可降低线路维修费用。

(3)向动力分散布置方向发展。针对轮轨黏着系数随速度提高而下降的物理现象，一方面提高黏着控制技术，另一方面为进一步提高速度和列车的加速能力，在轮轨黏着牵引力的限制下，不得不增加动力轮对数量，自然形成向动力分散布置方向发展。如原采用动力集中方式的德国 ICE 列车，又新开发了动力分散型 ICE-3，法国也已将铰接式拖车转向架发展成为动力转向架，设计了动力分散式 AGV 列车。所以说动力分散型高速列车是列车增加载客量，提高速度、加速能力，提高运输能力，降低运输成本的发展方向。

(4)电力牵引传动系统向功率大、体积小、重量轻、高可靠性和低成本方向发展。主要是源于新型电力电子器件和现代控制技术的发展与应用。表现在：

①新型大功率半导体开关元件(如 GTO，IGBT，IPM 以至 IGCT)的发展和应用，为电传动系统提供了体积小、重量轻、损耗小、可靠性高的变流器。

②交流电机控制技术的发展，使列车获得了优良的调速与黏着性能。

③牵引变压器、变流器、牵引电机等不断提高效率，降低重量。

④列车控制系统向网络通信方向发展，列车诊断、监测及安全防护系统不断改进与完善。

(5)车内环境和设备不断改善,提高了旅客乘坐舒适度和服务质量。

(6)将列车的安全防护系统通过网络通信技术与高速铁路的安全保障系统、列车检修、运用系统构成统一的运营系统,实现列车运行及安全保障自动化,提高列车使用效率,降低运营成本。

7.1.3 我国高速列车的发展概况

2004 年,铁道部提出"引进先进技术,联合设计生产,打造中国品牌"的高速列车发展方针,成功研发了 CRH(China Railway High-speed)系列动车组。目前我国 CRH 动车组型号分为 CRH1 型、CRH2 型、CRH3 型、CRH5 型 CRH380 型系列、CRH6 型、复兴号动车组、智能型动车组、跨国互联互通高速动车组等几种。

1. CRH1 型动车组

CRH1 型动车组(图 7.25)由庞巴迪—青岛四方—鲍尔铁路运输设备有限公司(简称 BSP)生产,用于城际间的中短途运输。

CRH1 型动车组是一种全面采用先进技术、现代化的动力分散型电动车组。由 8 辆车构成一个基本编组(图 7.26),包含 4 种类型的车辆,其中 5 辆车为动车,3 辆车为拖车,设计运营速度为 200 km/h,最高试验速度为250 km/h。

图 7.25 CRH1 型动车组

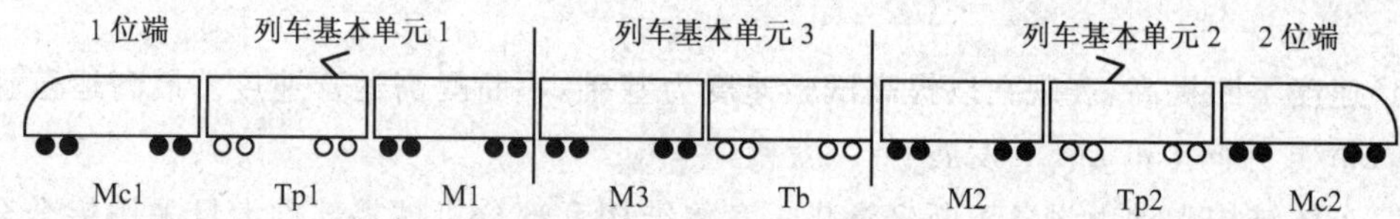

Mc1,Mc2—车端带司机室的动车; Tp1,Tp2—带受电弓的中间拖车;

Tb—不带受电弓的中间拖车(带吧台拖车); M1,M2,M3—中间动车。

图 7.26 列车基本编组

CRH1 型动车组每节车均在接近中间位置的两侧布置外车门,两个外车门之间的空间为通过台,通过台是乘客上下车的通道,同时还设置有大件行李存放架和卫生间,通过台与两端的客室之间布置有内车门。Mc 车 A 端是司机室,司机室端墙中央有通往客室的内门。Mc 车 B 端以及其余各车的两端均有端门,相邻车辆的端门由风挡形成的通道相连,将全车所有客室连通。

列车两端的 Mc 车为一等车,坐席采用 2+2 布置,每节车布置一个座式卫生间。Tp 车和 M 车布置为二等车,坐席采用 2+3 布置,每节车布置两个蹲式卫生间。

Tb 车为二等车与餐车合造车,A 端为二等车坐席,采用 2+3 布置,还布置有两个残疾人轮椅位置和一个残疾人卫生间;B 端为餐车和酒吧,布置有 24 个餐车座椅、三个酒吧立桌以及酒吧(厨房)制作间等。

CRH1 型动车组主要技术特点如下:

(1)高可靠性、低成本的不锈钢车体。CRH1 型动车组的不锈钢车体外壳在设计上体现了艺术与科技的融合,设计优化考虑了高速、经济性、碰撞安全性、乘坐舒适性、车辆自重等要求。采用单层外壳内部构架结构(薄壁筒,整体承载,板梁梁柱),高度自动化点焊处理,列车固有频率高,满足高速运行的刚度要求。使用不锈钢材料,寿命周期成本低,防腐、防火性能好。

(2)成熟可靠的转向架。转向架采用标准的部件和设备接口,并尽可能利用现行车体的转向架接口。动车转向架和拖车转向架的一系悬挂和二系悬挂相同,转向架构架也相似。所有转向架的空气制动均采用盘形制动,动车转向架因为车轴上装有牵引电动机和齿轮箱,制动盘直接安装在车轮辐板上;拖车转向架则将制动盘安装在车轴上(3个/轴)。

根据我国铁路的线路情况,CRH1型动车组转向架采用国产车轮,减轻了轴重(16 t/轴)。

(3)牵引电动机与牵引变流器优化匹配。牵引电动机能在牵引工况下将列车获得的电能转换成机械能牵引列车前进,在制动工况下又能将车轮的机械能转换成电能而产生制动力。一个动车转向架上有2个牵引电动机,并联连接到一个电动机变流器,牵引电动机的运行工况受电动机变流器微机控制系统监控。

牵引电动机与牵引变流器统一进行优化匹配设计,减小波形畸变和转矩波动,噪声小,损耗小。这种设计还能够最大限度地减少牵引电动机的零部件,减少设备维修时间,提高系统可靠性。

(4)微机控制的牵引电动机变流器。电动机变流器模块将直流环节电压转变成可变电压、或变频率的对称的三相电压,一台电动机变流器向两台并联的牵引电动机供电。

电动机变流器的功率器件是绝缘栅双极晶体管(IGBT)模块,IGBT为电压驱动方式,开关频率高,模块的抗干扰及短路保护能力强,损耗小,性能好,工作可靠。此外,大功率IGBT模块本身绝缘,外壳不带电,冷却方便,系统结构简单。

电动机变流器由微处理器控制,具有自检、自诊断和保护功能,模块化程度高,冷却系统的效率高,控制系统协调性好。

(5)高度自动化的牵引控制系统。CRH1型动车组8辆车分为3个基本列车单元,每个基本单元有相对独立的高压系统、牵引系统和辅助动力供给系统。列车两端的带司机室的动车(Mc车)、带弓拖车(Tp车)和普通动车(M车)各为一个单元,列车中部的普通动车(M车)和二等车餐车合造车(Tb带吧拖车)为一个单元。每个单元的高压、牵引和辅助动力供给系统基本相同,各单元控制设备包括列车控制设备(VCU)、牵引设备(PCU)、驱动控制设备(DCU/x)、蓄电池充电控制设备(BCC/I)和输入/输出(I/O)设备等。牵引控制系统是一个基于现场总线的分布式控制系统,牵引控制的总线型式为MVB,各列车基本单元独立运行,受列车主控制器的协调与监控。

(6)模块化、智能化的列车控制和管理(TCMS)。CRH1型动车组通过列车控制和管理系统(TCMS)实现对全列车的控制和管理。

TCMS系统是分布式计算机系统,全车需要控制的装置都在TCMS的监控之下,如牵引系统、制动系统、压缩空气供给系统、通信系统、辅助电气系统、车钩系统、列车安全和自动保护系统、旅客信息系统、车内环境调节系统、内外门系统、供水和卫生间系统、餐饮系统、火灾检测系统、轴温警报系统、后视镜系统等。TCMS对这些系统的监控通过列车通信网络宏观进行,每个系统都自带有安装在其附近的、可独立运行的、完备的电脑控制装置,即控制的执行是分散进行;司乘人员通过TCMS给这些控制装置发送命令、接收其状态和故障信息,实现集中监控。

CRH1型动车组的列车网络系统的软硬件设计模块化程度高、智能化程度高,为列车高速、安全运行提供了可靠的保证,同时也为旅客提供了健康和舒适的旅行环境。

(7)电空及再生制动系统。CRH1型动车组采用动力制动和空气制动相结合的制动方式,动力制动采用再生制动方式,空气制动用盘形制动。在拖车转向架上,制动盘放置在车轴上(每根轴上3个制动盘),在动车转向架上,制动盘安装在车轮辐板上,这样就保证了全列车所有的转向架都可实施盘形制动,不但能使制动力得到保证,也提高了制动的平稳性。

CRH1 型动车组的制动系统由微机控制,不但可以根据列车速度、制动方式(常规制动还是紧急制动)等情况自动在动力制动与空气制动之间分配制动力,而且空气制动本身也采用了电空制动(制动指令由电信号传递,制动力由压缩空气产生),保证了良好的制动性能。

(8)轻量化的受电弓。CRH1 型动车组采用 DSA250 受电弓,压缩空气气囊驱动升弓,自动降弓。整弓质量仅为 115 kg,精密减压阀保证压缩空气压力恒定,精度高。

DSA250 普遍采用轻量化优质材料,具有良好的机械和动力学性能;经过严格的静态型式试验、风洞试验、环境试验、装车运行考核试验等,工作性能优良,运行可靠。

受电弓具有独特的自动降弓装置(ADD 系统),铝合金型材滑板中有与升弓装置相通的压缩空气,当受电弓发生挂弓等故障,滑板损坏或反馈管线拉断后,快速降弓阀作用,压缩空气迅速从排气口泄出,自动降弓装置使受电弓立即快速降弓,从而减少或避免弓网事故。

(9)具有压力保护功能的车内空气调节系统。CRH1 型动车组采用的分体式空调系统可在车外空气压力发生剧烈变化的瞬间(例如列车交会或过隧道),保持车内不发生太大的气压变化,提高舒适性。

空气处理单元和压缩/冷凝单元采用分体式系统,可使车内噪声得到有效控制。

列车空调系统采用微机控制,室外空气温度传感器、送风回风温度传感器、客室温度传感器等温度信号送入微处理器,保证客室温度均匀。

(10)特殊设计的车钩。CRH1 型动车组的车钩系统包括安装在列车两端的自动车钩及阀组、连接动车组本身车辆之间的半永久性车钩和轻量型过渡车钩(附加在自动车钩上以便与传统车钩对接)。

安装在列车两端的自动车钩能实现铁路车辆的自动联挂,即使在角度未对准的情况下,自动车钩也能通过横向和垂向的调整实现自动联挂,在机械联挂的同时实现电气和压缩空气管路的对接。车钩的阻尼装置和缓冲装置可有效地减小联挂时的振动和冲击。

解除联挂可以通过在司机室遥控操作,也可以在轨道旁手动操作。在接触联挂分开后,车钩回到初始状态,为下一次联挂做好准备。

不联挂时,车钩自动伸缩装置可以使车钩收回到车钩外罩内,这样可以保护车钩,还保证了列车前端的流线型造型,改善了前端的空气动力学性能。

动车组本身车辆之间的半永久性车钩具有缓冲装置和吸振装置,并装有横向减振器,能够增加乘坐的舒适度,减少脱轨系数,增强安全性。

(11)膨胀式密封的车辆外门。CRH1 型动车组外门采用了专为高速列车设计的电动塞拉门,其显著特点是,对门页周围采用膨胀式密封,能够抵挡列车在运行过程中由于出入或穿过隧道产生的压力波而引起的剧烈振动,有效抵挡压力波造成的影响,避免乘客的耳膜受到压力波的伤害。

(12)模块化设计的真空集便系统。动车组一等车每节车设置一个坐式卫生间,二等车每节车设置两个蹲式卫生间,合造车设置一个残疾人卫生间(又称多功能卫生间)。卫生间采用"模块化"设计,每个卫生间设计有一个整体的玻璃钢外壳,内部设备都预先安装完成后再整体安装到车上。内部设备包括集便器系统、洗漱设备、加热器系统(含过热保护)、照明系统、扬声器系统、温控系统、烟火探测系统等,均由供应商组装完成后交付到总装厂。

无论坐便器还是蹲便器,均采用真空集便系统。其设计思路是用最少耗水实现最佳清洗效果。真空发生器在集便器和真空发生器之间的管道内产生真空,真空级别大约为 35 kPa,足以将集便器内的污物冲至集污箱。压缩空气(350～600 kPa)进入真空发生器后通过螺线管阀立即形成真空,真空集便系统由微机控制。

(13)新材料、新结构内装。CRH1 型动车组的内装采用了许多新材料和新技术,如在地板、侧墙、端墙、天花板中主要采用铝型材、铝板、HPL 树脂板,可满足质量轻、强度高、抗振、防火等性能要求,内装板广泛采用尼龙搭扣、高强度胶粘等连接方式,内部设备的安装则广泛使用 C 型安装槽。这些新技术使内装质量大为提升,既满足了性能和使用要求,又使内装简洁、美观。

(14)特殊设计的侧窗和盲窗。侧窗采用防寒中空玻璃窗,外层为安全玻璃,内层为中空安全玻璃,安全玻璃板之间为叠层。

侧窗玻璃采用高强度聚氨酯密封胶粘接,外层玻璃表面与侧墙齐平,而且与盲窗连接成一个整体,以满足美学和空气动力学方面的要求。

盲窗其实是为了外形及空气动力学性能要求而粘贴在车体蒙皮上的玻璃,它粘贴在两个侧窗之间,高度与侧窗一致,使得整节车的侧窗连接成一个整体的外形。

因为侧窗的玻璃强度高,不易击碎,故每节车上还设置了一定数量的逃生窗。逃生窗夹层玻璃的制造过程与其他侧窗的工艺方法不同,一般身体状况的人在危险逃生情况下,可以保证在 10～20 s 内打开逃生窗玻璃,窗户内外的人都可以对玻璃板面的任何位置进行冲击,打碎玻璃。

(15)一体压制成型双层折棚风挡。CRH1 型动车组所用风挡为一体压制成型双层折棚风挡,与橡胶风挡相比,折棚式风挡质量较轻,而且能更好地适应相邻车辆之间的相对运动;同单层折棚风挡相比,双层折棚风挡有更好的隔热和隔音性能;同普通双层折棚风挡相比,一体压制成型式双层折棚风挡具备更优异的气密性同时也加强了隔热和隔音性能。

CRH1 型动车组车内环境控制系统的目标是提供一个舒适的工作和旅行环境,并在列车出现危险的时候提供紧急逃生的必要条件。车内环境控制系统主要包括空调系统、采暖系统、压力保护系统、照明系统、车内噪声控制系统、应急系统及司机室环境控制系统。CRH1 型动车组的车内环境控制系统称为供热、通风和空调系统。

CRH1 型动车组每辆车的乘客室都配有单独的空调系统、采暖系统、照明系统和紧急逃生应急系统、压力保护和噪声控制装置。司机室还设有一个安装在车顶上的单元式空调机组,此单元包含司机室空调系统运行所必需的所有部件。CRH1 型列车客室供热、通风和空调(HVAC)系统的设计标准为:

室外参数　夏季温度 40 ℃,相对湿度 50%,太阳辐射强度 800 W/m²。
　　　　　冬季温度－40 ℃,相对湿度 80%。

室内参数　夏季温度 24～28 ℃,相对湿度 40%～65%。
　　　　　冬季温度 20 ℃,相对湿度≥30%。

2. CRH2 型动车组

CRH2 型动车组(图 7.27)由南车集团青岛四方机车车辆股份有限公司制造。适用于短途与中长途运输,速度等级为 200 km/h,最高可提升至 300 km/h 以上。

图 7.27　CRH2 型动车组

CRH2 型动车组为动力分散、交流传动电动车组。动车组具有“先进、成熟、经济、适用、可靠”的技术特点。

先进:动车组采用铝合金空心型材车体,采用了先进的 IGBT 功率元件以及 VVVF 牵引控制方式。

成熟:动车组的原型车为日本新干线动车组,其主要系统和部件均有长时间的运营业绩。

经济:动车组采用了流线型设计,各车辆的最大轴重仅 14 t,牵引和制动能耗低。另外,列车采用再生制动方式,在节能、环保以及减少机械损耗等方面具有独特的优越性。

适用:动车组具有速度提升能力,通过调整动车、拖车的比例,动车组能够灵活适应 200～300 km/h 各速度等级的运行。另外,动车组还可以通过两列联挂来满足大运量的需求。

可靠:动车组采用了先进的防滑、防空转控制系统和自动列车保护系统,为列车在各种运行环境下的准时性提供了可靠的保障。

(1)列车组成和主要参数

① 编组

CRH2 型动车组最高运营速度为 250 km/h,可在中国铁路既有线路(指定区间)和客运专线上运行。动车组采用 8 辆编组,4 动 4 拖,由两个动力单元组成,每个动力单元由 2 个动车和 2 个拖车(T-M-M-T)组成。CRH2 型动车组编组如图 7.28 所示,动车组编组代号意义见表 7.1。动车组前后两端均设驾驶室,列车通常运行时在前端的驾驶室内进行操作。受电弓设在 4 号和 6 号车上,动车组运行时采用单弓受流,另一受电弓处于折叠状态。两列动车组可连挂运行,连挂时受电弓采取双弓受流。

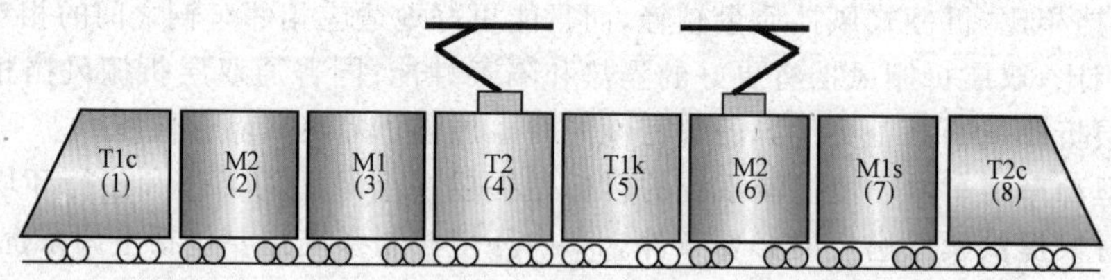

图 7.28 CRH2 型动车组编组示意

表 7.1 动车组编组代号含义

车辆代号	代号含义	类型举例	符号意义及说明
T	拖车(Trailer coach)	T1c,T2c,T1k,T2	
M	动车(Motor coach)	M1,M2,M1s	
c	带驾驶室(cabin)	T1c,T2c	带驾驶室的拖车(Driving Trailer Coach)
k	带餐车(kitchen)	T1k	带餐车的拖车(Stand corner Coach)
s	头等车(special)	M1s	头等车(动车)(First Class Coach)

注:数字 1、2 表示不同型号。

② 轴重配置

动车组各车的质量见表 7.2。列车定员 610 人,最大轴重为 14 t,最小轴重11.7 t。

表 7.2 CRH2 型动车组各车辆的质量

车　　号	1	2	3	4	5	6	7	8	备　　注
代　　号	T1c	M2	M1	T2	T1k	M2	M1s	T2c	
整备质量/t	42.8	48	46.5	42	44.1	48	46.8	41.5	
定员/人	55	100	85	100	55	100	51	64	合计 610 人
乘客质量/t	4.4	8.0	6.8	8.0	4.4	8.0	4.1	5.1	80 kg/人
定员质量/t	47.2	56.0	53.3	50.0	48.5	56.0	50.9	46.6	编组整体质量 408.5 t
平均轴重/t	11.8	14.0	13.3	12.5	12.1	14.0	12.7	11.7	

③ 车内主要设备配置

CRH2 型动车组各车辆的主要设备见表 7.3。

表 7.3 CRH2 型动车组各车厢内主要设备

车号	代号	定员	主要设备	其他
1	T1c	55	二等车、司机室、坐式厕所、洗脸间、小便间	禁烟车厢
2	M2	100	二等车、饮水机**	禁烟车厢
3	M1	85	二等车、备品室、坐式厕所、洗脸间、小便间	
4	T2	100	二等车、饮水机**	安装受电弓,禁烟车厢
5	T1k	55	二等车、酒吧餐饮区、电话间、坐式厕所、洗脸间、小便间	禁烟车厢
6	M2	100	二等车、饮水机**	安装受电弓
7	M1s	51	一等车、多功能室、乘务员室、备品室、坐式厕所、洗脸间、小便间	适应残疾人使用的车厢,禁烟车厢
8	T2c	64	二等车、司机室、饮水机**	禁烟车厢

注:1. **:CRH2-001A～CRH2-026A 列采用桶装水,CRH2-027A 后采用冷热饮水机。

2. 一等车座椅布置为 2+2 形式,二等车座椅布置为 2+3 形式,座席为旋转式可调靠背座席。

3. 5 号车(T1k)为餐座合造车,设置咖啡机、微波炉、冰箱等,设置饮食用简易餐桌、椅子,设置可以提供饮食服务的区域。设置广播、联络电话设备。

4. 各车设有广播系统。

④ 空调装置

CRH2 型动车组每辆车下均设两台空调机组和一台用于提供新风和排放废气的换气装置。空调机组的控制由内置的变频控制完成,变频控制通过比较设置在空调显示设定器设定的温度值和客室内检测温度值,对空调机组的压缩机、室外送风机、室内送风机进行变频控制,对电加热器空气处理设备进行通断控制,实现对客室空气的制冷及加热。

空调系统能够保证动车组如下性能:夏季,外部气温 33 ℃、相对湿度 80%及 150%定员时,客室温度可保持在 26 ℃以下;气温 40 ℃、相对湿度 55%及 100%定员时,客室温度可保持在 28 ℃以下;冬季,气温为-15 ℃时,客室温度可保持在 20 ℃以上。

(2)动车组主要技术特点

① 铝合金中空型材车体结构

CRH2 型动车组车体采用大型中空铝合金挤压型材双面焊接结构,上下是整体铝板壳,采用交叉斜筋板支撑,形成中空状。

动车组各型车体的主要结构组成包括底架组成、侧墙组成、车顶组成、端墙组成和车下设备舱等。

车身底架包括牵引梁、枕梁、侧梁(边梁)、端梁、横梁和波纹地板等。侧梁(边梁)位于底架地板下左右两侧的纵向梁,是底架与侧墙连接形成筒体的关键部件,采用通长铝合金挤压型材拼焊而成。牵引梁主要由铝合金挤压型材和铝合金板焊接而成,连接车体底架的端梁和枕梁,并为车钩缓冲装置设置相应的附加结构。枕梁由铝合金挤压型材和铝板焊接而成,支撑车体负荷。枕梁为转向架安装提供相应结构,保证与转向架悬挂系统的正常联结。

侧墙联结底架与车顶,形成车体结构的两个侧面。车体侧墙采用大型中空框架结构的挤压型材,不设车内侧立柱。

端墙根据车辆厕所和洗面室的布置主要分为两种结构形式,即整体式和分体式两种结构。整体式为两端角柱、两门立柱、门上横梁、门槛及端顶弯梁拼焊成框架外面铺墙板构成;分体式是为了厕所及洗面室的整体盒子间可以从外端放进而设计的,采用部分活动结构,活动部分采用螺栓连接。

由于采用双壳结构和铝合金材料,使车体具有以下特点:

a. 整体通长铝型材,大幅减少零件数量,提高自动化焊接程度,降低制造成本,提高质量。

b. 车体质量轻,从而降低轴重,降低运营成本。

c. 隔音效果好,从而提高车内的乘车舒适度。

d. 双壳结构,提高车体的整体刚性。

e. 维护小,寿命周期成本低。

f. 防腐性好,可以实现无涂装设计。

② 流线型头部结构

为了降低空气阻力,节省能源,动车组头型设计应用了大量的空气动力学技术,不仅要考虑车体流线型,还要考虑头车的阻力,会车压力波和隧道微压力波的形成,尾车涡流的形成和脱流等因素。CRH2 型动车组头型采用纵向双曲拱面,横向采用五曲拱面,具有良好的气动特性,完全满足高速行驶要求。

CRH2 型动车组的头形采用了复杂得多拱曲面造型,远比一般高速列车的头形复杂,因此,这对具体结构设计和生产而言增加了难度。动车组头部结构以骨架外壳结构为基础,按车头断面形状变化将纵骨架(大部分厚 6 mm,局部 9 mm 铝板)形成环状,骨架的间距以 300 mm 基准,用横向骨架叉接组焊,大部分骨架外焊接铝制外板(厚 2.5 mm)。对需要更高强度的部位,采取增加板厚、缩小骨架间距、增加加强材等措施。

司机室采用全视野前窗,前窗距轨面高 2 635 mm,窗垂向高约为 737.6 mm。

③ 高速转向架

转向架是动车组车辆最重要的组成部件之一,其结构是否合理直接影响车辆的运行品质、动力性能和行车安全。CRH2 型动车组转向架采用了诸多新技术,采用无摇枕式转向架,H 形构架;二系采用具有高度自动调节装置的空气弹簧悬挂,其辅助风缸由无缝钢管制成的构架横梁内腔组成;采用单拉杆式中央牵引装置传递纵向力,采用抗蛇行减振器兼顾高速稳定性和曲线通过性能;一系采用转臂式定位,轴箱弹簧采用双圈钢圆簧;采用小轮径(ϕ860 mm)的车轮以减少簧下质量,采用内孔为 ϕ60 mm 的空心车轴;全部车轮设有制动轮盘,所有拖车转向架车轴上还装有制动轴盘。基础制动装置采用特殊的液压油缸卡钳式盘形制动,因此制动装置体积小;装有踏面清扫装置,以改善轮轨间运行噪声和黏着状态;动车转向架上装用轻型交流异步牵引电动机,通过挠性浮动齿式联轴节与齿轮箱连接,驱动列车运行。

④ 轻量化牵引系统

CRH2 型动车组采用 VVVF 牵引控制方式,牵引变流器采用 IGBT 或 IPM 元件,工作频率 1 500 Hz,牵引电动机采用三相鼠笼异步电动机,功率为 300 kW。动车组牵引系统各部件体积小、质量轻、集成化程度高,使动车组牵引变压器和牵引变流器可以整合到同一辆车上,即两个动力车可组成一个基本动力单元。这样,动车组可以灵活调节动车、拖车的比例,以满足运营需要。

⑤ 复合制动系统

CRH2 型动车组的制动系统为复合制动模式,其中动车采用再生制动+电气指令式空气制动,拖车采用电气指令式空气制动。制动系统是由制动信号发生装置、制动信号传输装置、制动控制装置、基础制动装置以及空气供给系统组成。基础制动均采用空压—油压变换的增压气缸和油压盘式制动装置。

制动控制装置针对常用制动、快速制动、紧急制动、防雪制动的制动指令,进行相应的制动动作的控制。CRH2 型动车组的制动系统其主要特点为：

a. 具有适应黏着变化规律的速度-黏着控制模式；

b. 具有根据载荷自动调整制动力的能力；

c. 具有防滑保护控制；

d. 以 1M1T 为单元进行制动力的协调配合，充分利用动车再生制动力，减少拖车空气制动力的使用，仅在再生制动力不足时才由空气制动力补充；

e. 具有与车载 ATP/LKJ2000 的接口，施行安全制动；

f. 具有故障诊断和相关信息保存功能。

⑥ 保持车内压力稳定的换气装置

为了克服列车在高速运行，特别是在会车和进入隧道时造成的客室内外空气的压力差传到客室内，CRH2 型动车组每辆车底下部安装供排气一体的换气装置。换气装置采用变频器控制送风机的运行转速，动车组运行速度高于 160 km/h 时，风机高速运行，动车组运行速度低于 160 km/h 时，风机低速运行。通过提高换气装置送风机的静压力性能，能够很好地抑制客室内的压力变动，同时确保客室内新风量的要求。

⑦ 气密侧拉门

CRH2 型动车组乘客上下车门采用侧拉门结构。侧拉门设 5 km/h 自动关门、30 km/h 自动压紧功能。动车组速度达到 30 km/h 以上时压紧装置启动，将门和车体紧密贴近，保持气密性。压紧装置将空气压力变成高压的油压，通过小型油压缸将安装在门板上的气密橡胶顶在车体上，实现密封。利用油的不可压缩性，通过设置在油管路的导向止回阀，可以保持压紧装置的压紧力，以保持门的气密性能。

3. CRH3 型动车组

CRH3 动车组由北车集团唐山轨道客车有限公司生产，为时速 350 km 速度等级动车组。CRH3 动车组外形如图 7.29 所示。CRH3 动车组总体组成及主要性能参数如下。

(1)动车组编组及车辆方位

CRH3 动车组为 8 节编组，采用 4M＋4T 动力分散式的动力配置，最高运行速度达350 km/h。采用交流传动系统，分为两个牵引动力单元，即前面四辆车组成一个牵引动力单元，后面四辆车组成另一个牵引动力单元，每个牵引动力单元又包括两辆动车(即 1 号车、3 号车和 6 号车、8 号车)和两辆拖车。每辆动车的四个轴均为动力车轴，全车共有 16(即 4×4)根动轴，且每个动轴由一台额定功率为 550 kW 的交流牵引电动机驱动，因此整车的额定功率达到8 800 kW(＝16×550 kW)。整车由两个受电弓，分别位于 2 号和 7 号车顶上，正常运行时，仅使用其中的一个受电弓，另一个受电弓备有。

图 7.29　CRH3 型动车组

该动车组两端为带司机室的动力车，列车正常运行时由前端司机室操纵。

(2)技术特点

CRH3 动车组集成了多项高新技术，其主要技术特点包括：

①车体采用大型中空挤压铝型材双面焊接结构，司机室采用弯曲铝型材梁和板状铝型材作蒙皮的焊接结构。车体为整体承载结构，由底架、侧墙、车顶、端墙以及设备舱组成。车体强度按 EN12663 进行设计。车体具有良好的防振、隔音效果和良好的防腐性。

②该动车组具有良好的空气动力学外形,车顶空调和电气设备设有导流罩,车下设有封闭的设备舱,两端设有车钩导流罩,采用流线型设计,降低空气动力学阻力和噪声。

③CRH3 动车组转向架采用性能优良的成熟转向架。动力与非动力转向架均采用相同形式。转向架构架为箱形焊接结构,侧梁中部为下凹形。一系悬挂采用螺旋钢弹簧加垂向液压减振器。轴箱定位采用转臂式定位方式。二系悬挂采用空气弹簧装置,加装抗侧滚装置和抗蛇行减振器等。动力转向架上装有轮盘式盘形制动,非动力转向架上每轴安装三个轴盘式制动盘。为适应车体的加宽和高速度的要求,对转向架枕梁、减振器、弹簧参数、传动比等进行了改进和优化。

4. CRH5 型动车组

(1)CRH5 型动车组概况

CRH5 型动车组(图 7.30),由中国北车集团长春轨道客车股份有限公司生产,适用于短途与中长途运输且为高寒适应型,速度等级为 200 km/h,最高可提升至 250 km/h。

图 7.30　CRH5 型动车组

CRH5 型电动车组如图 7.31 所示,由 8 辆编组构成。其中,一等座车 1 辆,带酒吧的二等座车 1 辆、带残疾人卫生间的二等座车 1 辆、二等座车 5 辆。一等车座椅采用 2+2 布置方式,二等车座椅采用 2+3 布置方式。带酒吧的二等座车设配餐区和吧区。在一等车和吧区设有娱乐系统。带残疾人卫生间的二等座车内设有 1 个残疾人座位,8 辆编组定员为 622 人(包括一个残疾人座席)。

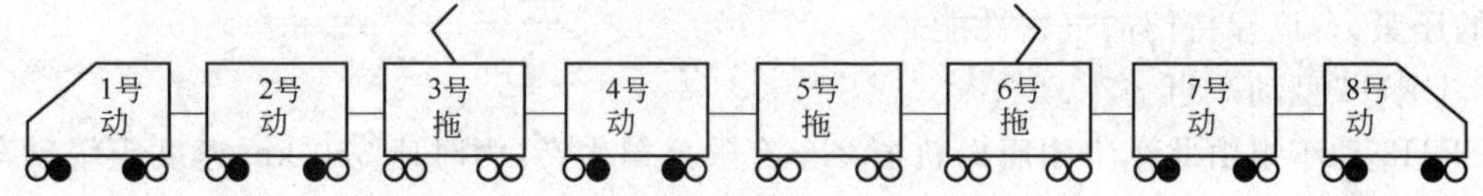

图 7.31　CRH5 型动车组编组图示

该动车组可在运营需要时由 2 列 8 辆短编组联挂成 1 列 16 辆长编组进行运营。

该动车组由车体、车内设备及装饰、转向架、牵引传动系统、制动系统、空调通风系统、给排水系统、辅助供电系统、列车运行及网络控制系统、旅客信息服务系统等组成。

车体采用轻质铝合金型材和板材制成。各车能在 5 km/h 速度的调车冲击下保持正常状态。为最大限度地减少辅助构件的焊接,底架型材的下部设有"T 形槽",便于固定底架设备并能增加底架的刚度。同样,侧墙和车顶型材也设置"T 形槽",以便安装绝缘材料、内装饰板和设备等。

该车组共有 10 台动力转向架,6 台非动力转向架,其中动轴 10 根,拖轴 22 根。动力转向架为单动力轴形式,采用空心车轴,整体车轮,磨耗型踏面,SKF-TBU 圆锥滚子轴承,构架采用焊接结构。电动机向车轴的传动是通过齿轮箱和万向轴实现的。

牵引系统采用交流传动方式,动力配置为 5 动 3 拖的动力分散式,分成两个牵引单元,第一动力单元为 M+M+T+M,第二动力单元为 T+T+M+M,其中 M 代表动车,T 代表拖车。在 3、6 号车上设有受电弓,动车组运行时采用单弓受流方式,另一个备用,在车顶设贯通的高压母线,分别向两个牵引单元供电。牵引单元由主变压器、牵引变流器、异步牵引电动机组成。主变压器使用油冷方式,牵引变流器使用成熟的 IGBT 技术。异步牵引电动机的功率为550 kW,采用体悬方式,由万向轴传递牵引力。转向架上只有齿轮箱,大大地降低了转向架的簧下质量，改善了动力学性能。动车组牵引总功率为 5 500 kW，轮周牵引力为 302 kN。

客室空调系统采用车顶单元式空调机组，由两套独立的冷却电路构成(除冷却扇以外)，以确保设备发生第一次故障时还可保持50% 正常运转。空调系统配有一个压力保护系统，可保护乘客在列车进入隧道或两列车交会时免于压力波动的影响。系统通过关闭空调系统的新风口和排风口，保证动车组外部压力波不在车内传播。

采暖系统由空调机组中安装的热阻器和分隔间、通过台及卫生间内的电热器构成。电热器的布置可以保证在车内形成空气对流状态，以充分利用加热功率。

司机室设独立的空调系统，受客车空调系统控制器的控制。司机可以通过安装在驾驶台上的开关设定司机室的温度，设定值在 18～24 ℃之间。当整个列车设置成停止加热模式时，即使列车不运行，且室外气温在－36 ℃时，司机室内的温度仍可通过散热器保持在 18 ℃。

司机室照明采用车顶安装的日光灯，另外还安装了小的卤素灯供司机和助手做照明时刻表之用。司机室座椅设有调整装置，如座位高度和斜度调整器、靠背斜度控制器、扶手可调、座椅可前移及旋转、可根据司机体重调整弹簧悬挂装置等。

播音系统由扬声器网络、电话和车用放大器等部分组成。既可选择向自己所在的单元车组广播，也可选择向全部的多单元车组广播。

综上所述，CRH5 型动车组具有如下技术特点：①大截面中空铝合金挤压型材结构；②流线型空气动力学头形；③可用于摆式高速列车的转向架；④采用 IGBT 牵引变流技术；⑤体悬大功率牵引电动机；⑥压力保护空调系统；⑦速度可提升的技术平台。

(2)车种车型设置及总体平面布置

该动车组包括 5 辆动车和 3 辆拖车。车辆编号从 1 开始，从左到右依次增加。1、2、4、7、8 号车为动车，3、5、6 号车为拖车。

CRH5 全列车采用旋转座椅。一等座车 2 辆(1、8 号车)。二等座车 6 辆(2～7 号车)。1、8 号车定员 56 人；2、3、4、5 号车定员均为 90 人；6 号车带酒吧，定员 40 人；7 号车带残疾人卫生间，定员 74 人。一等车座椅采用 2＋2 布置方式，二等车座椅采用 2＋3 布置方式，座椅之间不设扶手。带酒吧的二等座车设配餐区和吧区，配餐区主要设冰柜、微波炉、烤箱等设施，提供类似航空服务的配餐食品，吧区设 4 个立式吧桌，供旅客在吧区休闲就餐时使用。在一等车和吧区设有娱乐系统，其中一等车在顶板的中央沿车体长度方向均匀布置 10 个 10 英寸液晶显示器，在座椅的扶手上安装有视听模块，包括耳机插孔、频道和音量调节等，在吧区设有一个 24 英寸的液晶显示器，并配有公共的背景音。带残疾人卫生间的二等座车内设有一个残疾人座位，该座位和普通二等座位的区别在于安装有可抬起的扶手，8 辆编组定员为 622 人(包括 1 个残疾人座席)。各车设置及特征见表 7.4。

表 7.4　车辆类型及定员

车辆类型		Mc2	M2s	Tp	M2	T2	Tpb	Mh	Mc1
		二/一等动车头车	二等中间动车	二等中间拖车	二等中间动车	二等中间拖车	酒吧中间拖车	二等中间动车	一等动车头车
定员/人	固定座椅	74(二等)	93	93	93	93	42	73＋1	60
	旋转座椅	56(一等)	90	90	90	90	40	73＋1	56
车辆类型代号含义		1:第 1 牵引单元				p:带受电弓			
		2:第 2 牵引单元				b:带酒吧			
		c:控制				h:带残疾人卫生间			

(3)旅客界面

CRH5 型动车组每辆车均设有一个可供应冷热水的饮水机,符合我国旅客的使用习惯。

除酒吧车外,每辆车均设有两个卫生间,其中一等车为一个坐便器卫生间和一个蹲便器卫生间,二等车为两个蹲便器卫生间,卫生间均采用真空式便器、感应式水阀。

每辆车客室端部均设置有大件行李存放处,对于旅客携带的体积超大的行李,如无法存放在客室座椅上方的行李架上,可以方便地存放在大件行李存放处,方便了旅客的出行。

动车组的每个塞拉门旁均设有外部信息显示屏,在车内客室的两端均设有内部信息显示屏,外部信息显示屏可以显示车次、车厢号、终点站等信息,内部信息显示屏可以显示车次、车厢号、终点站、车外温度、运行速度、前方到站等的信息,为旅客出行提供了方便。

一等车座椅采用 2+2 单向排布,座椅设有扶手及娱乐系统的视听模块,中部的扶手可以折叠,后部设有小桌、书报网及脚踏等,座椅靠背的角度可以调整并符合人机工程学。二等车座椅采用 2+3 单向排布,座椅不设扶手,后部设有小桌、书报网及脚踏等,座椅靠背的角度可以调整并符合人机工程学。面对面的座椅之间设有可以折叠的茶座。

(4)主要技术参数

CRH5 型动车组结构参数见表 7.5。

5. CRH380 系列型动车组

CRH380A 型电力动车组(图 7.32)是由中国南车股份有限公司旗下南车青岛四方机车车辆股份有限公司在 CRH2C(CRH2—300)型电力动车组基础上自主研发的 CRH 系列高速动车组,是世界上商业运营速度最快、科技含量最高、系统匹配最优的动车组,最高时速380 km,有 CRH380AL、CRH380B、CRH380C、CRH380D、CRH380E 等系列。列车的总定员为 494 人,车内设有观光区、一等座包间、一等座车、二等座车、餐车等,可满足不同层次旅客的个性化出游。

表 7.5　CRH5 型动车组结构参数

参数	数值
两端头车车体长度/mm	27 600
中间车车体长度/mm	25 000
车辆宽度/mm	3 200
车体高度/mm	3 730
车辆高度/mm	4 270
车辆定距/mm	19 000
列车长度/m	211.5
地板布面的高度/mm	1 270

图 7.32　CRH380A 高速动车组

CRH380AL 型动车组(图 7.33)设有带 VIP 座席的商务车(SW)1 辆、一等座车(ZY)2 辆、二等座车(ZE)10 辆、带观光座的一等座车(ZYG)2 辆和餐车(CA)1 辆。其中一等座采用 2+2 方式布置,二等座为 2+3 布置,商务车和观光座为 1+2 布置。除了带酒吧的二等座车外,其他车厢所有座位均能旋转。

CRH380B 型动车组(图 7.34)最高运营时速为 380 km,最高试验时速为 400 km 以上。圆润的“海豚型车头”,外形流畅优美,能够有效减小高速运行时的空气阻力,优化后的车头气动阻力降低了近 10%;车顶空调外罩“梭鱼”般的曲线,使车体外形更加光滑,橡胶风挡横贯两节车厢之间,尽量缩小每一节车厢之间的缝隙,使列车在曲线运行灵活自如。CRH380B 型动车组设有一等座、二等座、观光座、VIP 座等座席等级。二等座车座席采用 2+3 布置；一等座车座席采用 2+2 方式布置，每组列车其中一辆一等座车设有一个 4 人包间以及两个 6 人包间。VIP 座席位于商务车车厢，采用 1+2 方式布置，设置类似民航客机头等舱的高级可躺座椅。与 CRH3 型动车组一样，CRH380B 型动车组两端头车后方也设有包间，称为观光区，旅客可通过透明的玻璃幕墙看到驾驶室的操作。

图 7.33　CRH380AL 型动车组

图 7.34　CRH380B 型动车组

CRH380BL 动车组(图 7.35)在设计上集成了现代机械、电子、材料、化工科学的最新技术并融汇了国内外铁路、航空、公路等各种交通工具的优点，可满足大众化和高、中端不同层次乘客旅行、餐饮，以及娱乐、休闲、会议等需求，被誉为“钢轨上的星级酒店和商务中心”。为满足京沪高铁长距离、大运量、高密度、旅行时间短等运输需求，对新一代“和谐号”CRH380BL 动车组进行了反复试验和试运行，在徐州东站至蚌埠南站之间的京沪高铁先导段上跑出了 487.3 km/h的世界运营铁路最高试验速度。CRH380BL 动车组设置 VIP 座车一辆，一等座车 4 辆，二等座车 10 辆，二等座车与餐车合造车一辆。VIP 车采取 1+2 布置，设高级可躺座椅，一等车座席采取 2+2 布置，其中一辆一等车内设一个 4 人 VIP 座椅半包间以及两个 6 人商务半包间，二等车座席采用 2+3 布置。餐座合造车设二等座席区和餐座区，二等座席区采用 2+3 布置，餐座区采用 2+2 布置，两端车前部各设一个休闲观光区，全车定员1 005人。

CRH380C 型动车组(图 7.36)是在 CRH3C、CRH380BL 基础上研发的新一代高速动车组，与 CRH3C 相比，持续运营时速由 300 km 提高至 350 km，最高运营时速由 350 km 提高到 380 km，最高试验时速为 400 km 以上，性能优化以提高牵引功率、降低传动比及动车组气动外形减阻为主，而列车舒适度优化方面主要采取提高列车减震性能、车厢降噪、加强车内气压控制等方式。列车由 1 辆商务车(又称 VIP 座车)、4 辆一等座车、10 辆二等座车和 1 辆餐车组成，定员为 1 009 人。

图 7.35　CRH380BL 型动车组

图 7.36　CRH380C 型动车组

CRH380D 型动车组(图 7.37)是由青岛四方庞巴迪铁路运输设备有限公司基于庞巴迪 ZEFIRO 平台研发的 CRH 系列高速动车组。2013 年 4 月,在宁杭甬高铁的试验中,跑出最高时速 420 km。CRH380D 动车组采用动力分散式,每列 8 节编组,共 4 节动车和 4 节拖车(4M4T)。列车可透过两组联挂方式增至 16 节。列车设有一等座/特等座车(ZY)、二等座车(ZE)和带酒吧的二等座车/餐车(ZEC)。其中一等座采用 2+2 方式布置,二等座为 2+3 布置。

6. CRH6 型动车组

CRH6 型动车组(图 7.38)采用 3 辆、4 辆、6 辆、8 辆、16 辆、20 辆编组、编组长度 201.4 米。根据运输距离、站点和乘客群的不同,CRH6 型动车组分为两大类型,运营速度分别为时速 200 km 和 160 km 两个等级。和谐号 CRH6 型城际动车组作为中国南车全力打造的我国城际动车组全新技术平台 Cinova 的首个车型,是经铁道部科技立项,国家高速动车组总成工程技术研究中心、高速列车系统集成国家工程实验室又一创新成果。

图 7.37　CRH380D 型动车组

图 7.38　CRH6 型动车组

7. 复兴号动车组

复兴号动车组列车(图 7.39),英文代号为 CR,是我国标准动车组的中文命名,由中国国铁集团有限公司牵头组织研制、具有完全自主知识产权、达到世界先进水平的动车组列车,其中,由 CR400 系列担当的部分车次是世界上商业运营时速最高的动车组列车。

2012 年,我国标准动车组“复兴号”正式启动研发;2017 年 6 月 25 日,我国标准动车组被正式命名为“复兴号”,于 2017 年 6 月 26 日在京沪高铁正式双向首发;2018 年 7 月 1 日起,全国铁路实行新的列车运行图,16 辆长编组“复兴号”动车组首次投入运营。2019 年 1 月 5 日,17 辆编组复兴号在京沪高铁线路上实现时速 350 km 的商业化运营。

我国动车组采用 CR200/300/400 命名,分别对应 160 km、250 km 和 350 km 三种持续时速等级,数字代表最高时速,例如,400 代表最高速度可达 400 km/h 及以上,持续运行速度为 350 km/h。三种时速满足不同的市场需求,我国高速铁路主要是时速 350 km、250 km 两种,我国快速铁路是时速 200 km 和 160 km 两种。三种时速列车可以满足这四种时速需求,CR200 可以兼容快速铁路两种时速。编组包括 8 至 17 辆多种编组型式。可适应−40 ℃高寒地区等各种运用环境。

“复兴号”已有 CR400AF、CR400BF、CR300AF、CR300BF 和 CR200J 五种型号。衍生车型有 CR400AF、CR400AF-A、CR400AF-B、CR400AF-C、CR400AF-G、CR400AF-BZ、CR400BF、CR400BF-A、CR400BF-B、CR400BF-BZ、CR400BF-C、CR400BF-G、CR300AF、CR300BF、CR200J,覆盖不同速度等级、满足不同运用需求。

图 7.39　复兴号动车组

8. 智能动车组

智能动车组以京张高铁智能动车组(采用 CR400BF-C 智能复兴号动车组)为典型代表。京张高铁智能动车组 2019 年 12 月 30 日正式亮相,其定位于“复兴号”的智能型,在智能化、安全舒适、绿色环保、综合节能等方面实现新发展新突破。智能动车组列车与北斗导航系统相连,具备车站自动发车、区间自动运行、运行时间依计划自动调整、到达车站自动精确停车、车门自动控制等功能。

9. 时速 400 km 跨国互联互通高速动车组

2020 年 10 月 21 日,我国自主研发的时速 400 km 跨国互联互通高速动车组,在中车长春轨道客车股份有限公司下线。列车可在不同气候条件、不同轨距、不同供电制式标准的国际铁路间运行,能让国际、洲际旅行更便捷。

任务 7.2　熟悉高速列车关键技术

高速列车是高速铁路的核心,它涉及许多方面新的技术问题,对它的基本要求是启动快、速度高、停得住、运行平稳、振动与噪声小。为满足上述基本要求,必须采用相应的高新技术。高速铁路的技术水平和技术难度集中反映在高速列车上。限于篇幅,以下仅列出高速列车关键技术要点。

1. 以交—直—交变流技术为核心的大功率电力传动与驱动技术

高速列车要求启动快,使其能在最短的时间和距离内达到额定最高运行速度,为此必须加大牵引功率,以增加其启动牵引力。同时当列车速度达到额定最高运行速度后,为保持其恒速运行,必须要有足够的持续牵引力来克服列车运行阻力。列车单位运行阻力 $W=a+bv+cv^2$,其中第三项是由空气阻力所决定的,它与列车速度的平方成正比;当速度达到 300 km/h 时,空气阻力约占总阻力的 80%以上。随着速度的提高,列车单位重量所需的牵引力成倍增长,机车额定功率随之成倍增加,这将导致机车轴功率的提高,使其达到 1 200 kW/轴及其以上。轴功率转换成轴牵引力必须以相应的轴重和轮轨黏着为前提。轴功率加大,电机重量必然增加,导致轴重及簧下质量增加。为减轻列车对轨道的作用,高速列车又必须严格限制轴重和簧下质量。因此,对高速列车牵引动力的基本要求是功率大、轴重轻、自重小、黏着利用好、整机控制好。

世界上直流牵引电机的最大功率仅能达到 1 000 kW 左右,而且电机的重量大、体积大,不利于降低列车轴重及簧下质量,安装也很困难。而三相交流异步电机除了功率大、重量轻、体积小之外，还有结构简单、易于制造、维修工作量小、环境适应性强、过载能力强等优点。

采用交流电机时，网上的单相交流电经变压、整流之后，还必须通过逆变器变成三相交流电，才能作为交流电机的驱动电流。整个变流过程是从单相交流变直流，再由直流变三相交流。这套交—直—交变流技术，特别是交流牵引电机的控制技术，是高速列车牵引技术的核心。而逆变器又是其中的关键，其中包括下列三项主要技术：一是电力半导体器件。它是逆变器中的关键元件，目前比较先进的是 GTO 元件和 IGBT 元件，后者将逐步取代前者。IPM 元件是 IGBT 元件、驱动及保护电路的集成块，它具有短路、过流、过热及电流实时控制等保护功能，将更有利于实用。二是变流电路的结构性能。它是随半导体器件的发展而发展的，目前其设计重点已转向于牵引性能、谐波含量、电磁干扰、控制特性及运用成本等。软开关电路是进一步降低开关损耗，减少开关过程中的电磁干扰和对环境电磁污染的重要途径。三是交—直—交传动的控制技术。这一技术由网侧变流器控制和电机侧逆变器控制两部分组成，而后者又分为可调频调压三相交流电生成控制技术和异步电机调节技术两部分。

2. 复合制动技术

制动系统的可靠性是高速列车行车安全的基本保证。在高速行车条件下制动系统失灵的后果将不堪设想。制动系统的可靠性应通过复合制动系统的科学设计来保证。它要求在正常条件下，复合制动中的各种制动形式能合理地分担制动能量(制动力)。一旦其中的某种制动形式发生故障，其他制动形式能提供补充，保证在紧急制动时能在规定的距离内使列车停下来。

高速列车的制动系统采用微机控制和计算机控制网络的电气指令制动方式。整个控制指令过程需要大量的输入信息、数字运算和指令输出。在这复杂的控制指令系统中，为避免发生故障，系统的设计应充分考虑相应的补充防患措施。

高速列车复合制动系统通常由控制系统、动力制动系统、空气制动(包括盘形制动和踏面制动)系统、微机控制的防滑器和非黏着制动装置等组成。

复合制动模式是不同制动方式的综合作用模式。在正常情况下应当优先并充分发挥动力制动能力，不足部分以空气制动作为补偿；在失电情况下以空气制动为主，在紧急制动时除空气制动和动力制动外，还有非黏着制动的保安作用。

微机控制的制动控制系统由电气部分和气路阀类部分组成。利用这套控制系统可以操纵两种制动装置：其一是正常情况下使用的采用微机控制的直通式电空制动装置；其二为在电空制动失效的情况下使用的处于热备用状态下的自动空气制动装置。整个制动系统分成三级控制：网络控制、电空制动控制和空气制动控制。上述三种控制的安全级别以空气制动最高，其余依次为电空制动和网络制动。而其指挥级别以网络控制最高，电空制动控制次之，空气制动控制最低。

3. 高速转向架技术

机车、车辆转向架是直接参与轮轨相互作用，并决定列车走行性能最关键的部件。一定型号的转向架，按其结构形式和结构参数，都有其规定的适用速度范围。各国的高速列车都有特定型号的转向架以保证列车的走行性能。高速列车转向架既要与高速列车的总体模式相容，又要提供更高的乘车品质，使列车的牵引、制动、减振降噪、荷载的传递与分配、导向及曲线通过性能和运行平稳性能达到良好的统一。各国提高列车走行性能的研究都以开发转向架为先导，以轮轨关系的系统研究为基础。

“稳定性”是评定转向架走行性能最重要的指标。车辆一旦失稳，轮对在横向对钢轨产生严重冲击，轻则损坏车轮和钢轨，导致车体严重振动，重则造成轨距扩大、轨排横移、车辆脱轨等重大行车事故。速度越高，研制满足“稳定”要求的转向架就愈加困难，但这确是保证高速列车行车稳定性的关键所在。

高速客车转向架的主要技术除稳定性外，还有舒适性、曲线通过性能、轻量化、动力转向架的牵引电机悬挂和传动技术等。

研制、开发先进的轴箱定位结构，选择合适的轴箱定位纵向和横向刚度数值是高速转向架关键技术之一。目前较为先进的轴箱定位结构有转臂式、螺旋弹簧和圆筒橡胶并用等形式。而定位刚度的选择应根据各国线路状态、车辆运行速度、轮轨几何关系等进行综合理论分析和试验确定。一系和二系悬挂的柔度及减振器参数是影响舒适度的两个主要因素。高速列车普遍都增大了一系悬挂的柔度，二系悬挂采用无摇枕结构和抗蛇行减振器，大多数还采用了高柔度的空气弹簧。今后的发展趋势是无摇枕结构和主动悬挂，主动控制技术也将被采用。

动力车转向架由于要产生并传递牵引力和制动力，因此要安装电机及与之相协调的传动系统。根据牵引电机悬挂方式不同，其转向架可分为架悬式、体悬式和半体悬式。体悬式需解决车体和轮对之间的动态相对位移，这是一项关键技术。

4. 高速受流技术

采用电力牵引的高速列车必须通过弓网受流系统不间断地从接触网上获取电能。弓网受流系统必须满足的基本条件是：良好的受流质量，良好的安全性能，足够的使用寿命，尽可能减少对周围环境产生噪声。良好的受流质量依赖于弓网系统的动态稳定和跟随性，应保证弓网间有良好的接触，不离线，不产生火花。

弓网接触噪声及受电弓本身所产生的噪声是高速铁路噪声的主要组成部分，改善弓网接触关系，改进受电弓形式及结构设计，是减少高速铁路噪声的一个重要方面。

为了保证弓网受流系统有良好的受流性能、安全的运行性能、足够的使用寿命和减小对环境的影响，必须对接触网的结构形式及其结构参数和性能参数进行合理的设计和选择。

5. 高速列车车体结构设计及其轻量化技术

高速列车车体无论在设计上还是在制造工艺上都有新的更高的要求，主要表现在以下几个方面。

(1)列车到达最高速度时，所需要的牵引功率与列车重量呈线性关系。减轻列车重量是减少对牵引功率的需求，也是降低轴重，减小轮轨作用力，实现高速运行的重要措施之一。

(2)车体结构设计应最大可能地减少列车运行阻力，进一步减少能耗，列车阻力是速度的二次方函数，列车速度提高后空气阻力非常突出。在车体结构设计上减少空气阻力的措施是：车端做成流线型；车体侧墙、门窗和车辆之间的折棚要求平滑；在车体下部加底板和裙板；在可能范围内降低车体高度。细尖的车头外形不仅可减少阻力，还有利于减少会车时的压力波，由图7.40可以看出日本高速列车车头外形的变化。

(3)当高速列车通过隧道或两列高速列车交会特别是在隧道内会车时，车外气压在短时间内会产生很大的压力波动，这种压力波动大小几乎与列车运行速度的平方成正比。如果车体结构不完全密封，车外的压力波会迅速地传至车内，使车内的压力产生较大的波动，旅客会有声浪冲击耳膜的感觉，令人难以忍受，因而影响了旅客的舒适性。提高车体的气密性是发展高速列车的一项关键技术。

实现结构轻量化主要有两个途径,一是采用新材料,二是合理优化结构设计。

采用新材料是减轻结构重量的重要措施,世界各国在开发高速铁路技术时都在这方面做了大量工作。

合理优化结构设计是减轻重量的有效措施,优化金属结构是在保证兼顾车体强度和刚度的基础上,利用强度理论和优化设计分析程序,把车体设计成为充分利用材料强度的整体承载筒形结构。经验证明,通过优化计算设计,金属结构重量至少可减轻10%。

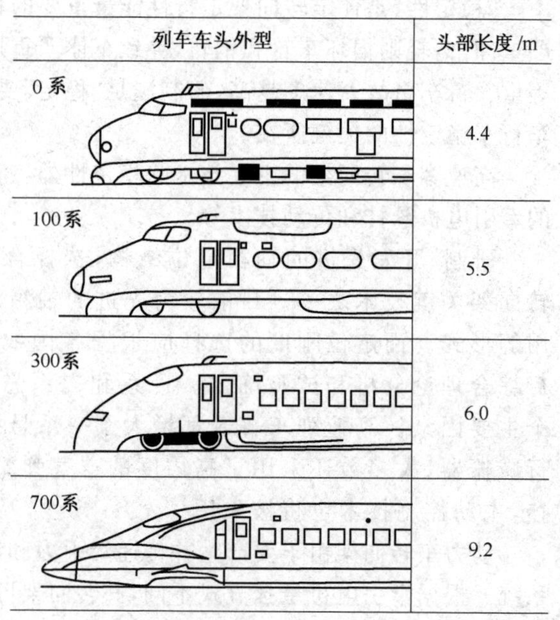

图 7.40 日本高速列车车头外形

6. 高速列车的车辆连接技术

高速列车的车辆连接包括机械连接(铰接和车钩连接)、风管连接、电气连接和通过台风挡连接。车辆间的牵引缓冲装置是关系到缓和列车冲击,提高旅客舒适性和列车安全的重要部件,高速列车对牵引缓冲装置提出了更高的要求。

目前世界各国高速列车(如日本、德国)普遍采用密接式车钩连接装置,该装置两车钩连接面的纵向间隙一般都小于 2 mm,上下、左右偏移也很小,对提高列车的运行平稳性和电气线路、制动软管的自动对接提供了保证。而以法国 TGV 为代表的铰接式高速列车连接结构主要由车体连接装置、空气弹簧支承座、牵引销和车体间纵横向减振器组等四个部分组成。

7. 车厢密封、环境控制及卫生排污技术

密封、环控和卫生排污是高速列车必须解决好的几个技术问题,这些问题直接关系到旅客的舒适性,世界各国高速铁路都在这方面进行了大量的试验研究工作。以下内容主要引自我国制定的“高速试验列车供水、采暖、卫生、密封等技术条件”中的规定。

(1)气密性

气密性要求是指车内压力由±4 000 Pa 降(或升)至+1 000 Pa 的时间必须大于 50 s。因此,车窗要采用整体密封式,安装时应采用密封胶条和密封胶进行压力密封。车厢上的侧门采用压力密封式塞拉门。风挡采用气密性连接风挡,车内连通到车外的各种电缆、电气管路和其他风水管采用密封结构并采用密封材料或密封胶进行封堵密封。以上各项技术及密封材料均应符合相关的技术条件要求。

(2)环境控制

环境控制即控制环境参数,环境参数包括车内气压力、温度、湿度、空气流速、噪声和空气清洁度。

车内压力控制:是指上述气密性要求。

车内温度控制:对高速列车而言,车厢内理想的温度条件应尽可能与地面上设有空调和通风设备的房间一样。夏季当车外温度高于 35 ℃时,客室的平均温度按下式控制:

$$t_1 = 20 + 0.5(t_N - 20) \tag{7.1}$$

式中 t_1——室内平均气温(℃);

t_N——车外空气温度(℃)。

冬季客室内的平均温度在任何情况下不得低于 18 ℃。司机室内的控制温度,冬夏两季均在 18～25 ℃之间。

车内湿度控制:参照 UIC 有关标准。

车内空气流速控制:车内平均微风流速不得超过 0.3 m/s;制冷系统工作时,气流速度应高于 0.07 m/s,以避免出现"静态区域"。

噪声控制:《欧洲高速铁路联网高速列车技术条件》规定,旅客间的噪声级在区间直线上以 300 km/h 速度运行时,不得超过 68 dB(A),应力求达到不高于 65 dB(A);在隧道内以 250 km/h运行时,不得超过 70 dB(A)。

车内空气清洁度控制:客室和司机室内空气中的 CO_2 容积浓度不大于 0.15%,含尘量不得超过 0.5 mg/m³。新鲜空气量客室人均夏季为 15～20 m³/h,冬季为 10～15 m³/h,司机室夏季为人均 30 m³/h,冬季为 25 m³/h。

(3)卫生与排污

高速列车的车辆上必须设有密封性能良好的给排水系统和密封的便池冲洗、污物汇集及排放设备。

8. 高速列车新材料技术

高速铁路的发展除了当今信息技术、轨道动力学和轮轨关系等一系列理论问题有所突破并得以应用外,新材料、新工艺的进展也推动着高速铁路的发展。

(1)高速列车轻量化材料

目前国外高速车辆车体材料主要有两大类:不锈钢(或耐候钢)及铝合金。几种车体材料性能比较见表 7.6。

表 7.6　几种车体材料性能比较

材　质	弹性模数 E /MPa	密度 /(g·cm⁻³)	车身质量 /(kg·m⁻¹)	车体重/%
普通低碳钢	2.1×10^5	7.8	9 650	100
含铜耐候钢	2.1×10^5	7.8	—	85～95
18-8 不锈钢(1/4 硬度)	1.9×10^5	7.8	299～364	65～75
6005 铝合金	0.69×10^5	2.7	238	50～60
复合材料(玻璃钢)	0.196×10^5	2.0	—	30～40

为了进一步减轻重量,改善隔声性能及便于设计、制造等,国外已开始试用纤维增强塑料(FRP)夹层结构代替金属制造客车车体的试验工作。若用碳纤维制造车体,其重量可以减少到铝车体的一半。

FRP 具有质轻、高比强度、高疲劳强度、低的裂纹扩展速率、较好的结构阻尼性、隔热和耐蚀性能等优点。其缺点是弹性模数 E 低,抗弯扭刚度比金属差,抗道砟打击强度小,价格贵,属下一代高速列车的理想材料。

(2)高速列车减振、密封用橡胶和高分子聚合材料

铁道车辆中大量采用橡胶制作各种减振、密封部件,如各种阀中的密封圈、胶垫、油封、门窗密封条、减振垫,以及大型橡胶缓冲器、空气弹簧、联轴节橡胶件等。主要采用的橡胶种类有:天然橡胶(NR)、丁腈橡胶(NBR)、聚氨酯橡胶(UR)、聚硫橡胶(TR)、硅橡胶(SR)、丁基橡

胶(HR)等。

高速铁路应用的高分子聚合材料有:阻燃剂、绝缘材料、减振降噪和吸声材料、玻璃纤维增韧尼龙和含油铸型尼龙(聚酰胺工程塑料类)。

另一类高分子材料是黏结剂和涂料。国外车辆窗帘大多采用偏二氯乙烯树脂材质的卷帘式窗帘和丙烯酸树脂(MMA)窗帘。

(3)高速列车制动材料

高速列车使用的制动盘首先应满足制动功率的要求,要有稳定的摩擦系数;其次要有优良的抗热疲劳性能、耐磨性能。在满足制动功率要求下,应尽量轻量化,以降低簧下质量。高速列车制动材料主要有合金钢制动盘、陶瓷粒子(如 SIC)增强铝基复合材料制动盘、碳纤维复合盘等。

(4)耐火材料

车辆的耐火材料主要指阻燃、低烟、低毒高分子材料和耐火涂料。英、法两国规定,通过海峡隧道区间列车的内装饰和包覆材料必须使用阻燃无毒的酚醛 FRP 材料。目前,国内也在大力开发酚醛玻璃钢材料,用来制造车内设备、装修板、通风管道等。国外车辆为了提高窗帘隔热和耐火程度,采用聚酯纤维上喷镀不锈钢或采用玻璃纤维作基底的编织窗帘布。

9. 列车控制及诊断技术

高速列车是一个复杂的高速运动系统,必须对它进行全面、统一、综合、准确地控制,才能保障系统的正常工作。控制与诊断系统保障了高速列车各车辆以及每一车辆中的各受控设备按照行车指挥命令与司乘人员的操纵协调地工作;及时发现列车运行中的故障,确定故障的位置,并提出应急处理方案或通知地面维护部门准备采取措施;迅速准确地检测出控制与诊断所需的全部信号,必要时给予显示。高速列车控制与诊断系统是保证运行安全、快捷、舒适、节能所必需的系统,是高速行车的重要技术之一。

全列车控制、监测与诊断系统是一个包括超速防护、牵引控制、制动控制、车辆控制在内的测控系统。该系统在结构上分为三个层次:列车级、车辆级和子系统级,以计算机构成网络。图 7.41 为我国高速试验列车监控与诊断系统的组成框图。

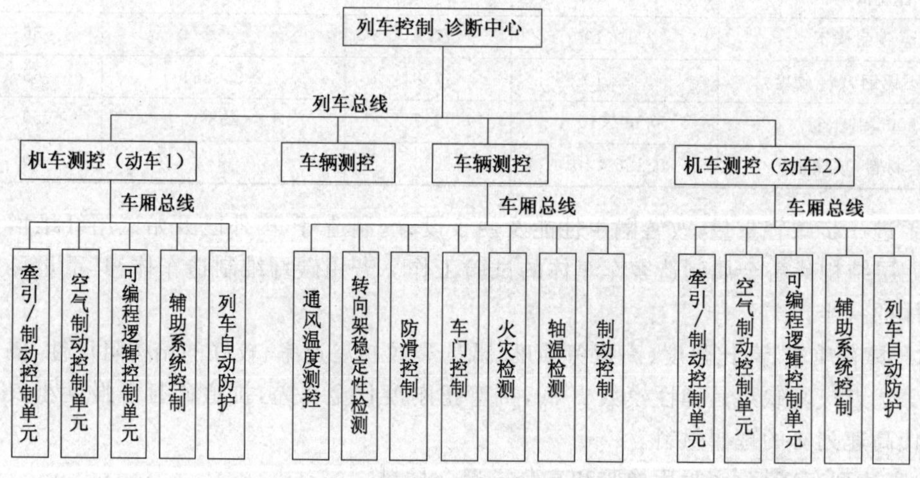

图 7.41　高速列车控制、监测与诊断系统

任务7.3　掌握高速铁路牵引供电的基本知识

由于电力机车功率大，拉得多，跑得快，世界各国的高速铁路几乎都采用电力机车牵引。电力机车与蒸汽机车和内燃机车不同，它本身不带能源，必须由外部供应电能。为了给电力机车供应电能，需要在铁路沿线架设一套牵引供电系统。高速铁路的牵引供电系统，与常速铁路的牵引供电系统不同，它的供电能力和供电可靠性必须满足高速列车运行的要求。

自1964年10月1日，日本建成世界上第一条高速铁路以来，经过几十年的实践和发展，各国高速铁路的牵引供电系统都有了很大的改进，达到了很高的水平，而且都各具特色。最具有代表性的是日本、法国和德国高速铁路的牵引供电系统。高速铁路的牵引供电系统主要包括牵引供电和接触网两大部分。下面就其采用的主要技术标准做一简单的介绍，并举一工程实例。

1. 牵引供电部分

(1)牵引供电方式：高速铁路要求接触网受流质量高，分段和分相点数量少。目前各国大多采用自耦变压器(AT)供电方式和带回线的直接(RT)供电方式。自耦变压器(AT)供电方式是每隔10 km左右在接触网与正馈线之间并联接入一台自耦变压器，其中性点与钢轨相连。自耦变压器将牵引网的供电电压提高一倍，而供给电力机车的电压仍为25 kV，如图7.42所示。带回线的直接(RT)供电方式是在接触网支柱上架设一条与钢轨并联的回流线，如图7.43所示，利用接触网与回流线之间的互感作用，使钢轨中的电流尽可能地由回流线流回牵引变电所，因而能部分抵消接触网对邻近通信线路的干扰。

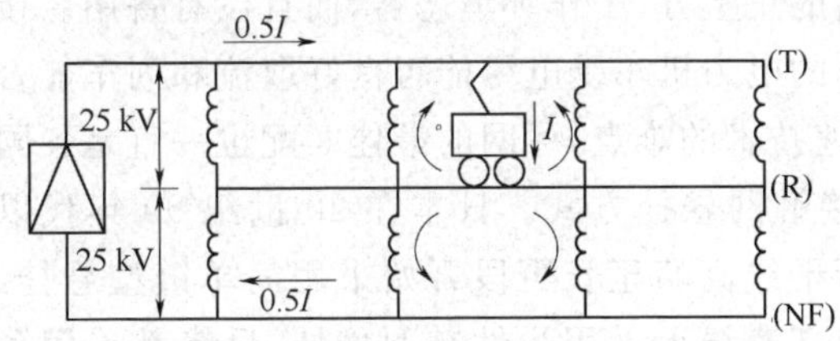

图7.42　自耦变压器(AT)供电方式

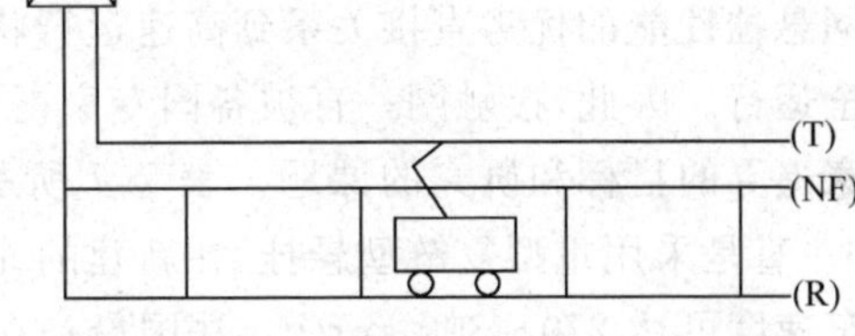

图7.43　带回线的直接(RT)供电方式

日本、法国采用AT供电方式；德国、意大利和西班牙采用RT供电方式。AT供电方式的优点是：供电质量高，变电所数量少，便于牵引变电所选址和电力部门的配合，牵引变电所间距大、分相点少。因此，便于高速列车运行，防干扰效果也好。我国高速铁路牵引供电采用2×25 kV(AT)供电方式。

(2)电源电压等级：高速铁路负荷电流大，对电力系统的不平衡影响也大。为了减少对电力系统的影响，高速铁路一般都采用较高的电源电压。日本采用154 kV、220 kV和275 kV三种电压等级，法国采用225 kV电压等级，德国采用110 kV电压等级，意大利采用130 kV电压等级，西班牙采用132 kV和220 kV两种电压等级。我国高速铁路牵引负荷为一级负荷，牵引供电所采用两回独立进线，并互为热备用，供电电压为220 kV或以上电压等级。

(3)接触网电压：接触网的电压对电力机车功率发挥及机车运行速度有很大影响，而且直接关系到牵引供电设备技术参数的选定和供电系统的工程投资，各国都非常重视这一技术标准。日本接触网的标准电压为25 kV，最高电压为30 kV，最低电压为22.5 kV。法国分别为25 kV、27.5 kV和18 kV。德国分别为15 kV、17 kV和12 kV。西班牙分别为25 kV、27.5 kV和19 kV。意大利采用直流供电，分别为3 kV、3.6 kV和2 kV。我国高速铁路接触网的标称电压为 25 kV,长期最高电压拟定为 27.5 kV,短时(5 min)最高电压为 29 kV,设计最低工作电压为 20 kV。

(4)牵引变压器结线形式:牵引变压器是牵引供电系统中最重要的设备。它对牵引供电系统和工程投资起决定性的影响,不同类型的牵引变压器对电力系统产生不同的不平衡影响。日本采用斯科特结线和变形伍德桥结线三相变压器。法国、德国、意大利和西班牙采用单相变位器。单相变压器的优点是变压器容量大,利用率高,经济效果好,最适合在高速铁路上应用。我国高速铁路牵引变压器结线型式优先采用单相结线。

(5)牵引变电所继电保护和自动控制装置:日本、法国、德国及西班牙高速铁路的牵引变电所均按无人值班设计,采用运动装置在电力调度中心监控。牵引变电所的继电保护和自动控制系统仍采用传统的控制保护盘方式,微机控制保护和全部自动化等技术都还没有采用。但在保护系统的配置、继电器的特性、控制回路的联动等方面比较先进,系统的安全性和可靠性也比较高。

(6)电力调度和远动系统:日本列车运行指挥中心集列车、车辆、信号、牵引供电、防灾报警、旅客服务等多种业务调度为一体,构成一个综合调度处理系统。电力调度及远动是其中的一个子系统。法国高速铁路的综合调度系统由行车调度和电力调度组成。德国和西班牙高速铁路的牵引供电调度及远动系统则是一个设在调度中心的独立系统。由调度所对高速线上所有开关设备和接触网柱上开关进行遥控。为了便于列车调度指挥,电力调度和远动系统集中设在行车调度室内。

2. 接触网部分

(1)接触网悬挂形式:接触网直接架设在线路的正上方,工作环境恶劣,而且没有备用。接触网悬挂性能的优劣直接关系到高速运行状态下的电力机车受电弓能否良好取流和列车能否安全运行。因此,接触网一直被各国专家视为高速技术的难点,弓网的最佳匹配也一直是各国专家追寻的目标和研究的课题。表 7.7 所示为接触网悬挂方式。日本在 20 世纪 90 年代以前,一直是采用重型复链型悬挂,在新建的北陆新干线高崎至长野段开始采用简单链型悬挂,行车速度可达 270～300 km/h。法国最初在东南高速线上采用弹性链型悬挂,后来都采用简单链型悬挂。德国一直是采用弹性链型悬挂,而且按不同的速度段形成了 Re200、Re250、Re330 不同标准系列。西班牙引用德国的 Re250 标准系列,其结构、材质和主要参数与德国完全一样。意大利是唯一采用 3 kV 直流供电的高速铁路,接触网采用双式简单链型悬挂,其接触网采用 2 根 150 mm^2 的铜导线,承力索为 2 根 155 mm^2 的钢绞线。国外高速铁路的运营经验表明,复链型悬挂、弹性链型悬挂、简单链型悬挂均能满足高速运行要求,我国高速铁路采用全补偿简单链型悬挂或全补偿链型悬挂,并经综合比较后确定。

(2)接触网支柱和基础:日本高速铁路接触网支柱一般采用圆形混凝土支柱,镀锌钢支柱主要使用在桥梁上和用于支持较大的硬横梁,支柱基础采用杯形基础。德国采用横腹杆式钢支柱和圆形混凝土支柱,站场硬横跨或软横跨采用斜腹杆式钢支柱,基础采用机械钻孔,现场灌注混凝土基础。德国采用镀锌工字钢或槽钢支柱,基础也采用机械钻孔现场灌注混凝土基础。

(3)接触网支持装置:高速铁路的接触网支持装置必须牢固稳定,才能保证导线高度受外界环境影响最小。为此,高速铁路站场接触网一般采用硬横跨。日本、法国采用硬横跨,德国采用硬横跨和软横跨。区间腕臂形式,日本采用钢管腕臂,法国和德国采用铝合金管腕臂。定位器形式,日本和德国采用带限位的定位器,法国采用不带限位的定位器。

表 7.7　接触网悬挂方式

悬挂形式	结构示意图	主要采用国家
简单链型悬挂	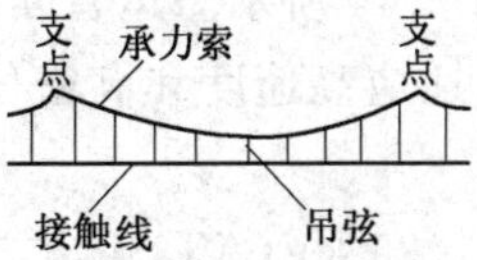 支点 承力索 支点 接触线 吊弦	法国、日本
双式简单链型悬挂	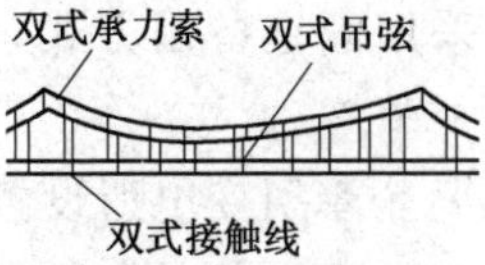 双式承力索 双式吊弦 双式接触线	意大利
弹性链型悬挂	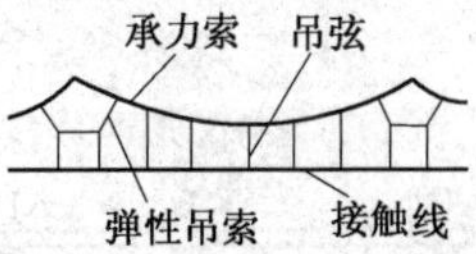 承力索 吊弦 弹性吊索 接触线	德国、法国、西班牙
复链型悬挂	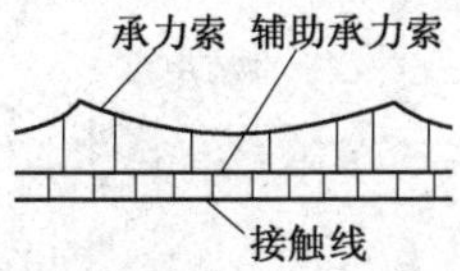 承力索 辅助承力索 接触线	日本
弹性复链型悬挂	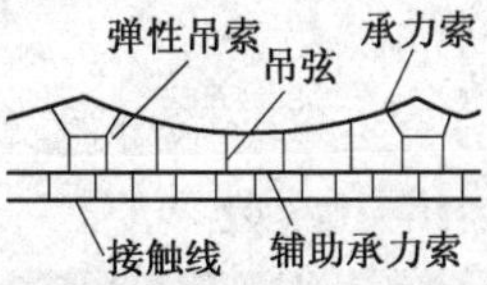 弹性吊索 吊弦 承力索 接触线 辅助承力索	日本

(4)接触网线岔：高速铁路接触网线岔是弓网事故多发地点。为保证高速行车安全，接触网正线线岔最好采用无交叉式的。日本原来采用交叉式线岔，后来改为无交叉式线岔。德国采用交叉大线岔，法国则在道岔处采用一组“辅助悬挂”设备，无论机车从正线到渡线，还是从渡线到正线，“辅助悬挂”都能起过渡作用，但这种“辅助悬挂”设备结构复杂，施工调整困难。

(5)接触网电分相装置：日本采用地面开关站自动切换过分相方式。法国、德国、西班牙都采用车上自动切换过分相方式。这两种过分相方式各有优缺点。地面开关站自动切换过分相的优点是机车可不做任何操作，满负荷通过，停电时间短，冲击和失速也小。其缺点是地面开关站设备复杂，切换过程中容易引起真空开关过压重燃，导致切换失败，发生异相短路。车上自动切换过分相的优点是对接触网无特殊要求，可充分利用列车自动控制系统的轨道电路和机车断路器，不需额外增加设备。其缺点是机车停在无电区时，需要短时间给无电区供电，机车才能驶出。

(6)接触网零部件：高速铁路接触网零件，日本一般采用铜和钢系列。德国采用铝系列，法国采用铜和铜合金系列。铜及钢合金导电性能好，耐腐蚀能力强，适合于高速、大电流、高张力特点。接触网补偿装置，日本采用变比鼓轮式，德国采用棘轮式，法国采用滑轮组式。变比鼓轮加工复杂，而且由于并联下锚，使得接触线和承力索在机械上不独立，不能随温度变化而自由伸缩。棘轮式补偿装置只有一个传动轮，由于其传动比固定，因而适用范围较小，而且其制造精度要求也高。滑轮组式补偿装置的补偿滑轮由高强度耐腐蚀的铝合金制成，制造相对简单，适用范围也较大。该补偿装置的补偿绳一般采用不锈钢丝绳，防腐性能好，基本达到了无维修或少维修,是高速铁路接触网首选的补偿装置。

3. 工程实例

京津城际铁路牵引供电系统如图 7.44 所示。运营实践表明牵引供电系统能够满足高速运行的弓网关系,动车组自动过分相,适应高速度和高密度可靠稳定供电要求,具备综合一体化远程监控能力。

正线采用单相工频 50 Hz 交流 2×25 kV(AT)供电方式。在亦庄和武清车站附近新建 2 座牵引变电所(图 7.45),牵引变压器采用固定备用方式,正常时一组投入运行,另一组备用。无载调压方式,变压器容量 31.5 MV · A。

牵引变压器采用 V/V 接线形式,每个牵引变电所设置 4 台牵引变电器。220kV 采用户外布置,2×25 kV 侧开关设备采用户内 GIS 开关柜(图 7.46)。

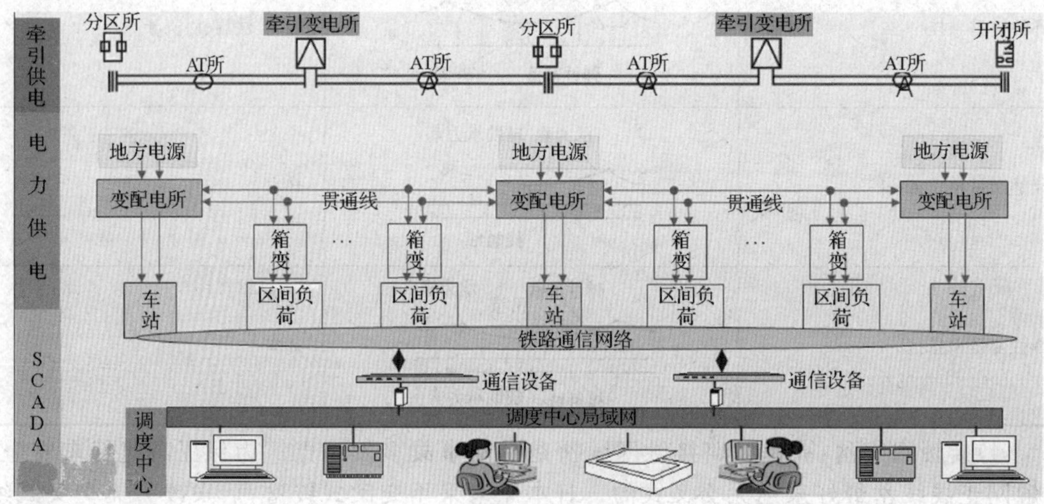

图 7.44　京津城际铁路牵引供电系统

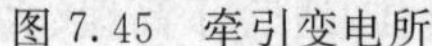
图 7.45　牵引变电所

图 7.46　GIS 开关柜

接触网为全补偿简单链型悬挂(图 7.47),正线最大跨距为 50 m,结构高度 1.6 m,接触导线张力 27 kN,承力索 21 kN,接触线悬挂点距轨面的高度一般 5 300 mm。

图 7.47　接触网

任务 7.4　了解摆式列车技术

在修建客运专线发展高速旅客运输的同时，一些国家还在机车车辆上采取相应措施，以克服既有线路小半径曲线的限制因素，从而提高旅客列车的速度。虽然这种方案的机车车辆结构复杂、载客量小，且造价较高，但不必耗巨资建设高速客运新线或改造已具备相应标准的铁路线路，于是各种类型的摆式列车应运而生。

1. 摆式列车的基本原理

由于铁路线路上有多种不同速度的列车运行，曲线外轨超高一般按“均衡速度”设计。快速旅客列车一般都是在高于“均衡速度”的情况下运行，此时列车的稳定性及轨道作用力虽均属安全范围，但旅客却总在“欠超高”的状态下感受到横向力对身体的作用而向曲线的外侧倾斜。摆式列车就是将车体设计成能在不同速度条件下可实时倾摆的车体，用以改变作用在旅客身上的力，如图 7.48 所示。车体倾摆相对水平面产生了一个倾斜角度，等同于增加了曲线的超高，从而降低或消除作用在旅客身上的不平衡力，改善旅客在列车通过曲线时的舒适性。在不降低舒适性的条件下，通过小半径曲线的速度可提高 25%～35%。

2. 摆式列车的倾摆方式

摆式列车按其倾摆方式可分为主动式（也称动力源式或强制式）和被动式（也称无动力源式或自然式）。近年来还发展了一种带控制的摆式列车。

主动式摆式列车由连杆机构支承，在转向架上装有加速度传感器及陀螺仪以检测曲线位置。当车辆进入曲线时，由于受横向加速度作用产生一个与此成正比的信号，经处理后通过伺服阀控制液压缸或风缸动作，使车体产生倾摆。该倾摆车体的倾摆中心低，能抑制车体重心的移动。主动式摆式列车的技术关键是线路数据的实时采集、处理、转换、控制及驱动系统的可靠性，其结构复杂，技术要求高，维修和运用成本高，其成功范例是瑞典的 X2000 型列车、意大利的 ETR 型摆式列车。图 7.49 为瑞典 X2000 型的主动式倾摆系统原理图。

被动式倾摆车体的原理比较简单，它利用车体与转向架间特殊的悬挂装置和杠杆机构，使车体的摆动中心高于车体的重心。当车辆通过曲线时，由于离心力的作用，车体下部向外侧摆动，而摆动中心以上部分则向内侧摆动，致使车体整体地向内侧摆动。采用这种结构的倾摆车体无须任何动力源，也不必设置传感器，更不会发生控制失效的情况。被动式倾摆车体的动力来源于列车运行时作用在车体上的离心力，其优点是不需要动力装置，技术含量低，结构较简

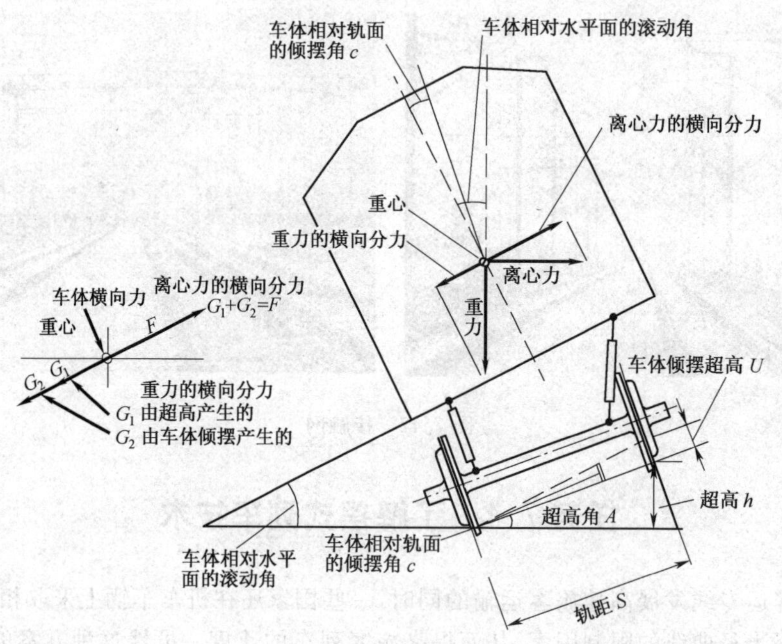

图 7.48 车体倾摆对作用在旅客身上的力的影响

单,成本低,维修性和可靠性好,但是乘客舒适度较主动式摆式列车差,其成功范例是西班牙的 Talgo 列车和瑞士的 Neiko 列车。

带控制的摆式列车是在被动式摆式列车上附加相应的控制装置组成,即根据车上计算机存储的曲线信息在进入相应的缓和曲线前作平缓的侧倾控制,以达到减小侧倾角速度、提高舒适度的目的。

3. 径向转向架

摆式车体可降低或消除作用在旅客身上的不平衡力,但不能降低车辆对轨道的水平作用力。通常 160 km/h 速度以上的摆式列车要与低轴重、低簧下质量、径向转向架等新技术相结合,因此径向转向架与车辆倾摆系统同属于摆式列车的关键技术。之所以采用径向转向架是因为它通过曲线的性能大大优于传统转向架。

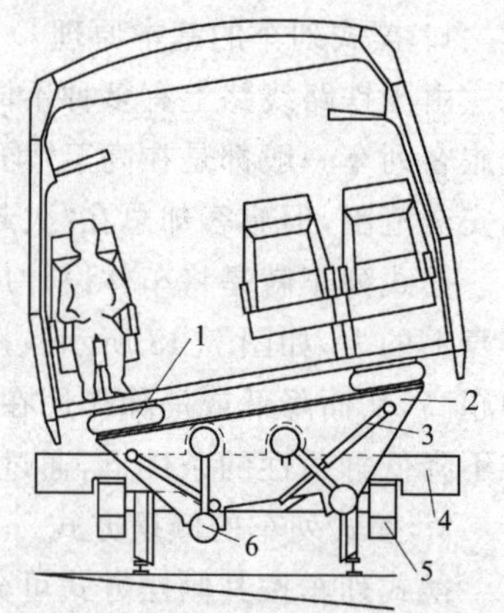

1—空气弹簧;2—上摇枕;3—液压缸;
4—下摇枕;5—转向架构架;6—摆杆。

图 7.49 瑞典 X2000 型的主动式倾摆系统原理

图 7.50(a)为传统转向架,它在曲线上运行时两个轮对基本上处于平行状态,从而造成前导轮对的大冲角。轮对在向前纯滚动的同时横向朝曲线中心移动,由于轮轨接触面上的蠕滑力不足以推动轮对横移,从而形成外侧导轮轮缘紧贴钢轨,产生较大的轮缘力,造成一系列不利后果,如轨距挤宽、钢轨磨损、轮缘磨耗等,直接影响列车的安全性(增加脱轨的危险),故传统转向架在曲线上的高速运行受到了限制。

瑞典 X2000 摆式列车的动车和客车都采用径向自导向转向架,如图 7.50(b)所示。动车径向转向架轮对的一系悬挂采用人字形金属橡胶弹簧,它使轮对在转向架平面内有较大的活动度,使两根轴为柔性定位结构。车辆在曲线上行驶时,两根轴基本上都处于曲线半径方向,

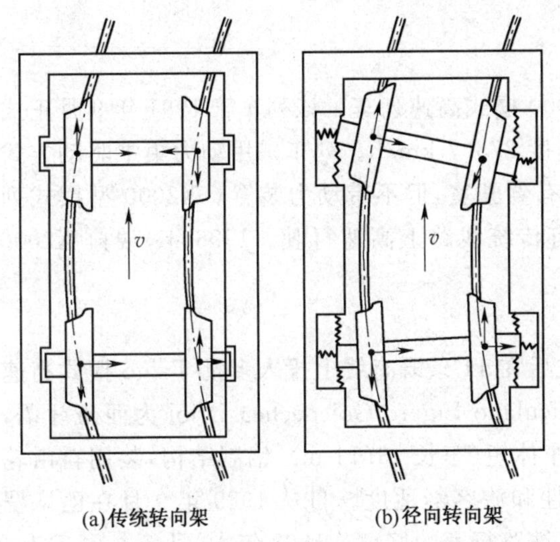

图 7.50 转向架在曲线上的状态

使车轮与轨道冲角接近零,从而大大减小轮轨间的横向作用力,减轻了轮轨磨耗,增强了抗脱轨的安全性。X2000 摆式列车中的拖车径向自导向转向架的设计原理与动车转向架相同,差别在于拖车转向架上设有倾摆机构。测试结果表明,采用径向转向架机车车辆对钢轨的横向作用力较传统的刚性转向架减少 30%左右。

4. 摆式列车发展概况

摆式列车能充分利用既有线路,投资小、收益快,所以得以迅速推广。世界上首辆摆式车,是在 20 世纪 40 年代美国制造的,1950 年运到西班牙运用。20 世纪 50 年代欧洲开始研究并迅速推广应用。目前能够掌握这一技术并推广应用的国家主要有意大利、瑞典、西班牙、美国、法国、德国、日本、加拿大、英国、中国等。以下介绍几个发展摆式列车较快的国家。

(1)意大利

意大利在铁路高速客车发展方面着重研制摆式电动车组。意大利是最早研制主动式摆式列车的国家之一,称为“Pendolino”。意大利 Fiat 公司在 20 世纪 70 年代研制成功的第一代摆式车体 ETR-401 型电动车组的基础上,充分采用和吸纳系统结构、大功率电子学、信息处理、诊断、测量等领域的新技术,开发了第二代 ETR-450 型摆式列车。ETR-450 摆式列车车体倾斜装置如图 7.51 所示。

ETR-450 摆式列车为电动车组,采用 10 节动车和 1 节拖车编组,总功率为 6 750 kW,直流电机牵引,电压为直流 3 kV,最高运行速度为 250 km/h。ETR-450 摆式列车于 1988 年 5 月在罗马—米兰既有线上投入运营,目前仍有十几列还在运营。

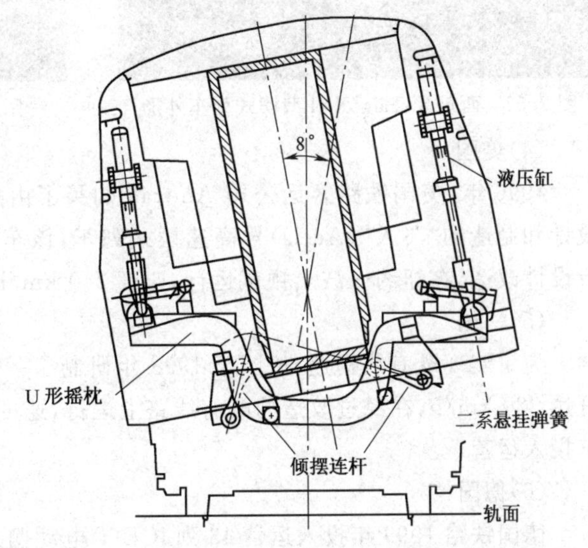

图 7.51 ETR-450 摆式列车车体倾斜装置示意

继第一代和第二代摆式车体动车组的成功以后,Fiat 公司于 1992 年又开发出第三代摆式车体动车组:ETR-460 型、ETR-470 型和 ETR-480 型。ETR-460 是 1995 年投入运营的,由 6M3T 构成,采用动力分散式驱动方式,供电网电压为3 kV 直流电。ETR-470 适于交直流两种供电制,列车可直通瑞士。ETR-480 用于国内旅客运输。第三代与第一、二代的最大不同点是将牵引电机改为三相异步电机,由 GTO 逆变器控制,采用交流传动系统。在国际上,意大利的摆式列车具有较大影响,据称,意大利占有全世界摆式列车市场份额的 70%。

(2)瑞典

瑞典国有铁路和 ABB 公司研制成功了 X2000 摆式高速列车。该列车于 1991 年 9 月正式投入运营,最高运行速度 200 km/h,最高试验速度 275.7 km/h。列车采用动力集中驱动方式(1M5T)。动车位于列车前端,后端一节拖车带有驾驶室,但不带动力装置。X2000 型摆式列车采用主动式倾摆车体和径向转向架,能在既有传统线路上高速行驶。1996 年,瑞典 X2000 型摆式列车(1M6T)在中国广深线运营。

(3)西班牙

西班牙国有铁路为了振兴铁路客运事业,先后在 11 条既有线上投入多批 Talgo 摆式高速列车,最高运行速度可达 200 km/h。Tren Arlticulado Ligero Goicoechea Oriol 为西班牙语,译为"轻型结构铰接联结式列车组"。其特点是车体短(车长 13.14 m),铝制结构,装用自由轮对走行机构,被动式倾摆,具有良好的走行平稳性和旅客舒适度。自从 1989 年 9 月在巴塞罗那—伯尔尼(瑞士)区间投入运用后,得到了世界铁路行家的好评。1998 年 10 月新一代 Talgo 列车 TalgoXXI 型摆式高速列车(图 7.52)在巴塞罗那首次亮相,为被动式倾摆、内燃牵引,最高速度(既有线)220 km/h,1999 年投入运用。1998 年西班牙 Talgo 公司和德国 ADtranz、西门子公司决定共同研制 Talgo350 试验型高速列车(图 7.53),样车于 2000 年面世,最高试验速度达 359 km/h。

图 7.52　西班牙 TalgoXXI 型摆式列车外形

图 7.53　西班牙 Talgo350 型摆式列车外形

(4)美国

1996 年,美国铁路客运公司 Amtrak 购买了由加拿大庞巴迪和法国 GEC-阿尔斯通联合设计和制造的"飞人"(Acela)号高速摆式列车,该车以 TGV 高速列车为基本列车,并对其进行设计改造,在纽约—波士顿试运行,速度 240 km/h,1999 年正式投入运营。

(5)法国

为了实现既有线提速,法国于 1998 年研制了一列 TGV 摆式列车,在高速新干线上速度可达 320 km/h,在经过改造的既有线路上运行,速度可达到 250 km/h。2002 年 TGV 摆式列车投入运营。

(6)德国

德国铁路 1999 年投入运营 43 列 ICE-T 电动摆式列车及少量 4 节编组的摆式内燃动车组 ICE-TD,设计速度 230 km/h,采用了液压倾摆装置,仅限于城间旅客运输,从而缩短了传统的区间运行时间。

此外,日本新干线高速列车研制已达很高水平,除进一步研制磁悬浮和加强高速列车出口外,另一个目标是试制摆式车体新干线高速列车。2003 年,日本试制摆式车体新干线高速列车 N700 系。按照设计，将能以最高速度 300 km/h 在山阳新干线上运行，能以270 km/h速度通过半径为 2 500 m 的曲线。一套高度精确的列车速度和位置信息系统将用于控制每节客车上的车体摆动机构。为了进一步改进列车的空气动力学性能，列车的两节车辆之间的部位全密封。所有的车辆上都安装半主动式减振控制装置。

复习思考题

7.1　试比较动力集中型与动力分散型高速列车的优缺点。

7.2　高速列车有哪些关键技术？请简述之。

7.3　高速铁路接触网悬挂方式有哪几种？请绘图说明。

7.4　请简要说明摆式列车的基本原理。

项目 8　高速铁路信号与通信

项目描述

高速铁路信号系统是保障列车运行安全、提高运输效率的关键技术装备，对全面实现高速铁路“安全、正点、快速、舒适”的服务宗旨举足轻重。

高速铁路通信网应为列车控制、综合调度、信息系统等提供安全、稳定、可靠、灵活的通信手段，满足高速铁路语音、数据和图像等综合业务的发展需要。列车运行速度的提高，对通信提出了更高要求。

学习目标

1. 知识目标

(1)掌握高速铁路运输调度指挥的构成；

(2)理解高速铁路列车运行控制基本原理；

(3)熟悉通信系统组成；

(4)理解 GSM-R 铁路数字移动通信系统的基本原理；

(5)了解高速列车自动驾驶技术。

2. 能力目标

(1)能够结合网络信息，分析某一高速铁路的列车运行控制系统的级别。

(2)养成强烈的安全意识、质量意识和一丝不苟、严谨务实的工作作风。

相关案例：西班牙列车脱轨事故

2013 年 7 月 24 日晚 8 点 42 分左右，西班牙一列从首都马德里开往北部城市费罗尔的列车在途经圣地亚哥附近时发生脱轨(图 8.1)。事故造成 79 人死亡，180 余人受伤。

事发路段是距离隧道出口不远的一条曲线，该段曲线限速 80 km/h，经过对行车记录仪的分析，列车实际速度竟达 190 km/h，列车制动系统在脱轨前一刻才被启动。发生事故的路段并未安装欧洲铁路交通管理系统(ERTMS)，而只是安装了信息指示和自动刹车系统(ASFA)，后者是一个定点控制系统，只有当列车经过特定的信息检测点并且超速时系统才会作出反应。

西班牙铁路上使用两种行车监控系统：欧盟铁路运输管理系统 ERTMS 和信号预警和自动刹车系统 ASFA。前者是从 1990 年起，欧盟国家在高速列车中开始采用的一种监控系统，它不仅能在驾驶员行驶过快时发出警告，还能在其不减速的情况下自动启动刹车装置。而发

图 8.1　列车脱轨事故救援现场

生事故的列车只配有相对低端的 ASFA 系统，它只在列车行驶超过 200 km/h 才能启动制动功能。而且其对列车速度的检测不如 ERTMS 系统精确。

作为高速铁路信号与通信系统组成部分之一的列车控制系统，是除轨道、动车之外，高速铁路最关键的三大核心技术之一，被称为决定高速铁路运行安全的“定海神针”。

在我国高速铁路列车控制系统中采用了超速防护系统(ATP)，该系统采用“以人为主、人—机联控”的方式，平时司机控制列车，只有在司机失去警惕或控车速度偏高时，设备才起自动控制作用，防止列车超速、“冒进”。高速铁路通信与信号系统是确保高速列车安全运行的重要保障，不能存在任何缺陷，在任何环境下都必须具有高可靠性，且必须严格实行“故障导向安全”的原则。

从该案例可以看出，高速铁路信号与通信系统在高速列车安全运行中起着非常重要的作用。通过本项目的学习，应掌握高速铁路运输调度指挥的构成，理解高速铁路列车运行控制基本原理，熟悉通信系统组成，理解 GSM-R 铁路数字移动通信系统的基本原理。

任务 8.1　掌握高速铁路信号的基本知识

高速铁路信号系统主要是由用于指挥行车的综合调度系统，用于控制列车行车间隔的列车运行控制系统(简称列控系统)，用于控制进路的联锁系统等组成，如图 8.2 所示。高速铁路信号系统的设备主要布置在调度中心、车站信号机械室、区间信号中继站、动车段(所)、线路旁和列车上。

8.1.1　高速铁路对信号系统的要求

由于高速铁路列车运行速度高，列车追踪间隔时间短(可达 5 min)，因此，需要采用一系列铁路信号新技术，才能确保高速列车的运行安全，满足高密度运行的需求。

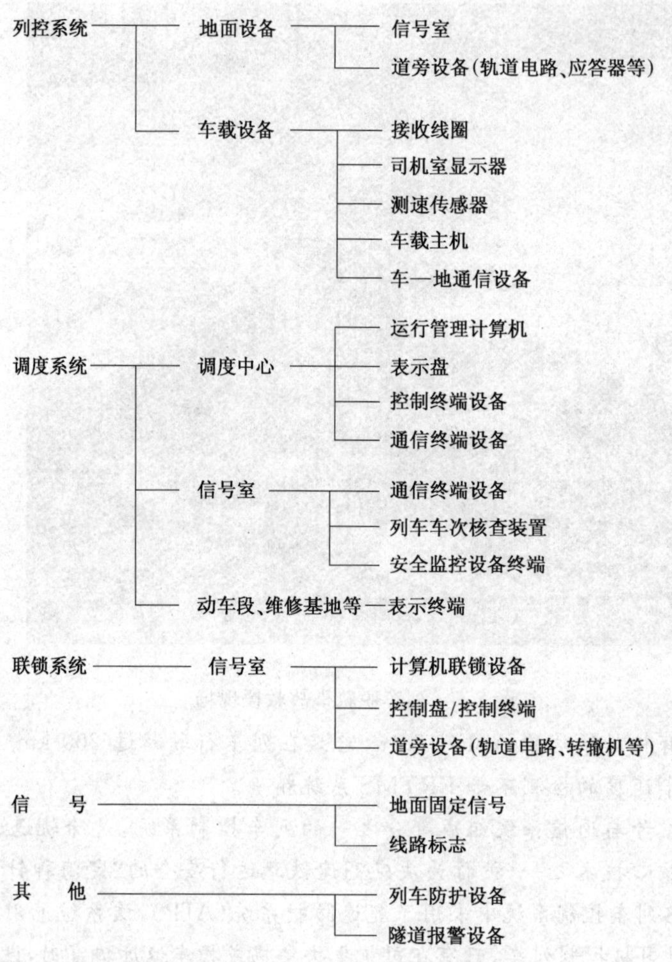

图 8.2　高速铁路信号系统组成

1. 对列车运行控制系统的要求

在高速铁路上，由于速度高，司机辨认地面信号是非常困难的，依靠司机驾驶列车以保证安全已不可能，而必须强化列车速度控制系统。

在高速列车运行中，车载信号提供的速度等级是直接指挥列车运行的命令，因此必须高可靠、高安全，不受环境因素影响，具有很高的抗干扰能力，确保接收信息在整个列车运行中的正确率达 100%。在车载信号设备中采用数字信号处理技术，以全数字化电路代替模拟电路，以大规模、超大规模集成电路代替分立元件，能接收多种信息，工作稳定、可靠，且体积小。在硬、软件设计上，应考虑故障弱化和故障—安全技术，应尽量避免在设备发生故障时由最高速度等级发生停车指令，使列车造成不必需的紧急制动而危及行车安全。

列车速度控制系统是车载信号与制动机构之间的中间环节，必须具有高安全性，保证高速行车的绝对安全。为考虑旅客的舒适性，当没有紧急情况时，一般采用常用制动。列车速度控制系统必须具有故障降级功能，使系统的安全、可靠性大大提高。

地面发送设备必须可靠地向车上发送速度等级信息和线路参数信息。速度等级信息由轨道电路向列车传送，线路参数可采用应答器发送，或通过无线信道向列车传送信息。车载计算机根据线路参数、前后车速度及距离计算出目标速度和目标距离。

2. 对行车指挥自动化系统的要求

为提高运营效率、优化管理和减轻调度员的劳动强度，必须采用行车指挥自动化系统，该系统必须具有自动排列进路、编制运行图、自动进行运行调整、旅客向导服务等功能。

此外，还应有信息管理系统，包括车辆管理、建筑设施管理、电气设备管理、旅客运输和运行管理等系统，这些系统以提高运营效率为目标，是保证高速铁路稳定运行、进行维护管理和强化维修的支持系统。

行车指挥自动化系统应设置运营、行车、车辆、电务和电力等调度的综合调度所，把各工种的管理及调度工作集中在一起，便于在异常情况下向现场单位及列车及时发出处理指令，减少异常的时间，提高运输效率。

3. 对车站联锁设备的要求

车站联锁设备必须考虑与列车速度控制和行车调度指挥系统的结合，应采用计算机联锁。为适应高速行车安全的需要，必须采用侧向通过速度在 160 km/h 或 200 km/h 以上的大号码道岔，并解决道岔转换设备的转换力、密贴、锁闭等关键问题。

为适应高密度行车的需要，进路控制必须自动化，尽量摆脱人员的参与。

车站应采用与区间相同的轨道电路，以连续不断地向列车发送信息。

4. 对安全设备支持系统的要求

安全设备支持系统是对列车运行控制系统的补充设施。它包括检测、报警、故障诊断等功能。地面信号设备检测包括对区间设备、车站设备、道岔密贴等的检测和报警。车上设备的检测包括车载信号、列车速度控制系统、热轴检测和制动系统的检测。列车运行记录系统用来检测操纵列车和实际运行状况并存储。自然灾害预报分析处理系统在地震、坍方、泥石流、暴风雨等自然灾害预报后进行分析处理，作出是否对高速铁路有影响的判断，以便采取对策，防止行车事故。

8.1.2　高速铁路的信号基础设备

1. 高速铁路的信号机

高速铁路采用与普速铁路相同的色灯信号机，但是根据不同的情况，信号机的设置不尽相同。在运行非动车组列车的 200～250 km/h高速铁路区段，其信号机的设置与显示同普速铁路。在运行非动车组列车的 200～250 km/h 高速铁路和 300～350 km/h 高速铁路区段，区间不设通过信号机，车站的进、出站信号机平时灭灯，只有对以隔离模式运行的动车组列车和施工路用列车，信号机才点亮。

2. 高速铁路的轨道电路

(1)轨道电路在高速铁路中的作用

轨道电路的第一个作用是监督列车的占用。由轨道电路反映该段线路是否空闲，为开放信号、建立进路或构成闭塞提供依据，同时利用轨道电路的被占用关闭信号，把信号显示与轨道电路是否被占用结合起来。

轨道电路的第二个作用是传递行车信息。例如移频轨道电路中传送的行车信息，为列车运行自动控制系统直接提供控制列车运行所需要的前行列车位置、运行前方信号机状态和线路条件等信息，以决定列车运行的目标速度，控制列车在当前运行速度下是否停车或减速。

(2)高速铁路中应用的轨道电路

在高速铁路区段，区间采用 ZPW-2000A 型无绝缘轨道电路，中间站站内和大站的正线及到发线采用 ZPW-2000A 型无绝缘轨道电路。站内与区间的轨道电路相同时，称为一体化轨道电路。只有大站的站内其他轨道电路区段才采用 25 Hz 相敏轨道电路。

(3)ZPW-2000A 型无绝缘轨道电路

ZPW-2000A 型无绝缘轨道电路是一种移频轨道电路，由室内设备和室外设备构成。室内设备包括发送器、接收器和电缆模拟网络；室外设备包括调谐单元、空芯线圈、匹配变压器、补偿电容。

该轨道电路分主轨道电路和调谐区短小轨道电路两个部分，并将短小轨道电路视为列车运行前方主轨道电路的所属"延续段"。

发送器用来产生高精度、高稳定性的移频信号，同时向线路两侧主轨道电路、小轨道电路发送信号。发送器采用 1+1 冗余方式。

接收器用来接收主轨道电路和相邻区段发送器在调谐区形成的信号。除接收本主轨道电路频率信号外，还同时接收相邻区段小轨道电路的频率信号。接收器采用并联运用方式。

两个调谐单元间距离 29 m，空芯线圈位于它们的中间。两个调谐单元、空心线圈及 29 m 长的钢轨构成电气调谐区。电气调谐区又称电气绝缘节，电气绝缘节的绝缘原理是利用谐振来实现的。当载频确定后，选择调谐单元的参数，使本区段的调谐单元对相邻区段的频率呈串联谐振，则只有百分之几欧姆的阻抗(称为"0 阻抗")，移频信号被短路；而对本区段的频率呈容抗，与 29 m 钢轨的电感和空芯线圈的电感配合产生并联谐振，有 2～2.5 Ω 的阻抗(称为"极阻抗")，移频信号被接收。这样，某种载频的移频信号只能限制在本区段传送，而不能向相邻区段传送，没有机械绝缘节就像有绝缘节一样，构成了电气隔离。

高速铁路区间和站内均采用 ZPW-2000A 型无绝缘轨道电路，可提高系统的可靠性。咽喉区轨道区段两端采用机械绝缘节，股道分割处采用机械绝缘节。

发送器、接收器载频选择通过列控中心进行集中配置，发送器采用无接点的计算机编码方式，取代了既有的继电编码方式，取消了大量的编码继电器。

将调谐单元和匹配单元整合为一个调谐匹配单元，减少了系统的设备数量，提高了系统的可靠性。

轨道电路设备集中设置在车站或区间信号中继站。车站与区间信号中继站、区间信号中继站与区间信号中继站间的距离一般情况下不超过 15 km。

3. 转辙设备

转辙设备包括转辙机、外锁闭装置、密贴检查器、下拉装置和融雪设备，用来对道岔进行转换和锁闭，并给出道岔表示。

(1)转辙机的设置

一组道岔由一台转辙机牵引的称为单机牵引，由两台转辙机牵引的称为双机牵引，由两台以上转辙机牵引的称为多机牵引。

高速铁路正线采用 18 号提速道岔，联络线采用 62 号或 42 号道岔。提速道岔均采用外锁闭方式，由交流转辙机牵引，有 S700K 型、ZYJ7 型、ZDJ9 型。必须多点牵引多点检查。其他道岔采用 ZD6 系列电动转辙机。

一组道岔设置的转辙机的数量要视道岔号码、固定辙叉还是可动心轨、S700K 型转辙机还是 ZYJ7 型转辙机而定。

(2)外锁闭装置

外锁闭装置直接把尖轨与基本轨或心轨与翼轨密贴夹紧并固定,它消除了内锁闭方式的缺陷,适应了列车高速运行的要求。

钩式外锁闭装置分为分动尖轨用和可动心轨用两种。

(3)S700K 型电动转辙机

S700K 型电动转辙机采用交流三相电动机,从根本上解决了直流电动转辙机故障率高、使用寿命短、维修量大的不足,而且减少了控制导线截面,延长了控制距离;采用滚珠丝杠作为驱动装置,延长了转辙机的使用寿命;采用具有簧式挤脱装置的保持连接器,并选用不可挤型零件,从根本上解决了由挤切销劳损造成的惯性故障。

(4)ZDJ9 系列电动转辙机

ZDJ9 型电动转辙机是为我国铁路提速的需要研制的。ZDJ9 型电动转辙机采用滚珠丝杠减速,效率较高。交流系列采用三相 380 V 交流电动机,故障少,电缆单芯控制距离长。

(5)ZYJ7 型电动液压转辙机

电动液压转辙机(简称电液转辙机)是采用电动机驱动、液压传动方式来转换道岔的一种转辙装置。液压式转辙机取消了齿轮传动和减速器,简化了机械结构,将机械磨损减至最低程度,减少了维修工作量,且适用于提速道岔。

(6) 密贴检查器

密贴检查器用于检查尖轨和心轨的密贴状态,也可以用于道岔挤岔时切断表示。在 200 km/h以上区段的道岔必须安装。根据工作原理,密贴检查器分为直线式、摆动式。

(7)融雪设备

运行速度 200 km/h 以上的高速铁路需安装电加热道岔融雪系统设备(简称融雪设备)。当发生降雪或温度变化时,系统可自动或人工启动电加热融雪电路。融雪设备是道岔转辙设备的基本组成部分,也是防雪灾的重要措施。

融雪设备由控制中心、车站控制终端、控制柜、环境检测装置、电加热元件、隔离变压器、接线盒、连接线缆和信息通道等组成。

控制中心在融雪设备处于自动控制方式时进行远程控制,主要包括:服务器、工作站、网络设备、电源设备、电磁干扰防护设备。

车站控制终端设于车站运转室,能对加热电路设定参数、测试特性、控制系统启动和关闭。

控制柜设于信号机械室,能对加热电路设定参数、测试特性、控制系统启动和关闭。

环境检测装置包括温度传感器、雪传感器等。

电加热元件安装于尖轨(心轨)、基本轨(翼轨)的轨腰或底部,滑床板,牵引点及其他可利用位置。

4. 应答器

应答器是列控系统中车地信息传输的主要设备之一。随着列车运行速度不断提高,仅依靠轨道电路发送信息,在信息量方面已经不能满足列车安全高速行驶的要求,需增加应答器向列控车载设备提供大量固定信息和可变信息。应答器系统是一种采用电磁感应原理构成的高速点式数据传输设备,用于在特定地点实现地面与列车间的相互通信。车载天线与应答器之间按电感耦合的原理进行工作。应答器以报文的形式发送信息。

(1)应答器的作用

应答器向列控车载设备传送线路基本参数(如线路坡度、区段长度等)、线路速度信息(如线路最大允许速度、列车最大允许速度等)、临时限速信息、车站进路信息、道岔信息和其他信息(如固定障碍物信息、列车运行目标数据、链接数据等)。

(2)应答器的分类

根据应答器所传输报文是否可变,应答器分为固定信息应答器(无源应答器)和可变信息应答器(有源应答器)。

每个无源应答器预先固定写入一条应答器报文,列车经过该应答器时,固定发送预先写入的报文。无源应答器用于发送固定不变的数据,如设置在区间,则发送线路坡度、最大允许运行速度、轨道电路参数、列控等级切换等信息。

有源应答器通过专用的应答器电缆与地面电子单元(LEU)连接,根据 LEU 所发送的报文,变化地向列车传送应答器报文信息,主要是进路信息和临时限速信息。有源应答器的报文按应答器编码规则编制,内容包括编号、链接关系、临时限速(至限速始点距离、限速区长度、限速速度)、进路长度、电码化及线路载频、线路固定信息等。

(3)应答器的结构和工作原理

应答器由壳体、电路板、灌封材料构成。应答器电路板原理框图如图 8.3 所示。

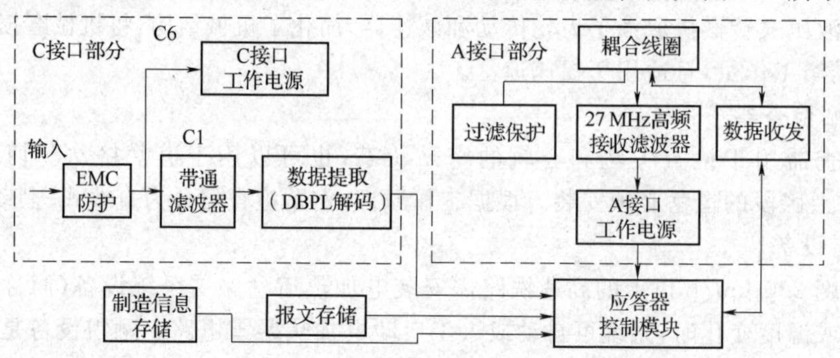

图 8.3 应答器电路板原理框图

安装于两根钢轨中心轨枕上的地面应答器不要求外加电源,平时处于休眠状态。应答器的工作电源由感应电压获取,仅靠瞬时接收车载天线的功率而工作,并能在接收到车载天线功率的同时向车载天线发送大量的编码信息。当车载天线离开应答器上方后,应答器失去了电源,便停止数据发送。

5. 信号电源屏

高速铁路均采用智能电源屏。按用途分为站内设备供电和区间设备供电。站内设备按道岔组数确定电源容量,区间按闭塞分区数量确定电源容量,车站电源总容量为站内设备供电容量与区间设备供电容量之和。

铁路信号智能电源屏的最主要技术特征是设有监测模块,具有自动监测功能,实现了电源系统的实时状态和故障的监测及远程监控和管理。

此外,各种智能型电源屏都不同程度地实现了模块化,即将各种交、直流电源按用途设计成不同的模块,用户根据需要选择模块,构成供电系统。

智能型电源屏广泛采用电力电子技术,包括无触点切换技术、逆变技术、锁相技术、软开关技术、功率因数补偿技术、并联均流冗余技术、安全防范技术等,以保证供电系统的可靠性。

电源屏由两路输入电源转换单元、输入配电单元、电源变换及稳压模块单元(电源模块)、输出配电单元、智能监测系统等部分组成。一套电源屏可由多台机柜组成。有远动控制要求时,可采用远动控制器件。

8.1.3　高速铁路的信号系统

高速铁路信号系统主要包括列车运行控制系统、调度集中系统、计算机联锁系统和信号集中监测系统等。

1. 列车运行控制系统

列车运行控制系统简称列控,是保证列车安全、快速运行的设备。完整的列车运行控制系统包括车载设备和地面设备。根据使用的制式不同,列控系统的车载设备包括列车运行监控记录装置(LKJ)和列车超速防护设备(ATP)等。列控系统的地面设备包括轨道电路、应答器、列控中心和无线闭塞中心等。为保证行车安全,高速铁路必须采用列车运行控制系统。

(1)列车超速防护

列车超速防护系统(ATP)是指列车能根据自身的运行速度和前方列车位置及线路状态对采取制动操作的时机作出逻辑判断,对列车运行速度进行实时控制的技术。随着列车运行速度的增加,由司机去完成这一任务是十分困难的。

当列车运行速度提高到 200 km/h 时,紧急制动距离将超过 2 000 m,而司机视觉能力对信号作出判断的最少时间为 3～5 s(遇到阴、雨、雪、雾判断更为困难)。随着列车速度的提高,当判断时间内列车走行距离不能小于制动距离时,便会构成不安全因素,必须靠列车超速防护系统去控制列车运行。

ATP 的功能主要有:停车点防护;超速防护;列车间隔控制(移动闭塞时);测速测距;车门控制。

ATP 采用目标距离—速度控制模式。根据目标距离、目标速度及列车本身的性能,确定列车制动曲线,采取连续式一次制动模式控制列车运行。如图 8.4所示,实线为目标距离速度监控曲线,为一条连贯光滑的曲线。虚线为列车实际驾驶速度曲线。列车实际运行速度必须在监控曲线之下。如果超速碰撞了速度监控曲线,列控车载设备将自动触发常用制动或紧急制动,防止列车超速运行。

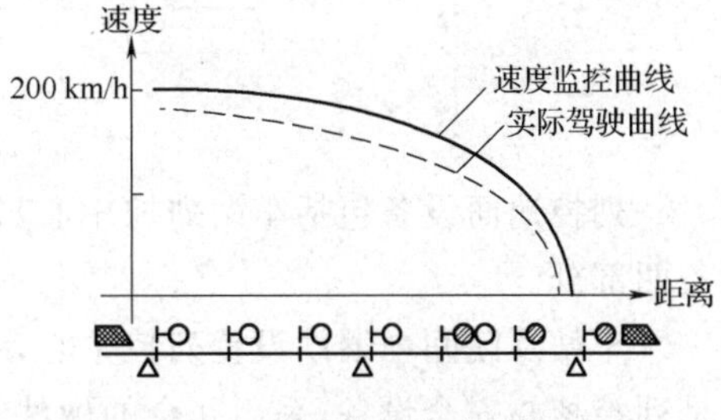

图 8.4　一级制动模式曲线

为计算得到速度监控曲线,由轨道电路发送行车许可和前方空闲闭塞分区数量信息,由应答器发送闭塞分区长度、线路速度、线路坡度等固定信息,列控车载设备接收上述信息,通过"前方空闲闭塞分区数量"和"闭塞分区长度"信息,获得目标距离长度,并结合线路速度、线路坡度和对应列车的制动性能等固定参数,实时计算得到速度监控曲线,并监控实际驾驶曲线处于速度监控曲线下方,保证列车安全运行。

(2)CTCS

2003 年,铁道部制定了我国的 CTCS 发展装备暂行技术标准。CTCS 就是中国列车运行控制系统(Chinese Train Control System)的英文字头。CTCS 分为 CTCS-0 级、CTCS-1 级、CTCS-2 级、CTCS-3 级和 CTCS-4 级五个级别。

CTCS-0 级为既有线的现状,是由通用式机车信号和列车运行监控记录装置组成的系统。

CTCS-1 级是由主体化机车信号、安全型列车运行监控记录装置和点式应答器组成的系统。

CTCS-2 级是基于轨道电路(模拟或数字轨道电路)传输信息的列车运行控制系统。

CTCS-3 级是基于无线(GSM-R)传输信息,并采用轨道电路等方式检查列车占用的列车运行控制系统。

CTCS-4 级则是完全基于无线(GSM-R)传输信息的列车运行控制系统。

CTCS-2 级以上设备具备超速防护功能。

中国铁路通过既有线提速和高速铁路新线建设的探索实践,系统掌握并创新了不同速度等级高速铁路的列控技术,相继研发了具有自主知识产权的时速 200～250 km 等级的 CTCS-2 级列控系统和适应时速 300～350 km 及以上高速铁路运营需要的具有世界先进水平的 CTCS-3 级列控系统。

① CTCS-2 级列控系统

CTCS-2 级列控系统是基于轨道电路加应答器传输列车运行信息的点连式系统,是采用目标距离模式监控列车安全运行的列车运行控制系统。CTCS-2 级列控系统包括列控车载设备和列控地面设备,其总体结构如图 8.5 所示。

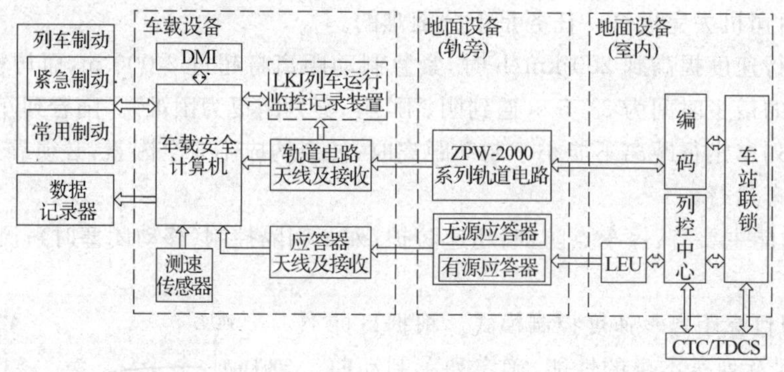

图 8.5 CTCS-2 级列控系统构成

列控地面设备包括车站列控中心、ZPW-2000 轨道电路、应答器,分为轨旁设备和室内设备两部分。

车站及区间中继站设置列控中心,线路所、动车段(所)根据需要设置列控中心。列控中心是列控核心安全设备,采用冗余的硬件结构。列控中心应具备与车站联锁系统、临时限速服务器、轨道电路、地面电子单元(LEU)、CTC 车站自律机、信号集中监测及相邻列控中心的接口能力。车站列控中心根据调度命令、进路状态、线路参数等产生进路及临时限速等相关控车信息,根据列车占用情况及进路状态,通过设置在车站进、出站处的有源应答器向列车发送可变信息报文,具有发送接车进路信息、临时限速信息以及进站信号机降级显示等主要功能。同时,列控中心应具有轨道电路编码、应答器报文储存和调用、站间安全信息传输、临时限速等功能。

ZPW-2000 轨道电路完成列车占用检测及列车完整性检查,连续向列车传送行车许可、前方空闲闭塞分区数量、车站进路速度等信息。

地面应答器设备包括:无源应答器、有源应答器、地面电子单元(LEU)以及应答器读写工具等。无源应答器设于闭塞分区入口和车站进、出口处,用于向列控车载设备传输闭塞分区长度、线路速度、线路坡度、列车定位等静态信息。有源应答器设置于车站进、出口处，当列车通过应答器时，应答器向列车提供接车进路参数、临时限速等信息。为实现系统功能，列控地面设备还通过车站列控中心与车站联锁系统、CTC 车站自律机连接。

列控车载设备由车载安全计算机、轨道电路信息接收模块、应答器信息接收模块、人机界面、速度传感器、列车接口单元、运行记录单元、轨道电路信息接收天线、应答器信息接收天线等部件组成。车载安全计算机根据地面连续式和点式设备传输的控车信息、线路数据以及列车参数，生成连续式速度监控曲线，监控列车安全运行。轨道电路信息接收模块用于接收 ZPW-2000 轨道电路低频信息，并将信息同时提供给车载安全计算机和列车运行监控装置 LKJ。应答器信息接收模块用于接收处理应答器信息，并将解码得到的应答器报文提供给车载安全计算机。人机界面显示列车运行速度、允许速度、目标速度和目标距离，并可接收司机输入。

CTCS-2 级列控系统设置列车运行监控装置 LKJ，作为后备模式。

② CTCS-3 级列控系统

CTCS-3 级列控系统是基于 GSM-R 实现车—地信息双向传输、无线闭塞中心生成行车许可的列控系统，采用先进的技术手段对高速运行下的列车进行运行速度、运行间隔等实时监控和超速防护，以目标距离连续速度控制模式、设备制动优先的方式监控列车安全运行。

CTCS-3 级列控系统包括地面设备和车载设备。地面设备除了临时限速服务器、车站列控中心、ZPW-2000A 轨道电路、应答器（含 LEU）外，还有无线闭塞中心和 GSM-R 通信接口设备等；车载设备除了车载安全计算机、轨道电路信息接收单元、应答器信息传输模块、记录单元、人机界面、列车接口单元外，还有 GSM-R 无线通信单元。

无线闭塞中心根据轨道电路、联锁进路等信息生成行车许可，并通过 GSM-R 无线通信系统将行车许可、线路参数、临时限速传输给 CTCS-3 级车载设备；同时通过 GSM-R 无线通信系统接收车载设备发送的位置和列车数据等信息。

临时限速服务器集中管理临时限速命令，具备全线临时限速命令的存储、校验、撤销、拆分、设置、取消及临时限速设置时机的辅助提示功能。临时限速服务器接收临时限速操作终端生成的临时限速调度命令，并在校验、拆分后向相关的无线闭塞中心、列控中心传递临时限速信息。

无线闭塞中心、列控中心根据列控限速调度命令、线路数据、轨道电路及进路状态等产生控车信息，列控中心通过轨道电路及有源应答器传送给列控车载设备，无线闭塞中心通过 GSM-R 网络传送给列控车载设备。

应答器向车载设备传输定位和等级转换等信息；同时，向车载设备传送线路参数和临时限速等信息，满足后备系统需要。应答器传输的信息与无线传输的信息的相关内容含义保持一致。

车载安全计算机根据地面设备提供的行车许可、线路参数、临时限速等信息和动车组参数，按照目标距离连续速度控制模式生成动态速度曲线，监控列车安全运行。

CTCS-3 级列控系统设置 CTCS-2 级列控系统作为后备模式。

2. 调度集中

调度集中（CTC，Centralized Traffic Control）是高速铁路信号系统的主要组成部分。高速铁路调度所、车站、线路所、动车段(所)均应采用 CTC 系统实现列车调度指挥自动化。

调度集中系统由铁路局调度所 CTC 中心子系统、车站 CTC 子系统和网络子系统组成，其系统结构如图 8.6 所示。

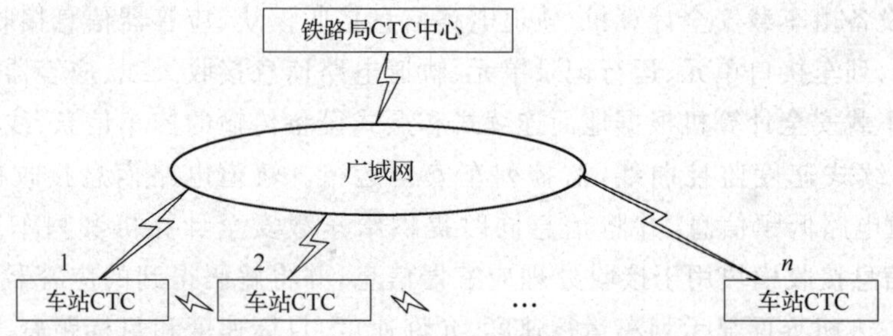

图 8.6　调度集中系统

(1)铁路局调度所 CTC 中心子系统

铁路局 CTC 中心子系统是调度集中系统的控制中心，简称 CTC 中心，一般设在铁路局调度所，负责指挥整个调度区段内列车的运行，故称调度所子系统。调度所子系统包括调度台设备、调度集中机房设备和调度集中维修设备，其组成如图 8.7 所示。

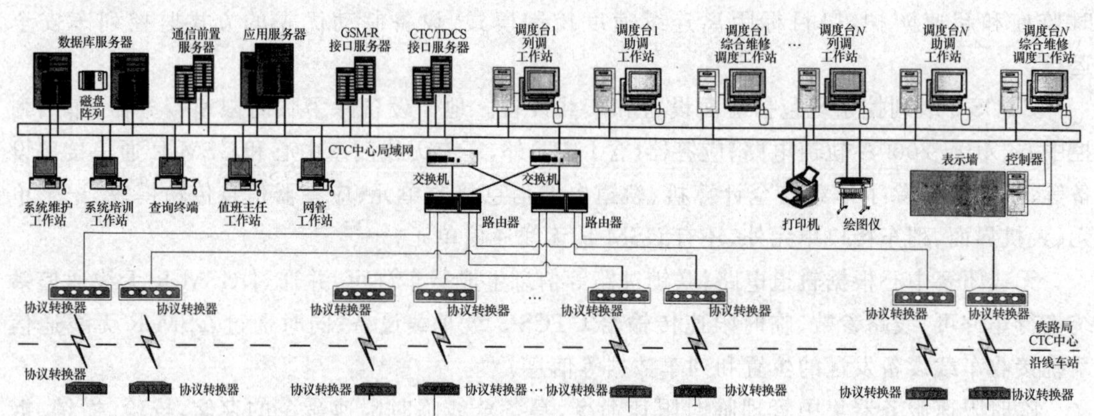

图 8.7　铁路局调度所 CTC 子系统

调度台设备主要提供调度所各相关人员的操作界面和培训功能，包括工作站、打印输出设备和大屏幕投影系统。调度所设置的应用工作站包括：列车调度员工作站、助理调度员工作站、值班主任工作站、控制工作站、计划员工作站、统计员工作站、综合维修工作站、培训工作站以及 $N+1$ 备份工作站和绘图仪等，根据需要也可为其他工种调度台设置相应终端。打印输出设备包括绘图仪及打印机，一般使用绘图仪来打印基本运行图或实绩运行图；使用打印机来打印调度命令及阶段记事等，电务人员使用打印机输出系统运行记录和操作记录等。此外，可选配大屏幕投影系统。

CTC 中心机房设备包括数据库服务器、应用服务器、通信服务器、GSM-R 接口服务器、与其他高速铁路调度所[其他局调度所或中国国家铁路集团有限公司(以下简称“国铁集团”)]接口服务器、其他应用系统(电力调度、动车组、计划、旅客、综合维修、灾害报警等)对外信息提供服务器、无线闭塞中心接口服务器、系统维护工作站、电源设备、防雷设备等。

系统维护工作站用于维护管理调度所和各车站中的所有 CTC 设备，进行系统的设置、调试和技术支持。在授权的情况下，具有远程维护与技术支持功能。同时具有监视系统运行状况的功能，对系统、现场设备运用情况、操作命令及报警信息进行记录、分析、回放、输出和打印。主要用于监视管辖范围内的系统运行状况、信号设备状态及列车运行早晚点情况。

(2)车站 CTC 子系统

车站 CTC 子系统是调度集中系统的重要组成部分，是系统实现分散自律功能的基本节点。对于有行车值岗人员的车站，主要设备包括车站自律机、车务终端(根据现场需求可增设信号员)、电务维护终端、网络设备、网络安全设备、电源设备、防雷设备、接口设备等，分设在信号机械室和车站运转室。对于无行车值岗人员的车站，主要设备包括车站自律机、综合维修终端、电务维护终端、网络设备、网络安全设备、电源设备、防雷设备、接口设备等，设在信号机械室。车站 CTC 子系统组成如图 8.8 所示。

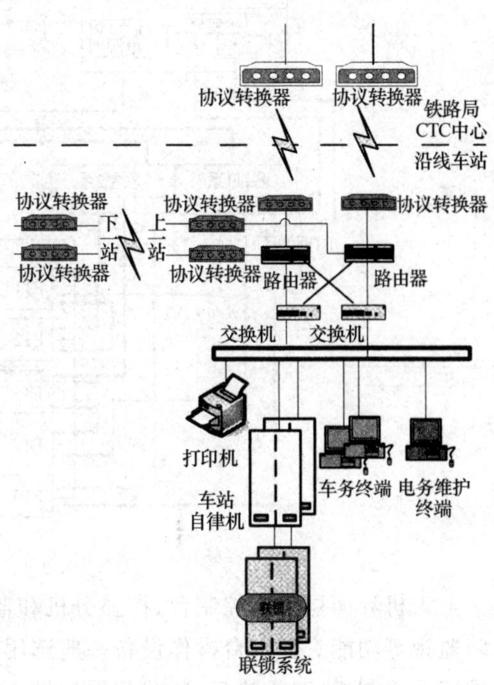

图 8.8　车站 CTC 子系统

(3)网络子系统

网络子系统是指由网络通信设备和传输通道构成的计算机广域网络，应采用迂回、环状、冗余方式以提高其可靠性。网络子系统包括调度所 CTC 中心局域网、车站局域网及系统广域网三部分。CTC 中心局域网由 CTC 中心交换机、网线和各计算机设备的以太网适配器等构成。车站局域网由车站交换机、网线和车站计算机设备的以太网适配器等构成。系统广域网包括调度所 CTC 中心与车站间以及车站与车站间的广域网和调度所 CTC 中心与调度所 CTC 中心间的广域网。系统广域网由路由器、协议转换器等网络通信设备和传输通道构成，传输通道采用迂回、环状及冗余等方式，并尽可能采用具有自愈功能的双环形结构，以提高系统的可靠性。

3. 计算机联锁

高速铁路的车站、线路所、动车段(所)应采用计算机联锁。为保证计算机联锁系统的可靠性，车站、线路所采用二乘二取二计算机联锁，动车段(所)可采用双机热备计算机联锁。

计算机联锁系统具备与调度集中 (CTC)、无线闭塞中心(在采用 CTCS-3 级列控系统时)、列控中心 、信号集中监测等设备的接口能力。计算机联锁完成车站联锁功能，并接收和执行 CTC 的命令。

二乘二取二计算联锁系统的联锁机有两套，每套内有双 CPU，满足“故障—安全”要求。属于这类计算联锁的有 EI32-JD 型计算机联锁、DS6-K5B 型计算机联锁和 iLOCK 型计算机联锁和 TYJL-ADX 型计算机联锁。现以 DS6-K5B 型计算机联锁系统为例进行介绍。

DS6-K5B 计算机联锁系统由控制台、控显分机、电务维护台、联锁机、输入输出接口(在 K5B 系统中这部分电路称作“电子终端”，用字符“ET”表示)、继电器接口电路和电源组成，系统结构如图 8.9 所示。

DS6-K5B 计算机联锁系统由人机界面层、联锁逻辑层、执行层组成。

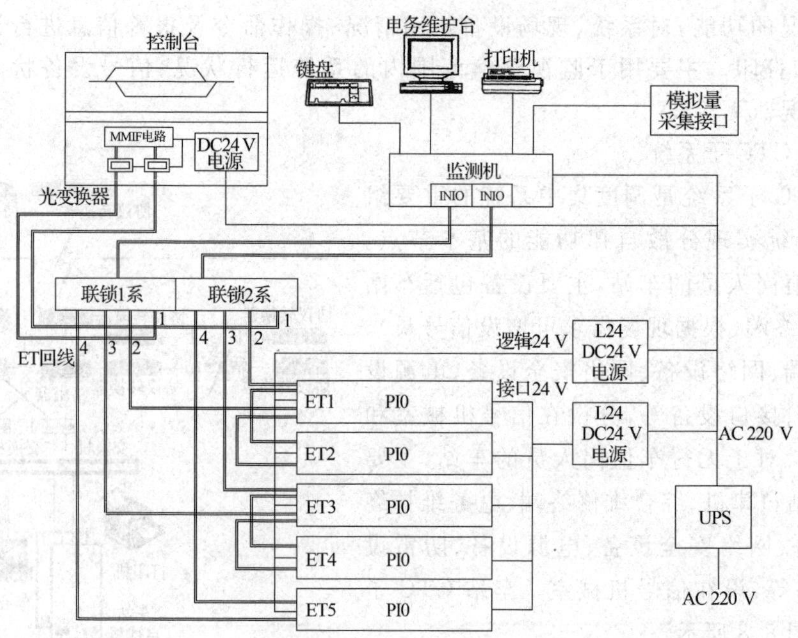

图 8.9　DS6-K5B 系统框图

人机界面层包括控制台、控显分机和监测机，实现控制台操作、站场图形显示、系统设备故障监视等功能。控制台操作设备一般选用鼠标，显示设备选用图形显示器。控显分机采用标准工业控制机，双机热备，装载相同软件。每一台控显机内安装了两个采用光缆连接的串行通信接口板，用于同联锁机的二重系通信。监测机采用 PC 总线工控机，为单机。监测机内安装两个带有光电转换的串行通信接口板的 INIO 板，用于与联锁机二重系通信。电务维护人员可以通过键盘、显示器、打印机查询或打印输出各类监测信息。

联锁逻辑层为联锁计算机，实现联锁逻辑运算、输入输出控制、诊断信息处理及二重系管理等。联锁机由并列二重系组成，以主从方式并行运行，主、从系各自执行全部处理功能。每一系采用故障—安全的双 CPU 处理器，两系之间通过并行接口建立高速通道交换信息，实现二重系的同步和切换。

执行层为电子终端，实现驱动现场设备、采集现场设备状态等功能。电子终端为故障安全型双 CPU 构成的智能控制器，系统设置为二重系。电子终端的每一系分别和联锁机的二重系通过光缆连接。输入、输出均采用静态方式。电子终端直接驱动安全型继电器与室外信号设备之间结合，主要有信号点灯电路、道岔控制电路、轨道电路等。

4. 信号集中监测

信号集中监测系统用来监测各种信号设备的状况，为信号系统的正常运用和维护提供现代化手段。

信号集中监测系统的层次结构分为基层结构和上层结构。基层结构为车站、信号工区，上层结构为电务段、铁路局、铁路总公司。

车站层配置站机和采集设备；信号工区配置监测终端；电务段、铁路局、国铁集团配置应用服务器、监测终端、维护工作站。

信号集中监测系统网络结构分为车站、信号工区对电务段之间通信的基层网和电务段或铁路局对铁路总公司之间通信的上层网。信号集中监测系统网络结构如图 8.10 所示。

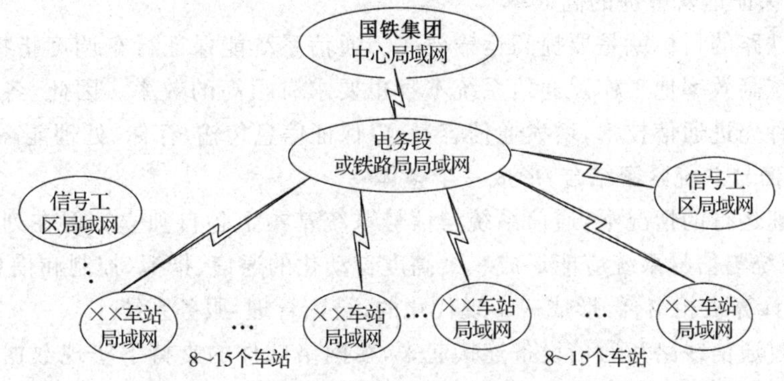

图8.10　信号集中监测系统网络结构图

车站站机是车站电务监测系统的核心，负责监测系统的数据采集、分类、逻辑分析处理、报警、数据统计、汇总、存储、回放等功能。站机通过统一的标准接口与CTC、列控、计算机联锁等系统通信，获取监测信息，提供统一的显示界面。站机主要功能是显示及存储、报警及事件管理、系统管理、数据处理及管理、辅助功能。

采集机在线采集各种信号设备的质量数据和状态数据，并对数据进行预处理。主要采集开关量、电源屏、信号机点灯电流、道岔、绝缘漏流、移频、轨道电路、道岔表示电压、外电网、环境监控等有关参数。CTC自律机、列控中心、计算机联锁、电源屏直接与站机通信，将有关参数进行传送，不需要相关采集机。

应用服务器是整个监测系统的中心，采用双机冗余备份技术以增强系统的可靠性。负责与所辖车站站机、监测终端以及上层服务器等节点建立通信连接，进行网络通信和数据交互，并实现数据流调度和信息转发等功能。

监测终端包括综合维修工区终端、综合维修中心(段)终端、调度中心终端、铁路局终端、铁道部终端等，可根据需要设置。铁道部监测终端可以调看全路的联网车站，实时查看车站信号设备的工作状态，回放站场存储信息和报表信息，显示车站的报警信息。铁路局监测终端主要包括铁路局调度终端、试验室终端，可以调看全局的联网车站，具体功能与国铁集团终端相同。其他终端具体功能与铁路局终端相同。

电务段根据需要可设置维护工作站(网络管理终端)，配备监测终端的所有功能，并具备网络管理和车站设备管理功能。

道岔监测系统可进行道岔状态的监测，与集中监测系统结合，可将现场采集的数据传送给集中监测系统。

任务8.2　掌握高速铁路通信的基本知识

8.2.1　高速铁路通信系统特点

1. 通信应具有高可靠性，以保证列车的高速安全运行

自有高速铁路以来，人们关心的首要问题就是安全。迄今为止，世界上高速铁路的安全记录为世人所称道，其主要原因之一就是有先进的通信系统，且通信系统本身的可靠性很高。

2. 通信应保证运营管理的高效率

建设高速铁路的目标就是要提高运输效率。通信系统能保证行车调度指挥、运营管理以及旅客服务系统高效率地工作。通信系统本身也要求有很高的效率。因此,各国在高速铁路中都采用了各种先进通信技术,增大通信容量,以保证信息传输、存储、处理能高效率地进行。

3. 通信与信号系统紧密结合,形成一个整体

在列车低速运行的情况下,通信系统与信号系统基本上各自独立。但在列车高速运行的情况下,通信系统与信号系统应能形成一个高度自动化的通信、指挥、控制和信息系统。

4. 通信与计算机相结合,形成一个现代化的运营、管理、服务系统

计算机通过通信线路和通信设备连接起来,在网络软件的支持下实现数据通信和资源共享,为各种服务提供了先进的设备条件。旅客售票系统就是一个典型的例子。

5. 通信应完成多种信息的传输和提供多种通信服务

除了电话这种语声信息的传输外,在高速铁路通信中还有大量的非话业务,即数据、图像、监控信号的传输与处理,并且数据及图像业务将成为主要业务。随着近年来通信技术的飞速发展,综合业务数字通信网(ISDN)也已成为现实。

6. 多种通信方式结合形成统一的铁路通信网

除了站间和地区的有线电话和数据通信网外,与运行中的列车实现通信联系是离不开无线通信的。目前,通信新技术的发展层出不穷,例如移动通信、卫星通信、微波中继通信、室内无线通信等与光纤通信、程控交换等相结合,形成一个多种方式和手段的通信网。它将大大提高通信的可靠性和有效性,满足高速铁路提出的各种需求,充分发挥通信系统保证行车安全和提高运输效率的作用。

8.2.2 通信系统组成

高速铁路通信网有通信线路、传输及接入网、数据通信、电话交换、数字调度通信线路、GSM-R 数字移动通信、会议电视、综合视频监控、应急通信、综合布线、数字同步及时间分配、通信综合网络管理、电源及环境监控、通信电源等系统。图 8.11 所示为高速铁路通信系统组成示意。

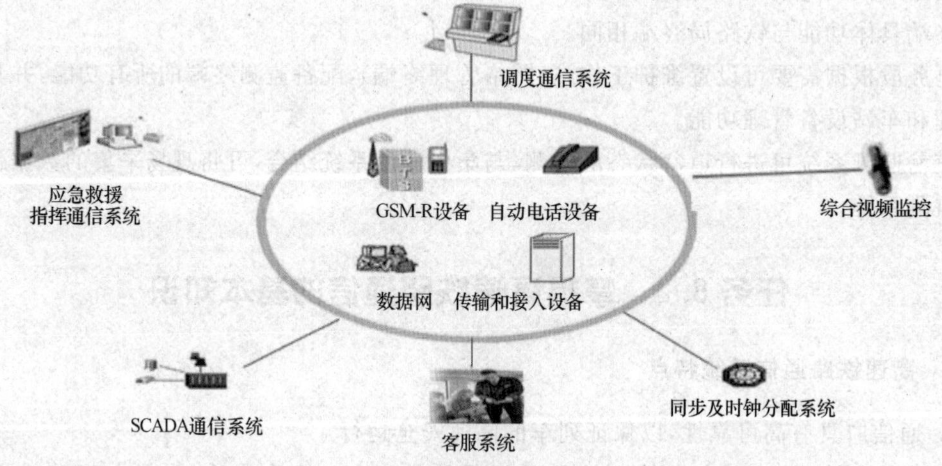

图 8.11 通信系统组成示意

传输及接入系统采用同步数字系列(SDH)技术体制构建多业务传送(MSTP)平台。传输

系统应采用层次化结构，由骨干层、中继层和接入层组成。高速铁路传输系统骨干层应与中继层合并设计。骨干层及中继层利用分设在线路两侧的光缆构成 1+1 复用段多业务传输系统。接触层应利用分设在线路两侧的光缆组网，并根据需要构成一个或多个二纤自愈环。

数据通信网为信息、GSM-R、综合视频监控及会议电视等系统提供数据承载业务。数据通信网采用 TCP/IP 协议，包括骨干网络和区域网络。区域网络包括核心节点、汇聚节点和接入节点，按铁路局管辖分别组网。

数字调度通信提供调度电话、车站电话、站间行车电话以及其他专用电话业务。它由调度交换机、调度台、值班台、电话分机、录音设备及网管设备构成。

高速铁路综合视频监控系统具有视频图像的实时监视、存储、回放、云镜控制、视频分发/转发、系统间的互联和联动、多级管理等功能，能够提供远程实时图像监控功能。综合视频监控系统由铁道部核心节点、调度所视频区域节点、车站(段)视频接入节点、视频采集点、视频网络和用户终端构成，包括图像采集设备、视频编解码设备、视频分发/转发设备、视频存储设备、安全管理设备、网络设备、监视终端设备等。图 8.12 所示为高速铁路综合视频监控系统示意。

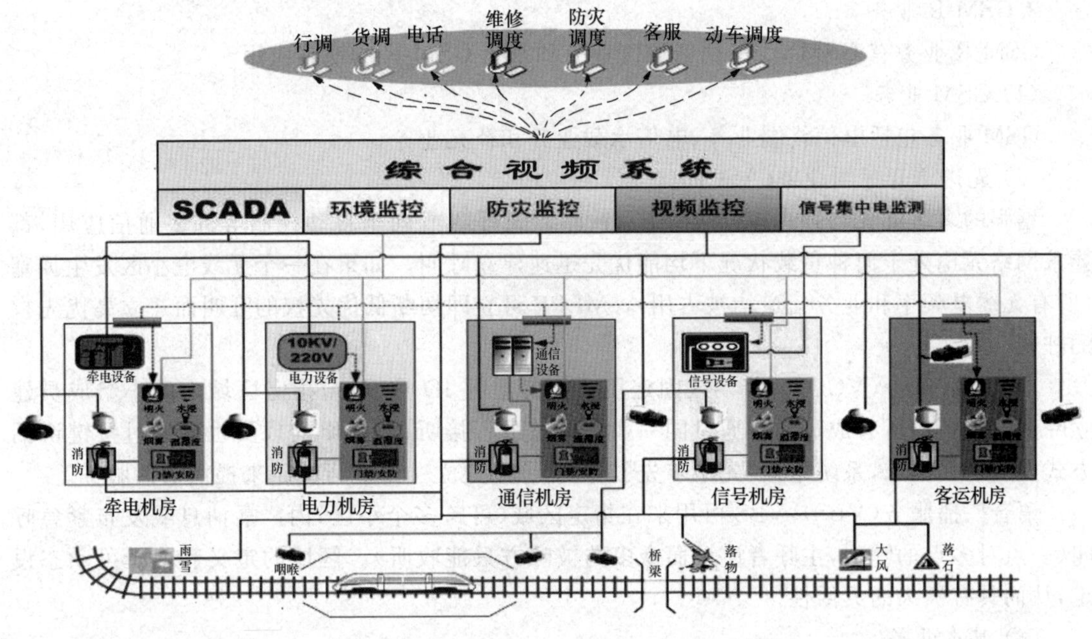

图 8.12　综合视频监控系统示意

应急通信系统为应急中心与事故现场提供语音、数据及图像的通信服务。该系统可以根据实际情况选择多种传输方式，提供多种通信业务手段，一般由应急中心设备、通信网络、应急通信现场接入设备组成。

8.2.3　GSM-R 铁路数字移动通信系统

GSM-R 是专门为铁路通信设计的综合专用数字移动通信系统，它基于 GSM 的基础设施及其提供的语音呼叫业务，并提供铁路特有的调度业务；并以此作为信息化平台，使铁路各部门用户可以在此信息平台上开发各种铁路应用。

1. GSM-R 的组成

GSM-R 系统由网络子系统(NSS)、基站子系统(BSS)、运行与支持子系统(OSS)及终端设备等构成。

(1)网络子系统(NSS)。它由移动交换子系统(SSS)、移动智能网子系统(IN)和通用分组无线业务子系统(GPRS)组成。移动交换子系统(SSS)用来完成用户的业务交换功能,实现用户数据的移动性管理、安全性管理。移动智能网子系统(IN)是在SSS中引入的智能网功能实体,将网络交换功能和业务控制功能相分离,实现对呼叫的智能控制。通用分组无线业务子系统(GPRS)负责为无线用户提供分组数据承载业务。

(2)基站子系统(BSS)。它由基站控制器(BSC)、编译码和速率适配单元(TRAU)、小区广播短消息中心(CBC)、基站收发信机(BTS)和弱场设备等构成。BSS通过无线接口直接与移动台相接,负责无线信号的发送、接收和无线资源管理;与MSC相连,实现移动用户之间或移动用户与固定网络用户之间的通信连接,传送系统信号和用户信号等。

(3)运行与支持子系统(OSS)。它是操作人员与系统设备之间的中介,实现了系统的集中操作与维护,具有移动用户管理、移动设备管理及网络操作维护等功能。

(4)终端设备。是GSM-R系统用户直接操作使用的设备,包括移动终端和固定终端。

2. GSM-R业务

GSM-R业务有GSM业务、语音调度业务和基于GSM-R的铁路应用。

(1) GSM业务

GSM业务包括电信终端业务、电信承载业务和补充业务。

(2) 先进语音呼叫业务(ASCI)

增强的多级优先与强占权(eMLPP):铁路紧急呼叫或列车自动控制等许多通信应用,都要求网络无论处于何种负载状况下均能优先迅速建立呼叫。如果在一个无线电小区发生拥塞(所有无线电频率和业务信道均被占用),eMLPP可立即切断低优先权的呼叫而建立高优先权的呼叫。

语音组呼服务(VGCS):移动或固定用户拨打组呼ID号,可与指定区域内的小组成员建立呼叫。该组内所有成员均可通过同一业务信道进行接听;该小组的成员也可通过按键讲话方式发出通话请求,系统依据“先请求先服务”的原则建立一个上行链路来提供通话服务。

语音广播服务(VBS):VBS可用来在指定区域(可跨多个小区)内广播消息或发布紧急呼叫(一点对多点的呼叫,主呼者讲话而众多的被呼方只能收听)。区域的定义和选择可动态设定,从而具有极大的灵活性。

(3) 基本业务

① 功能寻址。便于固定(移动)用户拨号呼叫列车上移动用户的一种方式。

② 功能号表示。将铁路用户根据其当前行驶的职能进行编号,号码需要注册和注销。

③ 接入矩阵。定义网络中签约用户之间是否可以进行呼叫。

④ 基于位置的寻址。便于列车上移动用户(如机车乘务员)呼叫固定用户(调度员)的一种方式。例如当列车司机呼叫固定用户(调度员)时,系统依据移动用户(列车司机)的当前位置(所在控制区/小区)对固定用户(调度员)进行寻址,自动地将呼叫转接到列车当前所在控制区的调度员。

(4) 铁路特定应用

① 调度通信。利用GSM-R进行调度通信系统组网,既可以完全利用无线方式,也可以同有线方式结合起来,共同完成调度任务,实现列车调度、货运调度、牵引变电通信及其他调度通信等业务。

② 列车自动控制(CTCS-3/CTCS-4)。利用GSM-R提供车地之间双向安全数据传输通道，并通过GSM-R传输系统获得由GPS或其他的定位服务提供的准确定位服务。

③ 机车同步控制。利用GSM-R网络提供可靠数据传输通道，采用无线通信方式实现机车间的同步操作控制信息传输，并保证操作的可靠性。

④ 调度命令传输。基于GSM-R电路交换技术构建列车调度系统调度命令子系统，或采用GPRS分组交换通信方式实现调度命令数据传输，可以加速调度命令传递过程，提高工作效率。

⑤ 车次号传递与列车停稳信息传送。基于GSM-R电路交换技术的数据采集传输应用系统，可实现GSM-R车次号传输与列车停稳信息的数据传输，保证铁路运输管理和行车安全性。

⑥ 尾部风压反馈传输。基于GSM-R通信网络，列车尾部风压状态可随时通过列尾装置传输，机车乘务员随时可以查询、反馈列尾工作状态。将尾部风压数据反馈传输通道纳入GSM-R，可以避免单独投资及单独组网建设，同时利用GSM-R强大的网络功能，可克服原有的抗干扰性差、信息无法共享等缺点。

⑦ 调车机车信号和监控信息传输。利用GSM-R网络，传输调车机车信号和监控信息，实现地面设备和多台车载设备间的数据传输，存储进入和退出调车模式的有关信息，构成铁路站场通信系统的重要组成部分。

⑧ 区间移动公(工)务通信。使用GSM-R作业手持台代替区间通话柱，可满足紧急救援、应急抢险通信指挥的需要，方便灵活；同时还可以实现区间作业人员的移动通信。

⑨ 铁路紧急救援移动服务。当自然灾害或突发事件影响铁路运输时，基于GSM-R移动通信的应急通信系统可迅速准确、机动灵活地实现铁路应急通信。

⑩ 旅客业务。利用GSM-R数据通信业务，每列旅客列车都能与地面控制中心维持一条实时双向数据传输通道，所有旅客相关的移动信息服务数据都可以通过这一通道进行传输，为旅客提供优质服务。

任务8.3　了解高速列车自动驾驶技术

我国京张高铁自动驾驶技术(C3＋ATO)是时速200 km以上的动车组自动驾驶技术，该技术在世界范围内的首次应用，极大地提升了我国列控装备的国际竞争力，对保持我国高铁技术在国际上的先进性有重要的意义，有助于我国进一步跻身全球铁路建设市场，并为推动“一带一路”倡议实施提供技术优势支撑，是未来高速铁路列控技术发展的必然趋势。

ATO五大功能模块包括：

1. 车站自动发车

车载设备处于AVI模式时，出站信号开放、车门/站台门关闭，“ATO启动”按钮指示灯闪烁，司机按压“ATO启动”按钮确认后，动车组从车站自动发车。

2. 区间自动运行

在区间运行时，ATO车载设备根据地面设备提供的运行计划或按照预选驾驶策略，控制列车加速、自动巡航、惰行、减速或停车，实现自动运行。

3. 车站自动停车

ATO车载设备通过精确定位应答器进行位置校正，并根据地面设备提供的停车定位基准点位置及列车运行状况，自动控制列车在车站股道停车定位基准点处停车。

4. 车门自动开门(防护)

动车组进入车站股道停车后，ATP 判断动车组停准停稳并根据接收的站台侧信息，对动车组车门进行开门防护。ATO 接收到运行计划且该站办理客运业务时自动开门；ATO 接收到运行计划且该站不办理客运业务，或未接收到运行计划时，由司机开启相应站台侧的动车组车门，ATP 提供站台侧车门防护功能。动车组关门仍需司机与车长联控后人工操纵。

5. 车门站台门联动

车站设置站台门时，ATO 系统实现车门/站台门联动控制功能。

复习思考题

8.1 高速铁路的信号技术与普速铁路有何不同？

8.2 简述高速铁路列车运行控制系统的组成及其主要功能。

8.3 CTCS-3 级列控系统与 CTCS-2 级列控系统有何不同？

8.4 简述高速铁路通信系统特点。

8.5 GSM-R 系统主要有哪些业务？

8.6 简述 ATO 的五大功能模块。

项目9　高速铁路车站、枢纽与运输组织

项目描述

建造一批百年不朽的铁路客站是新时期大规模铁路建设的重要组成部分，也是一项复杂的系统工程。新建铁路客站必须坚持以人为本，综合体现“功能性、系统性、先进性、文化性、经济性”原则，高速铁路新建车站尤其如此。

铁路枢纽位于铁路各线交会处或与其他交通线路的连接处，是以铁路车站、联络线和进出站线等技术装备构成的铁路综合设施。铁路枢纽的功能是使各方向铁路线相互沟通，与其他运输方式顺畅衔接。

高速铁路的运输组织工作与普速铁路有着显著的区别，高速度、高密度、高正点率、高可靠性、高质量服务、高市场占有率及高社会经济效益是其追求的目标。

学习目标

1. 知识目标

(1)掌握不同建设模式下高速铁路车站设计特点；

(2)掌握高速铁路车站布置方案；

(3)理解高速铁路引入既有枢纽的要求与方式；

(4)理解高速铁路运输组织的基本特点。

2. 能力目标

(1)能够依据高速铁路设计规范，结合某一高速铁路基础资料进行车站布置。

(2)能够结合城市特点，合理选择高速铁路引入某一既有铁路枢纽的方式。

(3)通过对铁路枢纽有关知识的学习，培养把握全局的能力。

(4)通过对高速铁路车站设计原则的学习，培养良好的人文素养。

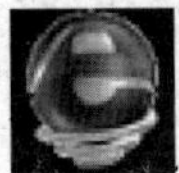

相关案例：北京南站概况

北京南站(图9.1)是中国最大的客运特等站之一，是京津城际以及京沪高铁的始发站和终到站；东端衔接北京站，西端衔接北京动车段与京沪、永丰铁路，是集普速铁路、高速铁路、市郊铁路、城市轨道交通与公交、出租等市政交通设施于一体的大型综合交通枢纽站，被誉为“亚洲第一站”。

北京南站容纳包括京沪高铁、京津高速城际列车在内的24条到发线，在功能上大大超过

北京站和北京西站。北京南站候车空间可容纳 10 500 人同时候车,目标是实现地铁、国铁、公交等多种交通方式的无缝连接和零换乘。

图 9.1 北京南站

北京南建筑形态为椭圆形,车站主体为钢结构,分为主站房、雨篷两部分。主站房为双曲穹顶,最高点 40 m,檐口高度 20 m,主站房以天坛鸟瞰效果为基本形状,中间设有 3 个层次,隐喻中国皇家建筑的层次感和地位。两侧雨篷为悬索形结构,最高点 31.5 m,檐口高度 16.5 m。雨篷钢结构采用了 A 形塔架支撑体系、悬垂梁结构等多项施工技术。椭圆形中央站房屋顶和 98 000 m^2 的两侧雨篷的主要材料为银色金属铝板。北京南站整个钢结构总用钢量为 6.5 万 t。

北京南站占地面积 49.92 万 m^2,建筑面积 42 万 m^2。主站房建筑面积 31 万 m^2,地上两层,地下三层。

(1)地上二层。地上二层为高架候车层,是旅客进站层,建筑面积 47 654 m^2,其中央为独立的候车室,东西两侧是进站大厅,自北向南依次为各候车区。高架候车大厅的四个角设有售票办公楼,车站共设置了 84 台窗口售票机和 39 台自动售票机。检票进站全部由自动验票系统控制。北京南站还实现了乘客不出站台零距离换乘,每个站台上都有多部直梯和扶梯,这些电梯将候车大厅、站台层和地下换乘大厅连接为一体。站内共设有 111 部电梯,旅客可以通过这些设施无障碍地进出站和到达车站的各个服务区域。

(2)地面层。包括站台轨道、地面公交与进站口。站外地面层主要通行公交车辆以及旅客进站;站内地面层则包括 13 座站台,24 条到发线,3 个客运车场。其中从北往南依次为普速车场设到发线 5 条,3 座站台,客运专线车场设到发线 12 条,6 座站台,城际铁路车场设到发线 7 条,4 座站台。

(3)地下一层。地下一层是换乘大厅,面积 119 940 m^2,预留了与城市铁路连接的车站,其东西边为旅客出站大厅,另外设上下两层计停车泊位 909 个。站房南北侧建成下沉式广场,设有公交车始发站和出租车停靠站,南广场设有公交停靠站。

(4)地下二层。地铁 4 号线。

(5)地下三层。地铁 14 号线。

北京南站突出环保、节能等理念,在众多大型铁路车站中首次采用太阳能发电,辅助解决车站用电问题。

由该案例可以看出,高速铁路车站综合体现了"功能性、系统性、先进性、文化性、经济性"原则,力求提高旅客运输服务质量和社会经济效益,真正体现了以人为本的设计理念。因此,通过本项目的学习，应掌握高速铁路车站设计模式和布置方法，了解高速铁路引入既有枢纽的方式，了解动车段(所、场)与综合维修基地在车站的设置方法，理解理解高速铁路运输组织的特点。

任务 9.1 掌握高速铁路车站设计模式

高速铁路车站及枢纽不仅是高速铁路运输生产的基层单位，也是城市的窗口，又是高速技术的标志。图 9.2～图 9.8 为几座典型的高速铁路车站。

高速铁路的车站应与城市规划充分协调，重视环境的保护和利用。例如，法国地中海高速线新建的阿维尼翁站(图 9.6)，楼房建筑面积占项目面积的 10%，其他用于绿化和美化环境，车站主大厅是尖拱顶结构，朝向车站股道一侧为玻璃墙，给旅客的感觉是处在一巨大的贝壳之中。

图 9.2 上海虹桥站

图 9.3 新武汉站

图 9.4 广州南站

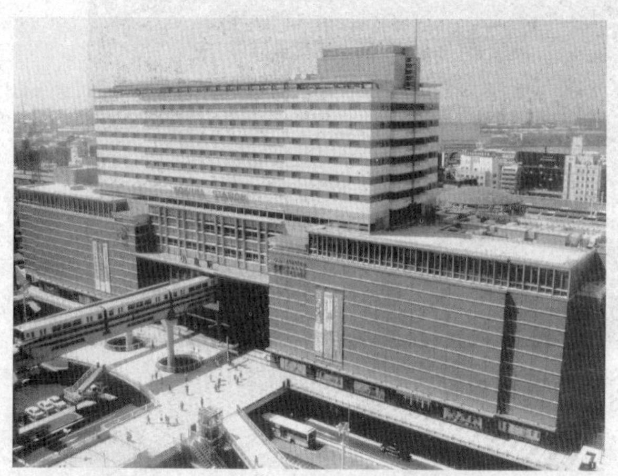

图 9.5 日本山阳新干线小仓新车站

图 9.6 法国地中海线阿维尼翁新车站

图 9.7 德国柏林新车站

图 9.8 意大利佛罗伦萨新车站

又例如,在京张高铁八达岭站选址的过程中,综合考虑旅客服务水平、技术、经济、环保等方面因素,在选线过程中选择了线路长度较长的八达岭设站方案,车站站位选择了施工难度较大的地下站方案(图 9.9),但该方案车站位置紧邻八达岭景区入口,旅客下车后步行即可到达，最大限度方便了旅客出行，同时避免修建旅客接驳设施，避免对景区环境造成破坏，充分体现了“创新、协调、绿色、开放、共享”五大发展理念，践行了“人民铁路为人民”的初心。八达岭长城站的设站理念及成功经验对今后开展的项目具有良好的借鉴作用。

图 9.9　八达岭长城站三维示意

高速铁路的车站设计随高速铁路建设模式的不同而各有特色。高速铁路的建设模式包括修建模式和运输组织模式两个方面。所谓修建模式是指高速铁路是采取既有线改造还是建设新线；线路的走向是采取与既有线并行还是远离既有线修建。所谓运输组织模式是指高速铁路是客运专线还是客货共线；列车运行方案是采取本线全高速旅客列车运行还是本线高速与跨线旅客列车共线运行。

高速铁路修建模式与运输组织模式密切相关，运输组织模式是修建模式的前提，又以修建模式为依托。高速铁路的建设模式不同，其车站设计也各有特点，现简述如下。

1. 既有线改造，客货列车共线运行模式

这种模式由于高速铁路全部利用旧线，其走向一般不变，沿线车站布局一般也不作变动，但对车站要进行下列改造：

(1)既有客运站要进行适当改扩建，例如改建站房，增加站线，到发线设计为双进路，咽喉区选用大号码道岔。

(2)有高速列车通过的站台要加宽(俄罗斯采用 2.0 m，日本采用 2.5 m，波兰采用 3.0 m)，以保证高速列车通过时产生的气流不影响站台上旅客的安全。

(3)引入城市的高速线必须与城市干道立交，曲线半径要适当加大，线路两侧要设置防护栏杆，以保证高速列车在枢纽内有较高的行车速度。

2. 全部新建客运专线，全部运行高速旅客列车模式

这种模式的客运站设计特点是：

(1)高速列车的始发、终到站单独设置或采用高架引入既有大城市铁路枢纽的客运站，站场与既有线并列设置，站房共用，出入口与既有站房联通，以便利旅客换乘。

(2)由于高速线与既有线的走向分开，高速铁路沿线应单独设置一定数量的越行站和中间站。

(3)引入既有枢纽的高速线,其技术条件一般均应满足高速列车运行速度的要求。

3. 高速线与既有线并行修建,本线全部开行高速旅客列车或本线与跨线旅客列车共线运行模式

高速铁路的走向与既有线基本并行,并引入既有线的大、中城市铁路枢纽。按高速线与既有线的分工不同,其运输组织模式有两种。

(1)高速线全部开行高速旅客列车,本线客流一律乘坐高速列车,跨线客流在接轨站换乘。既有线除开行全部货物列车外,还开行旅客列车,高速列车不下高速线,既有线旅客列车也不上高速铁路运行。

这种模式的车站设计特点是:

① 由于高速线与既有线基本并行修建,可尽量利用既有线的客运设施,为高速站与既有站合并设置创造良好条件。

② 由于高速线上不运行跨线列车,在枢纽内当高速站与既有站分设时,高速站可不必修建引入既有站的联络线。

③ 高速站的到发线有效长可按高速列车规定的长度确定,不必考虑跨线列车的长度。

④ 由于跨线旅客必须在接轨站换乘,在高速线引入枢纽时,应与城市交通密切配合,以解决旅客的换乘问题。

(2)本线与跨线旅客列车共线模式。在高速线上既开行本线的高速旅客列车,又开行跨线旅客列车。既有线除开行全部货运列车外,还开行少量旅客列车,跨线客流可不必在接轨站换乘。

这种模式的车站设计特点是:

① 当高速站与既有客运站在枢纽内分设时,两站间要设置方便的联络线,以便跨线旅客列车上、下高速线运行。

② 高速线上所有车站到发线的有效长,必须同时能够满足本线和跨线列车长度的要求。

③ 高速线沿途要设置一定数量的越行站,以便办理列车待避作业。

高速铁路作为骨架线路,与城际铁路、客货共线运行快速线路共同构筑我国客运快速网,高速铁路里程仅占规划客运快速网的1/4,客观上高速路网与其他线路间存在大量的跨线客流,如京沪高速铁路跨线客流约为60%,其他在建或规划的高速铁路跨线客流均占有很大比重。为方便跨线旅客,减少换乘,缩短旅行时间和节省费用,我国高速铁路必然要开行跨线旅客列车。纵观中国客运网络中任何一条客运专线,必然存在大量的列车需要跨线运行。因此,中国的国情和铁路网络的特点,决定了中国高速铁路的运输组织模式应该是不同速度等级的旅客列车共线运行,要考虑最高、最低速度的兼容性。

任务9.2 掌握高速铁路车站的布置

我国高速铁路的运输组织模式为本线旅客列车和跨线旅客列车共线运行,高速铁路的车站有与既有站分设和合设两种布置图。车站图形与高速、跨线旅客列车共线运行模式、车站性质、运营需要、动车段(所)、客车整备所的配置以及地形条件等因素有密切关系,应在满足运营要求前提下结合具体情况确定。

9.2.1　高速站与既有站分设的布置图

车站按业务性质分为越行站和客运站，而客运站按技术作业性质又可细分为始发站和中间站。

1. 越行站

图 9.10 为越行站布置图。越行站由于只办理速度较快的列车越行和速度较慢的列车待避，而不办理旅客乘降作业，故只需设 2 条待避用到发线。正线Ⅰ、Ⅱ办理速度较快列车通过，到发线 3、4 办理速度较慢列车待避。由于不办理客运业务，原则上可不设站台。

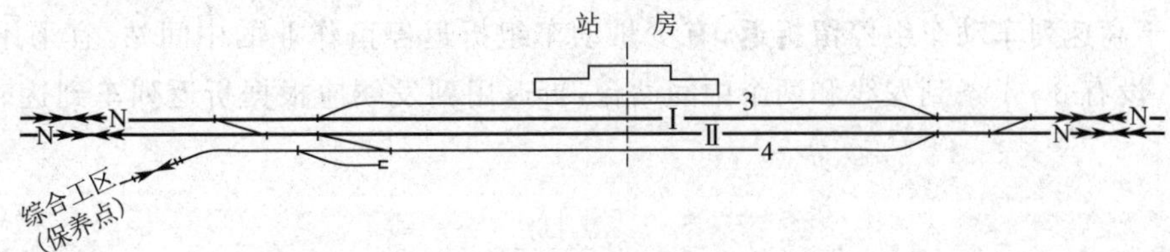

图 9.10　高速越行站布置图

越行站在高速线上的布局，应根据高速、跨线旅客列车的比例、列车开行方案、高速线需要的通过能力等因素来决定。

2. 中间站

在高速线上新建的高速中间站办理以下主要作业：

(1)高速、跨线旅客列车停站或不停站通过；

(2)跨线旅客列车待避本线旅客列车；

(3)少量高速旅客列车夜间折返停留；

(4)办理停站的各种旅客列车的客运业务。

中间站的布置图有两种：

(1)对应式

对应式中间站[图 9.11(a)]的两个站台夹 4 条线，考虑到办理四交会的可能，故设两条停车待避用到发线。Ⅰ、Ⅱ道为正线，3、4 道为到发线。这种布置图的优点是站台不靠近正线，高速列车自正线通过时，不影响站台上旅客的安全，站台安全退避距离不必加宽。如客运量较大而且某个方向需办理 2 列停站待避列车时，可增加 1 条到发线，见图 9.11(a)中虚线位置。

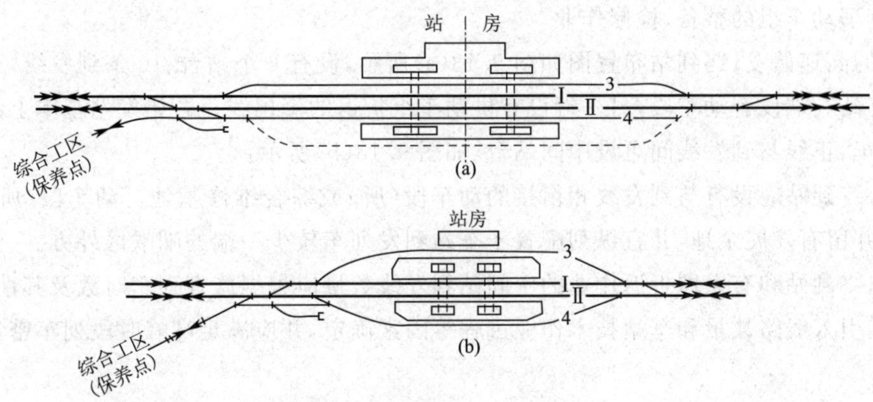

图 9.11　高速对应式中间站布置图

(2)岛式

岛式中间站[9.11(b)]的中间站台靠近正线，Ⅰ、Ⅱ道正线为高速列车通过线，3、4 道为待避线。其缺点是：当有列车在正线停靠站台时，会影响后续追踪列车通过，降低区间通过能力；另外，由于高速列车通过时受列车风的影响，站台安全退避距离需要加宽以保证旅客的安全，并需设置防护栅栏。

根据上述比较，中间站一般以采用对应式布置图为宜。但当有停站的旅客列车较多时，为充分利用站台，也可采用岛式布置图。

为便于高速列车动车组停留折返，有少量动车组折返停留作业的中间站，宜采用图 9.12 的布置图，设有 3～4 条到发线和两个中间站台，折返用到发线应根据折返列车到达时不切正线为原则。

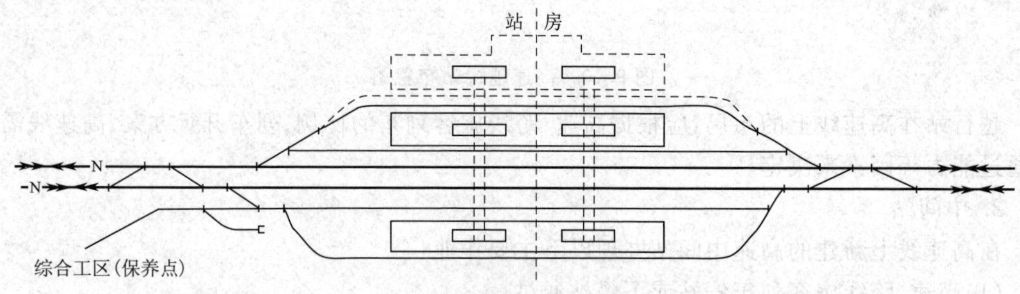

图 9.12　有折返作业的中间站布置图

为便于高速铁路设备的维修保养，在高速线的车站上，通常根据工务、电务、供电工区等的分布，设置综合维修工区。这种工区应尽量与车站的到发线衔接，以便维修用车的出入。必要时，可采用跨线桥引入车站。

3. 始发

这类车站位于特大城市的铁路枢纽，主要办理始发、终到高速列车的作业。新建的高速铁路始发站作业有以下几项：

(1)办理高速旅客列车的客运业务；

(2)办理高速旅客列车的始发、终到，动车组的取送和折返作业；

(3)办理动车组的整备、检修作业。

新建的高速始发、终到站布置图如图 9.13(a)所示，设有 6 个站台、10 条到发线，正线从中间穿过，车站一端设有动车段，另一端设有供动车组折返的牵出线。若始发站基本上没有不停站通过列车，正线与到发线间可设中间站台，如图 9.13(b)所示。

始发、终到站应设有与到发线相衔接的动车段(所)或综合维修基地。动车段(所)宜靠近车站设置并留有发展余地，并宜纵列配置于车站到发列车较少一端的咽喉区外方。

始发、终到站和有立即折返作业的中间站到发线数量应根据旅客列车对数及其性质、列车开行方案、引入线路数量和车站技术作业过程等因素确定，并应满足高峰时段列车密集到发的需要。

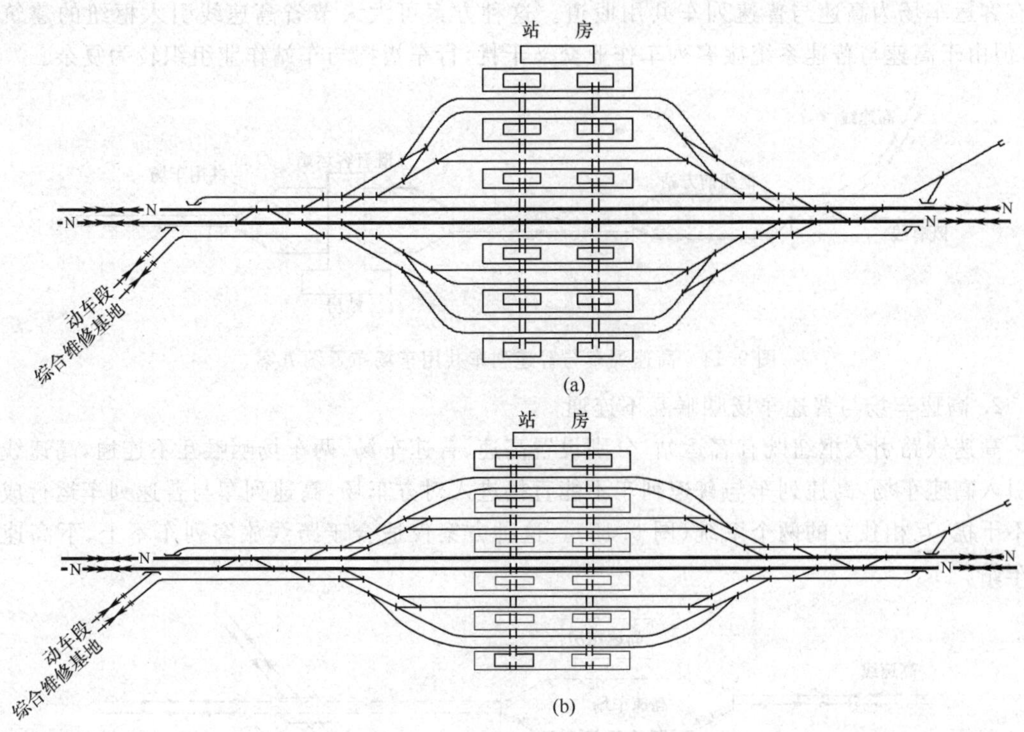

图 9.13　高速始发、终到站布置图

9.2.2　高速站与既有站合设的布置方案

高速铁路的车站与既有客运站合设时，具有下列优点：

(1)有利于吸引更多的旅客乘坐高速列车。既有客运站一般部位于城市中心附近，高速铁路车站与其合并设置，便于旅客乘降，节省出行时间。

(2)有利于充分利用既有客运站的站场、站房及其他旅客服务设施，节省工程投资和城市用地。

(3)有利于旅客换乘。高速、跨线列车的旅客可在同一车站直接换乘，无须乘坐市内交通工具，不仅可以减轻城市交通负担，也可以节省旅客换乘时间。

高速铁路车站与既有客运站合设时，应遵循下列一些设计原则：

(1)由于高速线上列车运行采用自动控制和调度集中，高速列车的运行及其接发进路应单独自成系统，普速列车不得进入高速系统；但跨线列车的接发既需在高速系统进行，又需在普速系统进行，因此，在高、普速列车共站的车站上，为便于运营管理，高、普速列车宜分场分线使用。

(2)在跨线列车需上、下高速线运行的车站，高速列车车场与普速列车车场之间应利用渡线或具有立交疏解设备的联络线互相连通，以保证转场作业的顺利进行和列车接发的机动性。在没有跨线列车上、下高速线的车站，因两场无须连通，也可不设这种联络线或渡线。

(3)客运站房共用。为了有利于旅客换乘和高速旅客流线与普速旅客流线互不交叉，高速铁路旅客与普速列车旅客的进、出站通路及其候车室应尽量分开。

高速站与既有站合设时，有以下几种方案可供选择。

1. 高速列车与普速列车共用车场

图 9.14 为高速线在枢纽前方站与既有线合并列入枢纽，利用既有正线进入既有客运站，

既有客运车场为高速与普速列车共用股道。这种方案可大大节省高速线引入枢纽的建筑费用,但由于高速与普速系统旅客列车作业交叉干扰,行车指挥与车站作业组织较为复杂。

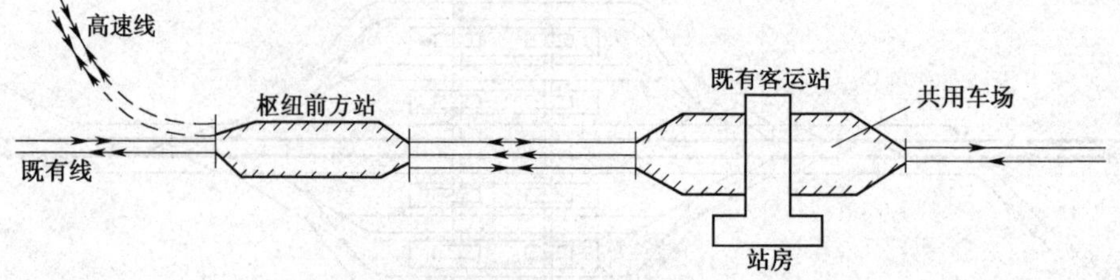

图 9.14 高速列车与普速列车共用车场布置图方案

2. 高速车场与普速车场咽喉互不连通

高速铁路引入枢纽既有客运站,分别设置高速、普速车场,两车场咽喉互不连通,高速线直接引入高速车场,高速列车与普速列车不能直接进入对方车场,高速列车与普速列车运行成为互不干扰、互相独立的两个系统(图 9.15)。这种方案仅适合于跨线旅客列车不上、下高速线的车站。

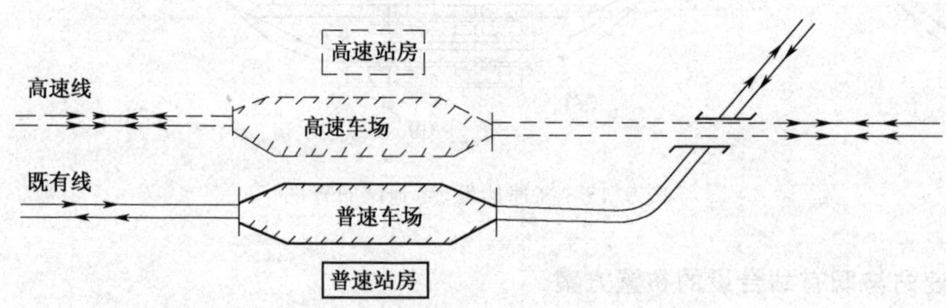

图 9.15 高速车场与普速车场互不连通布置图方案

3. 高速列车车场与普速列车车场在同一平面并列合设

图 9.16(a)为高速线与既有线并行引入既有尽端式客运站布置图,将靠近既有主站房一侧的既有到发线和站台改建为高速列车车场,供接发高速列车之用;与高速列车车场并列的其他到发线和站台作为普速列车车场,且在外侧适当扩建,供接发普速列车之用。在既有站房对侧,新建副站房,主站房与副站房之间采用高架通廊和地道相连,供旅客进、出站和换乘。两车场的进口咽喉用渡线互相连通。高速列车的动车段以及既有普速列车的客车整备场和机务段都有单独的站段联络线相衔接,以保证咽喉区必需的平行进路。这种布置方案适合于以办理始发、终到高速列车为主的高速站。

图 9.16(b)为高速线与既有线并行引入既有通过式客运站的布置图。既有线在站房一侧,高速线在站房对侧,高速列车车场与普速列车车场横列,两车场咽喉用渡线互相连通,高速车场向外适当扩建。为便于高速旅客列车的旅客出入站,采用高架通廊和地道相连。这种布置方案适合于以通过高速列车为主的车站。由于两车场横列布置,两端咽喉区高速、跨线列车到发进路交叉较严重。

4. 既有站上方设高架高速列车车场布置方案

图 9.17 为高速线高架引入既有站,在其上方设高架高速列车车场,其线路可采用图9.17的平面和横断面布置,承担接发高速旅客列车和通过车站不停车通过的跨线旅客列车任务;桥下地面既有站为普速车场,承担接发始发、终到停站通过的普速旅客列车的任务。两车场两端采用进站线路立

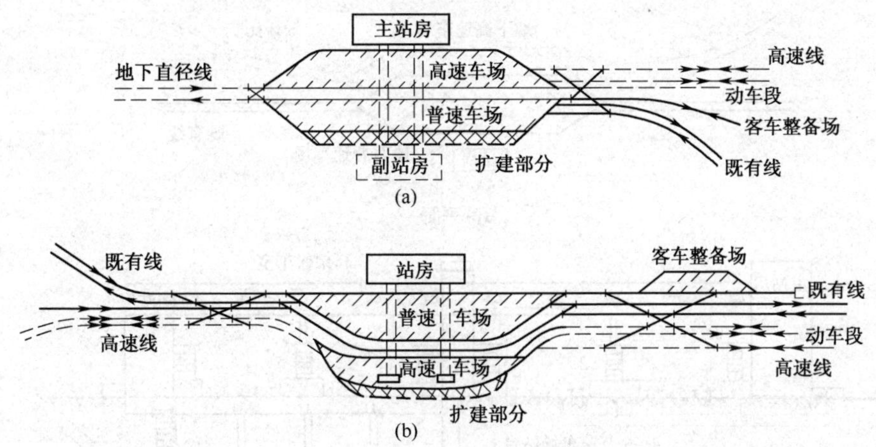

图 9.16　高速列车车场与普速列车车场在同一平面并列合设布置图方案

交疏解设备互相连通，以便于跨线客车上、下高速线。但当没有跨线列车上、下高速线时，两车场之间也可不必连通，以节省工程费用。高速旅客列车的旅客可通过主、副站房的自动扶梯和高架候车室通廊进、出站和换乘。普速旅客列车的旅客可通过高架候车室和地道进、出站。

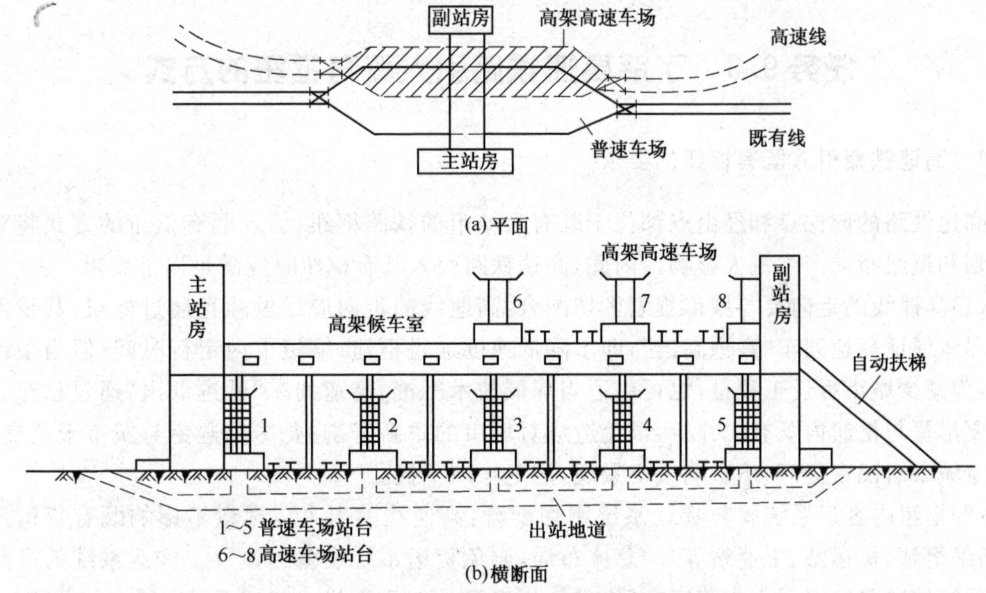

图 9.17　既有站上方设高架高速列车车场平面、横断面布置图

5. 既有站下方设地下高速车场布置方案

图 9.18 为高速线从地下引入既有站，在既有站地下新建高速车场，既有站改建为普速车场，其车场的固定用途与图 9.17 相同。两车场两端采用进站线路疏解设备相联结，以便跨线列车上、下高速线。高速旅客列车的旅客可沿地道和自动扶梯进出站和换乘，普速旅客列车的旅客可沿高架候车室和地道进、出站。高速线地下设站形式由于其工程造价高，施工困难，因而非特殊困难情况，很少采用。例如，日本东海道新干线的上野车站是日本新干线唯一的地下高速站，下地原因就是上野处于东京市区，既有上野站站场范围内没有高架或并行等设站条件，不得不采取下穿方式。

高速站与既有站合设时，究竟采用何种布置方案，应根据城市规划、既有客运站设备、当地地形地物、高速线引入枢纽的方式以及工程投资、施工难易程度等因素，通过技术经济比选后确定。

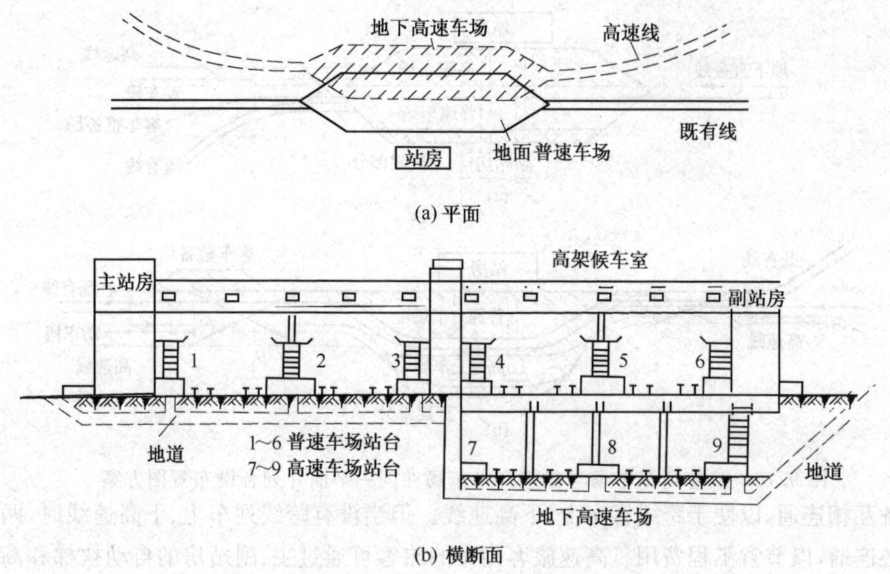

图 9.18 既有站下方设地下高速车场平面、横断面布置图

任务 9.3 了解高速铁路引入既有枢纽的方式

9.3.1 高速铁路引入既有枢纽的要求

高速铁路的起讫点和经由点都位于既有大城市的铁路枢纽,引入既有枢纽的方式将对城市规划和枢纽布局产生重大影响。因此,高速铁路引入既有枢纽时应满足以下要求:

(1)高速线的走向要与城市规划密切配合:高速线的走向应尽量顺直通过枢纽,其技术条件应尽量保证高速列车"高进高出",即不降低速度通过枢纽,缩短市内走行时间;但当条件困难时,为减少城市拆迁工程量,也可以适当降低技术标准,高速列车"低进低出"通过枢纽。高速线要尽量与枢纽内既有线并行,以免造成对城市的重新分割;要尽量避免与城市干道交叉;要绕避城市居民密集区,不影响城市景观,避免噪声干扰。

(2)枢纽内客运系统要与货运系统密切配合:高速线的引入应尽量不影响既有货运系统(包括编组站、货运站、工业站等)的总体布局,避免货运系统设备的改移。客运系统的进路与货运系统的进路应采用立交疏解布置,避免相互间的交叉干扰。客运系统的布局应不影响货运系统未来的发展。

(3)枢纽内高速站要与其他客运站密切配合:当枢纽内设有两个及以上的客运站时,首先高速线应尽量引入枢纽内的既有主要客运站,以便吸引更多的旅客乘坐高速列车;其次要保证充分利用既有各客运站的设施,减少改扩建工程,充分发挥既有客运设备的能力;第三,重新调整枢纽内各客运站的分工,制订各客运站接发各种列车的合理方案。

(4)高速线要与近远期新线引入枢纽密切配合:引入枢纽的新线包括普通线和高速线。首先,要保证引入的新线与高速站有方便的通路,高速线与引入新线在枢纽内的进站线路疏解要统一规划;其次,近期高速线与远期高速线在枢纽内客运站的作业分工应互相结合;第三,近、远期客运机务段、动车段及综合维修基地应统筹安排。

9.3.2 高速铁路引入既有枢纽的方式

高速铁路引入既有枢纽的方式，按其引入线的平、纵断面不同，有平面引入、高架引入、地下引入三种方式；按其引入客运站类别不同，有引入既有站（合设方案）和引入新建站（分设方案）的两种方式。现按其引入枢纽内的走向和既有线的关系不同分为以下三种方式进行叙述。

1. 并行引入方式

图 9.19 为高速线引入枢纽内主要客运站示意图。高速线 A′B′与既有线 AB 在枢纽内高架（或同一平面）并行，在主客运站旁设高架（或地面）高速车场，与既有客运车场横向并列。

这种引入方式对城市不产生重新分割。站房共用，便于旅客换乘，可充分利用既有客运设施和市政公用设施。但高速线穿越市区，与城市干道交叉，拆迁工程量较大，高速线在枢纽内的技术条件受到一定限制，将会影响高速列车在枢纽内的运行速度。

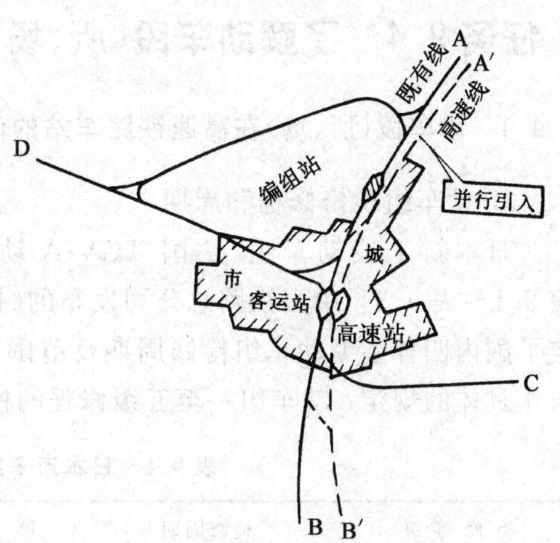

图 9.19 高速线与既有线并行引入枢纽示意

2. 并线引入方式

图 9.20 为高速线在枢纽前方站（中间站或辅助客运站）与既有线合并后，再利用既有正线引入枢纽内主要客运站。

这种引入方式工程量小，节约城市用地，拆迁工程量也少，高速线对城市干扰小。但高速列车在枢纽内的合并区间需减速运行，且由于该区间客、货混跑，通过能力紧张，必须修建四线或多线方能满足需要。

3. 分线引入方式

图 9.21 为高速线在枢纽内走行时离开既有线，引入枢纽内新建的高速站，图中高速线 A′B′进出枢纽都与既有线 AB 分开。高速线 A′B′在大江上游新桥过江后，引入城市南侧边缘新建高速站，在枢纽内编组站附近再与既有线并行，在枢纽进出口处用 a、b 联络线与既有线相连接。

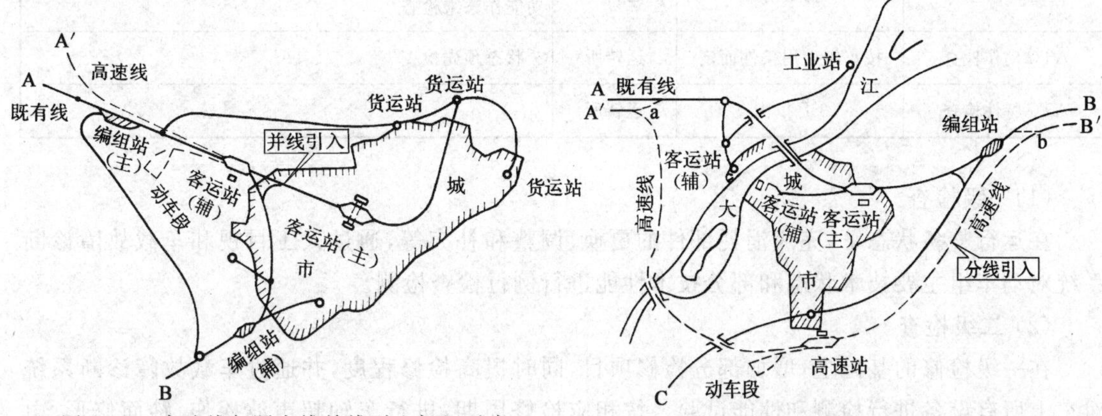

图 9.20 高速线与既有线并线引入枢纽示意

图 9.21 高速线与既有线分线引入枢纽示意

这种引入方式对城市环境影响少,拆迁工程量小,有利于扩大枢纽的客运能力,高速线的施工不影响运营。但新建高速站远离城市中心,不利于吸引客流,且与既有主要客运站相隔甚远,不利于旅客换乘。

选择何种引入方式,应根据以上所述的一些原则和要求并根据城市规划和现有枢纽的总布置图等条件,进行多方案比选后予以确定。

任务9.4　了解动车段(所、场)与综合维修基地在车站的设置方法

9.4.1　动车段(所、场)在高速铁路车站的设置

1. 动车组检修修程和周期

日本新干线动车组、法国 TGV-A 动车组和德国 ICE3 动车组修程和周期分别见见表 9.1～表 9.3。中国铁路总公司发布的《铁路动车组运用维修规程》(铁运〔2017〕238 号)规定了国内四种主型动车组检修周期及范围,检修周期见表 9.4。规程中对二级检修的周期暂未作具体的规定。动车组一至五级修程的检修范围如下。

表 9.1　日本新干线动车组检修周期(2003 年)

检修等级	检修周期	停　时	内　　容
日常检查	48 h 以内	1 h(16 辆)	车组不分解,根据运用状况补充更换易耗品,对受电弓、转向架、走行装置、电气设备、自动门、车内设备等作外观检查
定期检查	30 d 或 30 000 km 以内	4 h(16 辆)	车组不分解,根据运用状况对受电弓、高压回路、辅助回路、控制回路、自动门、转向架、车内设备等状态及性能进行检查,同时作电气部分的绝缘阻抗检查
转向架检修	12 月或 600 000 km 以内	1 d(8 辆)	车组分解成单元,每单元同时架车,更换转向架,对牵引电机、动力驱动装置、制动装置等主要部件解体后检查,转向架检查完毕后,在基地的试验线路上进行运行试验
全面检修	3 年或 1 200 000 km 以内	10 d(16 辆)	车组分解成每一单节,按工序流水作业,车上、车内、车下所有设备下车检修,主要部件互换修。高压布线在车上做耐压试验,车体气密检查等。单节车辆联挂后进行全列车的性能试验、基地内运行试验,最后上线试验
运转检查	需要时	运转中	对车组运行中的加减速度、振动等各设备的综合作用及功能作添乘检查
ATC 动作检查	按车组使用条件而定	运转所	状态预先检查
ATC 特性检查	3 月以内	运转所	

(1)一级检查

在运行整备状态下,完成消耗部件的更换、调整和补充等,通过人工目视和车载故障诊断系统对动车组主要技术状态和部分技术性能进行例行检查检测。

(2) 二级检查

在一级检修的基础上,增加部分检修项目,同时提高检修程度,并通过车载故障诊断系统对车上所有设备进行检测和性能试验。按相应检修周期,进行车轴超声波探伤、踏面修形、电气回路绝缘检测、牵引电机绝缘检测和车下电器过滤器类部件清扫除尘等专项检修。

(3)三级检修

在完成二级检修项目的基础上，更换转向架，并对更换下来的转向架及其主要零部件分解检修。

表 9.2　TGV-A 动车组检修周期(1990 年)

检修等级	项　目	检修周期/km	停　时	检修班制
ES	基本检查	3 500	1 h	三班制(3×8 h)
ECF	舒适性检修	10 000	2 h	
VOR	走行部检修	20 000	4 h	
ATS1	其他例行检查 1	60 000	12 h	两班制(2×8 h)
ATS2	其他例行检查 2	100 000	20 h	
VL	限制性(局部)检修	150 000	26 h	
VG	全面检修	300 000	2.5 d	
GVG	重大部件修理	600 000	5 d	
OVERHAULING	大修	2 400 000	13 d	单班制

表 9.3　ICE3 动车组检修周期(2000 年)

类　别	检修等级	项　目	检修周期/km	停　时
A	L	运行检查	4 000×(1+10%)	1 h
	N	补充检查(特殊部件)	20 000×(1+20%)	1.5 h
B	F1	第一级修	100 000×(1+20%)	8 h
	F2	第二级修	400 000×(1+20%)	16 h
	F3	第三级修	800 000×(1+20%)	16 h
	F4	第四级修	1 600 000×(1+20%)	2 d
C	Rev	大修	2 400 000×(1+20%)	9 d(一班)

表 9.4　中国高速铁路主型动车组检修周期

检修等级	检修周期			
	CRH1	CRH2(380A)	CRH3(380B、C)	CRH5
一级检修	≤(4 000+400)km 或运用 48 h	≤(4 000+400)km 或运用 48 h	≤(4 000+400)km 或运用 48 h	≤(5 000+500)km 或运用 48 h
二级检修	另行公布	另行公布	另行公布	另行公布
三级检修	(120± 10)万 km 或 3 年	60^{+2}_{-5}万 km 或 1.5 年	(120±12)万 km 或 3 年	(120± 12)万 km 或 3 年
四级检修	(240± 10)万 km 或 6 年	120^{+2}_{-10}万 km 或 3 年	(240± 12)万 km 或 6 年	(240± 12)万 km 或 6 年
五级检修	(480± 10)万 km 或 12 年	(240±10)万 km 或 6 年	(480±12)万 km 或 12 年	(480± 12)万 km 或 12 年

(4)四级检修

对动车组各主系统进行分解检修、特性试验,必要时进行车体的涂漆。

(5)五级检修

在完成四级检修项目的基础上,对动车组全车进行分解检修,较大范围地更新零部件,并进行车体的涂漆。

2. 动车段(所、场)的类型

(1)动车段:配属动车组,承担动车组的一二级修和三级及以上修程、临修作业以及整备(含客运整备)和存放任务。

(2)动车运用所:承担所在客运站始发、终到动车组的客运整备、一二级修、临修和存放作业。

(3)动车存车场:承担动车组的存放,根据需要可设置整备(含客运整备)设备。

3. 动车段(所、场)设置的原则和要求

(1)动车段(所、场)的分布及规模应根据高速列车的开行方案、担当的交路经计算后确定其工作量。一般以配属动车组套数、每日始发、终到动车组数及其承担的修程等因素来确定其规模。

(2)动车段(所、场)应设在有较多始发、终到高速列车的始发终到站、通过站的适当地点,以节省动车组的出入段时间。站、段(所、场)相对位置应有利于行车,并与城市规划密切配合。动车组出入段(所、场)对车站作业干扰应最小,并应适应站型和运输发展的需要。

(3)动车段与车站的相互位置,可横向或纵向布置。纵向布置时,动车组出入段不必折返运行,作业流水性好,可以节省时间。横向布置时,动车组出入段不仅折角,且与正线交叉。

(4)车站与动车段(所、场)间应有专门的回送线相连接,出入段次数较多时宜采用复线,并与高速正线立交疏解。出入段次数较少时,也可采用单线。

4. 动车段(所、场)内设备的布置方式

动车段(所、场)的主要设备有:到发兼停留线(场)、检修库(线)、台车检查设备及动车组清洗设备等。段(所、场)内主要设备的布置形式有两种:

(1)横列式:到发兼停车场与检修库横向排列(图 9.22),具有占地少,作业集中的优点;但检修车需折返运行,增加转线作业费用,且咽喉区有交叉干扰。当停车的动车组数较少(4～10 列)时可以采用。

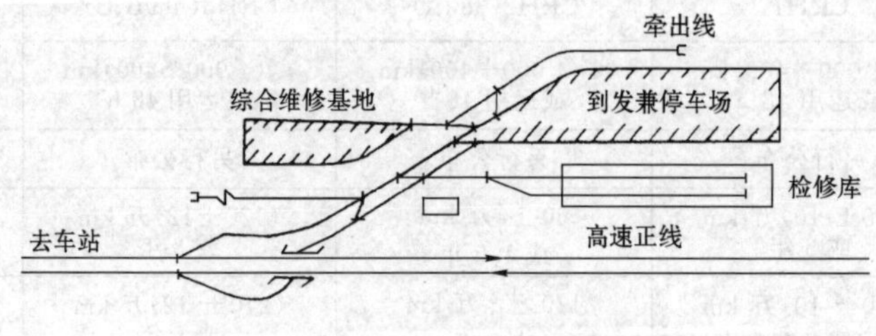

图 9.22 横列式动车段设备布置图

(2)纵列式:到发兼停车场与检修库纵向排列(图 9.23),可节省动车组转线作业时间,转线作业与到发作业互不干扰;其缺点是占地较长。当动车组到发列数较多且地形允许时可采用纵列式。

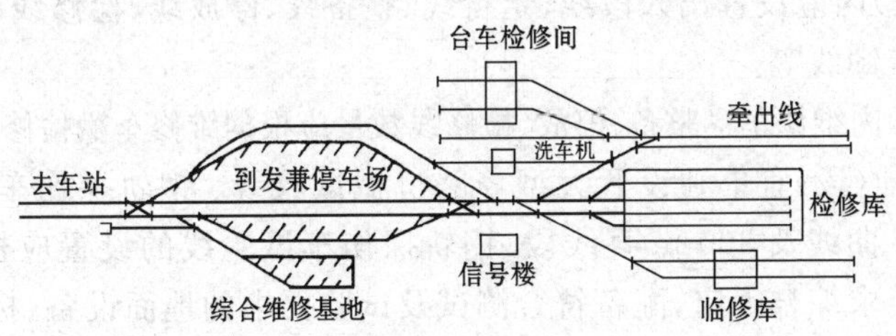

图 9.23 纵列式动车段设备布置图

9.4.2 综合维修基地在高速铁路车站的设置

高速铁路维修设施应包括维修基地(段)、维修车间及维修工区,并应按承担线路、路基、桥涵、隧道、灾害监测、牵引供电、电力、给排水、通信、信号、信息、房屋建筑等设施的维修工作内容进行设计。维修车间及维修工区的设置宜满足本线管段内检测、保养作业需要。

维修设施及设备配置应根据天窗时间完成维修工作需要进行设计。维修设施应按专业强化、资源综合、集中管理的原则进行布局和规划。

1. 工务维修

工务维修设施应按承担管内线路设备的周期检修、经常保养、临时补修和桥隧建筑物的检查、维修、大修以及相应的检测、监测、维修、事故抢修和管理等工作内容进行设计,包括维修基地(段)、维修车间、维修工区。维修车间及维修工区宜根据机械化巡检设备的作业效率、频度配置巡检设备。

2. 供电维修

供电维修设施应按承担管内牵引供电、电力供电设施等电气设备、自轮运转设备的运行管理、检测、试验、维修和事故抢修等工作内容进行设计。

3. 电务维修

电务维修设施应按承担管内日常生产组织和安全管理、组织设备的集中检修、重点整治和施工工作、组织应急抢修和故障处理等工作内容进行设计。

4. 信息维修

信息维修设施应按承担信息系统设备、软件与线路日常维护作业管理、故障检修管理、检修调度管理、台账管理、备品备件管理等工作内容进行设计。

5. 总平面布置

维修设施宜按照专业修、机械修、集中修进行设计,并应符合下列规定:

(1)基地(段)、车间、工区选址应靠近车站,避开工程地质和水文地质不良地段,并应有良好的排水条件。

(2)总平面布置应根据生产工艺、环境保护、消防、卫生、通风、采光等要求,结合地形、地质、水文、气象等自然条件,因地制宜布置建筑物、线路、道路、管线及绿化设施。

维修基地(段)设计总平面布置应符合下列规定:

(1)维修基地(段)应设置于高速铁路路网区域中心所在地。

(2)维修基地(段)总平面布置应确保工艺流程顺畅,避免流程 交叉、相互干扰。近远期结合,预留发展条件。

(3)维修基地(段)承担大型养路机械检修任务时,线路设置应符合下列规定:

① 维修基地(段)内应设置出入段线、走行线、整备线、停放线、检修线、转向线、标定线、试验线、牵出线、材料装卸线等。

② 维修基地(段)内维修车辆整备、停放、检修线数量应根据维修车辆检修、停放需要确定。

③ 工务维修基地(段)宜单独设置大型养路机械试验线、钢轨探伤车试验线。大型养路机械试验线应设置S曲线及300 m直线段;钢轨探伤车试验线的设置应根据车组性能、加速及制动距离和试验要求综合确定,配备符合测试及试验要求的地面设备、标准伤损钢轨等。工务、供电维修作用车停放及材料线应根据运营维护需求合理确定。

④ 维修基地(段)内道岔应采用股道自动化集中控制。

任务9.5 理解高速铁路运输组织的特点

高速铁路无论在技术装备、运输服务还是在运输组织工作上都与普速铁路有着显著的差别。高速铁路运输组织的目标是高速度、高密度、高正点率、高可靠性、高质量服务、高市场占有率及高社会经济效益。世界各国的高速铁路,根据本国的具体情况,在运输组织工作上采用了不同的模式,其基本特点为:

1. 运输服务系统覆盖旅客旅行服务的全过程,最大限度地满足不同层次的旅客出行需求

旅客运输组织是整个铁路运输系统中的重要组成部分,高速铁路运输服务的对象就是旅客,从客票预订和售票服务、站车信息服务、旅客换乘服务等方面应高质量的、便捷的满足旅客的需求,最后能够安全、迅速、准确、舒适地将旅客送到目的地。

2. 充分满足旅客出行需求,适应客流变化,制定运输计划和旅客列车开行方案

高速铁路主要为满足旅客快速旅行需求服务,因此列车运行图所规定的列车种类、数量、始发终到和途中停靠车站及其停站时分,都要从最大限度满足不同层次的旅客出行需求出发,统筹兼顾,合理安排,做到:

(1)认真调研并确定高速铁路网沿线吸引范围内的基本旅客群体及其出行的“黄金时间带”,在该时间带提供高频率、高质量的列车服务。

(2)调整和优化列车开行方案。除开行适应季度客流、星期客流和日间客流变化规律的国内和管内各类不同速度、不同行程和不同停站的高速列车外,还发展了高速线与既有线以及国际高速铁路之间的联程运输,甚至开行挂有运送小轿车的专门车辆的高速穿梭旅行列车。

(3)重视与既有铁路和其他交通方式的协调配合,方便旅客换乘。

除了上述共性之外,各主要国家的高速铁路列车开行方案也具有各自的特性:

日本高速铁路与既有线不联轨,高速铁路的列车开行方案具有统筹优化高速铁路与既有线、高速铁路与其他交通方式在各换乘地点和时间配合的特点。

与日本不同,法国高速铁路一般在铁路枢纽与既有线联轨,为减少旅客换乘而发展了高速列车下高速线、沿既有线继续运行至客流终到站的延伸服务模式。因此特别重视与既有线运行图在联轨站的协调配合和高速列车下线后在既有线的停靠方案及其时间安排。

德国高速铁路采用昼夜分区的客货混行模式,昼间运行旅客列车,夜间运行货物列车,在昼夜交替的时间段则为客货混行。因此除重视日间高速列车与普通城间列车的配合外,还特别重视在客货混行时间段的客货列车时间安排,尤其注意避免客货列车在区间隧道中交会,保证行车安全。

3. 建立以高新技术为基础的安全保障体系

由于列车速度的提高和行车密度的增大，行车安全成了一个非常突出的、受到特别关注的问题。因此，对技术设备提出了必要的安全要求，如保证轨道的稳定性，改进车辆结构与材料，采用复合制动技术，建立电力牵引供电系统的检测、监控和保护装置以及高速铁路正线采用全封闭、全立交方式等。特别是建立了以人为核心的人—机—环检测、控制和管理系统，包括列车控制与行车指挥自动化系统，技术设备的检测、控制、整备与维修系统，故障自动诊断、报警和防护系统，环境检测与报警，事故和灾害的应变、救援和恢复系统，自然灾害的预报、监测、告警、防护与减灾等。高速安全技术是与一系列高新技术互相融合、彼此渗透、不可分割的前导技术和综合集成技术，是铁路现代化的标志。

4. 建立以调度中心为中枢的运营管理总体系统

铁路调度指挥系统是组织铁路日常运输活动的管理中枢，又是对运输过程进行实时监督调整的指挥中心。它在协调各部门工作，提高列车运行质量，确保行车安全，保持运输系统整体有序运行方面起着重要的核心作用。调度指挥系统的主要任务是制定和执行运输工作日常计划，进行实时的生产调度指挥工作。

为提高生产的有序性、实现多部门间联合生产的协同性以及对外界干扰的适调性，调度指挥系统具有约束控制、协调配合和应变调整三项基本功能。而要充分发挥这三项基本功能，必须在调度指挥工作中坚持集中领导和统一指挥的基本原则，并构建与之相适应的组织机构。

高速铁路的调度指挥系统，最典型的是以日本为代表的，根据高速客运专线特点和需要，按照新的思路构成的综合型调度指挥系统，简称“综合型”系统。这种系统的主要特点在于其构建思路充分考虑了高速运行、高新技术含量所伴随的高风险性及运输安全保障对调度指挥系统的高度依赖性，突出了安全的重要地位；并从广义的运输系统概念出发，即将运输系统视为包含多部门的庞大复杂的人—机—环境动态系统，以保证运输安全和稳定有序为首要目标，构建信息化、集成化和智能化的综合调度指挥系统。日本新干线的“综合调度中心”所设置的职能结构、业务范围，除传统的各种调度业务以外，还设立有关线路设备管理、维修、保养，供电系统的监视、遥控，通信信号设备的监控、检修以及发生灾害、事故抢修处理等业务调度，如图 9.24所示。

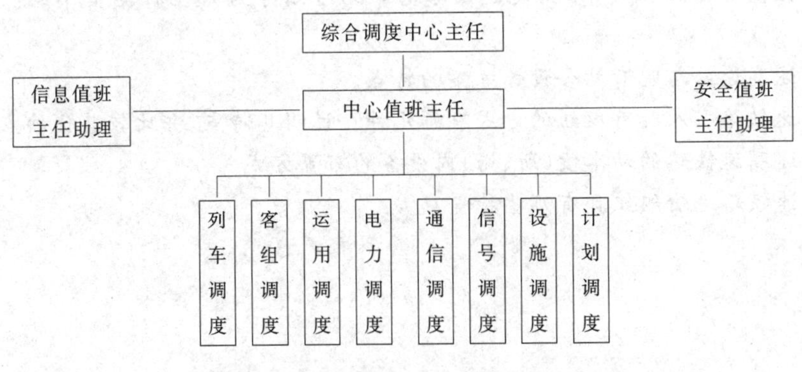

图 9.24 综合调度中心职能结构示意

“综合型”系统是以现代化新技术为支撑条件的信息化、集成化和智能化的先进系统。日本的“综合调度中心”，在采用调度集中 CTC 的基础上，开发配置了计算机管理系统，形成了以行车指挥自动化系统 COMTRAC 和新干线信息系统 SMIS 为中枢的，集成了一系列自动化程度很高的移动数据通信、设备监控、列车运行自动控制、事故预警、防灾、售票服务、事务管理等功能综合的统一的运营管理总体系统，如图 9.25 所示。

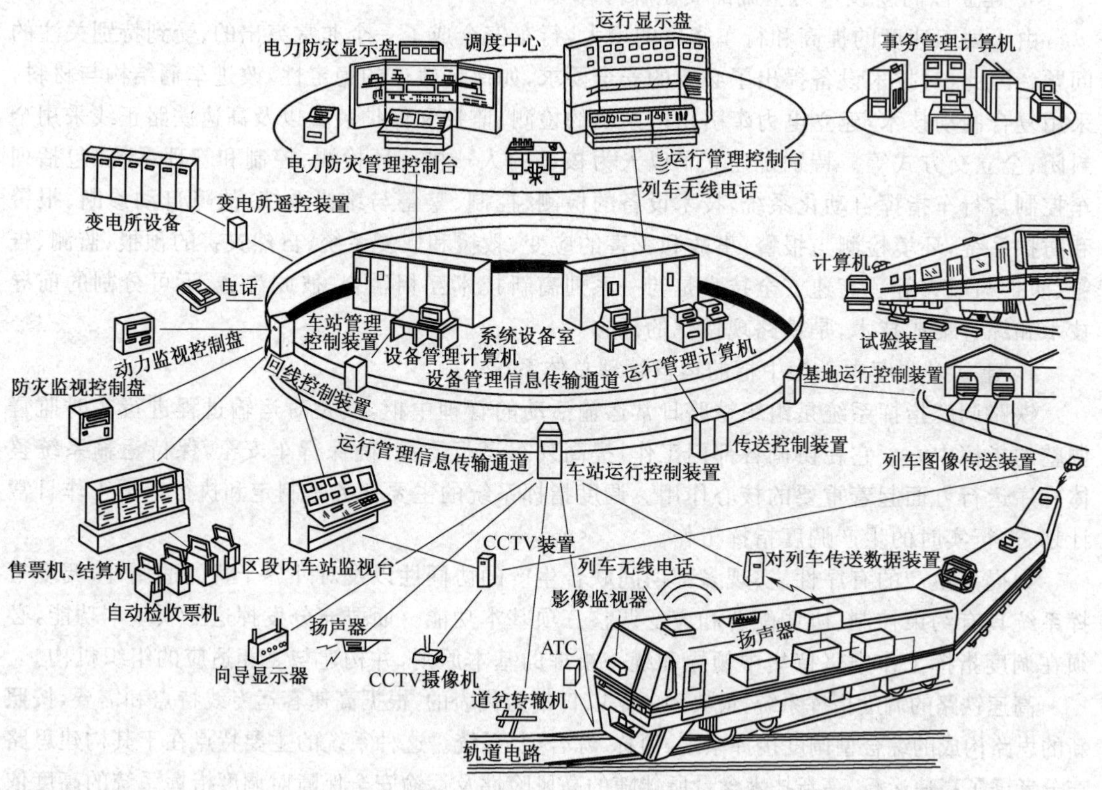

图 9.25　统一的运营管理总体系统示意

复习思考题

9.1　我国高速铁路的运输组织模式选择何种模式？并分析其原因。

9.2　根据技术作业性质不同，高速铁路的车站可划分为哪几种类型车站？说明其图形特征。

9.3　简述高速站与既有站合设备方案的特点。

9.4　高速铁路引入既有枢纽的方式有哪几种？说明其特点，并比较其优缺点。

9.5　简述高速铁路的动车段(所、场)内设备的布置方式。

9.6　高速铁路运输组织具有哪些特点？

项目 10　高速铁路防灾安全监控与环境保护

项目描述

安全是一切交通运输方式的先决条件，是高效运输和持续发展之本，是铁路运输的生命线。高速铁路由于列车高速度、高密度运行，一旦发生事故，后果相当严重。因此，高速铁路对行车安全保障体系提出了更高的要求。除了要求保证线路、机车车辆、牵引供电以及通信信号等设备高安全性外，对各种可能发生的灾害，如自然灾害——强风、暴雨、大雪、地震，轨温及火灾，突发性灾害——坍方落石、异物侵入限界、非法侵入等，都要实施全面监测，即建立防灾安全监控系统，实施全面、准确、实时的安全监控，预防灾害的突然袭击。

学习目标

1. 知识目标

(1)熟悉高速铁路防灾安全监控系统的构成；

(2)掌握减振降噪技术措施。

2. 能力目标

(1)能够熟练描述我国高速铁路防灾安全监控系统总体构成。

(2)能够结合有关安全监控资料，参与高速铁路防灾安全监控的有关工作。

(3)通过安全案例的学习，养成强烈的安全意识、质量意识和社会责任感。

相关案例：欧洲之星列车命悬一线

2005 年 10 月 23 日，意大利突发暴雨引发洪水，将东南部港口城市巴里附近的一座铁路桥冲毁（图 10.1），只剩下轨排孤零零地架在空谷中。就在这时，一列欧洲之星列车以 170 km/h高速驶来，在距离被冲毁桥梁 2 km 处开始紧急制动，在经历了一段惊心动魄的生死时速后，终于停了下来。如果列车再前行一小段距离，就会造成车毁人亡的惨剧。

由此案例可以看出，高速铁路由于列车速度高，一旦发生脱轨事故，后果将极为严重。随着列车运行速度的提高，其制动距离呈几何级数增长，以时速 350 km 高速列车为例，其紧急制动距离可能会达到 6 km，这就需要高标准的行车安全保障体系来应对灾害、钢轨断裂、异物侵限、非法侵入等，从而避免事故的发生，降低事故损失程度。通过本项目的学习，应掌握高速铁路防灾安全监控系统的构成和减振降噪技术措施，形成“要安全、讲安全、懂安全、重安全”的铁路安全文化。

图 10.1 欧洲之星列车事故现场

任务10.1 熟悉高速铁路防灾安全监控系统的构成

防灾安全监控系统是综合调度中心的一个组成部分。防灾安全监控系统提供有关防灾数据(预警、限速、停运决策信息),为列车运行计划调整、控制提供依据,保证列车正常运行。日本、德国、法国等国均考虑高速铁路防灾安全监控系统,并采用了较完善的安全设施保障列车行车安全。我国高速铁路对风、雨、雪、洪水、地震以及异物侵限等均进行了实时在线监测,当达到报警控车条件时,根据风险等级采取限速或停车措施。

防灾安全监控系统一般包括信息采集、信息传输和信息处理三部分,对自然灾害(风、雨、洪水及地震)、轨温及火灾、突发事故、异物侵限及非法侵入等内容进行监测或控制。自然灾害主要指:风、雨、洪水、地震及其他自然灾害;轨温及火灾主要指钢轨温升、大型车站、大型结构物、牵引变电所、通信信号机械室等重要机房室内及周围火灾;突发事故及异物侵入限界指突然发生的影响行车安全的事故以及落石、落物、塌方或其他物体侵入限界,使铁路设施受到意外撞击等等。另外运行中的高速列车、牵引供电系统和通信信号等都有自己的安全监测和自控子系统,维修、紧急救援子系统也是安全系统中的重要环节,它们共同构成安全保障体系。我国高速铁路防灾安全监控系统总体构成如图 10.2 所示。

以下先介绍自然灾害监测中的风监测子系统、雨量及洪水监测子系统、地震监测子系统和雪害监测及对策,然后介绍固定设施诊断与监控中的轨温监测、长大隧道安全监测、长大桥梁安全监测、路基安全监测、大型车站防灾系统和其他灾害监测及安全防护工程。至于高速列车、牵引供电系统和通信信号的安全监测和自控子系统,以及维修、紧急救援子系统,这里不再一一介绍。

1. 风监测子系统

高速铁路与普速铁路相比,一方面列车运行速度快,另一方面列车轴重轻,因此,风对高速铁路安全的影响是不容忽视的。强横风作用下,接触网可能引起强烈摆动、翻转;作用于车辆的侧向大风则将影响列车运行的横向稳定性,可能造成列车倾覆。长大桥、车站一般要设风向

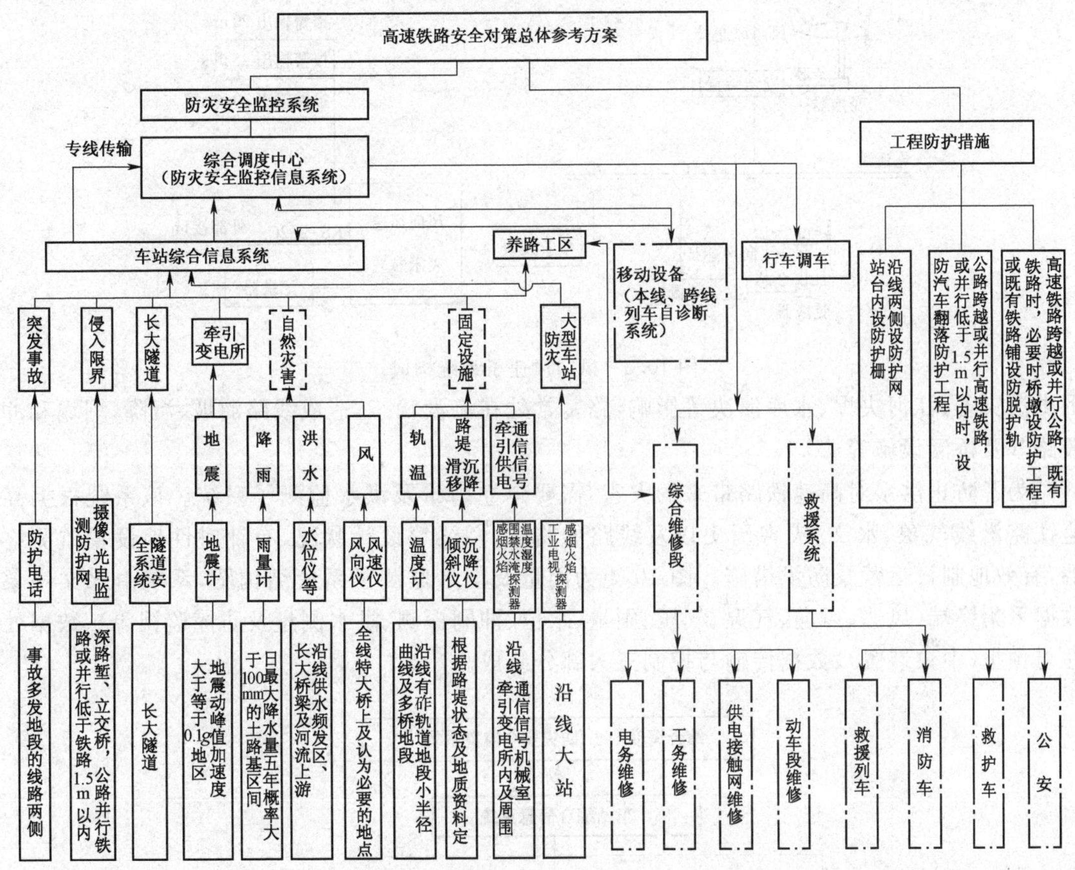

图 10.2　我国高速铁路防灾安全监控系统总体构成图

风速计,空旷地带风期长、风力强劲的风口也应设置风向风速计,而气象部门只能提供大面积范围内的气候概况,不能满足高速铁路点、线特点和具体数据的实时性要求,所以,高速铁路针对风灾害所采取的安全对策是建立风监测子系统(系统还需与气象部门联网以保证数据的合法性和对未来天气的预测需要)。该系统由风向风速计、发送装置、接收分析记录显示装置组成。日本采用的某种风向风速监测子系统构成如图 10.3 所示,风向风速计通过其附带的变换器将模拟电信号变换成数字信号,经由各自的信号发送装置,通过一对电缆发送至分析记录显示装置接收。在风速达到一定值时,自动通知中央控制中心,控制列车减速或停止运行。警报标准根据线路条件、列车抗风性能、周围环境等因素综合考虑。

我国现行铁路技术管理规程规定:(1)在环境风速不大于 15 m/s 时,可以正常速度运行;环境风速不大于 20 m/s 时,运行速度不大于 300 km/h;环境风速不大于 25 m/s 时,运行速度不大于 200 km/h;环境风速不大于 30 m/s 时,运行速度不大于 120 km/h;环境风速大于 30 m/s时,严禁动车组列车进入风区。(2)在线路中心线距站台边缘为 1 750 mm 的正线、到发线办理动车组列车通过时,在环境风速不大于 15 m/s 情况下,速度不得超过 80 km/h;当环境风速超过 15 m/s 时,动车组运行速度不得超过 45 km/h,并注意运行。

2. 雨量及洪水监测子系统

铁路洪水灾害不像地震、风灾那样具有突发性,而是按积少成多、循序渐进的规律,因汛期雨水多而形成灾害的。例如,京沪高速铁路多处于河流下游的平原地区,沿线地区日最大降雨量均大于 100 mm,降雨大多集中于汛期(6～9 月份),铁路桥涵及线路易受汛期江河下游大范

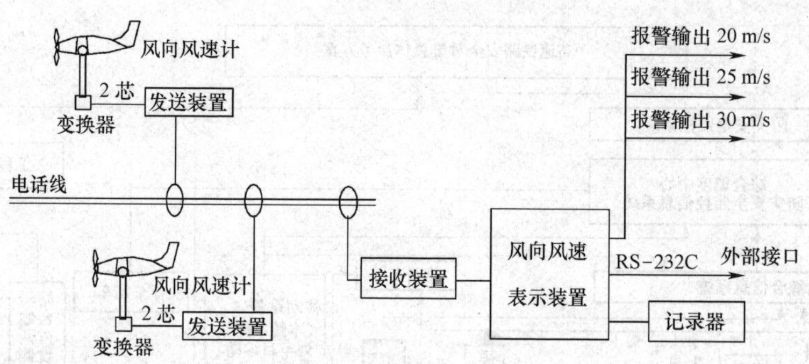

图 10.3　风向风速子系统构成

围洪涝灾害、江河决堤、水库溃决等影响,路基常处在淹没状态,造成线路溜坡、沉降、坍塌和冲毁路基及桥涵设施等。

为了防止洪水对高速铁路带来的灾害,需要建立雨量及洪水监测子系统。该系统根据高速铁路沿线气象、水文、灾害历史以及线路的路基、桥梁等设计状况,有针对性地设置监测终端,有效地制订运营及防洪措施。图 10.4 为雨量及洪水监测子系统结构图,系统由水文气象数据采集终端(风速、风向、气温、气压、雨量、水位、冲刷探测、洪水测量及防撞监视等)、数据处理与预报(中央装置)、数据传输与控制三大部分组成。

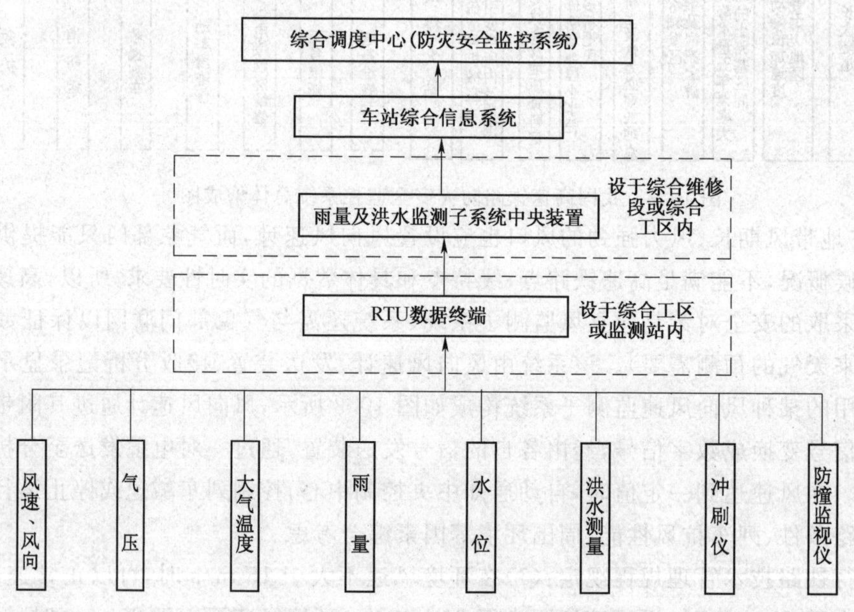

图 10.4　雨量及洪水监测子系统结构

高速铁路受降雨及洪水的破坏,主要表现在路堤、桥梁破坏以及路堑自然边坡破坏三大方面。路堤破坏类型主要有边坡侵蚀、堤内水位上升、排水不良、周围环境影响;桥梁破坏主要有桥墩台过度冲刷、桥梁撞击、水位过高;路堑自然边坡破坏,很大一部分也是由雨水冲刷造成。因此,应针对上述情况考虑设计相应的探测及数据采集设备。

雨量及洪水监测子系统由数据采集、数据传输、监测终端等设备构成。图 10.5 为日本采用的某一雨量监视系统构成图。设置在各地点的雨量计通过各自的带阻滤波器连接在一对芯线上,通过各自对应的频率发生器发送信号,接收记录装置分别接收各自频率的信号,分析统计各地点的雨量信息。

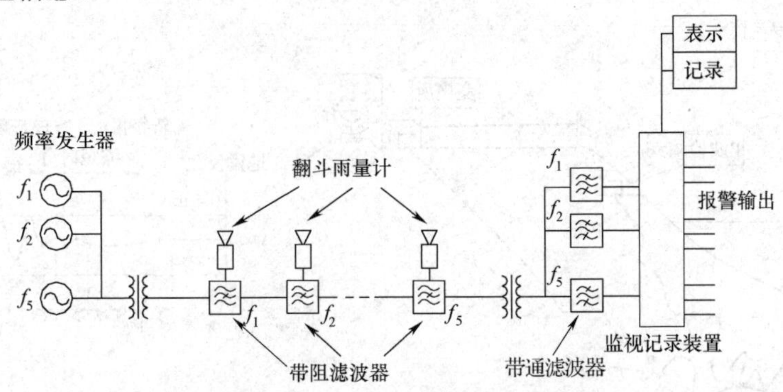

图 10.5 日本雨量监测子系统构成

降雨警报标准的确定是非常复杂的问题，报警限速虽然保证了灾害发生时的安全，但如果灾害没有发生就会使列车误点或停运，破坏了正常运输。为此，设定限速标准时，要确实把握现场情况，既要保证安全，又要使运输损失控制在最低程度；同时还要根据恢复整治加固、环境变化，经常予以调整。日本东海道新干线明确规定了降雨警报标准及运行措施，例如连续雨量(24 h 的累计)140 mm、每小时雨量达 40 mm，就要实行限速 170 km/h 运行，每 30 min 报告雨量一次。

3. 地震监测子系统

在影响高速铁路运行安全的自然灾害中，地震是一种发生概率相对较少但危害性最大的一种特殊灾害，例如京沪高速铁路沿线将穿越四条较大的地震构造带，历史上发生可能危及高速铁路的地震约有 20 余次。因此，借鉴国外地震预警的经验，开发适于我国高速铁路线路、构造物特点，并反映历史震灾情况及未来发展趋势的高速铁路地震预警系统，是十分必要的。

目前用于地震监测预警主要有二类系统：一类是在烈度大于或等于Ⅶ度(相当于地震动峰值加速度为 $0.1g$)的线路区段的变电所内，设置地震监测设备。监测设备有两种形式：一种是加速度报警仪，我国采用的报警加速度为 45 gal($1\ \text{gal}=0.01\ \text{m/s}^2$)，日本采用的报警加速度为 40 gal($0.4\ \text{m/s}^2$)；另一种是显示用的地震仪，该地震仪能显示监测点的地震加速度波形，可进一步判断发出的警报是否可靠。另一类系统是日本新近开发的地震早期监测预警系统。

在地震波中，包含有基岩中传播速度快、振动幅值小、人体几乎感觉不到的 P 波(初期微动，$v\approx 8$ km/s)，以及传播速度慢、振动幅值大、人体感觉明显、造成构造物损坏的 S 波和面波(主震，$v\approx 4$ km/s)。沿线变电所内的地震仪通常是在主震袭击线路后才报警，如果此时有高速列车正好在地震受灾区运行，很可能因来不及减速而掉道翻车。为了能提早检测到地震的发生，在地震主震到达线路之前，有尽可能多的时间让高速运行的列车减速，并防止列车进入受灾区，日本铁道综合技术研究所开发了 UrEDAS(Urgemt Earthquake Detection and Alarm System)地震预警系统，图 10.6 为该地震预警系统工作原理示意图。其工作原理是，地震发生时，由设置在检测点的 P 波检测仪检测 P 波，在 4 s 内推断地震的震级、位置及震源深度，并对可能受害的线路区段发出警报，感震器就会启动，停止对前后约 40 km 区间的供电，列车就紧急制动，停止运行，从而保证危害较大的 S 波传到新干线之前将列车运行速度降至 100～170 km/h，减小有可能产生的损失或事故发生的概率。日本是个多地震的国家，为应对内陆地震，建立了沿铁路线每隔 20 km 设置地震仪的检测系统；为对付太平洋中的地震，建立了沿海岸线每隔约 80 km 设置地震仪的检测系统。地震发生后,针对不同的地震强度,采取不同的处理措施,见表 10.1。

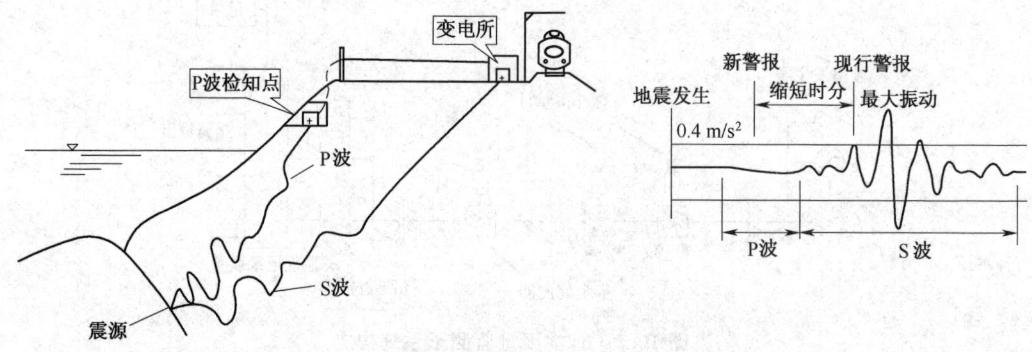

图 10.6　地震预警系统工作原理

表 10.1　地震时新干线铁路行车和检查规定

地震的规模	运行规定	检查方法	备　　注
$<0.8\ m/s^2$	—	—	供电停止后马上再次送电恢复行车
$0.8\sim1.2\ m/s^2$	<30 km/h	乘车巡视	养路、供电维修人员乘车巡回时以 70 km/h 以下速度运行
$>1.2\ m/s^2$	停止运行	徒步巡视	巡视结束后以 70 km/h 以下速度运行

4. 雪害监测及对策

在年降雪量和积雪深度大的地区,下雪时积雪对高速铁路的主要危害有:

(1)暴风雪形成的雪堆,过高时影响行车安全。

(2)高速列车气动力卷起积雪并凝结在列车车体底部,导致车辆绝缘失效。

(3)列车从降雪地区行至温暖地区,车下积雪或结冰脱落,砸向道床,使道砟飞起,危害车辆设备及附近建筑物和人员。

(4)积雪使道岔振动失灵。

为此应采取相应措施,例如日本在风口地段设置防雪栅或防护林,防止在线路和设施上形成雪堆,同时在适当地点设置防雪崩桩或檐棚,阻止斜坡发生雪崩;降雪路段配备自动喷水器进行洒水融雪;人工或机械清除积雪;车体下部易凝雪的地方加设防护装置和加热融雪装置;道岔处采用电气温风融雪机;设置雪害监测设备等。

雪害监测设备包括降雪计、积雪深度计、自动控制部分及除雪(热风融雪、温水喷射融雪)设备等。降雪期间,对应于钢轨上的积雪厚度,东日本铁道公司规定了新干线列车慢行的运行速度,见表 10.2。

表 10.2　JR 东日本雪害时列车运行标准

钢轨上积雪深度/cm	9～17	17～19	19～22	22～30	30 以上
列车允许运行速度/$(km\cdot h^{-1})$	245	210	160	110	停止运行

5. 轨温监测

高速铁路全线铺设跨区间无缝线路,在夏季,随着轨温的升高无缝线路长钢轨的纵向应力将增大,如果在该季节进行夜间大型养路机械作业,作业后将改变有砟轨道道床作业前的状态,实测表明道床的纵向横向阻力均有所下降,此时无缝线路保持稳定的安全储备量将减少。如果轨温继续升高达到(或超出)某一临界值时,只要有任意的激扰,如过车时的振动、列车在该地段制动、线路维修等,无缝线路将失去保持稳定的能力从而发生胀轨跑道事故,对高速铁路的行车安全构成威胁。

工务部门在夏季能否保证进行养护维修作业后,特别是进行大型养路机械作业后的线路在次日轨温条件下具有安全储备,需借助于精度较高的轨温预报及监测系统。轨温预报及监测系统能实时监测无缝线路的轨温、安全储备量、气象等信息,为工务维修部门、综合调度中心提供决策依据。为此,高速铁路建立无缝线路轨温预报及监测系统,并将数据传送到安全防灾报警系统是至关重要的。

图 10.7 为一轨温监测子系统构成图,由温度、湿度、风力(风向、风速)、应力传感器,信息处理器、显示器,道床状态信息输入设备,报警装置、记录仪、信息传输等部分组成,风向风速信息可利用风监测系统数据。由于轨温与气温有紧密的联系,通常小范围内的气温几乎相同(如数十公里内),因此,曲线半径不大于 6 000 m 的有砟轨道,可每隔 70 km 设置一处轨温监测装置,在桥梁或曲线较多的地段,可适当增设,在特大连续梁桥温度跨度较大的梁端也宜增设监测装置。根据钢轨温度和不同的道床状态(如锁定轨温、起道作业、横向阻力值等)可确定出不同的行车限速或禁行规定,保证行车安全。

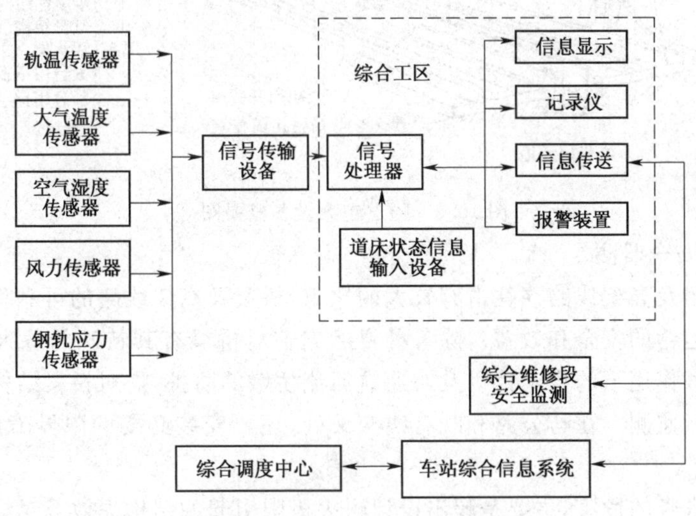

图 10.7 轨温监测子系统构成

6. 长大隧道安全监测

高速铁路条件下的隧道灾害,主要表现为火灾、水灾、空气动力学问题和隧道内的通常病害、侵限及结构失稳问题。隧道病害在非特大灾害条件下(如爆炸、地震、山体滑坡等),一般来说发展较为缓慢,有一定的时间发现和整治,可通过提高工程设计和施工质量相应提高其抗灾能力。但对于长大隧道在交付高速铁路运营后的安全监测是必不可少的,比如隧道壁衬砌混凝土的应变监测,可在施工中预先考虑。日本青函海底隧道在正洞海底段有四个断面上埋设有应变计,用以量测衬砌混凝土表面应变,在同一位置上还对气压、气温、湿度进行监测。有关隧道病害的监测、检测、状态评估和整治能够独立进行操作,可不列入高速铁路安全监测系统范畴内。而隧道内列车火灾是长大隧道内危害最大的灾害,具有突发性,常常造成灾难性后果,应纳入防灾安全监控系统。

根据隧道内列车火灾的特点,应最大限度地防止列车在隧道内发生火灾和已发生火灾的列车进入隧道;在隧道中已发生火灾的列车应尽可能拖出隧道。高速铁路长大隧道防灾安全监测子系统应由火灾检测、通风排烟、紧急避难、定点灭火、引导疏散、温度湿度检测、通信、供电、救援等几部分组成,经过火灾确认、火灾等级判定,由综合调度中心统一指挥处理。

图 10.8 为日本一座隧道防火设备概要图,其除了对车辆采取一系列防火防燃措施外,隧道内还采用专用的通信设备、消防设备、照明设备,并设有专门的维修用道路。

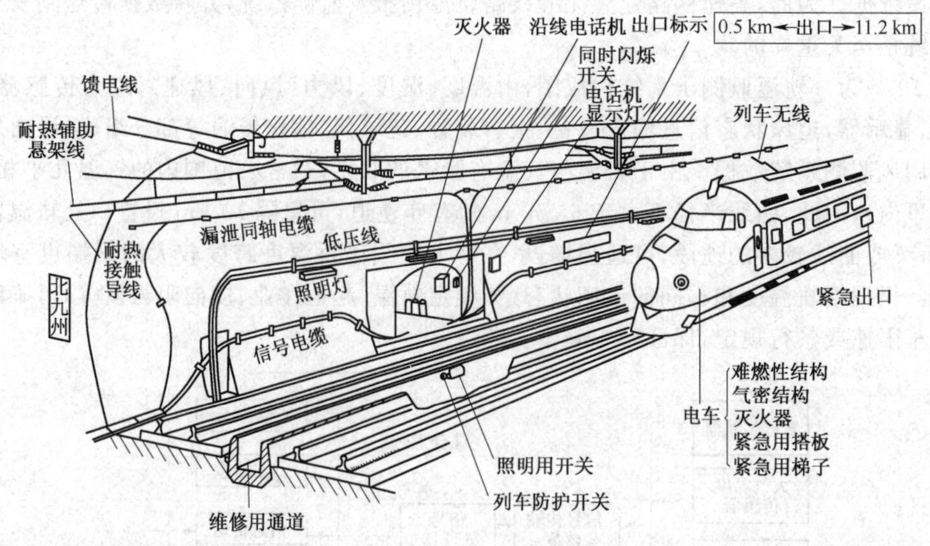

图 10.8 隧道防火设备概要图

7. 长大桥梁安全监测

高速铁路桥梁及高架线路往往占有较大的比重,桥梁及高架线路的可靠程度和状态,将直接影响高速铁路运营的安全和效益。除各种自然灾害对桥梁有其特殊的危害外,针对长大桥梁自身在高速荷载作用下的稳定性以及对通航河流桥墩的防护,需对桥梁结构设置加速度仪、桥墩防撞仪等进行监测。在与公路和既有线交叉处,还要安装必要的限界障碍检测和桥墩防护工程。

火灾对桥梁本身的危害,主要是超出设计耐火极限引起的结构失效或对结构造成的破坏。通过市区的高架桥,或桥下已被利用的高架桥,一旦发生火灾,应立即停运。火灾后调查结构物状态,并根据受损程度再决定是否限速运行。

8. 路基安全监测

路基工程中最突出的问题是软土路基的下沉,首先应该依靠工程设计和施工质量予以解决,其次才是在列车运营期间实施安全监测。例如京沪高速铁路的沪宁段通过宁镇地区、太湖湖积平原和长江三角洲冲积平原,沿线地质情况复杂。该地区土质为软土层,多为近代沉积的黏性土,含水量大,透水性差,抗剪强度低,压缩性高等,并且软土层厚度变化大,软土地基的稳定和变形问题相当突出。因此如采用修建路基工程方案时,工程设计与施工需特别予以重视,同时在通车期间应继续长期监测在列车荷载作用下的地表沉降、分层沉降、侧向位移(剪切变形)及孔隙水压力的变化情况;测量路基断面动应力的分布及分布规律,路基不同部位的回弹变形等主要参数,以便综合评价软土路基质量,有效地控制工后沉降,确保高速列车运营的舒适和安全。

路基安全监测子系统主要监测路基病害的发生、发展和发出预警信息，对个别地点的塌方、落石也进行监视。该系统可由测斜仪、沉降仪等传感器，数据记录与信息显示和信息传输三部分组成，一般设置在软土路基路堤和滞洪路堤的必要地点。

9. 大型车站防灾

大型车站应设有自己的防灾中心，采集的信息有火、烟及各通道滚梯运行状况等。一旦有非常事态发生，可及时自动采取灭火、排烟、隔离火源等措施，并有效地疏导旅客。

大型车站内的旅客导向信息系统，是列车运行管理系统中的一部分，对车站安全起到辅助作用。通过向导显示板和广播，除提供日常服务信息外，还可提供事故信息、疏导向导。例如，日本东京车站内防灾控制中心内的综合显示板，可实时显示楼层、各安装位置上的自动扶梯，热、烟探头，各重要通道上的摄像机工作情况，便于工作人员掌握。

10. 其他灾害监测及安全防护工程

为避免闲人进入高速铁路线路范围内有碍高速列车运行，应沿线路两侧或在铁路用地限界处，设置金属防护网；每隔一定距离设禁止入内警示牌。线路上有可能发生崩坍、落石的地段，应设置防护栅及监视报警系统，以保证高速线路受侵的信息能及时传输到综合调度中心，控制列车运行。凡有高速列车通过的站台，在站台安全线设置固定防护栅和车门处的活动防护栅。

公路跨越高速铁路或与高速铁路并行（公路低于铁路 1.5 m 以上除外），在公路与高速铁路的交界处，应设置防止汽车翻落及异物跌落的防护工程，并考虑在汽车的来向端及去向端适当延长防护工程范围。与防护工程同时设置边界故障报警装置。高速铁路跨越或并行公路、既有铁路，其桥墩外侧面认为有必要时，应设防护撞击设施。

线路两侧交错设置列车防护开关，站台上每隔一定距离设值列车防护开关。发生突发事故（如发现线路内有障碍物、乘客从站台上跌落或线路异常等）时，线路巡道员或车站值班员操作列车防护开关，及时关闭 ATC 信号，使正在接近的列车停车，防止事故发生。设置防护开关的地点设置防护电话，便于现场与综合调度中心联系，防护电话可采用有线或无线通信。

防灾安全监控系统设备须安全可靠，直接对列车限速的软、硬件设备须考虑冗余设计。要保证高速运行中的列车在临灾之前，能得到有效的控制，就要求灾害信息传送具有实时性。因此，防灾安全监控系统信息传送应采用高速铁路专用数据通信网。

此外，作为系统的需要，应建立灾害资料存储库。任何时候发生的任何灾害，系统都能在灾害前、灾害中、灾害后根据操作者要求随时调出，以便查找、分析事故原因。同时为以后修改、完善系统报警条件和拟订救灾方案作技术积累。例如图 10.9 所示的日本灾害评估及恢复救援系统“HERAS”（Hazards Estimation and Restoration Aid System），当发生大地震时，能根据以往积累的资料，迅速、准确地判断地震发生地点、受灾的规模，这对决定灾后采取何种对策极为重要。

高速铁路是存在于自然界的构造物，受到灾害和事故的侵袭是不可避免的，但是，只要对各种灾害和事故进行深入的研究，针对不同的灾害和事故，结合高速铁路的实际情况，制定不同的防灾安全对策，就可以将灾害和事故带来的损失降到最低，确保高速铁路的安全运行。

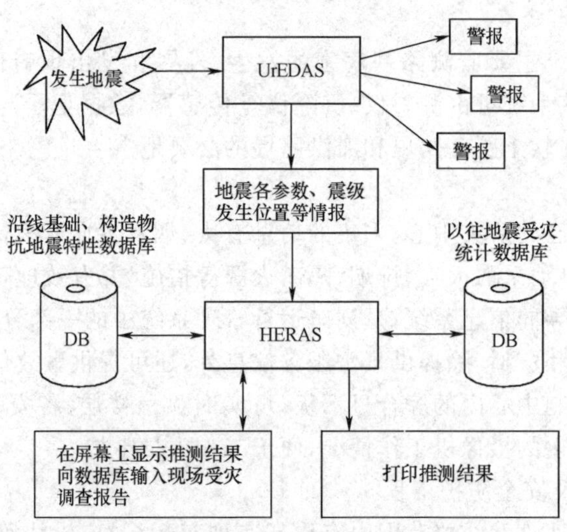

图 10.9 HERAS 框图

任务 10.2 掌握高速铁路噪声来源及其控制技术

随着工业和交通运输的发展,噪声对环境质量的影响日趋严重。据不完全统计,近年来向环境保护部门投诉的污染事件中,噪声事件所占的比重已上升到第一位。降低周围环境的噪声,防止噪声的危害,已成为人们的迫切愿望。治理环境噪声,已成为环境保护工作的重要内容。

10.2.1 噪声危害

一切对人们生活、工作、学习和健康有妨碍,令人厌烦的声音统称为噪声。众所周知,噪声污染是一种物理污染,虽然并不直接致病,但噪声对人的健康有重大影响,它不但会损伤人的听觉,而且对神经、心脏、消化系统也有不良影响,还影响人的睡眠和休息。试验证明,45 dB(A)的噪声就开始对正常人的睡眠产生觉醒反应;在白天,噪声达到 100 dB(A)时,人们就会感到吵闹不安,甚至难以忍受;噪声会使人烦恼、疲劳发困、反应迟钝,影响工作效率;噪声还会影响儿童的智力发展,据调查,在吵闹环境下儿童的智力比安静环境下低 20%;噪声对自然界的生物也有影响,强噪声会使鸟类羽毛脱落,甚至内脏出血而死亡;高强度噪声能损坏建筑物,160 dB(A)以上的高强噪声会使金属结构疲劳。

铁路噪声原本存在,随着高速铁路的诞生,噪声污染问题就更显突出。日本新干线穿越人口密集区,修建东海道新干线之初,未对噪声扰民问题引起重视,建成后由于沿线噪声扰民不断,遭到投诉事件和强烈抗议,日本环境厅于 1975 年颁布了新干线环境噪声标准,被迫采取了许多减振降噪措施。法国国铁也曾由于 TGV 东南线高速列车运行产生的噪声问题而被罚款,但与日本比起来,由于国家规定了较宽的铁路用地范围,沿线人口稀少,对噪声、振动控制要求不迫切,因而对其治理投资较少,列车辐射声级也较高。可见,世界各国在修建高速铁路时,对噪声问题相当重视,都采取各种综合减振降噪措施,来满足政府部门制定的噪声法规和环境噪声标准。

10.2.2 噪声源

按噪声的来源，可分为工业噪声、交通噪声和生活噪声。工业企业的噪声按产生的机理又可分为三种：一种是空气动力性噪声，如各种风机、空气压缩机、汽笛、高速气流等所产生的噪声；第二种是机械噪声，如各种车床、电锯、铁路车轮滚动所产生的噪声；第三种是电磁性噪声，如发电机、变压器、电力机车集电系统所产生的噪声等。

高速铁路由于具有高速、高架、电气化等特点，其辐射噪声与普速铁路有所不同，主要体现在噪声源及其辐射强度等方面。高速铁路的噪声主要由轮轨噪声、集电系统噪声、空气动力噪声、建筑物激励噪声和其他机械噪声等组成，如图 10.10 所示。

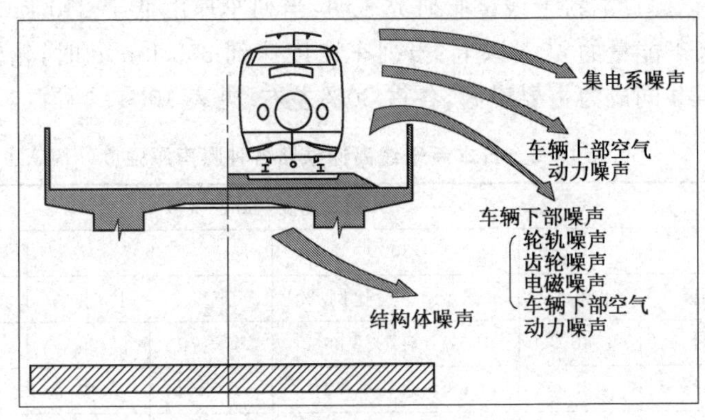

图 10.10　高速铁路噪声源分布示意

1. 轮轨噪声

轮轨噪声是高速铁路的主要噪声源，它产生的噪声来自三个方面：

(1)车轮通过钢轨轨缝、道岔以及擦伤后的车轮在钢轨上滚动时产生的冲击声。

(2)车轮与钢轨粗糙的接触表面相互作用后所产生的轮轨振动轰鸣声。

(3)车轮通过曲线时，轮缘挤压外轨以及内侧车轮踏面在钢轨上滑动所产生的摩擦噪声。

高速轮轨噪声主要通过车轮辐射，仅有小部分通过钢轨辐射，其声能分布的频域范围较宽。

2. 集电系统噪声

凡由动车组受电弓引发的声音，统称为集电系统噪声，它产生的噪声来自三个方面：

(1)受电弓沿接触网导线滑动而引发的机械滑动声。

(2)受电弓离线时产生的电弧放电噪声(拉弧声)，它与接触网吊弦弧度的大小有关。

(3)整个受电弓与导线滑动过程中产生的风切声，它与导线的张力有关。

其中电弧噪声最大，有时瞬时可达 100 dB(A)。

3. 空气动力噪声

在高速铁路上行驶的动车组，会使车体表面出现空气流中断，并因此引起涡流，从而产生空气动力噪声。这种噪声与列车的行驶速度、车体表面的粗糙程度以及车体前端是否流线化等因素有关。

4. 建筑物激励噪声

高速铁路的路基、高架混凝土桥、钢桥、隧道等建筑结构在振动状态下均可成为二次辐射噪声源。不同的基础建筑结构，辐射噪声级不同。路堤型路基噪声高于路堑型路基。在桥上或高架结构物上产生的振动能以低频噪声再传播，尤其当列车通过无道砟轨道的钢桥时，这种二次辐射噪声值较为明显。高速列车行驶在隧道出口处时,因微气压波,导致能量很大的冲击噪声。

5. 其他机械噪声

在高速铁路噪声源中,其他机械噪声与列车速度虽无直接关系,但由于机车功率提高而同样显得突出,例如动力传动机构、牵引电机冷却风机及其气流等。此外密闭车厢内的设施,例如空调机组及其通风管道布置、车内电器装置等,也会对车厢内环境产生噪声。

高速铁路列车运行时产生的总噪声级,由以上几种噪声叠加而成,在不同的列车速度和不同的减振降噪措施条件下,上述几项影响的程度是不一样的。一般认为列车速度在 240 km/h 以下时,轮轨噪声对沿线环境的影响较大;列车速度在 240 km/h 以上时,空气动力噪声和集电系统噪声增大,与轮轨噪声共同成为主要声源。当运行速度不同时,上述各噪声因素对总声级的贡献呈动态变化。日本新干线试验研究表明:当列车速度低于 240 km/h 时,轮轨噪声为主要声源,约占总噪声能量的 40%以上;当列车速度达到 300 km/h 时,轮轨噪声与空气动力噪声、集电系统噪声共同成为主要声源,各占 30%左右,见表 10.3。

表 10.3 日本新干线高速铁路各种噪声源强度(dB(A))

噪声源	列车速度/(km·h^{-1})							
	240		300		350		400	
	声级	比例/%	声级	比例/%	声级	比例/%	声级	比例/%
轮轨噪声	64	40	67	30	69～70	25	72	20
集电系统噪声	62	25	68	30	72	40	74～75	40
空气动力噪声	60～62	20	66～67	30	70～71	25	74	30
建筑物噪声	<60	15	63	10	66	10	69	10
总噪声级	68		72～73		76		79	

注:测试条件:①测点距铁路中心线 25 m,高于地面 1.2 m;②高架结构(8～10 m);③整体(吸声)道床;④2 m 高声屏障。

国外经过多年的研究开发,高速铁路的噪声级有了较大幅度的降低。国外高速铁路噪声级(列车通过时的噪声值)见表 10.4。从表中可以看出,法国高速铁路的噪声级最高,德国其次,日本最低。

表 10.4 国外高速铁路噪声级(dB(A))

国 家	列车速度/(km·h^{-1})	不同年代的 L_{Amax}	
		20 世纪 80 年代	20 世纪 90 年代
日 本	200	87	67
	250	90*	73
	300	92*	77
德 国	200	86	84
	250	90	87
	300	93	90
法 国	200	90*	87
	270	97	92
	300	97	94

注:1. 带"*"的为计算值,其余均为实测值;

2. 测点距铁路中心线 25 m,高于地面 1.2 m。

10.2.3　噪声环境评价标准

不同国家不同发展阶段的高速铁路，在噪声水平控制技术上有很大的差异。尤其是铁路噪声所受的影响颇多，在产生和传播过程中，不同的线路结构、桥梁结构、不同的建筑群类型和布局以及不同的动车组等均对噪声的大小及范围有很大影响。因此，确定噪声的控制标准是一项比较复杂的任务。

有关高速铁路噪声标准，目前仅日本和法国已制定执行，其他国家大多仍受既有铁路噪声标准控制。标准值由各国通过调查沿线居民对噪声的烦恼度，进行数理统计分析后提出，因而数值大小与各国国情有关。

日本新干线噪声限值为列车通过时的最大声级，其限值如下：

Ⅰ类地区（主要为住宅的地区）：$L_{Amax} \leqslant 70$ dB(A)；

Ⅱ类地区（商业、工业等Ⅰ类以外地区）：$L_{Amax} \leqslant 75$ dB(A)。

法国高速铁路标准为等效声级 L_{eq}，昼间 65 dB(A)。我国既有铁路噪声限值为距铁路外侧轨道中心线 30 m 处，昼夜等效声级均为 $L_{eq}=70$ dB(A)。其他国家既有铁路噪声值大多在 $L_{eq}=60 \sim 68$ dB(A)间。等效声级 L_{eq} 相当于以一个稳定的连续噪声来代替随机噪声，二者在规定的一段时间内具有相同的能量。

对各国铁路噪声限值进行比较，日本新干线噪声限值是当今世界最严的铁路噪声限值。这可能与新干线运营初期，沿线居民对噪声的强烈反映有关。满足国家规定的环境质量要求是高速铁路技术体系的重要组成内容，也是交通发展方向的重要目标之一，因此采取适当措施，达到一定的降噪效果是十分必要的。

10.2.4　噪声控制技术

高速铁路噪声的控制措施，可分为以下三个方面。

1. 声源降噪措施

(1)降低钢轨和车轮表面的粗糙度，对轮轨表面进行研磨，使之保持平滑完好状态。这项措施使用在日本新干线上，可使噪声衰减 3～6 dB(A)。

(2)铺设超长无缝线路可减少车轮对钢轨接缝的冲击声；采用 60 kg/m 及以上的重型钢轨，保持线路方向顺直，可减轻高频振动对道床的影响，提供高速行车所需的平滑运行表面。

(3)采用防振钢轨。日本在新干线上采用的防振钢轨使用橡胶从钢轨头部及以下将整个轨腰部位包覆直至轨底的上部表面，使橡胶件与钢轨组成一个整体，如图 10.11 所示。在高架桥上采用这种防振钢轨，可降低噪声约 4 dB(A)。

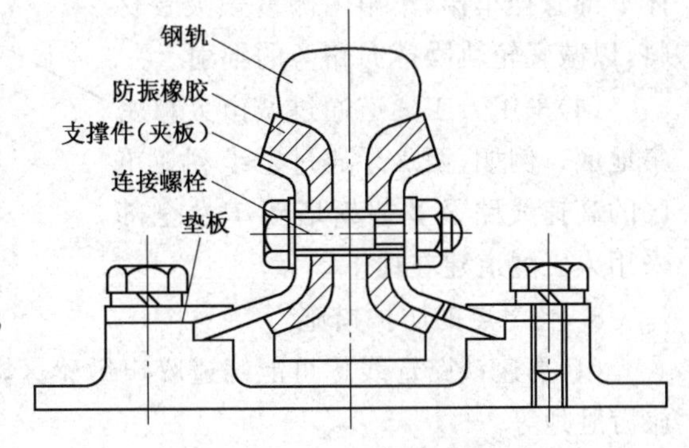

图 10.11　防振钢轨断面

(4)铺设大号码可动心轨道岔。采用大号码的可动心轨道岔，加大道岔的导曲线半径，消除道岔有害空间，以减少车轮对道岔的冲击噪声。

(5)采用高弹性轨下垫板和相应的弹性扣件，高架桥上采用混凝土箱梁或连续梁，并设置橡胶支座。

(6)采用动力集中型动车组,可减少整个动车组受电弓的数量,从而减轻受电弓离线时产生的电弧放电噪声。日本缩小接触网吊弦间距(由原来的 10 m、5 m 改为 7 m、3.5 m),将受电弓的两点接触改为多点接触,采用轻型高强力导线,使吊弦间弧度减少,安装受电弓罩等等,都可以降低脱弓频率,使集电系统的噪声衰减 4～5 dB(A)。

(7)动车组头部流线化,车体表面无凸起、平滑化。列车在高速运行时空气阻力将会明显增加,空气阻力与速度的平方和车体迎风的截面积成正比。动车组车体头部的流线化,将使空气阻力系数减少 0.5 以上,既可减少空气阻力,同时也将大大降低风切噪声。车体表面的无凸起、平滑化,将空调装置从车顶移到台板下,高压电缆接头设置在车体结构内,车篷结构的低噪声化,缩小车窗及车门的高低差,尽量减少车辆暴露面的尖端形状等,均可使噪声衰减。

(8)采用盘式制动方式代替闸瓦制动,不仅可以减少闸瓦对车轮的磨耗,而且可以避免制动时的尖叫噪声。

(9)改善转向架导向性能,轮缘涂油,装设防滑器以减少车轮踏面擦伤等,也可使噪声衰减。

2. 传播途径上的降噪措施

(1)设置隔声屏障。例如,日本新干线在距轨道中心线 3.5 m 处设置高约 2.0 m,用混凝土、砖面或复合材料建成直立式、倒 L(图 10.12)或 Y 形隔声墙,将噪声源和接受者分开,隔离噪声的传播。根据测试结果,设置这种隔声屏障,在距 25 m 处的测点可衰减噪声 6～8 dB(A)。如果在屏障内侧加设吸声材料,降噪效果将更加明显。

(2)将高速铁路线路设计在路堑内,其降噪的效果取决于路堑的深度和高度,路堑越深,噪声频率越高,则降噪效果越好。日本北海道新干线路堑深度为 4.1～6.4 m,宽度为 20～30 m,相对于平坦地段而言,可衰减噪声 6～10 dB(A)。

(3)在转向架上安装隔声板,在车体下部悬挂车裙,车裙内侧覆盖吸音材料,以减轻轮轨噪声向路旁的辐射。

(4)采用人工隧道通过城市人口密集地区。例如,西班牙通过塞维利亚市区的高速线路及圣胡斯塔新车站全部采用人工隧道建在地下。

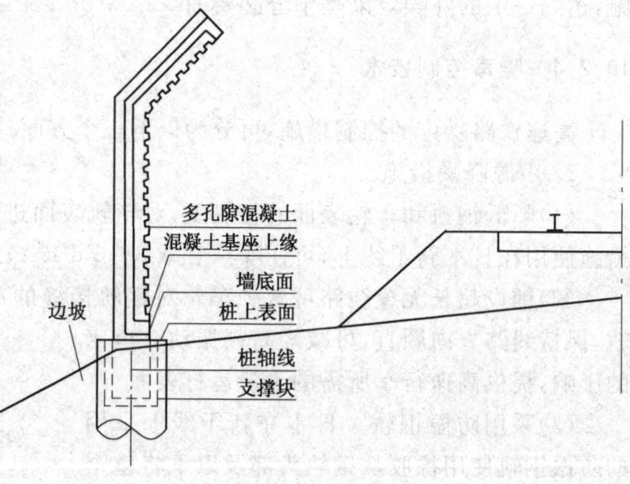

图 10.12　倒 L 形混凝土隔声墙图

3. 受声点的防护措施

(1)高速铁路选线尽可能绕避噪声敏感区,如城市居民区、文教区、科技园以及名胜古迹和旅游胜地等。

(2)市区发展规划用地尽量远离高速铁路两侧,靠近铁路两侧的住宅或学校,可以从建筑物结构上采取降噪措施,否则应予以拆迁或改作其他用途。

(3)高速铁路两侧附近用地合理规划利用。在高速铁路两侧附近可修建一些仓库、工厂、商店等对噪声不敏感的建筑物,以起到屏障作用,减轻噪声对周围环境的影响。

任务 10.3　掌握高速铁路振动特点及其控制技术

10.3.1　振动污染

列车运行产生振动，对铁路两侧环境产生振动污染，主要表现在对周围居民睡眠的干扰；其次是对居民心理的影响以及对学习和工作的干扰；或者引起古建筑保护者的忧虑而要求采取措施。因此，控制高速铁路振动对环境的污染与控制噪声污染一样，都是高速铁路建设的一项重要任务。

环境振动按振级变化不同分为三种：

(1)稳态振动：在观测时间内振级变化不大的环境振动。

(2)冲击振动：具有突发性振级变化的环境振动。

(3)无规振动：未来任何时刻不能预先确定振级的环境振动。

高速铁路列车运行产生的环境振动属于冲击振动，根据日本对新干线振动的实际测量结果，受振点的振级变化很大，距线路 20 m 处，列车速度大于 160 km/h 时振级为 70～95 dB。

高速铁路引起的环境振动受许多因素的影响，其中主要的有：

(1)受振点的距离：受振点离轨道越远，振级越小，即在同一环境下，受振点的振级递远递减。

(2)地质条件：高速铁路路基的地质条件不同，振级各异，软土层振级较大，冲积层较小，洪积层更小一些。

(3)列车运行速度：受振点的振级与列车速度成正比增长。列车在轨道上行驶时，车轮的垂直动载荷比静态时要大，且随着列车速度的增加和轨道不平顺将急剧增加，引起轨道的振动加速度急增，致使铁路两侧环境振动具有明显的速度效应。

(4)高架桥的结构：混凝土结构比钢结构桥振级要小。

(5)线路结构：线路为路堤时振级较小，而线路为路堑时振级较大。

此外，在相同列车速度、距离等条件下，高架桥的结构与线路结构相比，铁路环境振动将大幅度降低，国内研究表明，距铁路外侧轨道中心线 30 m 处 Z 振级将降低 5～10 dB。以上影响因素中，距离和地质条件是主要因素。

10.3.2　振动环境评价标准

环境振动标准的量值以地面垂向 Z 计权振动加速度级计，单位为 dB。有关高速铁路振动的控制标准仅日本有明确规定：在建筑物外地面振动限值 VL_z 为 70 dB(以 10^{-5} m/s^2 为基准振动加速度)。国家标准《城市区域环境振动标准》(GB 10070—1988)规定，铁路干线两侧距线路外侧轨道中心线 30 m 处住宅区 Z 振级 VL_z 为 80 dB(以 10^{-6} m/s^2 为基准振动加速度，且为 20 趟列车振动的平均值)。日本新干线振动标准折算成我国标准值应为 90 dB，因而该标准较我国铁路振动标准宽。我国高速铁路建议值为 86 dB(距线路外侧轨道中心线 30 m 以外的地面上的 Z 振级最大值)。

10.3.3　振动控制技术

按照振动传播的三个环节(振源、传播途径、受振点)，主要控制技术可以从以下诸方面入手。

1. 动车组方面

(1)动车组车辆轻型化：降低车辆轴重，以减少轮轨之间垂直动力作用。例如，日本新干线减轻车辆轴重有明显效果,轴重由 16 t 降到 11.3 t,Z 振级平均值在 12.5 m 和 25 m 处降低 3 dB 左右。

(2)采用弹性车轮:在轮箍与轮心间添夹橡胶垫,以防止振动和消除轮轨间的"唧唧"声。

(3)改进车辆的转向架结构:如选择柔软的弹簧悬挂系统,以降低车体的浮沉自振频率;安装具有适当阻尼的油压减振器,以减轻车体的横向或垂直振动;采用空气弹簧和橡胶件,以隔离和吸收高频振动,避免产生二次激励振动等。

2. 线路、结构物方面

(1)采用无缝长钢轨,将钢轨修磨使其平滑。

(2)采用弹性轨枕和道砟垫层,以及减振式板式轨道。

(3)提高沿轨道方向的弯曲刚性,以弥补轨道弹性系数降低法的不足之处。例如,日本新开发的梯子形轨枕就是一种提高刚性的方法,对减振十分有利。

(4)采用预应力混凝土桥,改变梁式高架桥的长度和跨度,采用减振性支座,安设动态减振器,控制振动辐射方向;尽量不采用无砟钢结构桥。

(5)采用隔振沟,设置柱列式、全反射、连接型的隔振墙,以控制振动的传播,避免产生二次激励振动。

(6)采用排水固结,设置人工复合地基、反压护道、基底约束齿墙等路基地基加固技术,使路基稳固,减轻振动的频率。

应当指出,噪声环境与振动环境影响相互关联,只有采取综合措施,方能保证实现降噪、减震的目的。图 10.13 为一日本新干线减振降噪的示意图。

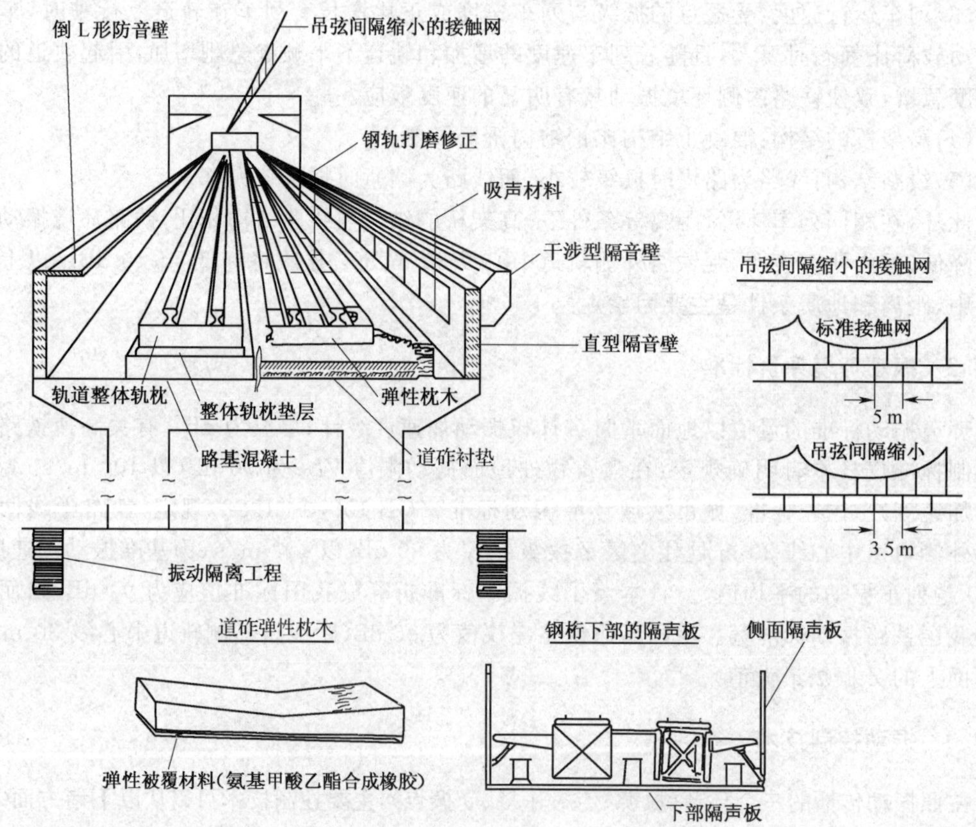

图 10.13 日本新干线减振降噪示意

任务 10.4　了解高速铁路对其他环境的影响及其防护措施

10.4.1　高速铁路的电磁干扰及其防护措施

电力机车运行时，受电弓在接触网导线上滑动取流。由于两者之间的接触电阻急剧变化甚至发生离线，使牵引电流中出现高频成分，引发一系列无线电干扰。高速铁路带来的电磁干扰会造成电视接收机及电视收转设备、调幅广播接收机、城市移动通信等声音失真、图像不清，高速铁路的高架建筑物会对沿线的电视信号产生一定的“遮蔽效应”，造成电视信号减弱或画面重影，严重时会出现画面混乱。

要解决电磁干扰问题，首先要改进接触网的参数，提高结构质量，消除电力机车在运行中受电弓离线产生的无线电辐射干扰。为此，德国采用接触网定位点使用弹性吊弦，欧洲各国及日本则改进受电弓结构设计以改善其受流条件。另外，将无线电敏感设备远离电气化铁路，采用屏蔽电缆，电视高架无线，对移动公司进行合理布局等措施可使电磁干扰大幅度减少。

10.4.2　高速铁路对生态环境的影响及其防护措施

高速铁路修建对生态环境的影响与普速铁路基本相似，仅限于线路两侧局部范围，其主要影响有：

1. 对水土流失的影响

填筑路堤或开挖路堑会使局部水土流失加剧，为了消除或减少这种影响，可根据地形、桥涵、农田灌溉合理布置排水系统，最大限度地使原有地表水排泄和农田灌溉系统不因铁路路基的修建而遭到破坏。如在铁路两侧设侧沟、天沟、疏通地表径流，在路堑或路堤边坡种草籽，设置护坡、挡土墙等，以增强其稳定性。在大规模的土方施工地点，采取随挖、随运、随铺、随夯的施工方法，不留松土面。尽可能不在雨季进行大规模土方工程施工等措施，以减少施工期间的水土流失。

2. 对植被、农田水利及农业生产的影响

铁路工程施工周期长、规模大，除路基工程必须降低植被覆盖率外，施工期间的临时房屋、便道、弃土堆积、机械碾压、人员践踏等都会对植被造成不同程度的损伤，对既有农田水利灌溉网造成不同程度的破坏。高速铁路所经之地大部分为耕地，且地区人烟稠密，土地利用率高，耕地变成了交通用地，对该地区的农业生产有不利影响。防护措施有：节约用地，少占耕地良田；集中取土，改造还田；以桥代路，采用高架桥；取土坑改造成鱼塘以及绿化造林恢复植被等。

3. 对城市生态环境的影响

在城市要修建或扩建大型高速客运站、动车段及相应的客运服务设施，使该地区的人口密度剧增，成为交通、商业、邮电的中心，对城市生态环境产生巨大影响。另外，高速铁路进入市区，对城市既有道路、市政工程设施（上、下水道，通信、动力电缆，煤气、供热管道等）、居民区的拆迁以及城区景观、日照、采光等都会造成一定的影响。防护措施有：高速铁路引入城市应与城市规划紧密协调，高速铁路与城市干道采用全立交、全封闭，并尽量绕避城市人口密集繁华区；施工过程中与城市部门配合，改移部分市政设施；高速铁路以高架桥进入市区，尽量与周围的自然环境和人文环境高度协调，展示现代化城市的景观美。对敏感地段，应尽可能美化线路路基及隔离栅，加强沿线绿化带工作。必要时对线路隔离栅进行垂直绿化。法国巴黎南郊高速铁路沿线居民住宅区营造被称之为“绿色马路”的绿化带就是一个典型的例子。这条横断面呈阶梯状的绿化带全长为 12 km,其最为显著的特点是将该区段里的整个高速铁路封闭覆盖在隆起的人工堆砌的隧道里,实现地下化铁路,可以有效地控制诸如噪音、振动等污染因素。在阶梯状的土堆上除了种植各种花草树木之外,还设置有步行道和自行车道供人们使用,而轿车、卡车、摩托车等机动车辆则可以从绿化带的地下通道穿越行驶。

4. 施工对环境的影响

铁路大桥施工规模大、周期长、临时工程占用场地多、施工人员和机械集中,将会对环境造成不良影响。如大桥桥墩基础开挖的弃土易堵塞河道,使水中的泥砂量增加;施工场地生活和生产废水、废渣及垃圾对周边环境产生污染;施工机械的噪声等也对周边环境产生影响;进入市区的高架桥施工将会使城市部分道路改移,民用建筑、地下管道拆迁,给城市居民生活带来不便;砂石料场的开采,因开山放炮,势必使居民、禽兽受惊,减少地表植被;挖土会产生水土流失等。防护措施有:施工中开挖的基坑完工后立即回填,恢复原状;施工的废土、废渣不得任意弃于河沟;市区高架桥施工避免夜间扰民;施工产生的含油废水,不得直接排入河道;施工期间各种车辆按指定路线行驶;区间路堤填方,采取集中取土,少占农田,减少施工对农作物的损害。

此外,高速铁路经过或临近古文化遗址、自然保护区、野生动植物保护区、湿地保护区及风景名胜区时,首先应尽可能考虑绕避措施。实在难以绕避时,应根据这些保护区的特点采取相应措施减少对其干扰。例如,线路通过湿地保护区或其上游时应考虑修建桥梁不阻断其水源,避免湿地萎缩。

10.4.3 高速铁路对大气环境、水环境等的影响及其防护措施

高速铁路采用电力牵引,实现了无污染的零排放,减轻了对沿线城镇大气污染问题,与公路、航空运输相比,是国内外公认的对环境保护的最佳运输方式。但高速铁路仍有排放废物等对环境的污染问题,主要有以下几种类型:

1. 大气污染

高速铁路与高速公路、飞机相比,能耗最小,大气污染物的排放量明显低于其他运输方式。例如,承担着东京—大阪之间 80% 客运量的新干线,单位运输量产生的 CO_2 仅为轿车运输的 1/8。但从全局的大气环境分析,供电站产生的污染物也要由电力牵引来承担。供电站向大气污染物的排放量与采用的燃料有关,火力发电用煤作燃料,排放的污染物(烟尘、SO_2 等)要比用油或天然气作燃料多得多。如能采用水力或核能发电,则污染物的排放量更少,对环境的影响更小。

大气环境污染源还包括高速铁路沿线各站、段和综合维修基地生产或生活固定锅炉排放的烟气,但可经高效除尘达标后排放。

2. 水质污染

高速铁路与普速铁路比较,由于运行速度快,沿途站段减少,列车上旅客用水量可以减少。由于采用电力牵引,动车段检修用水和排放的污水量比非电力机务段要少。高速列车的客车粪便采用集便器收集,在站段集中排放,可减轻对环境的污染。

高速铁路沿线各站、段和综合维修基地排放的含油类、硫等有害物质的污染水,电力机车或动车蓄电池废液、列车厕所污水污物处理等会对水质造成污染。为减少这些污染,可在相应地点设置油污处理、回收装置,对于用后脏水及厕所污物采用密封收集、灭菌、定点排放的集中处理技术,且污水污物需经处理后才能排放。特别是高速列车对粪便的处理,各国高速列车均采用集便方式进行污物处理,这不仅是环保的要求,也是因为列车高速运行时强大的空气动力

不允许采用直排式厕所。目前高速列车使用的集便器有循环式、喷射式和真空式集便装置，其中真空式集便装置是集便器发展的主流。例如，日本新干线 300 系以后的车辆越来越多地采用真空式集便装置，如图 10.14 所示。

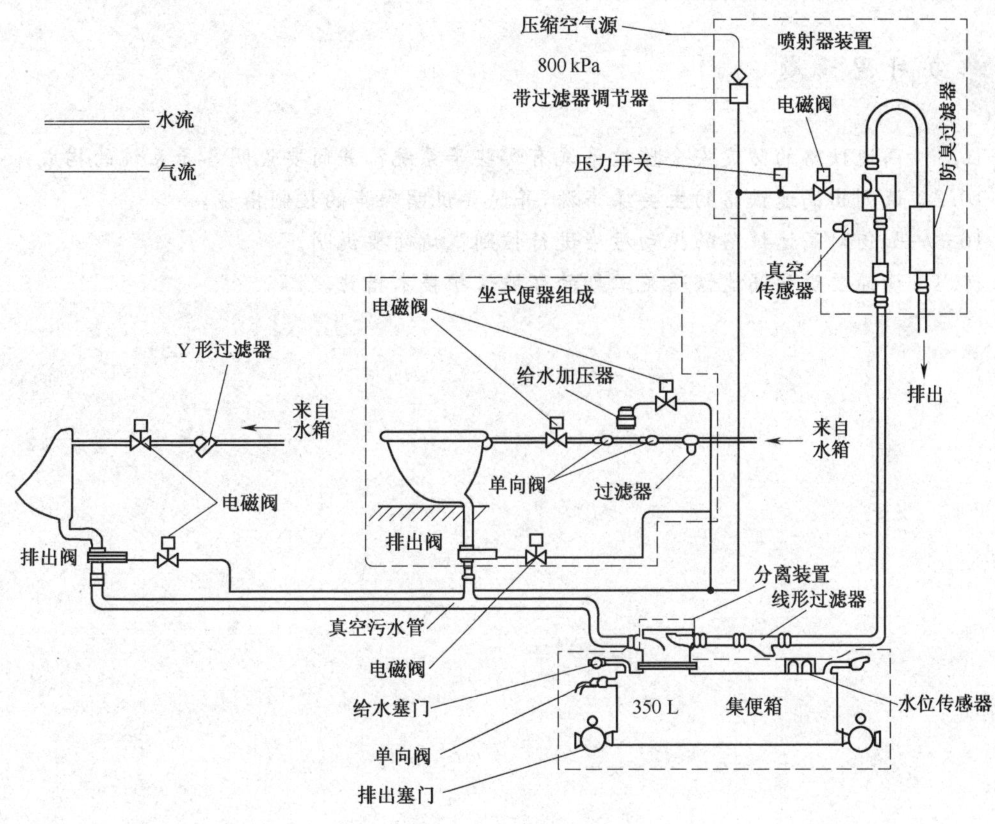

图 10.14　日本新干线真空式集便装置示意

3. 旅客垃圾污染

旅客垃圾主要指旅客在车站候车及乘坐列车丢弃的各种物品，如看过的报纸，各类饮料瓶、罐、包装材料等，其中有相当一部分物品是可以再生利用的，应将其视为一种再生资源。国外铁路部门已着手对这类旅客垃圾进行收集、分拣及再生处理。原则上可一个地区设一套具有一定规模，可进行分类、压缩、储运功能的垃圾集中处置中心（图 10.15 为垃圾集中处置中心流程图），车站或动车段、所根据需要设垃圾转运站，列车上和车站配备有明确标志的垃圾分类收集箱。

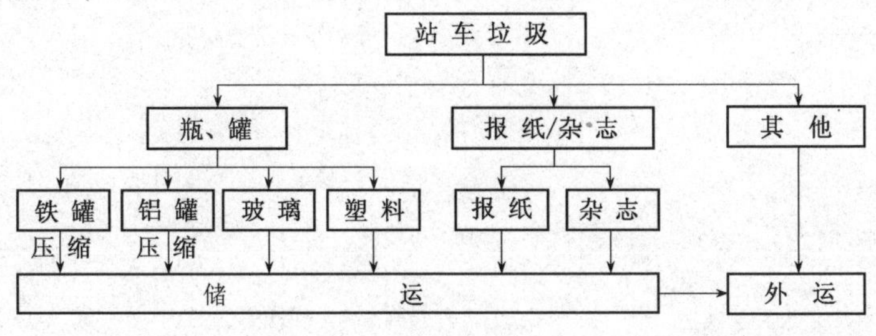

图 10.15　垃圾集中处置中心流程

高速铁路由于采用了当代高新技术,并采取相应的环保措施,使其能够在高于普速铁路一倍以上的速度运行的情况下,仍能达到普速铁路的环保要求,甚至某些环保指标还高于普速铁路。如日本新干线产生噪声比既有线还低,产生的电磁辐射比普速铁路列车产生的电磁辐射还低,列车上产生的污物也比普速铁路少。

复习思考题

10.1 高速铁路的防灾安全监控系统有哪些子系统?并简要说明各子系统的构成。

10.2 试列出高速铁路的主要噪声源,并简要说明噪声的控制措施。

10.3 如何对高速铁路的振动污染进行控制?请简要说明。

10.4 请简要说明高速铁路施工期的环境保护技术措施。

项目 11　高速磁悬浮铁路

项目描述

磁悬浮铁路是一种新型的交通运输系统，它是利用电磁系统产生的排斥力将列车托起，使整个列车悬浮在导轨上，利用电磁力进行导向，利用直线电机将电能直接转换成推动列车前进的动力。磁悬浮铁路消除了轮轨之间的接触，无摩擦阻力，线路垂直负荷小，时速高，舒适，其应用具有广泛前景。

学习目标

1. 知识目标

(1)掌握磁悬浮系统分类；

(2)理解磁悬浮列车工作原理；

(3)掌握超导排斥型磁悬浮列车牵引原理。

2. 能力目标

(1)能够结合常导吸引型与超导排斥型的技术特性，合理选择适合于某两城市之间的磁悬浮铁路类型。

(2)通过对磁悬浮铁路的学习，培养研究能力和创新能力。

相关案例：上海磁悬浮铁路概况与德国磁悬浮铁路事故

1. 上海磁悬浮铁路概况

上海磁悬浮铁路西起上海地铁 2 号线的龙阳路站，东至上海浦东国际机场，线路全长 29.863 km，双线上下折返运行，设计最高运行速度为 430 km/h，单线运行时间约 8 min，是世界上第一条投入商业化运营的磁悬浮列车示范线，由中德两国合作开发上海磁悬浮铁路于 2001 年 3 月 1 日动工，2002 年 12 月 31 日全线试运行，2003 年 1 月 4 日正式开始商业运营。磁悬浮示范线主要解决连接浦东机场和市区的大运量高速交通需求。

2. 德国磁悬浮铁路事故

2006 年 9 月 22 日，德国磁悬浮列车在试运行途中与一辆维修车相撞，事故造成 25 人死亡，4 人重伤。磁悬浮列车在突发情况下的紧急制动能力不如轮轨列车。磁悬浮列车没有车轮，如果突然停电，靠滑动摩擦紧急制动是很危险的。此外，磁悬浮铁路均为高架线路，这会使事故救援存在诸多困难；没有车轮，而列车有故障不能悬浮，很难拖出事故现场；若区间停电，其他车辆、吊机也很难靠近。这说明,磁悬浮铁路还有很多的技术需要取得突破。

从上述两个案例可以看出,磁悬浮铁路运行速度快,可用于解决较长距离的大运量高速交通需求;另一方面,就目前的磁悬浮技术成熟程度而言,安全、环保、成本控制成为磁悬浮成败的关键。通过本项目的学习,应掌握磁悬浮系统分类,理解磁悬浮列车工作原理。

任务11.1 掌握磁悬浮系统分类

磁悬浮铁路是一种新型的交通运输系统,它利用异性相吸、同性相斥的电磁感应原理,以直线电动机驱动车辆,运行时车体悬浮或吸浮于导轨上面,并与之保持一定间隙。磁悬浮铁路所用的车辆通常称为磁悬浮列车。磁悬浮列车运行时,没有轮轨间的摩擦,不受黏着条件限制。传统轮轨系统与磁悬浮系统的驱动原理比较如图11.1所示。

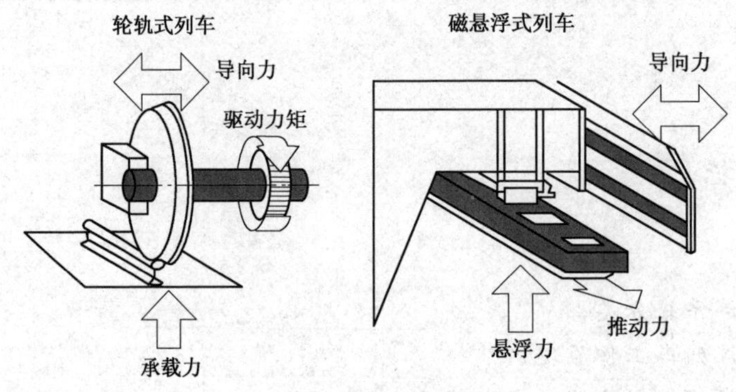

图11.1 传统轮轨系统与磁悬浮系统的驱动原理比较

1922年,德国人赫尔曼·肯佩尔(Hermann Kemper)提出了电磁悬浮原理,并在1934年获得了磁悬浮技术的发明专利。但随后的30多年时间里,磁悬浮技术没有明显进展。直到20世纪60年代,随着世界范围的经济高涨,为提高交通运输能力,适应经济发展和人们对提高列车运行速度的需要,德国、日本、美国、加拿大、法国、英国和苏联等发达国家相继开始筹划进行磁悬浮运输系统的开发。经过多年的研究和试验,世界各国对磁悬浮铁路技术的开发有了突破性进展,尤其是德国和日本已经进入实用阶段。2001年3月,由我国引进德国西门子公司、蒂森高速列车公司、磁悬浮国际公司先进技术的上海磁悬浮快速列车项目正式开工建设。该项目西起地铁二号线龙阳路站,东至浦东国际机场,线路总长31.17 km,设计时速和运行时速分别为505 km和430 km,单向运行时间仅7 min。2002年12月31日,上海磁悬浮列车试运行成功。2003年11月12日,用于商业运行的上海磁悬浮列车创下了501 km/h的世界纪录,该项纪录已列入"世界吉尼斯纪录"。2003年12月29日,上海磁悬浮线开始了全天候运营。2004年4月13日,上海磁悬浮通过合同验收和安全验收,开始正式运行。

根据磁悬浮列车上采用的电磁铁种类,磁悬浮列车一般分两大类:一类为常导吸引型(Electro Magnetic Suspension),简称EMS型,又称电磁悬浮型;一类为超导排斥型(Electro Dynamic Suspension),简称EDS型,又称电动悬浮型。

1. 常导吸引型

常导吸引型磁悬浮列车采用常导磁铁(即普通磁铁),导轨为导磁体,装在车上的常导磁铁励磁后产生磁力吸向导轨,使车辆悬浮,以气隙传感器控制悬浮间隙(悬浮高度为10 mm左右)。这种列车成本较低,但悬浮控制属于不稳定型。

根据驱动车辆所用的直线电机类型不同，常导吸引型磁悬浮列车还可分成两种：一种是采用长定子同步直线电机推进，定子设置在导轨上，其定子绕组可以在导轨上无限长地铺设，故称为“长定子”。此种列车一般采用导轨驱动技术，列车的运行速度和运行工况由地面控制中心直接控制。其效率较高，速度也较高，主要用于高速运行，速度可达 400～500 km/h，这种列车的典型代表是德国的 TR 系列磁悬浮列车。图 11.2 为德国 TR-08 型磁悬浮列车外形。另一种采用短定子感应直线电机推进，定子设置在车辆上，由于其长度受列车长度的限制，故称为“短定子”。此种列车一般采用列车驱动技术，列车的运行速度和运行工况由司机直接控制。其效率较低，速度也较低，主要适用于中低速运行，速度一般为 50～100 km/h，典型代表是日本 HSST 系列磁悬浮列车。图 11.3 为日本 HSST 型磁悬浮列车外形。

图 11.2　德国 TR-08 型磁悬浮列车（上海浦东机场）

图 11.3　日本 HSST 型磁悬浮列车

2. 超导排斥型

超导排斥型磁悬浮列车利用磁极同性相斥、异性相吸的原理，使车辆在轨道上浮起，由于采用了超导磁铁，磁场特别强，因此车辆悬浮高度也较高，可达 100 mm 左右。推进装置也是采用长定子同步直线电机。这种列车需用成本较高，但悬浮控制属于稳定型。这种类型的磁悬浮列车运行速度较高，可达 500～600 km/h。

根据所采用的超导材料不同，超导排斥型磁悬浮又可分为低温超导磁悬浮及高温超导磁悬浮两种类型，低温超导磁悬浮采用－269 ℃液氦冷却。这种列车的典型代表为日本 MLX 型低温超导磁悬浮列车，其试验速度已达到 581 km/h。图 11.4 为日本 MLX01 型磁悬浮列车外形。高温超导磁悬浮采用－192 ℃液氮冷却。这是一种更有广阔应用前景的超导方式，目前尚处于实验室实验阶段。这种列车的典型代表为我国的“世纪号”高温超导磁悬浮试验车。图 11.5 为中国“世纪号”磁悬浮试验车外形。

图 11.4　日本 MLX01 型磁悬浮列车外形

图 11.5　中国“世纪号”磁悬浮试验车外形

磁悬浮铁路按导轨结构形式可划分为多种形式。常用的有 T 形、⊥形、U 形和一形导轨。

(1)T 形导轨

该种导轨梁的横断面为 T 形。直线电机的驱动绕组及悬浮绕组均安装在导轨梁两侧翼的下方,导向绕组安装在两侧翼的外端,导轨梁直接安装在桥墩上。德国 TR 系列和日本中低速 HSST 系列磁悬浮系统采用这种导轨结构形式。由于这种磁悬浮列车"抱"着导轨运行,故遇突发事故时的安全性较好,并且线路设计中的最小曲线半径也可以更小一些。但它对轨道梁的加工精度和列车的悬浮及导向的控制要求很高。

(2)⊥形导轨

这种导轨结构类似于城市轨道交通中的跨座式独轨交通。日本在早期磁悬浮试验线上曾经采用过这种结构形式。由于这种导轨的凸出部分侵占车辆的底部空间,影响车厢的载客率,所以目前一般不再采用这种导轨结构形式。

(3)U 形导轨

这种导轨梁的横断面为 U 形,列车在 U 形槽中运行。地面的驱动、悬浮及导向绕组均安装在 U 形槽的内侧壁。这种导轨梁可以采用高架结构架设在桥墩上,也可以采用无砟轨道形式铺设在路基上。与 T 形导轨的要求相比,U 形轨道梁的加工精度及对列车的悬浮控制、导向控制的要求较低,但对最小曲线半径的要求更高一些(即要求最小曲线半径更大一些)。日本的 MLX 型磁悬浮列车目前采用这种导轨结构形式,如图 11.6 所示。

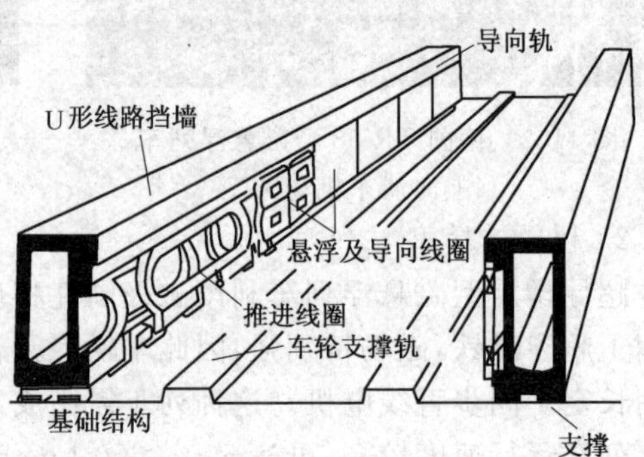

图 11.6 U 形线路结构图

(4)一形导轨

这种导轨梁的横断面为一形,地面绕组均安装在导轨梁的正上方,车辆绕组均安装在车辆的正下方,列车在导轨梁上方运行。这种导轨梁一般架设在桥墩上,采用高架结构,特点是结构简单,但导向功能稍差一些,因此主要适用于中低速磁悬浮。我国研制的"世纪号"高温超导磁悬浮实验车就采用这种导轨结构形式。

任务 11.2 理解磁悬浮列车工作原理

11.2.1 长定子同步直线电机推进的常导吸引型

德国长定子同步直线电机推进的常导吸引型磁悬浮列车与路轨的相互作用示意如图 11.7 所示。

1. 悬浮原理

T 形梁翼底部为同步直线电机的定子,其下方为安装在车体上的悬浮电磁铁,该电磁铁同时兼作同步直线电机的转子。悬浮电磁铁通电时产生磁场,成为电磁铁,与直线电机定子的铁心产生吸引力,把磁悬浮车往上拉向定子。利用距离传感器控制悬浮电磁铁与定子的距离(即悬浮气隙),保持在 10 mm 左右。

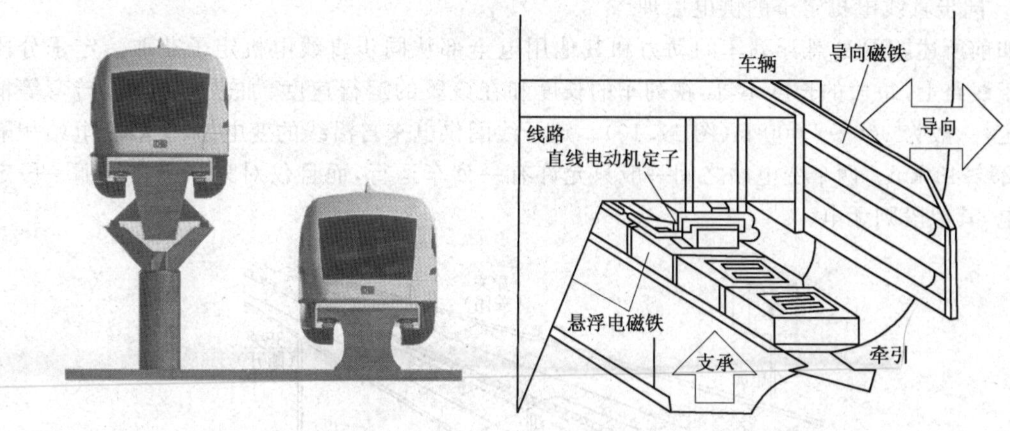

图 11.7　TR 系列常导吸引型磁悬浮列车与路轨的相互作用示意

2. 导向原理

TR 磁悬浮列车的车体从两侧将 T 形轨道梁的翼缘围抱，T 形梁翼缘两侧面为导向轨，安装在车体上的导向电磁铁通电后将与之产生吸引力。通过测量两侧导向电磁铁与导向轨之间的距离，并调节导向电磁铁的电流，就可以控制列车位于道路中间。即使列车在路面倾斜的曲线路段停车，该导向力仍可保持列车不与导向轨接触。

3. 牵引原理

磁悬浮列车的驱动靠长定子同步直线电动机实现。这个无接触的牵引工作原理类似于转动的同步电动机，只是将转动的电机的定子切开，并且沿着线路方向展开。这样，在定子上产生的就不再是一个旋转的行波磁场，而是一个移动的行波磁场。列车的悬浮电磁铁通电后，就成为电动机的转子(励磁磁极)。路轨上的定子中三相绕组产生的移动行波磁场，作用于车上的悬浮磁铁(转子)，产生了同步的电磁牵引力，引导磁悬浮列车前进或后退。同步直线电动机驱动示意图如图 11.8 所示。调节定子供电的频率与电压，即可改变磁悬浮列车的运行速度。

4. 车上非接触供电的原理

TR 磁悬浮列车运行时与轨道完全无接触，其导向电磁铁和悬浮电磁铁的供电，以及车载控制、照明、空调等用电，均来自车载电源(镍镉可充电电池组和整流设备)和直线发电机。车载电源的充电，在列车运行时也靠直线发电机，停站时靠车站的供电轨(列车到站后受流器与供电轨接触供电)。直线发电机是将三相绕组固定放在悬浮磁铁上。当列车运行时，由于速度的变化以及定子槽电压的作用，装在悬浮磁铁上的三相绕组将产生感应的交流电(图 11.9)，经整流后供车上用电。这些高频磁场分量因列车运行时惯性较大，对列车悬浮控制影响不大。

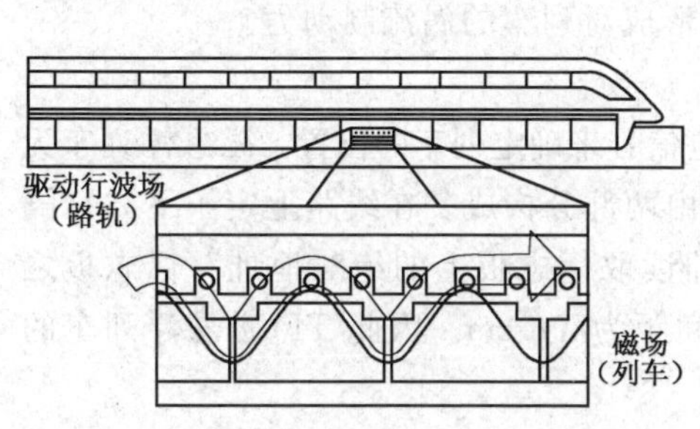

图 11.8　同步直线电动机驱动原理

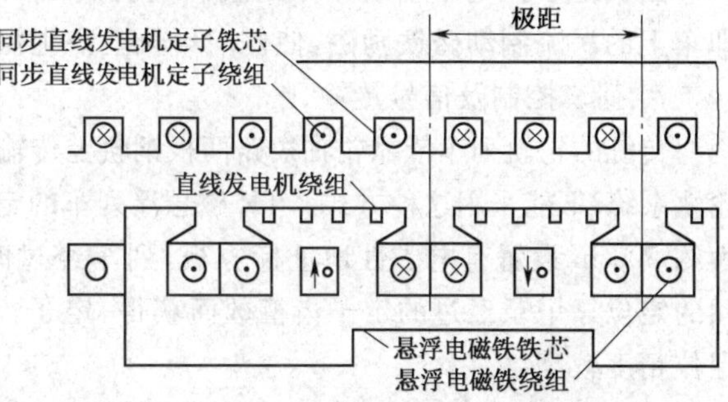

图 11.9　直线发电机结构示意

5. 同步直线电机定子的供电原理

如前所述，TR 磁悬浮列车的动力和其他用电全部从同步直线电机定子获取。定子分段铺设于线路上，每段的长度不等，视列车的长度和在该段的运行速度、加速度、爬坡、转弯等情况而定，一般为 300～2 000 m(图 11.10)。定子线圈供电来自沿线的变电站，一般变电站相隔距离 25～40 km。两个变电站之间一般只允许有一列车运行，而且仅对列车所在的那一段定子供电，其他段则无电。

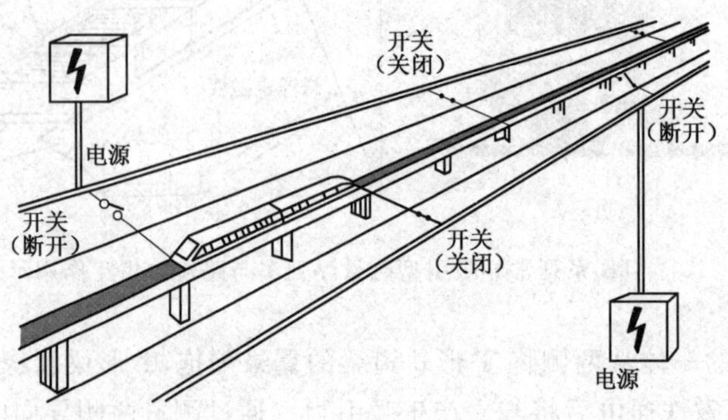

图 11.10　常导长定子磁悬浮列车定子供电示意

由于定子安装在线路上，因而可以根据该段线路的具体情况(例如爬坡或加速)，确定该段直线电机的功率，再确定为这段线路供电的变电站的功率与距离(图 11.11)，而无须像轮轨列车那样按整个线路可能出现的最大功率需求来确定列车上的电机功率。直线同步电机的控制，采用 VVVF 变压变频调速方式。

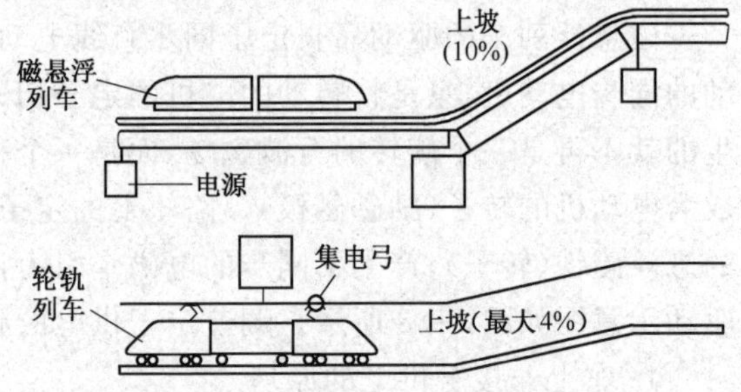

图 11.11　长定子直线电机容量确定示意

6. 制动原理

常导磁悬浮列车的正常制动方式均利用同步直线电机作为发电机进行控制。当列车高速运行时，采用再生制动方式，即直线电机的工作方式由牵引改为发电，将列车的动能转化为电能回馈给电网，以降低列车速度。当列车速度较低时，再生制动改为电阻制动，即电能不再反馈给电网，而是消耗在变电站的特殊电阻上以热的形式散发。当列车的速度很低时，直线电机改为反接制动，即电机的牵引方向与列车的运行方向相反，直到列车停止。

当长定子供电产生故障导致直线电机制动失灵或需要紧急制动时，采用涡流制动方式。即车上的涡流制动磁铁励磁，使侧向导轨上产生涡流，形成对列车的涡流制动力。

7. 列车控制及信号传输

传统的轮轨列车依靠轮轴短路两根钢轨上传输的电信号来确定列车的位置。磁悬浮列车无轮轨系统，不能采用这种方式。TR 磁悬浮列车的定位，由两部分构成。在线路上定子下方每隔大约 500 m 设置有电磁性地址标志板，列车经过时，即读取标志板上的绝对地址。标志板之间的定位靠记录经过的定子齿槽数而获得，定子齿槽间距为8.6 cm。因此 TR 磁悬浮列车的定位精度较高。

磁悬浮列车与地面的联系以无线通信方式进行。沿线路每隔大约 300 m(视线路具体情况而定)有一根无线电杆(图 11.12),通过 38 MHz的高频专用信道以安全编码方式与列车进行双向通信,传输所有与安全有关的数据及指令。与安全无关的信号(如语音)通过其他频道传输。

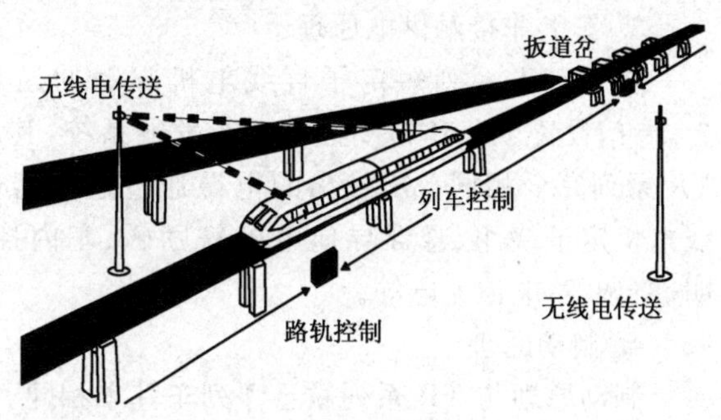

图 11.12　常导磁悬浮列车的通信示意

TR 磁悬浮列车的自动控制系统由三级构成:第一级为中央控制中心;第二级为分区控制中心(设在变电站);第三级为列车控制系统。每一级都由高可靠独立冗余(三取二)安全计算机系统构成,其中列车两端各有一套独立的计算机系统。正常情况下由一套计算机系统工作,另一套热机备用。一旦工作系统出现异常,备用系统立即自动投入工作,并实现列车安全停车。

11.2.2　短定子感应直线电机推进的常导吸引型

日本的短定子感应直线电机驱动的常导吸引型磁悬浮列车以 HSST-100 型为其典型代表。图 11.13 为磁悬浮列车与磁悬浮路轨的相互作用示意图。

1. 悬浮与导向原理

HSST-100 型短定子常导吸引型磁悬浮列车采用了悬浮电磁铁与导向电磁铁合一的方法,如图 11.14 所示。既能保持垂直方向车体与轨面下端悬浮间隔距离,又能保持车体与轨道侧面的间隙。

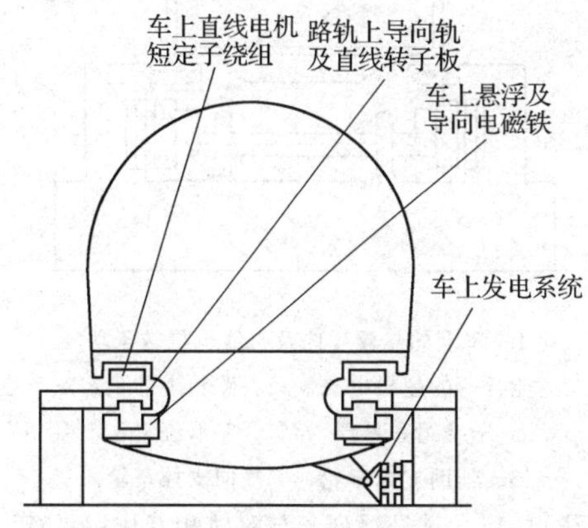

图 11.13　HSST-100 型短定子常导吸引型磁悬浮列车与路轨相互作用示意图

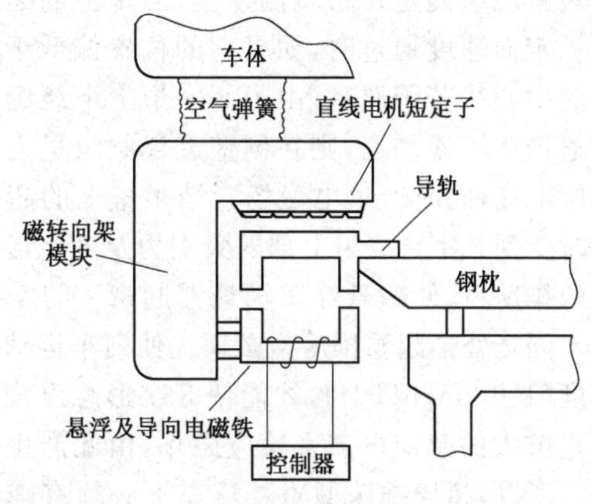

图 11.14　HSST-100 型磁悬浮列车悬浮与导向原理

2. 牵引原理

与 TR 系列长定子直线电机驱动方式不同,HSST-100 型短定子直线电机驱动是将定子绕组固定在车辆上、而转子展开铺置于路轨上。当在定子绕组中输入三相移动行波磁场后,轨面上的转子被感应产生磁场,由此产生电磁牵引力,引导磁悬浮列车前进或后退,所采用的是交流异步电机的原理。为此,向直线电机定子供电的整套电源装置应放置在车辆上。这是与长定子同步直线电机常导型磁悬浮列车最大的不同点。图 11.15 为短定子感应直线电机车辆上的定子电磁绕组及车下路轨上的转子轨板相互作用图。

3. 车上非接触供电原理

在 HSST 系列短定子直线电机驱动的磁悬浮车上,专门设置了一套非接触式直线发电系统,其原理与 TR 系列完全相同。所发出的电源通过逆变器供给直线电机定子绕组、悬浮导向电磁铁励磁、车内控制、照明、空调、蓄电池充电等。

4. 制动原理

制动原理与 TR 系列磁悬浮列车基本相同。

由于 HSST 系列磁悬浮列车采用短定子感应直线电机驱动,在定子两端由于漏磁等原因,直线电机的功率因数较低,效率也较低,加上悬浮、导向的电磁铁合一使用,速度太高时控制上会产生问题。因此,该型磁悬浮列车只能用于中、低速的城市交通运输,最高运行速度不超过 300 km/h。

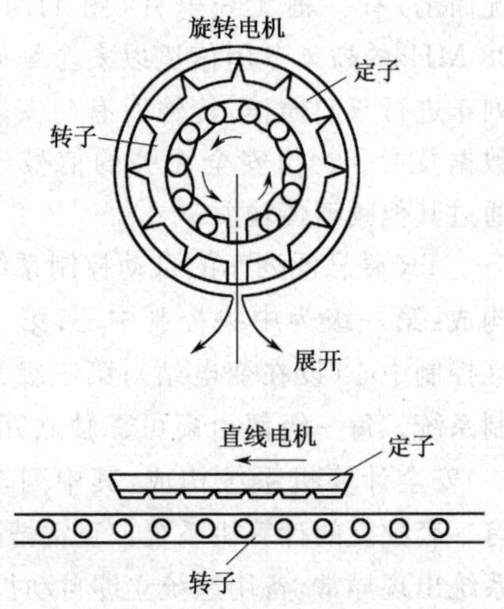

图 11.15 短定子直线电机的定子与转子相互作用示意

11.2.3 长定子同步直线电机推进的低温超导排斥型

日本的长定子低温超导排斥型磁悬浮列车以 MLX01 型为其典型代表,磁悬浮列车与路轨的相互作用示意图如图 11.16 所示。

1. 磁悬浮原理

磁悬浮原理如图 11.17 所示,图中 8 字形的悬浮短路绕组固定在路轨侧壁上,当车上的超导磁铁以一定向速度通过时,如果它的位置偏低于侧壁绕组的中心线若干厘米,由于 8 字形上下绕组间交链磁通产生了不均衡,则在侧壁悬浮绕组里立即产生感应电流,同时产生电磁场。结果车上的超导磁铁同时受到 8 字形绕组上部的吸引力及 8 字形绕组下部的排斥力,使磁悬浮车辆悬浮起来。与常导吸引型不同之处是超导排斥型必须先使列车运动到一定速度(150 km/h以上),才能使 8 字形悬浮绕组中产生足够大的感应电流及感应磁场,由此产生悬浮效应。所以,超导排斥型磁悬浮车上必须有辅助车轮支撑,并在车上安装有蓄电池组、发动机或其他车载电源,用于启动列车并达到一定的速度后,产生足够稳定的磁悬浮作用。

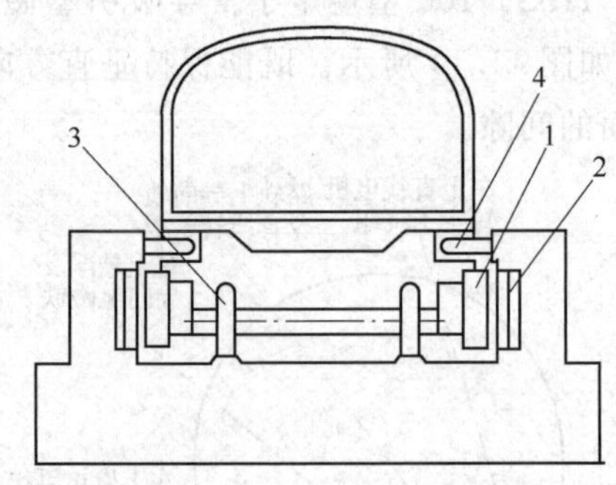

1—车上的悬浮导向及直线电机转子功能合一的超导电磁铁;2—路轨上的长定子绕组和悬浮、导向 8 字形绕组;3—辅助支撑车轮;4—横向支撑车轮。

图 11.16 磁悬浮列车与路轨相互作用示意

2. 导向原理

路轨两侧侧壁上的 8 字形悬浮绕组通过路轨下面相连,构成一个回路,如图 11.18 所示。在磁悬浮车辆运行中,如果超导磁铁横向位置发生了偏移,使车辆偏离中心位置时,左右两绕组的交链磁通将不一样,则在回路中立即产生感应电流,在 8 字形绕组上产生电磁场,使靠近磁悬浮车辆一侧的绕组产生一个排斥力,而远离磁悬浮车辆一侧的绕组产生一个吸引力。这样,运行中的磁悬浮车辆总是处于路轨两导向轨的中间位置。

3. 牵引原理

超导排斥型磁悬浮列车的牵引原理与常导吸引型 TR 磁悬浮车相同,都是采用长定子同

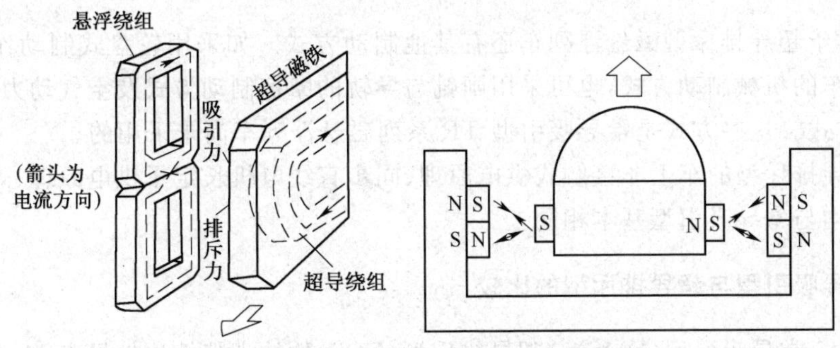

图 11.17　超导排斥型磁悬浮列车悬浮原理

步直线电机实现牵引功能，如图 11.19 所示。长定子三相绕组布置在路轨的两侧壁上，并由变电站输入变频变压的三相交流电，由此产生一个移动的行波磁场。而车上的超导电磁铁励磁后成为直线电机的励磁绕组(转子)。在长定子行波磁场作用下产生了同步的电磁牵引力，引导磁悬浮列车前进或后退。调节长定子供电电流的频率与电压，即可改变磁悬浮列车的牵引力，从而改变其运行速度。

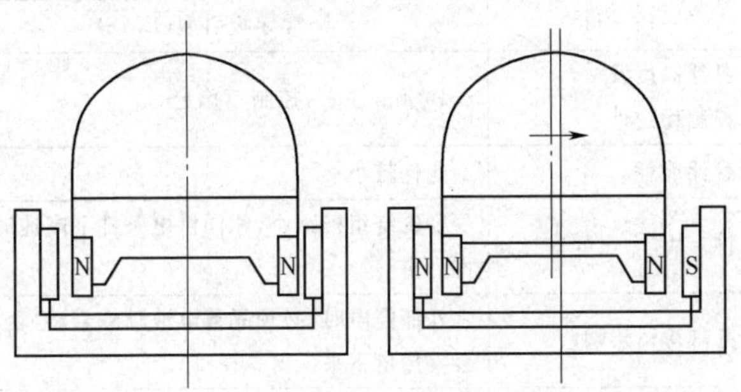

图 11.18　超导排斥型磁悬浮列车导向原理

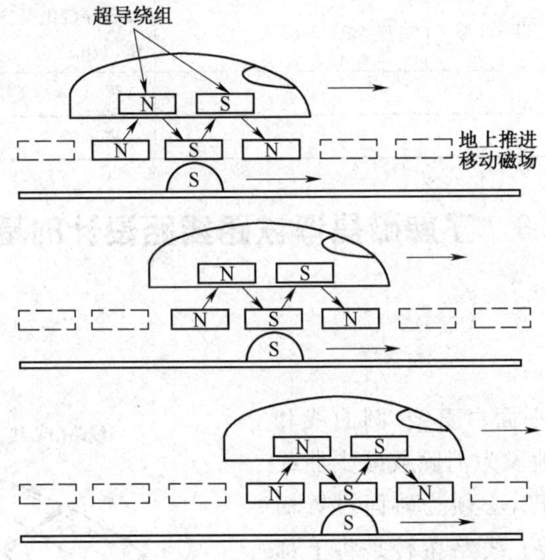

图 11.19　超导排斥型磁悬浮列车牵引原理

4. 制动原理

超导排斥型磁悬浮列车在高速运行速度下进行制动时，也采用再生制动方式，即同步直线电机的工作方式由牵引改为发电，将列车动能转化为电能，反馈回电网并降低列车速度。当电网发生故障时，可采用电阻制动，将列车动能在牵引变电站的电阻上变成热能消耗掉。也可以采用绕组短路制动，即将许多路轨侧面的绕组相互联结起来短路，以产生电磁阻力消耗列车能量。

另外,对于超导排斥型磁悬浮列车还有其他制动方式。如采用轮盘式制动作为保证列车安全可靠停车的机械制动方式,也可采用闸靴与导轨的摩擦制动方式及空气动力制动(张开空气阻力板)方式。这些方式是常导吸引型 TR 系列磁悬浮列车尚未采用的。

至于超导排斥型的车上非接触式供电原理、同步直线电机长定子供电原理、列车控制及信号传输原理均与常导吸引型基本相同。

11.2.4 常导吸引型与超导排斥型的比较

综上所述,常导吸引型(EMS)与超导排斥型(EDS)的技术特性比较见表 11.1。

表 11.1 常导吸引型与超导排斥型的技术特性比较

项 目	常导吸引型(EMS)	超导排斥型(EDS)
悬浮高度及控制稳定性	10 mm 左右,控制不稳定	100 mm 以上,控制稳定
悬浮能耗	能耗较小	基于超导涡流效应,能耗较大
推 力	励磁绕组极距小,相同供电条件下高速时推力小	由于超导绕组极距大,在高速时推力大
外部停电影响	外部停电时,必须靠蓄电池励磁悬浮,否则车辆会突然落下来	只要车辆有速度,外部停电时车辆不会突然落下来
低速时运行	不用车轮支撑系统	必须有车轮支撑系统,用于低速时启动或制动
车载励磁电源	必须具备	不用具备
车辆自重	较重,TR-08 型 1 000 座,492.8 t	超导绕组是空心的,自重轻,MLX01 型 950 座,270 t
强磁场影响	弱	强
成 本	较高	高

任务 11.3 了解磁悬浮铁路线路设计的基本知识

11.3.1 线路平纵断面

1. 线路平面

磁悬浮铁路的线路平面由直线、圆曲线和缓和曲线组成。在曲线地段为消除或减少曲线运行时产生的侧向加速度,必须为轨面设置横坡,这就会导致线路扭转。线路扭转是将上部结构绕线路中心线旋转,并保持线路中心线的高程和纵断面不变,如图 11.20 所示。磁悬浮列车在运行中,车辆的重心与线路中心线的距离始终保持不变。

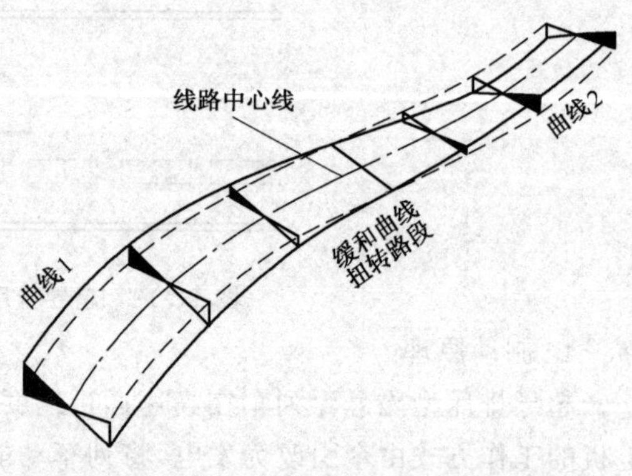

图 11.20 轨道平面绕线路中心线旋转形成的超高横坡

曲线半径的选用,在保证旅客舒适度条件下,尽量满足降低轨道梁结构设计、制造难度的要求，采用能满足以直梁拟合曲线的结构设计要求。

缓和曲线线形除必须满足横坡角、曲率、侧向加速度连续变化的条件外，还应保证通过缓和曲线时加速度产生的附加力以及加速度变化率不超过“允许的限度”，为此，日本的磁悬浮线路采用半波正弦形缓和曲线，而德国的磁悬浮线路选用一波正弦形缓和曲线。上海的磁悬浮工程采用的缓和曲线线形是按照德国的设计标准设计的。图 11.21 为上海的磁悬浮铁路平面图。

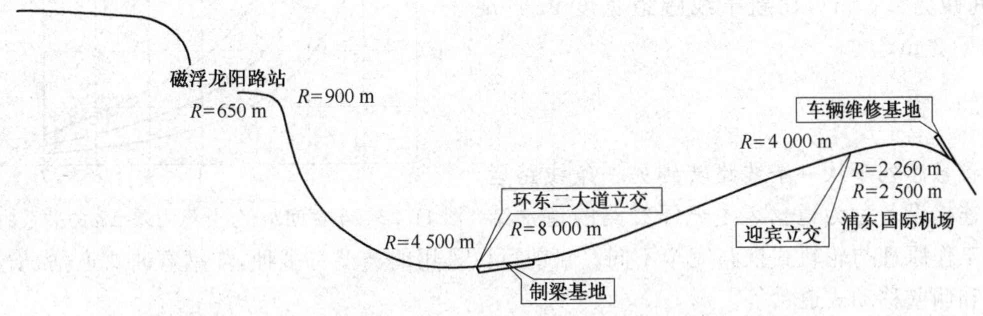

注：上海市磁浮列车商业运营线正线全线长30 km，平面设7个平曲线，最小半径650 m，最大半径8 000 m，曲线总长18.5 km，直线总长11.5 km，最大纵坡10.8‰，横坡最大超高12°。

图 11.21　上海的磁悬浮铁路平面图

2. 线路纵断面

线路纵断面由直线(坡段)、竖曲线和回旋曲线组成。磁悬浮线路可以采用较大的纵向坡度，例如日本最大值为 40‰，而德国可达到 100‰，这大大地增加了选线的灵活性。

竖曲线半径的选用应满足行车舒适度要求，同时应考虑便于轨道梁的结构设计和施工。为了避免坡道上竖向加速度及其时变率出现突变，必须在坡段的直线和竖曲线之间设置竖向缓和曲线，其线形采用回旋曲线形。

3. 横断面

磁悬浮线路的横断面基本上可分为：高架支承结构、平地、路堑、隧道和路堤，其中采用最多的是高架支承结构。

4. 平顺性

磁悬浮线路的悬浮、导向和推进设备无论采用什么形式，总有一部分安装在车辆上，而另一部分安装在线路上，因此线路结构必须与之相适应，对线路的平顺性要求十分严格。不平顺对行车的平稳性、舒适性和安全性有很大的影响，因此，磁悬浮线路对线路结构的制造、架设、基础沉降的控制都十分精确，若采用预应力混凝土梁，还应限制混凝土收缩徐变引起的上拱。例如，德国 TR 磁悬浮运输系统的磁悬浮钢梁鉴于车、梁气隙仅为 10 mm，要求钢梁由列车荷载及温度变化引起的变形非常小，以保证高速运行时旅客的舒适度。

11.3.2　线 间 距

空旷区段线间距取决于车辆宽度和在两列车会车时空气动力产生的压力差允许值要求的距离 Y_a。根据德国的试验资料，两列车会车时产生的压力差与两列车车厢壁间的侧向间距的关系如图 11.22 所示。

隧道内线间距由于空气动力影响增大需相应加宽，其数值的大小与隧道断面积有关。为了解决超导磁悬浮列车在隧道内高速运行时产生的“压力波”、“微压力波”及“空气阻力”这三个问题,在减少磁悬浮车辆截面的同时,还要增大隧道断面。例如,日本山梨试验线的隧道断面比新干线铁路的隧道断面增加了 15%,而磁悬浮车辆的断面积只有 8.9 m²,比新干线车辆断面要小。在隧道净空高度均为7.8 m 的情况下,磁悬浮系统隧道宽度达 12.6 m(线间距为5.8 m),比新干线隧道宽度 9.6 m 增大了 3 m。

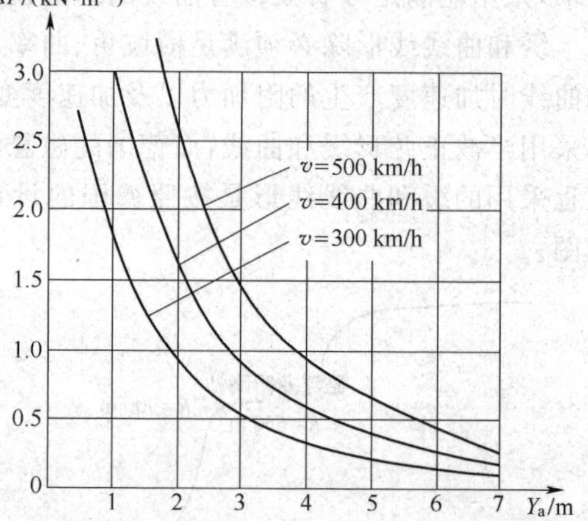

图 11.22 车辆间距 Y_a 与压力差 Δp 的关系曲线

11.3.3 道 岔

磁悬浮列车从一条线路转到另一条线路运行的连接设备称为道岔。磁悬浮线路的道岔结构和工作原理与轮轨式铁路完全不同。目前可以采用的类型有多种,如钢弯曲式道岔、横动式道岔和侧壁移动式道岔等。

钢弯曲式道岔(图 11.23)是一根钢梁,借助机电扳道装置使钢梁弹性弯曲达到换道目的。换道过程由微处理机控制,微处理机受中心计算机的监测。道岔可以是两路道岔或三路道岔。当道岔处于直位时,允许列车以其正常速度 300～500 km/h 通过,处于弯位时,允许列车的运行速度为 200 km/h(高速道岔)和 100 km/h(低速道岔)。目前,德国研制成功的该种高速道岔最大转辙时间为 17 s。

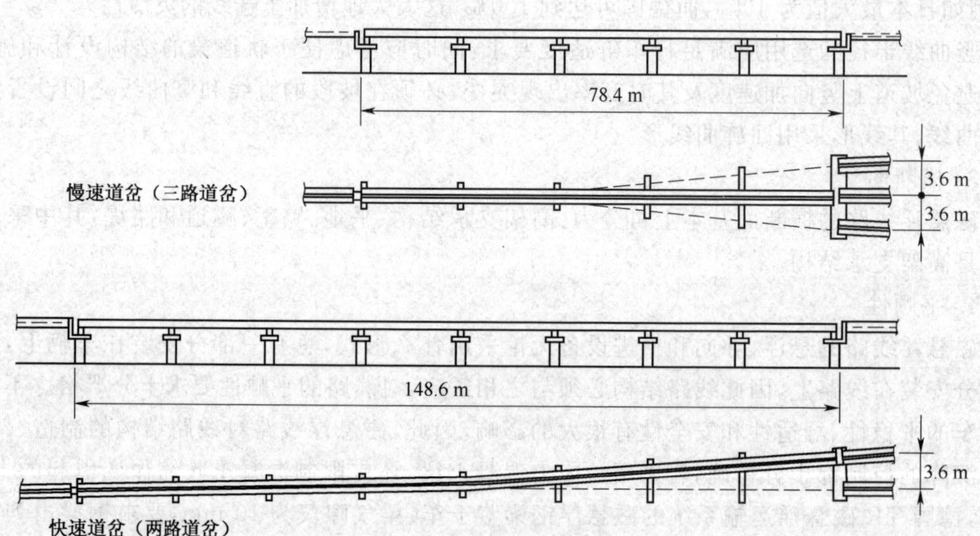

图 11.23 钢弯曲式道岔示意

横动式道岔(图 11.24)是作为高速运行时采用的高速道岔。这种道岔是依靠安装在复式可动横梁的驱动装置使其往横向移动实现转线,直向通过速度可达到 500 km/h,侧向过岔速度为 70 km/h,道岔转位时间在 30 s 以内。

作为低速运行的低速道岔采用侧壁移动式道岔(图 11.25)。这种道岔的转换方式为侧壁移动,直向通过速度为 70 km/h,侧向过岔速度为 45 km/h,道岔转位时间在 30 s 以内。由于存在侧壁强度问题,这种道岔无法实现磁悬浮列车高速悬浮走行,只能设在终点站。

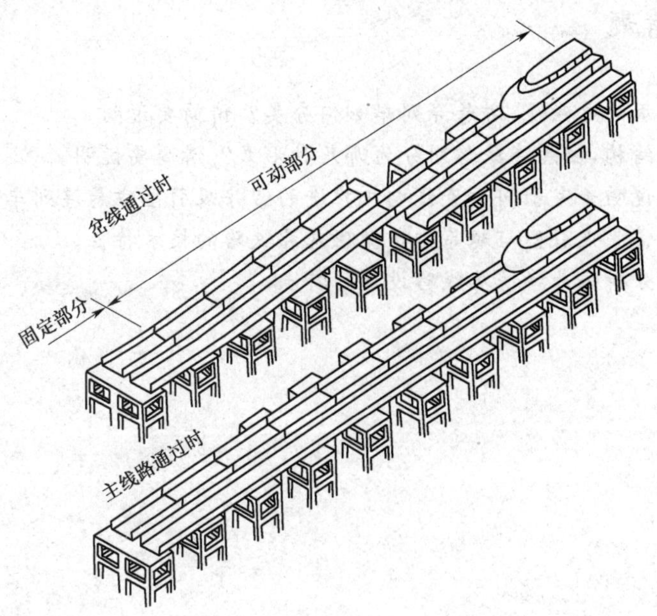

图 11.24　钢弯曲式道岔示意

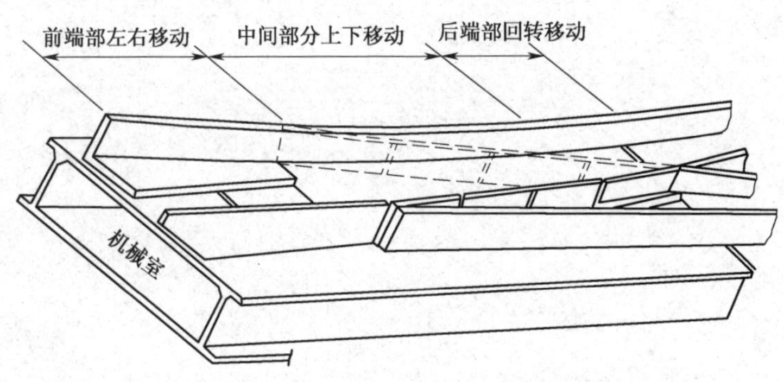

图 11.25　侧壁移动式道岔示意

11.3.4　渡线、越行站设置

为了在出现故障情况下确保区段的通过能力，一般要求在设计中每隔 25 km 设置区间渡线。

如果两相邻车站之间距离达到 100～150 km 时，在设计时，应考虑在两站之间大约 50 km 或 75 km 处设置一个越行站，以便于组织高速列车的越行。

综上所述，磁悬浮铁路是交通运输领域的高新技术，具有速度高、安全性高、舒适度良好、加(减)速快、爬坡能力强等优点。但目前磁悬浮铁路初期投资昂贵，结构复杂且技术要求高，同时其不能与轮轨式的既有铁路网兼容，世界上至今仍没有一条投入商业性运营的长距离干线，因而产生许多需要研究的课题。随着研究的进一步深入和问题的完美解决，磁悬浮铁路将会在世界范围内得到快速发展，在长大干线及城市短途交通运输领域均会取得良好的应用前景。

复习思考题

11.1 根据采用的电磁铁,磁悬浮列车如何分类?请简要说明。

11.2 按导轨结构,磁悬浮铁路划分为哪几种形式?请简要说明。

11.3 请简要说明长定子同步直线电机推进的常导吸引型磁悬浮列车的工作原理。

11.4 试比较常导吸引型与超导排斥型磁悬浮铁路的技术特性。

11.5 请简要分析磁悬浮铁路线路设计的特点。

参 考 文 献

[1]钱立新．世界高速铁路技术[M]．北京：中国铁道出版社，2003.

[2]铁道科学研究院高速铁路技术研究总体组．高速铁路技术[M]．北京：中国铁道出版社，2005.

[3]佟立本．高速铁路概论[M]．5版．北京：中国铁道出版社，2017.

[4]李向国．高速铁路技术[M]．3版．北京：中国铁道出版社，2015.

[5]李学伟．高速铁路概论[M]．北京：中国铁道出版社，2010.

[6]岳祖润．高速铁路施工技术与管理[M]．北京：中国铁道出版社，2010.

[7]中华人民共和国行业标准．高速铁路设计规范：TB 10621—2014[S]．北京：中国铁道出版社，2014.

[8]国家铁路局．高速铁路路基工程施工质量验收标准：TB 10751—2018[S]．北京：中国铁道出版社，2018.

[9]国家铁路局．高速铁路桥涵工程施工质量验收标准：TB 10752—2018[S]．北京：中国铁道出版社，2018.

[10]国家铁路局．高速铁路隧道工程施工质量验收标准：TB 10753—2018[S]．北京：中国铁道出版社，2018.

[11]国家铁路局．高速铁路轨道工程施工质量验收标准：TB 10754—2018[S]．北京：中国铁道出版社，2018.

[12]国家铁路局．高速铁路通信工程施工质量验收标准：TB 10755—2018[S]．北京：中国铁道出版社，2018.

[13]国家铁路局．高速铁路信号工程施工质量验收标准：TB 10756—2018[S]．北京：中国铁道出版社，2018.

[14]国家铁路局．高速铁路电力工程施工质量验收标准：TB 10757—2018[S]．北京：中国铁道出版社，2018.

[15]国家铁路局．高速铁路电力牵引供电工程施工质量验收标准：TB 10758—2018[S]．北京：中国铁道出版社，2018.

[16]中国铁路总公司．高速铁路路基工程施工技术规程：Q/CR 9602—2015[S]．北京：中国铁道出版社，2015.

[17]中国铁路总公司．高速铁路桥涵工程施工技术规程：Q/CR 9603—2015[S]．北京：中国铁道出版社，2015.

[18]中国铁路总公司．高速铁路隧道工程施工技术规程：Q/CR 9604—2015[S]．北京：中国铁道出版社，2015.

[19]中国铁路总公司．高速铁路轨道工程施工技术规程：Q/CR 9605—2017[S]．北京：中国铁道出版社，2017.

[20]中国铁路总公司．高速铁路通信工程施工技术规程：Q/CR 9606—2015[S]．北京：中国铁道出版社，2015.

[21]中国铁路总公司．高速铁路信号工程施工技术规程：Q/CR 9607—2015[S]．北京：中国铁道出版社，2015.

[22]中国铁路总公司．高速铁路电力工程施工技术规程：Q/CR 9608—2015[S]．北京：中国铁道出版社，2015.

[23]中国铁路总公司．高速铁路电力牵引供电工程施工技术规程：Q/CR 9609—2015[S]．北京：中国铁道出版社，2015.

[24]中国铁路总公司．铁路工程施工组织设计规范：Q/CR 9004—2015[S]．北京：中国铁道出版社，2015.

[25]王其昌．高速铁路土木工程[M]．成都：西南交通大学出版社，1999.

[26]季令，叶玉玲．高速铁路与摆式列车[M]．北京：中国铁道出版社，2001.

[27]刘万明．高速铁路主要技术经济问题研究[M]．成都：西南交通大学出版社，2003.

[28]刘其斌，马桂贞．铁路车站及枢纽[M]．北京：中国铁道出版社，2002.

[29]杨浩．铁路运输组织学[M]. 4 版．北京：中国铁道出版社，2015.

[30]许兆义，李进．环境科学与工程概论[M]. 2 版．北京：中国铁道出版社，2010.

[31]陈明浩，王朋，赵平．成渝客运专线主要工程地质问题及地质选线[J]．高速铁路技术，2019，10(6)：69-72.

[32]张俊存．京雄城际铁路智能化梁场建设[J]．铁道建筑，2020，60(5)：47-50.